사이먼 바튼의 스페인사

지은이 **사이먼 바튼**

사이먼 바튼(Simon Fraser Barton, 1962~2017)은 중세 이베리아 역사를 전문으로 하는 역사학자이다. 그는 1983년 애버리스트위스 대학에서 역사학과를 졸업하고 리처드 플레처(Richard Alexander Fletcher)의 지도 아래 요크에서 대학원 과정을 밟았다. 그의 연구의 초점은 12세기 레온-카스티야의 평신도 귀족주의였고, 1997년에 출판된 그의 첫 번째 논문인 『12세기 레온과 카스티야의 귀족주의』(The Aristocracy in Twelfth-Century León and Castile)로 이어졌다. 1993년, 그는 엑세터 대학으로 옮겼으며 2006년에 그곳의 교수가 되어 약 22년을 보냈다. 이 기간 동안, 그는 『엘 시드의 세계』(The World of El Cid, 2000)를 공동 편집했고 베스트셀러인 『중세 스페인의 역사』(A History of Medieval Spain, 2004)를 저술했다. 또한 중세 연구 센터를 이끌고 교육국장을 역임하는 등 행정 및 학술적 역할에 적극적으로 참여했다. 바튼의 연구 궤적은 초기 초점을 넘어 확장되었고, 그의 가장 최근의 작품인 『정복자, 신부, 그리고 첩들: 중세 이베리아의 종교 간 관계와 사회적 힘』(Conquerors, Brides, and Concubines: Interfaith Relations and Social Power in Medieval Iberia, 2015)에서 절정을 이루었다. 여기서 그는 중세 이베리아에서 종교 간의 결혼 동맹과 성적 만남의 문화적, 정치적, 그리고 사회적 효과를 탐구했다.

옮긴이 **김원중**

1958년 광주(光州)에서 태어나 동국대 사학과를 졸업하고, 서울대 대학원에서 석사 학위를, 스페인 마드리드 콤플루텐세 대학에서 근대 초 스페인 정치사 연구로 박사 학위를 받았다. 주요 논문으로 「16세기 스페인 제국의 재정 그리고 절대 왕정의 성격」 「근대 초 스페인 제국의 흥기와 몰락」 「근대 초 스페인 종교재판소와 유대인 문제」 「16세기 카스티야 코르테스와 마드리드」 「망각협정과 스페인의 과거청산」 「역사기억법과 스페인의 과거청산 노력에 관하여」 등이 있으며, 주요 저서로는 『유럽 바로 알기』(공저, 한국방송통신대학교출판문화원, 2006), 『대항해 시대의 마지막 승자는 누구인가』(민음인, 2010), 『스페인 문화 순례』(공저, 서울대학교출판문화원, 2013), 『서양사 강좌』(공저, 아카넷, 2016), 『디코팅 아메리카』(공저, 지식의날개, 2018) 등이 있다. 역서로는 『거울에 비친 유럽』(조셉 폰타나, 새물결, 1999), 『스페인 제국사 1469~1716』(존 H. 엘리엇, 까치, 2000), 『스페인사』(레이몬드 카, 까치, 2006), 『스페인 내전』(안토니 비버, 교양인, 2009), 『코르테스의 멕시코제국 정복기』(전 2권, 에르난 코르테스, 나남출판, 2009), 『라틴아메리카의 역사』(벤자민 킨 외, 전 2권, 그린비, 2017), 『대서양의 두 제국』(존 H. 엘리엇, 그린비, 2017) 등이 있다.

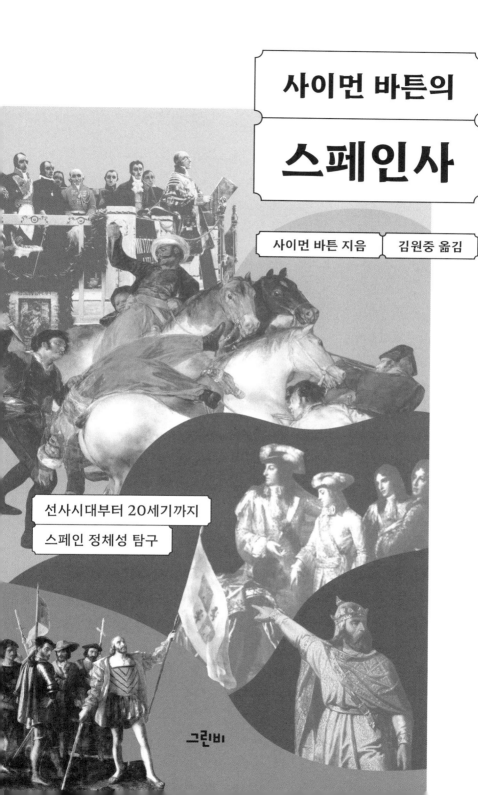

사이먼 바튼의

스페인사

사이먼 바튼 지음 | 김원중 옮김

선사시대부터 20세기까지

스페인 정체성 탐구

그린비

A History of Spain, 2nd Edition

트랜스라틴 총서 23

사이먼 바튼의 스페인사 선사시대부터 20세기까지 스페인 정체성 탐구

초판1쇄 펴냄 2023년 12월 15일

지은이 사이먼 바튼
옮긴이 김원중
펴낸이 유재건
펴낸곳 (주)그린비출판사
주소 서울시 마포구 와우산로 180, 4층
대표전화 02-702-2717 | **팩스** 02-703-0272
홈페이지 www.greenbee.co.kr
원고투고 및 문의 editor@greenbee.co.kr

편집 이진희, 구세주, 송예진, 김아영 | **디자인** 이은솔, 박예은
마케팅 육소연 | **물류유통** 류경희 | **경영관리** 윤혜수

독자의 학문사변행學問思辨行을 돕는 든든한 가이드 _(주)그린비출판사

알렉산더와 빅토리아에게

이 책을 바칩니다.

일러두기

1. 이 책은 Simon Barton, *A History of Spain*(Palgrave Essential Histories, 2004)을 완역한 것이다.

2. 인명(주로 군주나 정치인) 뒤의 연도는 특별한 언급이 없는 한 재위/집권 기간을 의미한다.

3. 독자의 이해를 돕기 위해 역자가 본문에 추가한 내용은 대괄호([ ])로 표시했다.

4. 단행본·정기간행물의 제목에는 겹낫표(『 』), 논문·단편·영화·연극·TV 프로그램 등 개별 작품의 제목에는 홑낫표(「 」)를 사용했다.

5. 외국어 인명, 지명 등 고유명사는 2002년에 국립국어원에서 펴낸 외래어 표기법을 따르되, 경우에 따라 실제 생활에 자주 쓰이는 대로 표기했다.

서문

이 책은 일반 독자들에게 스페인의 역사 발전 과정에 관한 개관을 그 기원에서부터 오늘날에까지 명확하고 간결하게 제공하는 것을 목표로 하고 있다. 여기에서 '스페인'은 하나의 약칭이라 하겠는데, 왜냐하면 본서에서 다루고 있는 시기 가운데 상당 기간 동안 지금의 스페인 국가에 해당하는 지리적 영역 안에 수많은 서로 다른 정치체가 공존하고 있었기 때문이다. 이 책을 쓰면서 나는 많은 스페인사 학자들의 노고에 큰 빚을 졌고, 그분들의 연구성과물의 일부(결코 전부는 아니다)를 본서 말미에 언급해 놓았다. 필자는 말할 필요도 없이 지면상의 심각한 제약 때문에 다루고자 하는 문제의 범위에서 매우 선택적일 수밖에 없었고, 본서에서 제공하는 주제나 강조점이 모든 사람을 만족시킬 수 없다는 것을 잘 알고 있다. 특히 스페인의 빛나는 문학과 예술의 유산을 극히 피상적으로 다룰 수밖에 없어서 유감이다. 그럼에도 불구하고 만약 이 책이 독자들에게 놀라울 정도로 풍요롭고 다양한 스페인 역사를 조금이나마 더 깊이 탐구하도록 자극을 줄 수만 있다면 나는 만족할 것이다.

책을 집필하는 동안 나에게 조언을 해 주고, 내가 건네준 원고를 불평하지 않고 읽어 준 나의 모든 친구들에게 깊은 감사를 표하고 싶다. 이 점에서 특히 이사벨 카세레스, 로저 콜린스, 시몬 더블데이, 존 에드워즈, 리처드 플래처, 팀 리스 선생에게 감사의 마음을 전하고 싶다. 특히 제레미 블랙 씨는 나에게 이 책을 써 볼 것을 제안하였고, 집필하는 동안 끊임없이 조언과 영감을 불어넣어 주었다. 제리 스미스 씨는 한결같은 지지와 격려로 이 책이 완성되는 데 든든한 힘이 되어 주었다. 테르카 액튼 씨와 그의 출간 팀에게도 감사한 마음인데 그들은 필자가 계속해서 집필 기일을 맞추지 못했음에도 인내심을 가지고 일을 진척시켜 주었다.

본서에서 언급한 자료의 저작권 소유자들과는 접촉하기 위해서 모든 노력을 기울였다. 그럼에도 만약 혹시라도 누락된 경우가 있다면, 출판사에 연락을 주시면 적절한 조치를 취할 것이다.

서론

서유럽의 여러 지역들 가운데 이베리아반도만큼 물리적 대조성이 큰 곳도 없을 것이다. 이베리아반도는 지형·기후·자연 식생의 극단성으로 사실상 그 자체가 하나의 아대륙(亞大陸)의 성격을 갖고 있다. A.D. 5세기 초 역사가 오로시우스는 "땅의 형태로 보건대, 히스파니아[고대 시대에 이베리아반도를 부르는 명칭]는 전체적으로 삼각형의 모습을 하고 있고, 대서양과 티레니아해[이탈리아반도와 사르디니아섬 사이의 바다를 지칭하는 말]에 의해 둘러싸여 있어서 거의 섬의 모습을 하고 있다"고 말했다. 그보다 500년 전 그리스의 지리학자 스트라본은 유럽에서 뚝 떨어져 있는 이베리아반도의 큰 땅덩어리를 유럽의 남쪽 끝에 황소 가죽이 쫙 펼쳐져 있는 모습으로 보았다. 그런데 반도 외곽 경계선은 대부분 바다로 둘러싸여 있어 너무나 분명하지만 내륙의 지형적 풍광은 그리 분명치 않다. 이베리아반도의 지도를 살펴보면 두 가지 특징이 눈에 띄는데, 첫째는, 그것이 상당히 큰 땅덩어리라는 것이다. 반도의 전체 면적은 58만 평방킬로미터에 이르며, 그 가운데 스페인이 약 85%를 차지하고 있다. 이베리아반도는 브리티시제도 전체 면적의 거의 2배에 이른다. 둘째는, 해발이 상당히 높다는 것이다. 이베리아반도는 유럽에서 스위스 다음으로 평균 고도가 높다. 반도 중심부에는 반도 전체 면적의 약 반을 차지하는 '메세타'(Meseta)라고 하는 건조한 고원지대가 광활하게 펼쳐져 있다. 이 메세타를 시스테마센트럴[Sistema Central, 이베리아반도 중앙부를 동서로 가로지르는 산맥들을 지칭한다]의 높은 산맥들(에스트렐라산맥, 그레도스산맥, 과다라마산맥)이 가로지르고 있으며, 또 이 메세타를 북쪽 칸타브리아산맥, 북동쪽 이베리아산맥, 남쪽 시에라모레나산맥, 베티카산맥이 에워싸고 있다. 이 산맥들과 바다 사이에는 좁은 띠 모양의 해안 평야 지역이 펼쳐져 있는데, 그 폭이 대개 30킬로미터를 넘지 않으며, 몇몇 예외가 있기는 하지만(에브로강과 과달키비르강 계곡, 혹은 남부 포르투갈의 대서양 해안 지역 등이 그것이다) 이 저지대는 육지 안쪽으로 쫙 펼쳐져 있다. 비스카야만(灣)에서 지중해까지 펼쳐져 있는 반도의 북동쪽 끝부분은 험준한 (침투해 들어가지 못할 정도는 아니지만) 피레네산맥이 가로지르고 있어 이베리아반도와 유럽의 다른 지역을 나누어 놓고 있다. 반도 남단은 지브롤터해협에 의해 아프리카와 구분되고 있는데, 이 해협에서 가장 폭이 좁은 곳은 15킬로미터가 채 되지 않는다. 이베리아반도에는 다섯 개의 주요 강이 흐르는데, 그중 어떤 강도 쉽게 배가 지나다닐 정도로 수량이 많지 않다. 그중 네 개(두에로, 타구스, 과디아나, 과달키비르)는 서쪽 혹은 남서쪽으로 흘러 대서양으로 들어가고, 나머지 하나, 즉 스페인 북동쪽에 있으면서 수량이 가장 풍부한 에브로강은 지중해로 흘러 들어간다.

이베리아반도의 기후도 물리적 지형 못지않게 서로 다르다. 북쪽과 북서쪽 해안 지역—포르투갈 중앙부부터 피레네산맥에 이르

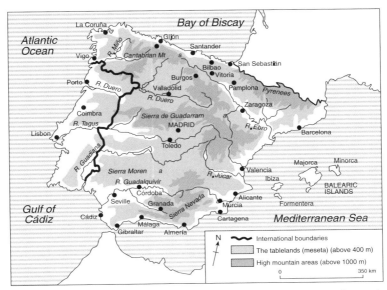

지도 1 이베리아반도의 물리적 특징과 주요 도시들. John Hooper, *The New Spaniards* (Harmond-sworth, 1995), p. xiv에서 재인용.

기까지―은 풍부한 강우량을 가진 온건한 대서양 기후가 지배적이
며, 반도 나머지 지역은 반(半)건조 지역이며, 여기에서 가뭄은 보편
적 현상이다. 북부 메세타 지역은 연중 기온 차가 매우 심해서 겨울
에는 대단히 춥고 여름에는 타는 듯이 뜨겁다. "아홉 달의 인비에르
노(invierno, 겨울)와 세 달의 인피에르노(infierno, 지옥)"라는 카스티
야 지역 속담은 핵심을 찌르고 있다. 올리브나무 같은 지중해성 식물
은 심히 대조적인 그런 기후에서는 살 수 없다. 반면에 남쪽과 동쪽,
특히 지중해 해안 지역은 겨울이 대체로 온화하며 좀처럼 영하로 떨
어지지 않는 데 반해 여름은 타는 듯이 뜨겁고 건조하다. 남부 스페
인의 아열대 기후는 메세타의 매서운 대륙성 기후보다는 북아프리
카 기후와 비슷하다. 이런 기후상의 차이가 반도 각 지역의 경제 발

전을 규정해 왔다. 북쪽 '촉촉한 스페인'의 거친 산성(酸性)의 토양에서 농업 잠재력은 크게 제한되고, 그로 인해 항상 목축이 곡물 농사보다 우세하며, 소와 양의 사육이 지역 경제의 주축 가운데 하나가되어 왔다. 반면에 건조한 메세타 지역의 경우 북쪽에서는 곡물 농사가 조방적 방식으로 행해져 왔으며, 남쪽에서는 올리브와 포도 농사가 지배적이다. 여기에 라만차와 엑스트레마두라의 스텝 지역은 소, 양, 염소 방목에 필요한 충분한 초지를 제공한다. 에브로강과 과달키비르강 델타 지역의 비옥한 충적토와 지중해 해안 평야 지역('스페인의 과수원')은 풍부한 생산물을 제공해 준다.

스페인의 이런 '지리적 격변'(로리 리Laurie Lee가 그렇게 적절하게 묘사했다)과, 기후와 식생의 뚜렷한 대조성은 스페인의 정치적·경제적·문화적 발전에 심대한 영향을 미쳐 왔으며, 이베리아반도에 놀라운 지역적 다양성을 가져다주었다. 예를 들어 역사 초창기부터 과달키비르강 계곡과 레반테(스페인 동부 지역을 지칭하는 말)의 비옥한토양은 외부 이주자들을 끌어들이는 강력한 유인이 되었다. 로마 제국의 주요 도시들이 이 비옥한 농업 지역에 건설된 것은 결코 우연이아니었으며, 이 땅은 세금을 거둘 수 있는 충분한 부를 생산할 수 있었다. 뒤의 글에서 설명하겠지만, 남부 스페인과 북서부 아프리카 사이에 놓인 지브롤터해협은 두 지역을 가르는 장애물이라기보다는 두지역 간 풍부한 접촉을 용이하게 하는 다리 역할을 하는 경향이 있었다. 반면에 메세타의 허리를 두르거나 그것을 분할하고 있는 산맥들은 오랫동안 번영한 저지(低地) 주변부 지역과 내륙 지역 간의 소통을 가로막는 장애물이 되어 왔으며, 그로 인해 기차와 자동차가 출현할 때까지 중부와 북부 대부분 지역의 경제는 서로 간에 고립된 사실상의 '섬들'처럼 발전했다. 북동부에 위치한 카탈루냐는 수 세기 동안 이베리아산맥에 의해 반도 다른 지역과 분리되어 있어서 메세타 지역 사람들보다는 피레네산맥 너머 혹은 지중해 지역 사람들과 더 가까운 정치적·경제적·문화적 연계를 가졌다.

비록 정치적 통일이 일부에 의해 자주 당연한 목표처럼 주장되기는 했지만 클라우디오 산체스 알보르노스가 지적했듯이, 스페인의 '지리적 핸디캡'은 지역주의 혹은 분리주의 운동의 발전을 조장하는 경향이 있었고, 수 세기에 걸쳐 강력한 통일국가를 만들기 위해 노력해 온 스페인 정부가 직면해야 했던 어려움을 더욱 어렵게 만들었다. 이런 이유로 리처드 포드는 스페인을 '모래 끈에 의해 하나로 묶인 작은 몸들로 이루어진 다발'이라고 했고, 철학자 호세 오르테가 이 가세트는 영향력 있는 에세이 『무척추의 에스파냐』(*España Invertebrada*)에서 스페인은 하나의 국가라기보다는 서로 침투할 수 없는 여러 지역들의 집합체라고 기술했다. 수많은 역사가들에게 스페인 역사는 무엇보다도 중앙부와 주변부 간의 끊임없는 갈등, 즉 지역적 파당주의를 극복하고 진정으로 통일된 국가를 만들려는 중앙 정부와 자신의 정체성을 유지하고 중앙 정부의 영향력을 제한하려는 지역들의 그에 못지않은 끈질긴 노력 간의 투쟁으로 이해되었다.

*　*　*

하나의 국가로서의 스페인이 언제 생겨났는가는 오랫동안 논란거리가 되어 왔다. 전통적으로는 1479년 카스티야 왕국의 이사벨 1세

와 아라곤 연합왕국의 페르난도 2세에 의해 굳어진 왕조 간 결합이
스페인 국가 형성에 결정적인 순간으로 제시되어 오고는 있지만 일
부 역사가들은 그 기원이 6세기 말, 7세기 초 비시고트 왕국에 의해
만들어진 단일 왕국으로까지 거슬러 올라간다고 주장한다. 하나의
국가로서의 스페인이 비교적 근대 시대의 산물이라는 주장도 있어
왔는데, 예를 들어 스페인이 진정 처음으로 통일된 국가가 된 것은
1707년부터 1716년까지 벌어진 스페인 왕위계승 전쟁으로 아라곤 연
합왕국이 그간 누려 오던 특권과 제도들이 일소된 펠리페 5세 시대
이후라는 것이다. 그러나 정치적 통일과 국민적 의식은 별개다. 어떤
사람들은 이베리아반도에 오늘날까지 남아 있는 강한 지역감정(특
히 바스크 지역과 카탈루냐 지역이 그렇다)을 고려하여 한 국가로서의
스페인은 아직도 태어나지 않았다고 주장하기도 한다.

비교적 최근까지도 '아프리카는 피레네산맥에서 시작된다'라
는 오래된 속담이 국적 불문하고 많은 역사가들의 의식 속에 깊이 각
인되어 있었다. 스페인은 (다른 유럽 지역으로부터) 멀리 떨어진 국가
라는 인식이 널리 자리 잡고 있었던 것이다. 즉 물리적으로는 유럽에
붙어 있지만 지형·기후·생태뿐만 아니라 문화·사고방식, 그리고 무
엇보다도 역사의 '궤적'에서 많이 다른 나라라는 것이다. 많은 관찰
자들에게 스페인의 본질적 '다름'은 이베리아반도가 중세 서유럽에
서 (시칠리아를 제외하면) 이슬람의 정복을 경험한 유일한 나라였다
는 사실, 그리고 그로 인해 8세기부터 무슬림·기독교·유대교 문화의
상호영향 혹은 '공생'(symbiosis, 아메리코 카스트로의 표현)이 오랫
동안 스페인과 스페인의 정신에 심대한 흔적을 남겼다는 사실에 있
었다. 그러나 다른 역사가들은 무슬림들이 기독교 스페인 영토에 중

요한 영향을 미쳤다는 주장을 강하게 부정하면서, 대신 기독교 국가들이 무슬림의 지배로부터 반도를 수복하기 위해 벌인 레콩키스타(Reconquista, 수 세기에 걸친 재정복 전쟁)가 한 국가로서의 스페인을 만들어 낸 용광로였다고 주장한다.

1492년 독립적 이슬람 세력의 마지막 거점이었던 그라나다의 함락은 레콩키스타를 종결시켰고, 그에 이어 곧바로 놀라운 제국적 팽창의 시기가 나타났으며, 그것은 불과 50년 만에 스페인을 세계적 열강의 반열에 올려놓았다. 그러나 스페인은 영광의 시기를 오래 누리지 못했다. 17세기 후반기에 스페인의 유럽 내 헤게모니는 무너졌고, 1580년 펠리페 2세에 의해 합병되었던 포르투갈은 스페인의 지배를 영원히 벗어던졌으며, 설상가상으로 스페인은 1704년부터 1808년까지 외국 군대의 침입에 직면하게 되었다. 19세기에 스페인은 외형상 거의 모든 점에서 주변부 국가가 되었으며, 정치적 혼란, 사회적 불평등, 종교적 불관용, 경제적 후진성과 동의어가 되었다. 비록 테오필 고티에, 프로스페르 메리메, 워싱턴 어빙 등 낭만주의 운동의 이상에 취한 외국인 여행객들은 스페인의 '이국적 분위기'와 전산업적(前産業的) 소박함에 매료되고 환호했지만 말이다.

19세기 말경 스페인 해외제국의 마지막 잔재의 상실은 스페인 지식인들 사이에서 내적 성찰과 비관주의 분위기를 촉발하였다. 서유럽의 산업 강국들과 비교하여 스페인은 어찌 됐든 하나의 국가로서 실패했고, '진보의 기차를 놓쳤다'는 생각이 널리 퍼져 있었다. 스페인의 제국적 과거는 비극적 오류로 널리 단죄의 대상이 되었을 뿐 아니라 스페인의 '역사적 통일성' 자체도 의심의 대상이 되기 시작했다. 점차 국내외 문필가들은 스페인이 열강의 지위에서 물러난 것이 '두 스페인', 즉 전통 세력과 혁신 세력 간의 오랜 갈등에 기인한다고 주장했다. 보수주의자들에게는 스페인의 몰락이 스페인 국민을 계몽사상이라는 외래 이념으로 오염시킨 사람들, 그리고 스페인을 위대한 국가로 만드는 데 기여한 전통적인 가톨릭적 가치를 훼손한 사람들의 잘못 때문이었다. 반면에 프로테스탄트들과 자유주의자들은 스페인 제국의 몰락이 스페인이 유럽과 긴밀히 교류하지 못하고 '중세적인' 몽매주의적 태도와 제도(그 대표적인 예가 종교재판소였다)를 일소하지 못한 것, 뒤처진 산업혁명, 그리고 19~20세기에 나타난 첨예한 사회적·종교적 갈등 때문이라고 주장했다. 오르테가 이 가세트는 "스페인이 문제라면 유럽은 답이다"라고 썼다. 계속해서 그는 스페인이 유럽 다른 나라들과 너무나 보조를 맞추지 못했기 때문에 근대 시대 들어 안정된 의회민주주의를 발전시키지도, 절실히 필요한 사회·경제적 개혁도 이루어 내지 못했다고 주장했다.

그러나 지난 25년 동안 스페인의 과거에 대한 그런 이분법적 해석은 점차 적절치 못하고 시대에 뒤떨어진 것으로 여겨지는 듯 보인다. 1960년대 이후 급속한 경제성장은 대체로 오늘날의 스페인인이 유럽 이웃 국가들의 그것에 버금가는 생활 수준을 향유할 수 있게 만들었다. 1977년 민주주의의 회복은 한때 스페인 정치의 특징이었던 만성적인 불안을 제어하는 데 기여했고, 북대서양조약기구(NATO)와 유럽연합의 정회원으로서 스페인은 현재 유럽 민주주의 국가들의 공동체에 확고하게 편입되어 있다. 이제 많은 논평가들은 '스페인의 과거'의 예외성을 강조하기보다는 스페인이 과거에 얼마나 깊이 유럽화되어 있었는지, 그리고 지금도 얼마나 유럽적인지를 강조하느라 여념이 없다. 오늘날 역사가들은 더 이상 과거 '98세대'의 지식인들과 그 계승자들이 그랬던 것처럼 스페인사를 이해하기 위해 스페인의 폴크스가이스트(Volksgeist), 즉 고유한 민족정신을 찾으려고 하지 않으며, 그보다는 모두 합쳐 오늘날의 스페인 국가를 이룬 복잡하기 이를 데 없는 일련의 정치적·사회적·경제적·문화적 토대를 탐구하고 이해하려고 노력한다. 스페인은 불완전한 국가 의식(imperfect sense of nationality)을 가진 나라라고 말한 라몬 메넨데스 피달의 지적이 옳을지도 모른다. 그러나 그 말은 의심의 여지 없이 오늘날의 많은 다른 유럽 국가들에도 그대로 적용된다. 후안 파블로 푸시가 옳게 지적했듯이, 민족적(국민적) 정체성의 창출은 출발점과 도착점이 없는 불확정적이고 역동적이고 개방된 과정이다. 과거에 대한 우리의 인식과 마찬가지로 그것은 끊임없이 진화한다.

차례

제6장　현대시대: 1931~2000　335

사이먼 바튼의 스페인사

제1장　세계의 자부심과 장식
: 선사시대부터 A.D. 1000년까지

기원

이베리아반도인의 인종적 기원은 아직도 미스터리와 논란에 싸여 있다. 그러나 최근 시에라 데 아타푸에르카(Sierra de Atapuerca, 카스티야 메세타의 북동쪽 구석에 위치한 고원 지대)에서 행해진 놀라운 발굴 덕분에 우리는 적어도 인간이라 할 만한 존재들(hominids)의 공동체(궁극적으로는 아프리카에 기원을 둔)가 이미 80만 년 전에 이베리아반도에 자리 잡았었다는 사실을 확신할 수 있게 되었다. 인류학자들에 의해 호모 안테세소르(Homo antecessor)라고 명명된 이들은 주로 사냥을 통해 살아간 것으로 보인다. 또 잇자국이 난 인골이 발견된 아타푸에르카에서 나온 끔찍한 법의학적 증거물들로 볼 때 이들은 식인을 일상적으로 했던 것으로 추정된다. 호모 안테세소르와 그 이후 반도에 정착한 다른 인종들 간에 어떤 연관이 있는지는 아직 알 수 없다. 후자 중에는 동굴에서 거주한 네안데르탈인이 있었는데, 그들은 중기 구석기 시대(B.C. 10만 년 전에서 4만 년 전 사이)에 이베리아반도에 수많은 주거지를 건설했고, 특히 칸타브리아, 피레네 서부,

카탈루냐, 레반테 등지에 중요한 유적이 있다.

후기 구석기 시대(B.C. 4만 년에서 1만 년 사이. 이때 유럽은 마지막 빙하기에 들어가 있었고 이베리아반도에는 매머드, 털이 많은 무소와 들소 등이 어슬렁거리고 있었다)에 네안데르탈인은 서서히 크로마뇽인이라는 새로운 이주민들로 대체되어 갔으며, 이들 크로마뇽인으로부터 오늘날 인간의 조상 '호모 사피엔스 사피엔스'(Homo Sapiens Sapiens)가 출현했다. 네안데르탈인과 마찬가지로 크로마뇽인도 주로 동굴에 거주했으며, 돌과 뼈로 된 도구와 무기를 널리 사용했고, 주로 수렵·어로·채집에 의존하여 살았다. 이 크로마뇽인과 네안데르탈인을 구분해 주는 것은 많이 다른 신체적 특징 말고도, 그들의 놀라운 예술적 창조성인데, 그것은 B.C. 15,000년경 여러 가지 색깔로 그려진 일련의 동굴 동물 벽화로 표현되었다. 이 동굴 벽화들 가운데 많은 것이 북쪽 아스투리아스와 칸타브리아 지역에서, 특히 산탄데르 근처 알타미라 동굴에서 여러 점의 놀라운 그림이 발견되었다.

B.C. 5000년경부터 빙하기가 서서히 물러나고 날씨가 따뜻해지자 반도(유럽 다른 지역도 마찬가지였다) 내 인간들의 정주 양상이 동부 지중해에서 온 문화적 영향으로 서서히 변했다. '신석기혁명'이라 불리는 것이 나타나면서 전에는 이리저리 떠돌아다니던 인간 집단들이 점차 수렵·채집적 생활 방식을 버리고 가축 사육과 농사를 주요 생계수단으로 택하였다. 카탈루냐, 레반테, 안달루시아 등지에서 처음 시작된 것으로 보이는 정주 공동체의 등장에 이어 기술상의 발전이 뒤따랐다. 종종 화려하게 장식된 도기가 널리 사용되기 시작했다. 린넨과 양모로 옷감도 만들었다. 석재 가공 기술은 마제 석기로 된 무기와 도구의 발전으로 더욱 완전해졌다.

보다 넓은 지중해 세계와 바다를 통한 접촉은 새로운 기술과 문화적 영향이 이베리아로 유입되는 데 영향을 미쳤다. 기원전의 두 번째 밀레니엄(B.C. 2000-1000년) 중반부터 구리를 이용한 도구 제작이 서서히 반도 남동부와 남서부 지역에 도입되기 시작했는데, 후에 이 지역들에서는 중요한 금속 광맥들이 발견되었다. 알메리아주 로스 미야레스(Los Millares)에서 이루어진 발굴은 B.C. 2500~1800년 사이에 이 지역에 방어시설을 갖추고 농사와 가축 사육이 중심이 되는 번영한 거주지가 있었음을 보여 주고 있다. 이곳에서는 수공업 기술자들이 도끼, 끌, 칼 등을 포함하여 여러 종류의 구리로 만든 도구를 생산했다. 기원전 두 번째 밀레니엄에 구리 제품 제작에 이어 청동 제조 기술이 유입되었다. B.C. 1700~1200년 사이에 주요 청동기 사회들이 이번에도 반도 남동부와 남서부 지역에 나타났는데, 라만차 평야 지역(이곳에서는 여러 개의 모티야motillas, 즉 방어시설을 갖춘 고분들이 발견되었다)과 레반테에도 청동을 사용하는 공동체들이 있었다. 알메리아주에 소재한 엘 아르가르(El Argar, 이곳에서는 청동무기와 장식품이 대규모로 생산되었다) 등의 초기 청동기 시대의 번영한 주거지에서 출토된 고고학적 유물은 원주민들 간에 상당한 빈부격차와 사회적 계층화가 나타났음을 말해 준다. 그러나 야금술의 영향이 반도 전역에 고르게 확산되지는 않았다. 구리와 청동은 처음에는 매우 소량만이 유통되었기 때문에 인구가 많지도 않고 게다가 여러 지역에 산재해 있었던 내륙의 공동체들에서는 석기 무기와 도구가 여전히 널리 사용되었다. 야금술이 가장 발전한 지역에서도 농사와 가축 사육은 지역 경제의 중심으로 남아 있었다.

고고학자들은 B.C. 1200년 이후에 청동기 시대 사회들의 중요한

'재편'이 나타났다고 주장해 왔다. 일부 주거지들이 버려지고, 북부와 남부 메세타 전역에 새로운 농촌 마을들이 들어섰는데, 아마도 이는 늘어난 인구 때문이었던 것으로 보인다. 비록 석기 도구가 여전히 지배적이기는 했지만 청동 기술이 일반화되었다. 대단히 장식적인 도기가 두에로강 유역의 공동체들에서 널리 유통되었다. 한편 대서양 쪽 유럽의 늘어난 청동제 무기 생산은 이베리아산 구리와 주석의 수요를 증가시켰고, 반도 서부와 남부 해안을 따라 오가는 무역로의 발전을 가져왔다. B.C. 850년경이면 몇몇 청동기 공동체들이 그 이전보다 훨씬 높은 수준의 물질적 부를 향유하고 있었음이 분명한데, 반도 남서부 해안 지역에서 다수 발견된 다량의 금제 혹은 청동제 공예품(보물류와 무기류가 주를 이루고 있다)과, 주로 남서부 지역에서 발견되는 문자가 새겨진 기념비 혹은 장식이 들어간 석판(그중 많은 것은 그들의 무기와 2륜전차·노예·무희·악기 등을 포함하여 가재家財에 둘러싸여 있는 전사들을 묘사하고 있다) 등은 그것을 입증하고 있다. 한편 B.C. 1100년부터 700년 사이 카탈루냐와 에브로강 계곡 지역 등 북동부 지역에서는 후기 청동기 문화가 지배적이었다. 이를 납골 지대 정주지라 부르는데, 그 이유는 이 지역 주민들이 사체를 화장하고 그 재를 뿔이 두 개 달린 도기 납골단지에 모셨기 때문이다. 이 장례 관행은 당대 중유럽과 서유럽의 할슈타트(Hallstatt) 문화에서 나타나는 것과 매우 흡사한데, 이는 납골 지대 침입자들이 이베리아반도에 들어온 켈트인 정주자들 가운데 최초의 집단일 수도 있다는 추정을 가능케 한다. 그런가 하면, 당시 스페인 북동부에서 일어난 일은 새로운 사회적 관습과 이념의 폭력적인 강요라기보다는 피레네산맥 너머로부터 종교적 이념과 관행이 평화적으로 전해진 것이라고 생각할 수도 있다.

페니키아인, 그리스인, 카르타고인

B.C. 첫 번째 밀레니엄(B.C. 1000~0년) 동안 이베리아반도 주민들은 외부에서 들어온 강력한 문화적 영향에 구속되었다. 후대의 전승에 따르면, 동부 지중해에서 온 페니키아인 선원들이 B.C. 1100년경에 가디르(Gadir, 지금의 카디스), 즉 시칠리아의 디오도루스의 표현에 따르면 '사람이 거주하는 세상 끝'에 그들의 첫 번째 거점을 건설한 것으로 되어 있다. 그러나 고고학적 증거는 일반적으로 카디스의 건설이 그보다 300년쯤 후에 일어난 것이었음을 말해 준다. 페니키아 상인들은 무엇보다도 이베리아반도의 풍부한 금속 광물(금, 은, 구리, 주석)에 끌려(그들은 이 광물들을 근동 아시리아 제국에 수출하려고 했다) 서쪽 카디스로부터 멀리 동쪽 알메리아의 비야리코스(Villaricos)에 이르는, 스페인 남쪽 해안을 따라 여러 개의 정주지를 건설했다. 이 식민지들은 그동안 단순한 무역 전초기지에 불과한 것으로 여겨져 왔으나 엘 세로 델 비야르(El Cerro del Villar)와 말라가 근처 토스카노스(Toscanos)의 발굴을 통해 이곳에 페니키아인들이 세운 두 개의 상당히 큰 자족적(自足的) 정주지가 있었음을 알게 되었는데, 이 두 주거지에는 적어도 각각 1,000명 이상의 주민이 살고 있었던 것으로 보인다. 페니키아인들은 이런 거점들에서 내륙 원주민들과 긴밀한 교역 관계를 맺었고, 포도주·올리브유·직물류·향수 그리고 그 밖의 사치품을 내주고 자신들이 원하는 귀금속과 곡물·고기·소금 등

을 받아 갔다.

그리스 상인들도 반도에서 활발한 활동을 벌였다. 대략 B.C. 630년경부터 그리스산 도기, 향수, 포도주가 남부 스페인으로 수입되기 시작했다. B.C. 575년경 그리스인들의 식민지 마르세유에서 온 한 무리의 상인들이 스페인 북동부 해안에 엠포리온(Emporion, 지금의 암푸리아스)이라는 무역거점을 건설했으며, 이어 인근 로데(Rhode, 지금의 로사스)에도 비슷한 정주지가 건설되었던 것으로 보인다. 암푸리아스와 로사스는 특히 그리스산 도기와 이탈리아산 금속제품의 중요한 공급지가 되었고, 그리스 상인들이 내륙의 공동체들과 긴밀한 상업적 관계를 가질 수 있게 해 주었다. 그리스의 제조업 제품 또한 남부와 동부 해안 지역을 따라 널리 보급되었다. 그러나 그리스 상인들은 페니키아 상인들에 주로 의존하여 자신들의 상품을 공급했던 것으로 보이며, 그들이 이베리아 해안에 또 다른 식민지나 무역거점을 건설했었는지는 알 수 없다.

요컨대, B.C. 750년부터 550년 사이에 페니키아인과 그리스인들은 스페인 남부와 동부 원주민 사회의 물질문화(material culture)에 중요한 변화를 가져다주었다. 이 시기에 반도 남부에 들어온 풍부한 금속제품, 도기 그리고 그 외 사치품과는 별도로 철기류와 도기제작용 녹로(potter's wheel)가 도입되었고, 광산 채굴이 증대되었으며, 농업 생산에 상당한 발전이 나타났다. 페니키아인들은 또 반도에 문자를 가져다주었다. 페니키아 알파벳에서 유래한 반음절문자(semi-syllabic script)로 된 최초의 비문이 지금의 남부 포르투갈에서 많이 발견되는 무덤용 석비(石碑)에서 발견되고 있다. 그러나 장문의 글이나 문서는 발견되지 않고 있으며, 이 원주민 문자 체계의 의미는 아직도 해독되지 않고 있다.

　동쪽에서 전래된 이런 문화적 영향에 구속된 이베리아 문명은 남부 대서양 해안 지역으로부터 동부 피레네와 그 너머까지 이르는 큰 활 모양으로 펼쳐져 있었다. 그러나 정치적으로 이베리아 문명은 여러 개의 상쟁하는 왕국과 도시 국가들로 분열되어 있었다. 이 다수의 이베리아 정치체들 가운데 가장 유명한 것이 타르테소스(Tartessos) 왕국인데, 이 왕국은 이곳에서 생산되는 풍부한 귀금속에 힘입어 엄청난 부를 쌓았으며, 그것은 후에 그리스 문필가들에 의해 기록되고 과장되곤 하였다. 타르테소스 왕국 자체의 기원과 역사는 극히 불분명하지만 페니키아인과 이베리아 원주민 간에 이루어진 교역이 문화적으로 상호보완적인 과정을 동반했음은 분명해 보인다. B.C. 4세기에 만들어진 이베리아 조각의 두 걸작, '바사 부인'(Dama de Baza)과 '엘체 부인'(Dama de Elche)으로 알려진 장례용 조상(彫像)——이 두 작품 모두 화려한 옷을 입고 보석으로 장식한 여신 혹은 여사제를 표현하고 있다——은 페니키아의 종교용 상(像)에서 영감을 받은 것으로 보인다. 페니키아의 영향은 이베리아의 건축 양식, 무덤, 금속제품, 신에게 바치는 봉헌물에서도 발견할 수 있다.

　이베리아 문명의 경계 너머에는 세 개의 중요한 문화 집단이 있었다. 피레네 서부 지역은 선-인도유럽인(pre Indo-European people)인 바스크인들의 거점이었는데, 이들의 기원은 아직도 논란거리가 되고 있다. 스페인 북서부는 철기를 사용하는 켈트족에 의해 지배되고 있었으며, 켈트족 가운데 일부가 B.C. 6세기에 이베리아반도에 정착한 것으로 보인다. 카스트로(castro)라고 부르는, 튼튼한 방어시설을 갖춘 켈트족 특유의 원형 가옥 주거지는 이 지역 풍광의 중요한 특징이 되었다. 한편 아라곤, 즉 에브로강 계곡과 메세타 동부 평원 지역에서는 켈트족과 이베리아인 간의 접촉을 통해 '켈티베리아' 문화가 만들어졌고, 이 문화의 예술 형태는 켈트적 전통과 이베리아적 전통 모두를 반영하고 있다. 나아가 B.C. 4세기경이면 이 부족들은 남쪽과 동쪽에 살고 있던 이웃 이베리아인들의 도시적 전통을 포용하기 시작한다.

　동부 지중해 지역에 있는 페니키아의 여러 독립 도시국가들 가운데 티르(Tyre)가 B.C. 573년 바빌로니아의 왕 네부차드네자르(Nebuchadnezzar)에게 마지막으로 함락된 것이 그전에 스페인 남부 지역에 건설되어 있던 (페니키아의) 여러 무역 중심지들까지 버려지는 결과를 가져왔다. 그 후로도 살아남은 거점들은 결국 B.C. 750년경 튀니스만(灣)에 건설된 페니키아의 식민지 카르타고(로마와 거의 같은 시기에 생겨남)에 넘어갔다. 카르타고인들은 처음에는 페니키아인들이 남부 스페인 해안 지역에 건설한 무역거점을 공고히 하거나 확대하는 것에 만족했던 것으로 보인다. 그러나 제1차 포에니 전쟁(B.C. 264~241)에서 로마에게 패하고 시칠리아, 코르시카, 사르디니아 영토를 상실하자 카르타고는 이베리아반도에서 지배 영토를 확대하고자 했다. B.C. 237년과 228년 사이에 하밀카르 바르카(Hamilcar Barca)와 그의 사위이자 후계자 하스드루발(Hasdrubal)의 영도하에 카르타고인들은 이베리아 남부, 동부, 중앙부 주민들을 지배하게 되었다. 그리고 '새로운 카르타고'(카르타헤나)에 중요한 해군기지를 건설했다. 이베리아반도에서 카르타고 세력이 팽창하자 서부 지중해에서 정치적·경제적 지배권을 두고 카르타고와 강력한 라이벌 관계에 있던 로마는 깜짝 놀라게 되었고, 하밀카르의 아들 한니발이 B.C. 219~218년에 사군툼(사군토)을 포위 공격하자 로마는 그나이우스 코르넬리우스 스키피오(Gnaeus Cornelius Scipio)를 대장으로 하는 원정군을 이베리아반도에 파견했다. 그로 인해 대규모 전쟁이 벌어졌고, 이 기간 동안 한니발의 군대는 로마 바로 코앞에 이르러 승리하기 일보 직전까지 갔으나 B.C. 206년 이탈리아반도를 비워 주어야 했다.

로마 지배하의 히스파니아

포에니 전쟁에서의 승리로 로마는 이베리아반도 동부와 남부를 지배하게 되었다. 그러나 지형상의 어려움, 원주민의 완고한 저항(원주민들은 자주 봉기를 일으켰다), 그리고 무엇보다도 로마 당국의 일관되고 장기적인 군사 전략의 부재(로마인들은 이곳에 부임하는 총독들이 부와 화려한 경력을 쌓을 수 있도록 그 지역의 만성적인 분쟁 상태를 일부러 방치했다는 견해도 있다)로 인해 이베리아반도가 완전히 로마의 지배하에 들어가기까지는 2세기에 걸친 싸움이 더 필요했다. B.C. 147년부터 139년까지 반도 서부 루시타니아(Lusitani)에서 비리아투스의 지휘하에 일어난 봉기의 진압, B.C. 142~133년 누만시아(지금의 소리아 근처)라는 켈티베리아 도시에 대한 '불의 전쟁'(그리스 역사가 폴리비우스가 그렇게 불렀다)'은 이 오래고도 치열한 정복기 동안 로

I [옮긴이] 이 싸움에서 로마군은 성을 포위하여 보급을 차단한 채 9개월 동안 기다려 누만시아인들을 굶어 죽게 하는 방법을 사용했다. 로마군이 무조건적 항복을 요구하자 이베리아인들은 도시를 스스로 불태우고 술을 마시고 취한 상태에서 불 속에 뛰어들어 죽었다

마가 수행해야 했던 군사작전들 가운데 대표적인 두 가지 예라 할 수 있다. 또 이베리아반도는 B.C. 1세기 내내 로마 공화국을 주기적으로 대혼란에 빠뜨린 동족상잔의 갈등(내전)도 피해 가지 못했다. 마리우스파와 술라파 간의 싸움이 이곳에서도 재연되었고, 그중에서도 가장 널리 알려진 것이 B.C. 49년부터 45년까지 벌어졌던 카이사르파와 폼페이우스파 간에 벌어진 정치 주도권 쟁탈전이었는데(이베리아반도에서도 양쪽 군대 간에 전쟁이 벌어졌고, 카이사르는 가까스로 폼페이우스군을 물리쳤다), 이 싸움은 케사르가 안달루시아 문다(Munda)에서 상대편을 패퇴시키는 것으로 끝났다. B.C. 19년 칸타브리아 부족들의 패배로 스페인에 대한 평정이 공식적으로 완료되고 난 후에도 로마 지배에 대한 저항은 주기적으로 분출했다.

이 모든 우여곡절에도 불구하고 히스파니아(로마인들은 이베리아반도를 그렇게 불렀다)는 대체로 평화롭고 번영한 지역이 되었으며, 로마 제국의 정치·행정·경제 구조에 완전히 편입되었다. 로마 지배하에서 이곳 히스파니아 영토는 B.C. 197년 두 개의 커다란 속주로 나뉘었다. 그중 하나는 히스파니아 키테리오르(Hispania Citerior)로서, 동부와 중부 메세타 지역이 여기에 속하였고, 다른 하나는 히스파니아 울테리오르(Hispania Ulterior)로서, 여기에는 남부와 서부 메세타 지역이 포함되었다. 그 후 아우구스투스 황제 때(B.C. 27~A.D. 14) 반도는 세 개의 행정구역으로 재편되어, 코르도바에 수도를 둔 베티카(대략 지금의 안달루시아와 남부 엑스트레마두라), 메리다에 수

고 한다. 누만시아 주민 가운데 대다수가 자결하고 도시가 완전히 파괴되는 것으로 끝났다. 세르반테스는 자신의 작품 「누만시아의 공성」에서 이 사건을 불후화하였다.

도를 둔 루시타니아(반도 서쪽 지역), 타라고나를 수도로 하는 히스파니아 타라코넨시스로 나뉘었다. 도로와 교량들로 연결된 도시들의 네트워크는 이베리아반도를 로마 지배하에 단단히 묶어 놓는 데 기여했으며, 또 그것은 로마의 이념과 라이프스타일이 내륙으로 흘러 들어가는 도관 역할을 했다. 이 도시들 가운데 퇴역 군인들을 위해 새로 건설된 식민 도시가 있었는가 하면(이탈리카[세비야 근처 산티폰세], 에메리타 아우구스타[메리다] 등이 이에 속했다), 로마인들이 건설한 군사기지에 기원을 둔 도시도 있었다(아스투리카[에스토르가], 레지오[레온], 루쿠스 아우구스티[루고] 등이 여기에 속하였다). 기존 도시에서 발전한 도시도 있었는데, 타라코(타라고나), 카르타고노바(카르타헤나), 가데스(카디스) 등이 그것들이다.

도시의 발전과 더불어, 관개 기술의 개선으로 넓은 변경 지역이 경작지로 편입되면서 농업 생산이 증가했다. 로마는 이베리아반도를 말, 곡물, 가룸(생선 소스), 올리브유, 포도주, 양모, 귀금속을 지중해 시장에 조달하는 공급원으로 생각했다. 당대의 문필가들은 특히 이베리아반도의 풍부한 광물 자원을 강조했다. A.D. 72~74년경 히스파니아 키테리오르에서 세금징수관으로 근무한 대(大)플리니우스에 따르면, 북서부 지역 광산들(아스토르가 근처 라스메둘라스 노천 광산 등)에서 연간 2만 파운드의 금이 생산되었다고 한다. 로마인들은 또 히스파니아를 로마의 주요 병력 공급원으로 여기기도 했다. 히스파니아 출신의 병사들은 제국 전 지역에서 복무했는데, 예를 들어 바스크족에서 징모된 기병은 3세기에 하드리아누스 장벽 북쪽 하이로체스터(High Rochester)에 주둔했다. 히스파니아는 단순히 중요한 인력과 자원의 공급원에 그치지 않고 로마 제국의 정치·문화적 삶에도 크게 기여했다. 적어도 네 명의 황제가 이베리아반도 출신이었으며 (트라야누스, 하드리아누스, 테오도시우스, 마그누스 막시무스), 스페인 속주 출신의 유명한 문필가로는 세네카 형제, 마르시알, 킨틸리아누스, 그리고 기독교도 시인 프루덴티우스가 있다.

　로마 문화가 반도 전역에 고루 확산되지는 않았다. 히스파니아의 정복이 그랬던 것처럼 '로마화' 역시 점진적으로 이루어졌다. 레반테, 에브로강 유역, 과달키비르강 유역 같은 번성한 몇몇 지역은 라틴어와 로마의 의복과 관습 등을 일찍 받아들이면서 일찌감치 철저한 로마화가 진행된 데 반해 다른 지역, 특히 북쪽과 북서쪽의 멀리 떨어진 산악 지역은 고유한 부족적 구조, 종교적 신앙, 농촌적 생활 방식이 오래 유지되었다. 반도 대부분에서 문화적 동화(同化)는 "원주민 하위 문화를 겨우 가릴 정도의 피상적인 널빤지"에 불과했다는 이야기도 있다. 가장 알차고 번영한 로마인들의 도시와 농촌 거주지는 경제적으로 가장 발전한 지역, 주로 지중해 해안의 농업 지역과 에브로강과 과달키비르강 유역, 혹은 리오틴토(지금의 우엘바주州) 같은 중요한 광산 지역에 집중되어 있었다. 북쪽과 서쪽에 건설된 로마 도시들 가운데 몇몇(특히 레온, 아스토르가, 루고, 브라가)은 주로 군사기지로 시작되었고, 이 도시들의 주요 역할은 로마의 중요한 경제적 이익, 특히 레온과 아스투리아스의 금광과 은광을 지키고, 잠재적으로 불안한 북쪽 지역 영토를 수호하는 것이었다.

　로마 지배하에서 히스파니아가 누리던 상대적 안정과 번영은 후기 로마 제국 시기에 혼란에 빠졌다. 반도는 마우레타니아(지금의 모로코)에서 건너온 베르베르족 침입자들의 공격을 받았는데, 이들은 171~173년에, 그리고 177년에 다시 베티카를 침입했다. 한곳에 머

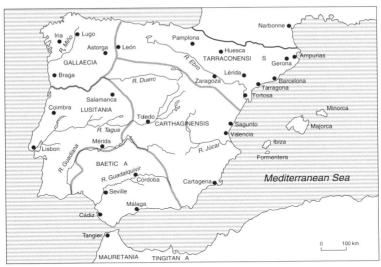

지도 2 후기 로마 제국 지배하의 스페인. Joseph F. O'Callaghan, *A History of Medieval Spain*(Cornell University Press, 1975), p. 29에서 재인용.

물지 않고 이동하는 게르만족, 즉 프랑크족과 알라마니족도 이베리아반도를 공격해 왔는데, 이들은 262년경 골 지방에서 히스파니아로 넘어와 타라고나를 약탈했다. 또 로마 제국 전체가 정치적 불안정에 휩싸이기도 했는데, 260~269년에 히스파니아와 다른 서부 지역 속주들은 로마에 대한 충성을 거부하기에 이르렀다. 정치적 혼란은 교역과 교통을 혼란에 빠뜨리고 경제 활동에도 심각한 침체를 가져왔다. 식량과 포도주 수출은 감소하고, 광물 생산도 줄고, 황제들에 의한 악화 주조로 2세기 말, 3세기 초 통화 체계는 완전히 붕괴되었다. 이전 세기의 특징이었던 대규모의 건축 프로젝트는 이제 극히 드문 일이 되었고, 점점 더 많은 도시의 세속 혹은 종교용 건물들이 버려지고 쇠락해 갔으며, 도심들은 몰락하기 시작했다. 많은 히스파니아-로마 시민들이 2세기 후반과 3세기 동안 많은 양의 주화를 땅에

묻어야겠다고 생각한 것 자체가 당시 사람들의 마음을 지배한 불안감을 말해 준다.

3세기 말과 4세기 동안 제국 당국은 삐걱거리는 정부의 행정 구조를 다시 일으키기 위해 노력했다. 황제 디오클레티아누스(284~305)는 제국 영토에 대한 행정적 통제를 강화하고, 효과적인 세수(稅收) 체계 확립을 위해 제국의 속주 행정구역을 다시 구획했다. 히스파니아에서는 타라코넨시스가 3개의 작은 속주로 분할되었는데, 브라가를 수도로 하는 갈라에키아(지금의 북부 포르투갈), 카르타헤나를 수도로 하는 카르타히넨시스(중부와 남동부를 포함), 타라고나를 수도로 가진 타라코넨시스(북부와 북동부 지역)가 그것이었다. 히스파니아 속주들에 대한 지배를 강화하려는 제국 당국의 결의를 강조라도 하듯이, 이 시기 가장 중요한 행정 중심들 가운데 다수(예를 들어 바르셀로나, 루고, 사라고사)가 두꺼운 성벽과 탑으로 방어를 강화하였다. 그러나 이런 조치가 후기 로마 제국에 대한 히스파니아-로마인 엘리트들의 약화되어 가는 신뢰를 회복시켜 주지는 못한 것 같다. 4세기 동안 도시 귀족들에 대한 과세 부담이 계속 증대하자 많은 부자 시민들이 시 참사회에 대한 의무적 봉사에서 벗어나고 싶어 했다. 시민으로서의 자부심은 사적인 겉치레로 바뀌었는데, 그것은 도시 엘리트 가운데 다수가 자신들의 부를 사치스런 도시 저택이나 혹은 (점점 더 늘어난 현상으로) 농촌의 화려한 빌라에 투자하는 현상에서 확인할 수 있다. 빌라는 넓은 영지를 가진 거주 중심이자 행정 중심이었는데, 그것은 많은 수의 노동자와 수공업 기술자들을 고용했을 뿐 아니라 자체적으로 사병을 거느리기도 했다.

후기 제국 시대 히스파니아에서 나타난 가장 중요한 현상은 뭐니 뭐니 해도 기독교의 도입과 확산일 것이다. 「로마인에게 보낸 편지」에서 사도 바울은 히스파니아를 여행할 계획이 있다고 말했다. 그러나 기독교가 언제 어떻게 이베리아반도에 들어오게 되었는지는 분명하지 않다. 마우레타니아에서 복무하고 돌아온 병사들이 기독교 전파에서 중요한 역할을 수행했을 것이라는 이야기가 있다. 어쨌든 3세기 중엽 기독교 공동체가 반도 여러 지역에서 생겨났고, 레온, 메리다, 사라고사에는 주교구가 들어섰다. 300년경에 엘비라(지금의 그라나다 근처)에서 열린 공의회에 20명 정도의 주교가 참석했다는 기록이 있다. 이들 기독교 공동체들은 황제 데키우스(249~251), 디오클레티아누스(284~305)와 갈레리우스(305~312) 치세에 박해를 당했다. 그러나 312년 콘스탄티누스 황제(306~337)가 기독교로 개종하고, 후에 기독교가 제국의 공식 종교로 채택된 이후 반도 내 기독교 교회는 급속하게 성장했다. 교회, 세례당, 병원, 주교관 등 교회 건물들이 주요 도시들에 세워졌고, 토지 귀족 중 다수가 기독교를 받아들이고 빌라 내 거주 시설을 소성당(chapels)으로 바꾸었다. 기독교 문필가들이 박해의 두려움에서 자유로워지자 활발한 활동을 하게 되었는데, 시인 유벤쿠스(330년경)와 프루덴티우스(400년경), 역사가 오로시우스(천지창조로부터 당대까지의 세계를 다룬 영향력 있는 역사서 『이교도들에 대항한 7권의 역사서』의 저자) 등이 그들이다. 히스파니아-로마 기독교도들 가운데 가장 두드러진 인물 가운데 한 명이 부유한 지주 출신인 아빌라의 프리실리아누스인데, 그는 히스파니아와 남서부 골 지역에서 광범한 지지자를 끌어들인 금욕주의 운동을 이끌다가 385년 황제 마그누스 막시무스에 의해 이단 혐의로 처형되었다.

로마 지배의 황혼기

4세기 초 서유럽에서 로마 제국의 권위가 붕괴되기 시작했다. B.C. 409년, 불과 3년 전 라인강 국경을 넘어 로마 제국 안으로 들어 온 일단의 게르만족(알란족, 스웨비족, 하스딩 반달족, 실링 반달족)이 피레네산맥을 넘어와 이베리아반도에 자리 잡았다. 오로시우스와 갈리시아 출신 연대기작가이며 주교였던 히다티우스에 따르면, 그 여파로 발생한 전쟁, 기근, 질병으로 지역민 가운데 상당수가 목숨을 잃었다. 그러나 이 게르만족들이 말 그대로 '야만인들'의 전면적 침입을 한 것은 아니었다. 오히려 이들은 로마 장군 게론티우스의 초청을 받아 히스파니아에 들어온 것으로 보이는데, 그는 바르셀로나에서 반란을 일으켜 막시무스라는 인물을 황제로 옹립하려고 했고, 정규군을 이웃 갈라에키아(갈리시아) 지방에 투입하기 위해 게르만족 군대를 히스파니아에 끌어들인 것이다. 그러나 로마 군대가 411년 이후 반도로 귀환하지 않고, 막시무스와 게론티우스 체제가 얼마 안 가 붕괴되자 그 지역 상당 부분의 정치적 권위가 게르만족 신입자들의 수중에 들어가게 되었다. 스웨비족과 하스딩 반달족은 갈라에키아에, 알란족은 루시타니아와 카르타히넨시스에, 실링 반달족은 베티카에 각각 자리를 잡았으며, 타라코넨시스만 로마 지배하에 남게 되었다. 그렇지만 제국 정부가 싸움 한번 못해 보고 히스파니아를 야만족들에게 넘겨주지는 않았다. 416년에 비시고트족(서고트족)이라는, 이미 410년에 로마를 공격한 바 있고 남서부 갈리아에 정착해 있었던 또 다른 게르만족이 로마 동맹군 자격으로 히스파니아에 들어와 알란족과 실링 반달족을 격파하였고, 이들 알란족과 반달족은 북쪽 갈리시아 쪽으로 후퇴해야 했으며, 거기에서 그들은 하스딩 반달족과 합쳐졌다. 그러나 2년 후 비시고트족은 로마인들에 의해 갈리아로 소환되었으며, 거기서 그들은 아키텐에서 동맹세력으로 자리 잡았다.

로마는 히스파니아에서 상실한 영토를 회복할 힘이 없었으며, 하스딩 반달족은 429년 북아프리카에 있는 로마의 속주에 정착하기 위해 지브롤터해협을 건너 그쪽으로 떠났기 때문에 스웨비족이 반도의 지배세력으로 등장하게 되었다. 왕 레칠라(438~448)와 레치아리우스(448~456)의 지배하에서 그들은 메리다에 수도를 정하였으며, 이 도시를 441년에 정복하고 난 뒤 루시타니아, 베티카, 카르타히넨시스에까지 지배권을 확대하였다. 그러나 레치아리우스가 설사 자신의 지배하에 반도 전체를 통일하려는 생각을 가졌었다고 해도 그 꿈은 456년 테오도릭 2세(453~466)가 이끄는 비시고트족 원정군에 의해(이 원정은 로마 제국 정부의 요청에 따른 것이 분명하다) 아스토르가 근처에서 패하고 전사하는 것으로 끝나고 말았다. 스웨비 왕국은 곧바로 해체되어 갈라에키아에 편입되었으며, 비시고트족 군대는 베티카, 루시타니아, 카르타히넨시스를 장악하게 되었다. 그 후 서로마 제국이 몰락을 거듭하여 보잘것없는 존재로 전락해 가자 로마 정부와의 조약을 통해 서로마에 정착해 있던 여러 '야만족들'(이들은 로마 군대의 기능을 사실상 떠맡고 있었다)은 서로 이합집산하여 스스로 독립적 권력 중심이 되어 갔다. 470년대 중엽에 히스파니아에 잔존해 있던 로마의 권위는 테오도릭의 동생 유릭(Euric, 466~484)이 남부 갈리아 지역 대부분과 함께 타라코넨시스를 정복한 것과 함께 영원히 사라졌다. 476년 황제 로물루스 아우구스툴루스(475~476)가 폐위되고, 서유럽에서 로마 제국은 마침내 사라졌다.

비시고트(서고트) 왕국

테오도릭 2세와 유력의 전쟁은 스웨비족이 지배하는 갈라에키아를 제외하고는 반도 대부분을 비시고트족의 지배하에 들어가게 만들었다. 그러나 처음에는 히스파니아가 비시고트족에게 그다지 관심 대상이 되지 못했다. 비시고트족이 반도에 본격적으로 정주하기 시작한 것은 남서부 갈리아(골) 지역에 있던 그들의 영토가 507년에서 531년 사이 프랑크족과 부르군트족에 참패를 당하여 사라지고 난 이후였다. 그러나 그 후에도 비시고트족은 이베리아반도에 새로 들어온 인구 가운데 소수에 불과했다. 비시고트 왕국이 어쨌든 이 군사적 위기의 시기에 히스파니아에서 살아남은 것은 이탈리아 오스트로 고트족(동고트족)의 왕 테오도릭 대왕(493~526) 덕분이었는데, 그는 프랑크족과 부르군트족의 침입을 저지했고, 히스파니아와 셉티마니아(나르본과 카르카손 주변 지역)에 있는 비시고트족의 나머지 영역을 자신의 지배하에 두었다. 그의 손자이자 비시고트 땅의 계승자인 아말라릭(테오도릭의 딸과 비시고트족 왕 알라릭 2세 사이에서 태어난 아들)이 531년 프랑크족에게 패해 피살되자 4세기 말 이래 거의 중단 없이 집권해 온 옛 비시고트 왕가는 단절되었다. 541년 프랑크족 군대가 피레네산맥을 넘어와 팜플로나를 정복하고 사라고사를 공격했다. 그러나 아말라릭의 계승자이며 한때 테오도릭을 대신해 비시고트 영토를 다스리기도 했었던 오스트로고트족 장군 테우디스(531~548) 덕분에 프랑크족의 진격이 저지될 수 있었다.

로마 제국의 지배로부터 비시고트족의 지배로의 이행이 이베리아반도에서 로마 문명의 전면적인 파괴로 이어지지는 않았다. 반대로 비시고트족이 얼마나 로마적 방식의 확고한 숭배자였던지 심지어 그들이 히스파니아에 건설한 왕국이 사실은 '지배층만 바뀐 로마 에스파냐'라고 불릴 정도였다. 새로 들어온 비시고트인들이 라틴어와 기독교(비록 정통 가톨릭이 아닌 아리우스파 기독교이기는 했지만)를 수용하고, 제국 화폐를 모방한 주화를 주조하고, 고대 시대의 문학과 지적 유산을 열렬히 수용한 사실은 비시고트족 지배자들이 로마의 유산을 포용하려는 열정이 강했음을 말해 주는 충분한 증거이다. 비시고트의 지배 체제 또한 로마 제국의 전례에 크게 힘입었다. 로마 속주 행정부의 구조는 대체로 그대로 유지되었고, 재정 조직의 메커니즘도 역시 마찬가지였다. 이전 체제에서 관리로 일했던 히스파니아-로마인 관리들 가운데 일부는 그 자리를 유지했다. 로마법을 기반으로 제정된 일련의 법들(506년의 『알라릭의 성무일도서』*Breviary of Alaric* 같은)이 공포되었다. 일부 지역에서는 지역 하부구조도 그대로 유지되었다. 메리다의 한 비문에는 483년 유릭 왕 치세에 과디아나강 위에 건설된 로마 다리가 비시고트족 관리 살라(Salla) 백작과 지역 주교 제노(Zeno)의 명으로 보수되었다고 되어 있다. 그러나 일반적으로 이미 로마 말기에 시작된 도시의 물리적 위축과 로마 공공건물들의 점진적 방기(放棄) 현상은 계속 진행되었다. 타라고나의 도시 아래쪽이 5세기와 6세기 동안 거의 버려지다시피 했고, 옛광장(forum)은 채석장으로 이용되었다. 로마 시대 건물들이 붕괴되기도 했지만 새 건물들이 지어지기도 했다. 예를 들어 6세기 후반 메리다의 주교들은 도시 성벽 안에 다수의 교회 혹은 자선용 건물 건축을 추진했다. 한편 국왕 레오비힐도(569~586)는 두 개의 도시를 새로 건설함으로써 로마의 도시 전통을 되살렸다. 하나는 578년에 레코폴리스(Reccopolis, 마드리드 동쪽 소리타 데 로스 카네스 근처)였는데, 당시 헤로나의 주교이자 연대기작가인 후안 데 비클라로(Juan de Biclaro)에 따르면, "그는 성벽 안과 밖 모두에 멋진 건물들을 지었다"고 한다. 다른 하나는 581년 나바라 지역에 건설한 빅토리아쿰(Victoriacum, 지금의 올리테Olite)이었다.

비시고트 히스파니아의 경제 상황은 로마 치세에 비해 현저하게 위축되었다. 비록 이베리아반도와 지중해 다른 지역들을 연결해주던 상업적 유대가 서로마 제국이 붕괴되고 나서 완전히 단절되지는 않았지만 이전 제국 시대의 무역망이 혼란에 빠지고 파편화된 것은 분명하며, 그로 인해 이미 감소하고 있던 무역량이 더욱 줄어들었다. 무엇보다도 로마인들을 이베리아반도에 들어오도록 유인하였던 광물 생산량이 크게 감소했고, 남부 스페인의 유명 상품이었던 가룸 제조공장은 완전히 폐쇄되었다. 비시고트족 지배하의 농촌 사회 조직에 대해 알려진 것이 거의 없다는 사실은 비슷한 지속과 변화의 과정이 있었음을 시사한다. 비시고트족이 들어오기 오래전부터 진행되어 온 히스파니아-로마인 귀족의 농촌으로의 이탈과 경제의 점진적 농촌화는 그 후로도 꾸준히 진행되었다. 로마 제국 후기에 지어진 빌라들 가운데 일부는 5세기 침입의 시기에 버려지거나 파괴되었다. 그러나 많은 빌라들이 전과 마찬가지로 계속 유지되었고 발렌시아 인근 플라 데 나달(Pla de Nadal)에 있는 견고한 비시고트족 주거지에서 볼 수 있는 것처럼, 이전 건물들의 잔해 위에 새로운 빌라가 들어서기도 했다. 농업 기술은 대체로 변하지 않았으나 제국 수출 시장의 붕괴로 인해 노예와 농노에 의해 운영되던 빌라 영지가 위축되고, 대개는 자급자족적 체계에 맞게 재편되었다. 이 대영지 중 일부는 여전히 유력한 히스파니아-로마인 귀족들의 수중에 남아 있었지만 많은 다른 영지들은 왕실 혹은 성·속의 비시고트 귀족들에 의해 점유되었다. 많은 지주들이 자신의 농촌 영지 안에 교회나 수도원을 세웠고, 그중 일부는 오늘날까지 남아 있는데, 국왕 레세스빈토(Reccesuinth, 649~672)가 661년 팔렌시아 근처에 세운 산 후안 데 바뇨스(San Juan de Baños) 교회도 그중 하나이다.

히스파니아-고트 대귀족들은 비시고트 사회의 정점에 위치했다. 상비군을 갖고 있지 않았던 왕이 적들을 상대로 전쟁을 하기 위해서는 그런 대귀족들이 제공하는 군대에 의존해야만 했다. 대귀족들은 왕의 궁정에서 봉사하고, 국정에 대해 왕에게 조언하고, 왕을 대신해 도시와 농촌을 다스리기도 했다. 지방에서도 점증한 지주층의 힘과 독립성은 여러 방식으로 반영되었다. 일부 영주들은 자신들이 지배하는 땅에서 세금징수권과 사법권을 점유하였다. 어떤 영주들은 자신들의 농촌 저택 방어를 강화하고 개인적으로 무장 가신들을 양성하기 시작했다. 6세기 초 부유한 히스파노-로마인 상속녀와 결혼한 오스트로고트족 테우디스(Theudis)는 무려 2,000명가량의 사병을 거느렸다는 기록이 있다. 동시에 농촌의 무법적 상황과 잦은 역병, 가뭄, 기근으로 악화되어 간 불안감은 많은 자유농민들을 지역 영주들의 보호하에 들어가 살게 만들었고, 그 결과 더 많은 농촌 지역이 유력한 성·속의 귀족들의 지배하에 들어가게 되었다.

6세기 중반은 비시고트 귀족들이 파당을 이루어 정권 다툼을 벌이는 등 만성적인 정치적 불안이 지배했다. 테우디스는 548년 암살되고, 그를 승계한 장군 테우디스클루스(Theudisclus, 548~549)도 겨우 18개월 만에 같은 운명에 처해졌다. 이 사건을 보고 투르의 주교

그레고리우스(594년 사망)는 '고트족은 마음에 들지 않은 왕은 누구든 죽이고 자기들이 지지하는 왕을 옹립하는 나쁜 관습을 가지고 있다'며 신랄하게 비난했다. 테우디스클루스의 죽음은 반도에서 오스트로고트족의 보호령 시기가 끝남을 의미했다. 551년 당시 현직 왕이었던 아힐라(Agila, 549~554)와 세비야에서 반란을 일으킨 귀족 아타나힐도(Athanagild) 간에 피비린내 나는 정권 다툼이 벌어졌다. 여기서 아힐라는 554년 메리다에서 부하들에게 암살되었고, 그것은 아타나힐도의 집권(554~568)을 가져왔다. 그러나 이때 아타나힐도를 돕기 위해 파견된 비잔틴 원정군은 카디스 근처 메디나 시도니아(Medina Sidonia)로부터 카르타헤나에 이르는 지중해 해안을 따라 펼쳐져 있는 좁은 영토를 유스티니아누스 황제의 지배하에 놓이게 했다. 동시에 왕국 중심부에서 나타난 정치적 분쟁은 일부 지역 귀족들이 비시고트족 왕의 권위를 거부하게 만들었다. 예를 들어, 남쪽에서는 코르도바가 550년 아힐라 왕에 대항하여 반란을 일으킨 후 22년 동안 하나의 독립된 도시국가로 존속했다. 북쪽에서는 칸타브리아에서 지주들의 '원로원'('senate' of landowners)처럼 독립을 주장한 다수의 지역자치체가 출현했다는 기록이 있다.

이베리아반도 내 비시고트 왕정이 좀 더 확실한 발판을 마련하게 된 것은 6세기 후반에 가서였다. 이 과업의 주요 설계자는 국왕 레오비힐도였는데, 그는 570년대와 580년대 동안 비클라로의 후안(John of Biclaro)이 '스페인의 탈취자와 파괴자들'이라고 부른 사람들을 상대로 끊임없이 전쟁을 해야 했다. 570년과 571년 비잔틴인을 상대로 한 싸움에서 거둔 승리는 말라가와 메디나 시도니아의 재점령을 가져왔고, 572년에는 코르도바에서 일어난 것을 포함하여 여러 지역의 반란도 성공적으로 진압하였다. 579년 베티카에서 레오비힐도의 아들 에르메네힐도(Hermenegild)가 부왕에 대항하여 반란을 일으켰는데, 에르메네힐도는 비잔티움의 지지에 힘입어 4년 동안이나 굴복하지 않고 버텼다. 그러나 그는 584년에 항복했고, 이듬해 살해되었다. 그 직후 레오비힐도는 스웨비족을 격파하고 그들의 왕국을 항구적으로 복속시켰다. 586년 레오비힐도가 서거할 무렵에는 남부 스페인에 있는 작은 비잔틴 영토를 제외한 반도 대부분을 지배하고 있었다. 이 비잔티움의 지배 영토는 레오비힐도의 계승자들에 의해 서서히 잠식당하게 되며, 624년 국왕 스윈틸라(Suinthila, 621~631)에 의해 결국 소멸된다.

군사 작전과는 별도로 레오비힐도는 왕정의 권위를 강화하기 위한 여러 조치를 도입했다. 전략적으로 반도 중앙부에 위치해 있고, 아타나힐도가 이미 자신의 수도로 정한 적이 있기도 한 톨레도가 비시고트 왕국의 정치·종교적 중심으로 인정되었고, 그 상태가 8세기 초까지 유지된다. 레오비힐도는 또한 여러 가지 왕정의 장식물을 사용하여 자신의 권위를 강화하고자 하였는데, 그중에는 비잔틴의 관습에서 영감을 얻은 왕권의 표상과 예식의 도입, 로마나 비잔틴 양식의 초라한 모방이 아닌 자신의 이름과 칭호와 이미지를 당당하게 새겨 넣은 주화 발행 등이 포함되어 있었다. 레코폴리스(Reccopolis)와 빅토리아쿰(Victoriacum)에 새 도시를 건설하기로 한 것, 그리고 아마도 새 법전을 반포하기로 한 결정 또한 제국적 관행을 따른 것이 분명하다.

정치적 통일을 위한 레오비힐도의 노력은 자신의 왕국에서 종교적 통일을 만들어 내려는 열망과 짝을 이루었다. 비시고트족 지배 엘리트들은 아리우스주의 기독교(성자 예수 그리스도가 성부보다 열등하다고 믿는 기독교 이단)의 신봉자들이었고, 그래서 정통 가톨릭을 믿는 히스파니아-로마인 다수와의 사이가 원만하지 못했다. 스웨비족은 브라가의 주교 마르틴(Martin of Braga)의 영향으로 이미 아리우스주의를 포기하고 정통 가톨릭으로 개종한 상태였다. 레오비힐도는 580년 톨레도에서 열린 평의회에서 아리우스 교회와 가톨릭 교회를 교리적으로 중재하려고 하기도 했고, 가톨릭 주교들을 아리우스주의로 끌어들이기 위해 회유하기도 했지만 성공을 거두지는 못했다. 6세기가 지나는 동안 상당수의 고트족 사람들이 아리우스주의를 포기한 것으로 보인다. 그렇게 개종한 사람 중에는 레오비힐도의 아들 에르메네힐도도 포함되어 있었는데, 그의 개종이 579년 자신의 아버지에 대항하여 일으킨 반란과 어떤 관계를 갖고 있는지는 분명치 않다. 대교황 그레고리우스는 에르메네힐도를 순교자로 선언했지만 비클라로의 후안이나 세비야의 주교 이시도로(Bishop Isidore of Seville) 같은 당대인들은 그렇게 생각하지 않았다. 그들에게는 579년의 반란이 왕국의 정치적 안정에 대한 달갑지 않은 위협이었을 뿐이었다. 결국 종교 문제는 레오비힐도의 아들이자 계승자인 레카레도 1세(Reccared I, 586~601)에 의해 해결되었다. 그는 세비야의 주교 레안드로(Bishop Leander of Seville)의 인도하에 587년 가톨릭 신앙을 받아들였고, 589년 5월 제3차 톨레도 공의회에서 비시고트족 전체의 가톨릭 개종을 선언하였다. 아리우스주의로부터 가톨릭으로의 개종을 모두가 다 환영한 것은 아니었다. 레카레도도 적어도 네 차례에 걸쳐 아리우스파 주교들과 그들을 지지하는 귀족들이 이끄는 반란에 직면해야 했다. 그중 마지막 반란이 590년에 진압되고 나서야 아리우스주의 지지자들이 급속히 소멸되었다.

비클라로의 후안에게 있어서 레카레도의 개종은 "모든 고트족과 스웨비족을 기독교 교회의 통일과 평화로 되돌려 놓는 것"이었고, 이베리아반도 역사에서 하나의 분수령을 이루는 것이었다. 그후로 교회와 왕정은 상호 긴밀한 협력관계를 유지했다. 6세기 마지막 4/4분기에 세비야 주교구는 영향력 있는 주교 레안드로(Leander)와 그의 동생 이시도로를 통해 왕국 통치의 지배 세력으로 군림했다. 636년 이시도로가 죽고 나서는 톨레도의 주교들이 부상했다. 7세기 동안 톨레도에서 열린 여러 번의 공의회에서 톨레도의 주교들은 왕의 권위를 증대시키고, 교회의 조직과 의식을 통일하고, 비시고트 교회의 다른 주교들보다 자신(톨레도 주교)의 우위를 확실히 하기 위한 여러 조치를 취하였다. 주교들은 또한 왕국의 의식(儀式)의 중심으로서의 톨레도의 지위를 공고히 하기 위해 노력했다. 그들은 또 그들만이 집행할 수 있는 도유식(塗油式) 같은 의식을 만들어 냄으로써 왕정을 자신들과 유례없이 긴밀하게 연계시켰다.

교회 엘리트들의 점증해 간 권위와 영향력은 라틴 서유럽(Latin West) 어디서도 유례를 찾아볼 수 없을 정도로 활발하게 이루어진 지적 활동과 짝을 이루었다. 다수의 이베리아 주교들은 비잔틴 제국, 북아프리카 교회와 긴밀한 연계를 유지했으며, 지중해 세계의 문화적 주류에도 완전하게 편입되어 있었다. 성직자들은 우수한 예배 혹은 성서 관련 서적을 여럿 저술하였을 뿐 아니라 성인전, 논쟁서, 문법서, 시집, 역사서를 저술했다. 로마 문화가 망각되지는 않았지만 비시고트 교회의 유명 인사들(즉 브라가의 프룩투오수스, 사라고사의 브라울리오, 톨레도의 에우게니우스, 일데폰수스, 훌리안, 비에르소의 발레리오)의 작품은 황금시대와 은 시대 로마의 이교도 작가들보다는 교부들의 저서에서 더 많은 영향을 받았다. 그들 가운데 가장 위대한 사람은 물론 브라울리오의 표현에 의하면 '스페인의 영광이자 교회의 기둥'이었던 세비야의 이시도로였다. 이시도로의 방대한 저술 중에는 두 권의 고트족의 역사, 46명의 교황·주교·작가들의 전기, 여러 권의 주석서, 그리고 백과사전적 저술 『어원학』(Etymologies)이 있다. 이 『어원학』은 총 20권으로 고대 시대 지식을 요약하였으며, 유럽 전역의 지식인들 사이에서 널리 읽혔다. 그렇지만 지적 추구가 성직자들만의 전유물은 아니었다. 세비야의 이시도로가 '학문에 대한 지식으로 충만해 있다'고 평가한 국왕 시세부토(Sisebut, 611/612~619)는 빈의 성 데시데리우스(St. Desiderius of Vienne)에 관하여 「삶」(Life)이라는 시를 쓴 것으로 보이며, 국왕 친틸라(636~639) 역시 상당히 재능 있는 시인이었다.

비시고트 왕들이 왕국의 통일성을 수호하려고 많은 노력을 기울였음에도 불구하고 그들의 권력 장악은 자주 취약성을 드러냈다. 601년 레카레도의 서거 이후 비시고트 국가의 붕괴까지 약 100년간 적어도 16명의 군주가 즉위했다. 레오비힐도, 시세난도(631~636), 친다스빈토(642~653), 에히카(687~702) 같은 몇몇 군주들은 재위 기간 동안 자신의 아들들을 공동 지배자로 앉힘으로써 순조로운 승계를 이루어 냈지만 그 세습 원칙이 확실하게 자리 잡지는 못했다. 군데마르(610~611/612), 시세부토, 수인틸라, 왐바(672~680), 에르비히(680~687)는 모두 궁전 귀족들에 의해 왕으로 선출되었다. 위테릭(603~610), 시세난도, 친다스빈토는 무력으로 권력을 장악했다. 효과적인 군사적 리더십을 보여 주지 못한 허약하고 무능한 지배자들은 특히 귀족 파당들에 의해 폐위되는 경우가 많았다. 633년 시세난도의 명으로 열린 제4차 톨레도 공의회는 왕위를 찬탈하려고 하는 자를 파문에 처하겠다고 위협하고, 차후 계승자들은 주교와 속인 귀족들에 의해 선출된다는 원칙을 확립함으로써 반란으로부터 왕을 보호하려고 했고, 이 규정은 636년과 638년 톨레도에서 열린 공의회에서 좀 더 정교하게 다듬어졌다. 그러나 실제로는 교회 당국 스스로가 대개는 너무 현실적이어서 왕위를 찬탈한 누구에게나 지지를 보내곤 하였다. 그들은 기존의 군주를 타도한 것 자체를 신의 의지의 표현으로 간주하여 찬탈자에게 합법성을 부여하곤 했다.

친다스빈토와 레세스빈토는 무엇보다도 입법과 관련된 업적으로 기억되고 있다. 친다스빈토에 의해 시작되고, 654년 레세스빈토에 의해 완성되어 공포된 『판관의 서』(*Liber Iudicorum*)는 5세기 말까지 거슬러 올라가는 비시고트 왕정의 입법적 전통의 정점이었다. 12권으로 이루어지고, 형법·민법·상법 등을 모두 포괄하는 법전인 이 『판관의 서』는 서로마 제국 이후 나타난 '야만인들'의 국가들에 의해 반포된 그 어떤 법전보다도 방대하고 야심적이었으며, 여기에 수록된 조항들은 13세기까지 이베리아반도 대부분 지역에서 유효하였다. 로마계 주민과 게르만계 주민 간의 법적 구분이 사라지기 시작한 지 이미 오래였지만 『판관의 서』는 히스파노 로마인과 게르만족에 상관없이 모든 주민에게 적용되었다. 고트족과 로마인 엘리트들 간 통혼은 형식적으로는 레오비힐도 치세까지 불법이었지만 아마도 6세기에 이미 일반적인 관행이 되고 있었던 것으로 보인다. 가톨릭과 아리우스주의 간 구분의 소멸은 말할 것도 없고 히스파니아-로마 귀족들이 왕국의 정치·군사·행정적 구조에 동화되어 간 것 또한 인종 간 통합

과정을 가속화하였다. 7세기 말경에는 모든 사람이 스스로를 출신에 관계없이 공동의 고트 국가의 구성원으로 간주하게 되었다.

이베리아반도 내 기독교도 주민들 사이에서는 공동의 고트적 정체감이 발전해 간 데 반해 유대인 소수 집단은 지속적인 박해의 대상이 되었다. 유대인이 건설한 공동체에 대해서는 별로 알려진 바가 없지만 그들은 아마도 A.D. 1세기경 반도에서 정주하기 시작한 것으로 보인다. 6세기 말 이후 유대인에 대한 탄압은 왕국 내에서 정통 가톨릭교를 수호하려는 비시고트 당국의 결의와 함께 진행되었고, 그 것은 지중해 세계 전체에 팽배해 있던 반-유대인 감정이라는 배경속에서 나타난 현상이었다. 613년 국왕 시세부토는 왕국에 거주하는 모든 유대인에 대해 기독교로 개종할 것을 요구하고, 이를 거부하는 유대인에 대해서는 추방하고 재산을 몰수하겠다는 칙령을 내렸다. 이 가혹한 정책은 633년 제4차 톨레도 공의회에서 비판의 대상이 되기도 했다. 그러나 그 공의회와 그다음 공의회들에서도 유대인의 법적·사회적 지위를 부정하는 또 다른 조치들이 발표되었다. 국왕 레세스빈토 치세하에서 결혼 의식이나 음식 관련 법 같은 유대인들의 종교적 관습도 금지되었다. 유대인은 또한 기독교도에 대하여 법적 절차를 진행할 수 없게 되었으며, 기독교로 개종한 유대인 개종자들은 감시 대상이 되었다. 694년 국왕 에히카(Egica)는 유대인이 자신을 쫓아내기 위해 공모를 했다고 비난하면서 유대인 전체를 노예로 만들고 그들의 재산을 몰수한다는 명령을 내렸으나 이 법적 조치가 실제로 실행에 옮겨졌는지는 불분명하다. 그 후로도 많은 반유대인 법령이 발표되었음에도 불구하고 반도 내 유대인 공동체들은 8세기 초까지도 사라지지 않고 있었다.

스페인의 파괴

625년 세비야의 주교 이시도로는 자신의 저서 『고트족 왕들의 역사』 서문에서 자기 조국에 대해 다음과 같은 요란한 찬가를 보냈다.

> 서유럽에서 인도제도(the Indies)에 이르는 모든 땅들 가운데 그대 스페인, 오, 성스럽고 언제나 행운을 가져다주는 군주들과 백성들의 모후이신 그대는 너무나 아름다워라. […] 그대는 온 세계의 자부심이고 아름다운 장식이며, 지구의 가장 빛나는 부분. 그 안에서 고트족 백성들은 영광스럽게 풍요롭고, 많이 기뻐하고, 놀라울 정도로 번영하리라. […] 그대의 관대한 품성은 마땅히 그대에게 모든 산물의 풍요로움을 갖다주었네. 만국의 우두머리였던 황금시대 로마도 마땅히 오랫동안 그대를 가지려고 했지. […] 지금은 가장 번성한 고트족 백성이 수많은 나라들과의 싸움에서 이기고 그대를 간절한 마음으로 차지했고, 그대를 사랑하네. 그들은 지금까지 국왕의 상징물과 엄청난 부를 누리며 그대를 향유하고 있고, 제국의 행운 가운데 안전하네.

하지만 비시고트 왕국의 안전에 대한 이시도로의 생각은 결국 틀린 것으로 입증되었다. 711년 탕헤르를 지배하고 있던 무슬림 총독 타리크 지야드(Tāriq b. Ziyad)가 이끄는 베르베르족 군대가 지브롤터 해협을 건너 스페인 남부 지역을 침입했다. 그 이후 어떤 일이 일어났는지에 대하여는 기독교 측 설명과 무슬림 측 설명이 다른데, 무슬림 측 설명에 따르면, 침입자들은 지금도 남아 있는 타리크의 이름

'자발 타리크'(즉 '지브롤터')에서 그 이름이 유래한 험준한 갑(岬)에 상륙한 뒤 내륙으로 쳐들어가 711년 7월 국왕 로드리고(710~711/712)가 이끄는 비시고트 군대에 결정적인 패배를 안겨 준 것으로 되어 있다. 반대로 보통 『754년의 연대기』(Chronicle of 754)로 알려진 비슷한 시기 기독교 측에 의해 작성된 사료에는, 먼저 지역 세력들과 무슬림들 간에 여러 차례의 분쟁이 일어났고, 결국 로드리고가 712년 아마도 메디나시도니아 인근 트란스둑틴산맥에서 패해 전사한 것으로 되어 있다. 무슬림 군대는 로드리고를 패퇴시킨 후에 코르도바와 수도 톨레도를 점령했으며, 여기에서 톨레도의 성직자들은 교회의 보물들을 가지고 수도에서 빠져나갔고, 그중에는 레세스빈토가 봉헌한 보석이 박힌 금제 의식용 왕관이 포함되어 있었으며, 그것은 1849년 톨레도 인근 과라사르(Guarrazar)에서 다른 보물들과 함께 출토되었다.

타리크의 성공에 자극을 받은 북아프리카의 아랍인 총독 무사 누사이르(Musa b. Nuṣayr)가 711년 (혹은 그 이듬해) 대군을 이끌고 해협을 건너왔다. 그는 세비야와 메리다를 점령하고, 계속해서 톨레도를 거쳐 북동쪽으로 진격하여 치열한 전투 끝에 사라고사를 복속시켰으며, 나아가 에브로강 계곡 전체를 수중에 넣었다. 무사가 712년 말 혹은 그 이듬해 우마이야 왕조 칼리프에 의해 다마스쿠스로 소환되자 그의 아들 압달 아지즈('Abd al-'Aziz)가 이 지역에 대한 지배권과 잔여 기독교 세력의 거점들에 대한 복속 과업을 이어 갔다. 720년경이면 서부 피레네와 중부 피레네 산악 지역을 제외한 반도 거의 전체가 이슬람의 지배하에 들어가게 된다. 이 이베리아반도 내 무슬림 영토는 그 이후 알 안달루스(al-Andalus)라는 이름으로 불렸으며, 그리고 여러 중요한 교통망의 중심에 자리 잡고 있던 코르도바가 통치의 중심이 되어 갔다.

무슬림의 이베리아반도 침입은 632년 예언자 무함마드의 사후 거의 1세기에 걸쳐 서쪽 대서양 연안과 피레네산맥에서 동쪽 중앙아시아와 펀자브 지역에 이르는 방대한 이슬람 제국 건설로 이어진 놀라운 정복과 팽창의 연장선상에서 이루어졌다. 7세기 후반기 동안 베르베르족의 본거지인 마그레브와 트리폴리 혹은 카르타고 같은 해안 본거지에 잔존하고 있던 비잔틴 수비대를 복속시키고자 한 아랍인의 전투는 오래고도 힘들게 진행되었다. 그러나 일단 복속되자 베르베르족 피정복민들 가운데 다수는 이슬람으로 개종하고 아랍인이 이끄는 군대에 징집되었으며, 그 군대는 680~710년 서부 마그레브를 휩쓸었다. 무슬림들이 703년 탕헤르에 이르자 그들의 시선이 비옥한 북쪽 이베리아반도 땅으로 향하게 된 것은 결코 놀라운 일이 아니었다.

당대인들과 그 이후 세대 사람들에게 히스파니아에서 비시고트 왕국이 갑작스럽게 붕괴된 것은 결코 잊을 수 없는 충격적인 사건이었다. 『754년의 연대기』를 쓴 톨레도의 한 저술가는 자신의 고뇌를 이렇게 표현했다.

누가 그와 같은 위험을 이야기할 수 있단 말인가? 누가 그처럼 참담한 재난을 설명할 수 있단 말인가? 사지가 모두 혀로 변한다고 해도 스페인이 당한 파괴와, 그것이 가져온 거대한 해악을 기술하는 것은 인간의 능력 범위를 벗어나는 일일 것이다.

기독교도 저술가들은 재빨리 비시고트 국가의 이런 갑작스러운 붕괴가 그 왕국의 지배자와 백성들이 지은 죄에 대한 신의 징벌이라고 서술했다. 앵글로-색슨족의 선교사 보니파키우스는 746~747년에 쓴 글에서 이 왕국의 붕괴가 비시고트인들의 도덕적 타락 때문이라고 했다. 9세기 말 아스투리아의 한 연대기 작가는 여성적 취향을 가진 국왕 위티사(Wittiza, 702~710)가 지역 사제들을 강제로 결혼시켰다며 비난의 화살을 퍼부었다. 무슬림 측 저술가들은 로드리고 왕이 세우타의 총독 훌리안 백작의 딸을 유혹했고, 이에 분개한 백작이 무슬림 군대가 지브롤터해협을 건너 스페인에 상륙할 수 있게 도와 로드리고가 타도되게 하는 것으로 복수를 했다고 말한다.

오늘날의 역사가들은 이런 도덕적 관점에 동의하지 않는다. 비시고트 왕정이 그렇게 쉽게 붕괴된 것은 지배층의 '타락' 때문도 아니고, 그 붕괴가 그렇게 되도록 운명지어졌기 때문도 아니라는 것이다. 그러나 타리크가 711년 해협을 건넜을 때 비시고트 왕국이 정치적으로 사분오열되어 있었던 것은 분명한 사실이다. 710년 국왕 위티사가 죽자 아칠라(Achila, 710~713)를 지지하는 사람들과 로드리고를 지지하는 사람들 간에 정권 다툼이 나타났다. 로드리고는 비시고트 귀족들 가운데 일부에 의해 왕으로 선출되고, 톨레도에 자리를 잡았다. 그에 반해 아칠라는 반도 북동부 지역과 셉티마니아에서 지지 세력을 확보했다. 711년 무슬림이 침입해 왔을 때 이에 대한 로드리고의 대항 능력은 아마도 비슷한 시기에 아칠라와 바스크족을 상대로도 싸워야 했기 때문에 심히 약화되어 있었던 것으로 보인다. 또 여러 대귀족이 로드리고의 진영에서 도망쳐 나왔고, 그로 인해 참담할 정도로 전사가 부족해져 주요 도시들이 무슬림의 공격에 효과적인 저항을 할 수 없게 되었음을 말해 주는 기록도 있다. 비시고트 왕국의 갑작스런 붕괴와, 마찬가지로 극적이었던 1066년 앵글로색슨 왕국이

노르만인들에 의해 붕괴된 사건 간의 유사성이 이따금씩 제기되곤 한다. 로드리고의 패배와 죽음, 그의 군사적 측근들과 대귀족들의 죽음, 수도 톨레도의 함락, 이 모든 것이 순식간에 일어나서 비시고트 정부의 중심부를 마비시켰으며, 그것이 나머지 지배 엘리트들이 계속 함께 저항할 의지와 수단을 상실하게 만든 것으로 보인다.

비시고트 정부 지도부 가운데 일부는 왕이 죽고 분명한 계승자도 없는 상태에서 피레네산맥을 넘어 도망쳤다. 『754년의 연대기』의 신랄한 언급에 따르면, 톨레도 주교 신데레도(Sindered)는 '목자라기보다는 돈을 받고 고용된 사람처럼' 자신의 양떼를 다 버리고 로마로 도망쳤다. 다른 대귀족들은 반도 북쪽 멀리 떨어진 곳의 산지에서 은신처를 찾았다. 그리고 어떤 사람들은 즉각 처형되었다. 도망치거나 저항한 사람들의 토지 재산은 몰수되어 새로운 땅에 정착하기 시작한 정복군에게 분배되었다. 그러나 비시고트족 인사들 가운데 상당수는 재빨리 무슬림들과 타협함으로써 권력과 지위를 고수하려고 했다. 그중 한 사람이 오리우엘라, 알리칸테, 그리고 스페인 남동부 여러 도시의 영주였던 테오데미로(Theodemir, 744년 사망)였는데, 그는 713년 4월 5일 압달 아지즈와 조약을 체결했다. 테오데미로 지배 하의 공동체들은 (무슬림에게) 충성을 맹세하고, 매년 두당 1디나르와 상당량의 밀, 보리, 포도즙, 식초, 꿀, 올리브유 등을 공물로 바친다는 조건하에 안전과 신앙의 자유를 보장받았다. 그와 비슷한 협약이 다른 곳에서도 체결된 것으로 보인다. 그러나 이들 기독교도들의 고립 지역들이 자치적 지위를 오랫동안 유지한 것 같지는 않다. 예를 들어 테오데미로와 그의 아들 아타나힐도가 지배하던 영토 중 일부는 744년 새로 도착한 시리아 병사들에게 할당된 것으로 보인다. 일부 지도적인 비시고트 가문들은 후에 무왈라드(muwallads), 즉 이슬람으로 개종한 자들이 되었는데, 에브로강 상류 계곡 투델라의 카시 가문(Banū Qasī), 우에스카의 암루스 가문(Banū ʿAmrūs) 등이 그것들이며, 이들은 8세기 말에 명문 가문이 되었고 그 후 상당 기간 동안 이 지역에서 지배 가문으로 군림했다. 반도의 평정은 무슬림 정복자들과 비시고트 귀족 지배층 간 통혼으로 더욱 용이해졌다. 예를 들어 압달 아지즈는 로드리고 왕의 미망인 에힐로나(Egilona)를 아내로 맞아들였다.

이런 협약으로 무슬림은 시급히 필요한 곳에 군사력을 집중시킬 수 있게 되었다. 720년 카탈루냐와 셉티마니아에 있는 비시고트의 마지막 거점이 함락되었고, 무슬림 군대는 남부 프랑스 깊숙한 지점에 대해 약탈적 침입을 시작했다. 725년 카르카손이 점령되었고, 침략군은 동쪽으로 부르군디의 오텅(Autun)까지 침입해 들어갔다. 그러나 피레네 북쪽에서 더 이상의 영토 팽창은 인력 부족과 새로 정복된 알 안달루스 영토에 신경 써야 할 필요성 때문에 크게 제한되었다. 아마도 733년 말에 있었던 것으로 보이는, 푸아티에 인근에서 프랑크 왕국의 샤를 마르텔의 군대에 패한 것이 많은 사람들이 이야기하는 것처럼 프랑스 정복이라는 무슬림의 야심을 즉각적으로 종결시킨 것 같지는 않다. 그러나 그 후로 셉티마니아에서 이슬람의 존재는 점점 더 프랑크족으로부터 가해지는 압박에 직면하게 되었음은 분명해 보이며, 결국 무슬림들은 759년 피레네산맥 북쪽의 마지막 거점이었던 나르본을 포기했다.

알 안달루스

이베리아반도 내에서 이슬람 지배의 시작은 결코 순조롭지 않았다. 압달 아지즈는 왕비 에힐로나의 조언을 받아 비시고트적 관행에 따라 왕관을 쓰고 스스로 독립적인 알 안달루스의 지배자로 행세하려고 했다는 기록이 있다. 그러나 715년 압달 아지즈는 부하들에게 살해되었는데, 이는 칼리프의 묵인하에 그렇게 된 것으로 보인다. 그후 40년 동안 알 안달루스는 왈리(wali), 즉 지방관들(governors)에 의해 지배되었는데 그들 중 대부분은 이프리키야(Ifrīqīya), 즉 북아프리카를 지배하는 총독들에 의해 직접 임명되었고, 그들 모두는 궁극적으로 다마스쿠스에 있는 우마이야 왕조 칼리프에게 충성을 맹세한 사람들이었다. 이프리키야의 총독들은 분리주의적 음모를 막기 위해 왈리들의 임기를 1~2년이 넘지 않게 했다. (알 안달루스의) 각 지방에서는 다수의 카디들, 즉 판사들이 각 지역의 재정과 군사 업무를 맡아 보았다. 비록 모스크에서 열리는 금요일 설교에서 칼리프의 이름이 기억되고 칼리프의 권위하에 발행되는 주화에 그의 이름이 새겨지기는 했지만 다마스쿠스와 코르도바 간 거리의 문제 때문에 반도 문제에 대한 칼리프의 영향력은 제한될 수밖에 없었다. 알 안달루스의 무슬림 정주자들은 정복의 전리품들에 대한 그들의 지배를 포기하지 않으려고 했고, 그 때문에 전리품에 대한 5분의 1(칼리프들은 전통적으로 그만큼의 몫을 차지할 권리가 있었다)이 실제로 다마스쿠스에 보내졌는지는 논란거리이다.

무슬림 침입자들이 결코 하나로 통일되거나 동질의 세력은 아니었다. 정복 직후 반도 내 무슬림의 정주는 대개 부족 혹은 인종에 따라 이루어졌다. 소수파였던 아랍인들은 주로 코르도바, 세비야, 사라고사 등 대도시 혹은 과달키비르계곡, 무르시아, 에브로강 중류 지역 등 비옥한 농업 지대에 정착했다. 그에 비해 정복군의 다수를 이루고 있던 베르베르족은 중앙 메세타 지역과 엑스트레마두라의 초원 지대에 정착했으며, 안달루시아와 발렌시아 언덕 지대에도 중요한 거주지들을 갖고 있었다. 그 후로 나타난 베르베르족과 아랍인 간의 갈등은 정복 후 전리품 분배에서 나타난 불균형 때문이라기보다는 베르베르인(반도에 사는 사람들과 마그레브에 살고 있었던 사람들 모두) 자신들이 이슬람 사회에서 종속적인 처지로 전락했다는 박탈감 때문이었다. 알 안달루스 대부분의 부와 권력은 지주, 군 지휘관, 민간 행정가 등으로 구성된 아랍인 엘리트들이 차지했고, 베르베르인 대부분은 농촌 프롤레타리아가 되거나 아니면 알 안달루스의 도시에서 수공업 기술자로서 보잘것없는 직업에 만족해야 했다는 것이 일반적인 주장이다. 740년 마그레브의 베르베르인들은 아랍 당국이 자신들에게 카라즈(kharāj), 즉 토지세를 물리기로 한 결정에 분개하여(그들은 같은 신앙을 가진 사람으로서 아랍인들과 똑같이 세금에서 면제될 권리를 가지고 있었다) 우마이야 왕조 지배자들에 맞서 반란을 일으켰다. 이듬해 이 반란이 반도로 확산되었고, 베르베르인 수비대는 북쪽 끝 갈리시아, 아스투리아스, 북부 메세타 등 자기들이 점유하고 있던 지역에서 나와 코르도바로 진격했다. 이에 칼리프 히샴(Hishām, 724~743)은 질서 회복을 위해 시리아인 군대를 마그레브로 파견했다. 그러나 이 군대는 북부 모로코의 베르베르인들에게 참패를 당했다. 742년 압드 알 말리크 카탄(ʿAbd al-Malik b. Qaṭan)이 반란을 일으킨 베르베르족을 진압하는 것을 돕기 위해 시리아군 패잔병들이 해협을 건너 알 안달루스로 갔다. 베르베르인들은 얼마 가지 않아 진압되었다. 그러나 준드(jund)라는 군대 단위로 조직되어 있었던 시리아인들은 고향으로 돌아가기를 거부했고, 결국 그들은 총독에게 군사적 봉사를 바친다는 명분하에 반도 남쪽에 정주하게 되었다.

741~742년의 대혼란의 영향은 널리 감지되었다. 첫째, 시리아인의 도착은 이미 알 안달루스 사회에서 악화일로를 걷고 있던 인종 간 갈등과 적대감을 더욱 악화시켰다. 원래의 아랍인 정주자들은 대부분 예멘 부족연맹 출신이었던 데 비해 새로 들어온 시리아인들은 그들의 라이벌이었던 카이시족에 속했다. 이 두 주요 아랍인 파당 간 갈등이 742년 폭발하였고, 그 후로도 오랫동안 알-안달루스 정치의 중요한 특징으로 남았다. 두 번째, 베르베르인들의 반란은 두에로강 북쪽에 주둔해 있던 무슬림 수비대가 그 지역을 비우게 되는 결과를 가져와, 718년 혹은 722년 이슬람의 지배에 대항하여 반란을 일으킨 아스투리아스 기독교도들의 독립성을 강화시켜 주었다. 베르베르인의 남하는 750년 이후 계속되는 가뭄과 기근으로 두에로강 계곡이 황폐화되면서 더욱 가속화했다. 그들은 인구가 매우 희박한 넓은 지역을 뒤에 남겨 놓았고, 그 후 그 지역은 이제 막 생겨나고 있던 북쪽 기독교 국가들과 알 안달루스 간 완충 지역으로 남게 된다. 후에 무슬림 군대가 주기적으로 이곳에 돌아와 기독교 제후국들을 공격하기는 했지만 반도 북단 끝까지 재정복하려는 시도는 나타나지 않았다.

우마이야 제국

661년부터 우마이야 왕조(Umayyad) 칼리프들은 전 이슬람 세계에 대하여 지상(至上)의 권위를 가지고 지배했다. 그러나 이 지배권은 얼마 가지 않아 칼리프 위(位)가 예언자 무함마드의 후손들에게 돌아가야 한다고 믿는 사람들과 우마이야 국가에서 아랍 인종(ethnic Arabs)이 지배하는 것에 반감을 가진 사람들의 도전을 받게 되었다. 750년 우마이야 왕조와 그 시리아인 지지자들은 라이벌 가문인 압바스 왕조(Abbasids)에 의해 타도되었고, 압바스 왕조는 762년 이슬람 제국의 중심을 다마스쿠스에서 바그다드로 옮겼다. 압바스 왕조의 제1대 칼리프 알 사파(al-Saffāḥ, 749~754)는 자기 가문의 권위를 강화하기 위해 정적들에 대해 야만적인 숙청을 단행했고, 그 과정에서 우마이야 가문 지배자들 가운데 대다수가 처형되었다. 이 참혹한 살육에서 살아남은 소수의 사람들 가운데 전임 칼리프 히샴의 손자 압드 알 라흐만(Abd al-Raḥmān)이 있었는데, 그는 먼저 마그레브로 도피했다가 755년 알 안달루스로 넘어왔다. 압드 알 라흐만은 예멘인들과 그 외 다른 인종 집단들 가운데서 지지세력을 끌어들여 압바스 왕조에 충성하기를 거부하고, 756년 7월 스스로 독립적인 알 안달루스의 에미르, 즉 군주를 자처하고 나섰다.

압드 알 라흐만 1세(756~788)는 과달키비르 계곡에 있는 자신의 세력 기반으로부터 반도 남부와 중부 지역으로 지배권을 서서히 확대해 나갔다. 그러나 알 안달루스 전체를 지배하려고 한 우마이야 왕조의 주장은 강력한 도전에 부딪혔고, 그 도전 가운데 일부는 압바스 칼리프의 대리인들이 사주한 것이었다. 에미르와 그 계승자들은 특히 투구르(thughūr), 즉 알 안달루스의 '앞이빨들'이라고 알려진, 대개는 자치적으로 운영되고 있었던 전선 지역에 대해 권위를 강요하는 데 어려움을 느꼈다. 알 안달루스의 '앞이빨들'은 메리다에 기반을 둔 하부 변경령(Lower March), 톨레도를 중심으로 하는 중부 변경령(Middle March), 사라고사를 수도로 하고 에브로 계곡을 기반으로 하고 있었던 상부 변경령(Upper March)으로 이루어져 있었다. 이 지역들에서는 권력이 주로 베르베르족, 지역의 아랍인 명문가, 비시고트족 출신 무왈라드 유지들의 수중에 있었다. 이 인종 집단들 간에는 마찰과 갈등이 빈번했을 뿐 아니라, 그들 모두는 자의적으로 지배권을 행사하려고 하는 우마이야 왕조의 시도에 강하게 저항했다. 이런 식으로 인종 간 라이벌 의식과 부족 간 분열은 로마 제국 말기 이래로 반도 사회의 주요 특징이 되어 온 강한 지역 자치 정신을 불타오르게 만들었다. 강력하고 카리스마 넘치는 에미르라면 일시적으로 교묘한 외교와 무력을 동원하여 이런 지역 분열주의를 제압할 수도 있었을 것이다. 그러나 알 안달루스는 계속 불안한 사회로 남아 있었다. 압드 알 라흐만의 손자 알 하캄 1세(796~822)의 치세는 이 점에서 특히 심각했다. 사라고사, 톨레도, 메리다에서 반란이 일어났고, 에미르는 수도 코르도바에서조차 두 차례에 걸쳐 지배권에 대한 심각한 도전에 직면해야 했다. 하나는 지역 아랍 엘리트 중 지도층이 꾸민 음모로서 805년에 제거되었고, 다른 하나는 코르도바 남쪽 교외에서 일어난 대규모 봉기인데 818년 잔인하게 진압되었다.

알 하캄의 아들 압드 알 라흐만 2세의 장기 치세(822~852)에 우마이야 에미르는 지배권을 강화하기 시작했다. 세금 징수의 효율화로 가능하게 된 우마이야 국가의 증대된 재정 능력은 에미르가 용병

경호대를 강화하고(그 호위병들 가운데 일부는 사칼리바[ṣaqāliba, 슬라브인 혹은 북유럽 출신의 노예들]였으며, 그들은 알 하캄 1세에 의해 처음 고용되었다), 국가 관료제 운영에 필요한 재정을 충당할 수 있게 해 주었다. 국가 관료제는 오늘날로 치면 수상 격인 하집(ḥājib)의 책임하에 재정, 사법, 외교, 변경 통치 등의 부서로 나뉘었고, 각 부서의 수장은 와지르(wazīr, 혹은 비지에르vizier)였다. 궁정은 바그다드 '압바스 왕조' 칼리프의 궁정을 거의 그대로 모방하였고, 에미르 자신은 점점 접근할 수 없는 존재가 되어 갔다. 정치적 측면에서 에미르는 알 안달루스 전선을 수호하겠다는 결의를 확실히 보여 주었다. 북쪽 기독교도 제후들을 여러 차례 공격했고, 844년 세비야를 공격한 바이킹 침략자들을 격퇴했다. 또한 압드 알 라흐만의 치세에는 반(半) 자치적 변경령들에 대하여 에미르의 권위를 강력하게 천명했다. 메리다, 톨레도, 사라고사 등에 우마이야 체제에 충성하는 지방관과 수비대를 배치했다. 그렇지만 이 도시들의 배후지는 확고하게 지역 우두머리들의 지배하에 남아 있었다. 예를 들어, 상부 변경령에서는 기독교 왕국 팜플로나와 긴밀한 관계를 수립하고 있었던 무왈라드 카시 가문(muwallad Banū Qasī)이 그들의 리더인 자칭 '스페인의 제3대 왕' 무사 무사(Mūsā b. Mūsā, 862년 사망) 밑에서 에브로강 계곡의 실질적인 지배자로 행세했다.

각 주들(provinces)에 대한 우마이야 왕조 지배의 취약성은 9세기 후반에 분명하게 입증되었다. 에미르 무함마드 1세(852~886)가 즉위하자 중부 변경령의 톨레도인들은 그의 권위를 인정하지 않았고, 대체로 10세기 초까지 우마이야 왕조의 지배에서 독립한 상태로 남아 있었다. 상부 변경령에서는 카시 가문이 반란과 복종을 오락가락하다가 결국 907년 라이벌 투지비드 가문(the Tujībīds)에 의해 권력의 자리에서 밀려났다. 하부 변경령에서는 무왈라드 이븐 마르완(Ibn Marwān)이 868년과 874/875년 에미르에 대항해 반란을 일으켰고, 아스투리아스의 왕 알폰소 3세(866~910)의 지원하에, 새로 건설된 바다호스(Badajoz) 정주지를 기반으로 한 자치 제후국을 건설했다. 이 자치 제후국은 930년까지 이븐 마르완 가문의 지배하에 남게 된다. 그러나 우마이야의 지배권에 대한 가장 심각한 위협은 또 다른 배교자 무왈라드 우마르 이븐 합순(Umar ibn Hafṣūn)이 이끄는 반란이었는데, 그는 881년부터 917년에 죽을 때까지 코르도바 에미르의 바로 코앞인 말라가 근처 보바스트로의 거점을 기반 삼아 독립적인 제후국을 유지했다. 에미르 압드 알라(Abd Allāh, 888~912)의 치세 동안 중앙집권적인 우마이야 왕조의 권력은 붕괴되기 시작했다. 알 안달루스 대부분에서 지역 세력가들이 반(半) 독립적 군주를 자처하며 반란을 일으켰고, 자신들의 거처를 요새화하고, 세금을 거두고, 사병을 양성하기 시작했다. 아랍인, 베르베르인, 무왈라드 간의 인종적 분쟁이 여러 지역에서 불타올랐고, 점점 더 위험한 존재가 되어 간 이븐 합순(그의 권위는 이제 남부 이베리아 대부분의 무왈라드들에 의해서도 인정되었다)은 891년 수도 코르도바 주변 지역까지 공격했다.

알 안달루스에서 이슬람 사회의 출현은 더디고 불균등하게 진행되었다. 정복을 이루어 내고 자기들끼리 토지 재분배 과정을 시작한 베르베르인과 아랍인 군인들은 이베리아반도 전체 인구 가운데 극소수에 불과했다. 기독교도들 대부분과 유대인들은 이슬람법에 의해 딤미(dhimmīs), 즉 '성서의 민족들'(Peoples of the Book)로 간주되었으며, 자신들의 종교를 계속 유지할 자유를 보장받았다. 그 대신 딤미들은 무슬림 정부에 지즈야(jizya)라는 인두세를 바쳐야 했으며, 성당 건축과 종교 행렬, 찬송, 교회 종 울리기 등 눈에 띄는 종교 행위도 제약을 받았다(그러나 이런 규정이 엄격하게 강요된 것 같지는 않다). 이슬람 사회에서 딤미들이 감수해야 했던 종속적 지위는 이론적으로는 그들이 무슬림들에 대해 권위를 행사할 수 없음을 의미했다. 그렇지만 실제로는 기독교도와 유대인 중 코르도바의 관료제에서 서기, 번역가, 세금징수인 등의 직업에 종사하는 사람이 적지 않았다. 피정복민들에게 이슬람교를 강요하려는 시도는 없었지만 개종을 하면 누리게 될 이점이 결코 만만치 않았다. 무왈라드들은 보다 성공적으로 무슬림 사회에 편입될 수 있었고, 부와 권력을 획득할 수 있는 기회도 더 많이 주어졌으며, 세금 부담도 개종하지 않은 경우보다 상당히 가벼웠다. 고메스 안토니안(Gómez b. Antoniān)은 무함마드 1세 치세 초기에 에미르의 수석 비서(딤미 신분으로는 이 자리에 들어갈 수 없었다)가 되기 위해 이슬람으로 개종한 것으로 알려져 있다. 이슬람으로 개종한 사람의 비율이 어느 정도였는지 정확하게 추정하는 것은 불가능하지만 아랍인 지리학자 이븐 하우칼(Ibn Ḥawqal)은 948년 반도에 방문했을 때 농촌 인구 가운데 대다수는 여전히 기독교도로 남아 있음을 발견했다.

  알 안달루스의 기독교 공동체들은 비록 이슬람교를 받아들이지는 않았지만 언어나 관습 등에서 점점 아랍화해 갔다. 그로 인해 그들은 보통 모사라베(Mozarabs)라는 이름으로 알려지게 되었는데, 이 말은 아랍어로 '아랍화'를 의미하는 무스타립(musta'rib)에서 유래했다. 그러나 이 말을 알 안달루스에 거주한 무슬림 자신들이 사용한 것 같지는 않다. 9세기 중엽, 문화적 동화는 이슬람으로 개종한 사람들이 증가한 것과 더불어 일부 기독교 사회에 상당한 동요를 불러일으켰다. 854년의 글에서 코르도바의 파울루스 알바루스(Paulus Alvarus)는 기독교도 젊은이들이 자신들의 라틴 전통보다는 무슬림들의 언어와 지식에 더 열의를 보이는 것 같다며 개탄을 금치 못했다. 그 이전 수십 년 동안 모사라베 공동체에 대한 재정 부담이 현저하게 증대되었다는 사실 때문에 그들의 불안은 더욱 증대되었던 것 같다. 현실을 직시하게 된 일부 모사라베들은 알 안달루스의 점진적인 이슬람화에 대해 북쪽 기독교 공국들로 도망치는 것으로 대응했다. 좀 더 과격한 또 다른 기독교도 집단(대부분은 코르도바 주변의 수도원들 출신이었다)은 사람들 앞에서 공개적으로 이슬람을 부인하거나 무왈라드들의 변절을 규탄함으로써(이슬람법에 의하면 이 두 행위 모두 사형으로 다스려지는 것으로 되어 있었다) 이슬람 당국에 의해 자발적으로 순교당하는 길을 택하였다. 851년과 859년(이 해에 이 운동의 지도자 톨레도의 주교 에울로기우스[Eulogius] 자신이 처형되었다) 사이에 적어도 48명의 기독교도(그 가운데 대부분은 수도승과 사제들이었다)가 그런 식으로 처형되었다. 그러나 대립과 자기희생을 강조한 이 '순교 운동'은 기독교도 고위 성직자들 혹은 그보다 더 넓은 모사라베 공동체 사람들 사이에서 큰 지지를 받지는 못했고, 에울로기우스의 처형 이후 점점 잦아들었다.

'다른 스페인들'

8세기 초 무슬림 군대가 반도 내 비시고트 왕국을 멸망시키려고 작정을 했다면 그럴 수도 있었을 것이다. 그러나 그들은 모든 저항 세력을 근절하지는 않았다. 8세기와 9세기에 반도 북쪽에서 일련의 신생 기독교 제후국들(principalities)이 생겨났고, 그것들은 후에 크고 강력한 왕국들로 발전하게 되며, 궁극적으로는 이슬람의 정치적 지배에 도전하게 된다. 1492년 무슬림들의 최후의 거점인 그라나다를 기독교도들이 정복하는 것으로 정점에 이르게 되는 이 길고도 복잡한 갈등과 팽창의 과정을 역사가들은 대개 레콩키스타(Reconquista), 혹은 재정복이라고 부른다. 그러나 이 용어는 그것이 두 라이벌 종교 간의 항구적인 적대와 갈등 상태를 의미하기도 하는 등 여러 가지 점에서 잘못된 명칭이다. 사실 무슬림 영토의 재정복이 항상 기독교도들의 전략적 사고를 지배한 것만은 아니다. 기독교 국가들과 알 안달루스 간의 관계는 결코 항구적으로 적대적이지 않았고, 둘 간의 정치적 동맹도 자주 있는 일이었다.

산지(山地)에 위치한 아스투리아스 왕국의 출현과 팽창에 대해 필자가 가지고 있는 지식은 9세기 말에 작성되기 시작한 것으로 보이는 두 개의 짧은 라틴어 연대기의 증언에 거의 온전히 의존하고 있는데, 『알벨라다 연대기』(*Chronicle of Albelada*)와 『알폰소 3세 연대기』(*Chronicle of Alfonso III*)가 그것이다. 이 연대기들은 718년(혹은 722년) 한 무리의 아스투리아스인들이 펠라요라는 인물(전해 오는 이야기에 따르면 그는 위티사 왕과 로드리고 왕의 무기 관리인이었다고도 하고, 다른 설에 따르면 왕족이었다고도 한다)의 지휘하에 반란을 일으켰고,

피코스 데 에우로파산맥 아래에 있는 코바동가에서 벌어진 전투에서 히혼의 아랍인 지배자를 패주시키고 그를 죽였다고 한다. "그 이후 기독교도 주민들은 자유를 회복했고 […] 신의 가호에 힘입어 아스투리아스 왕국이 태어났다"고 『알벨다다 연대기』는 전하고 있다. 세부 사항과 강조점에는 차이가 있지만 아스투리아스에 관한 연대기들이 전하는 메시지는 분명한데, 그것은 신께서 비시고트족이 지은 죄를 물어 무슬림의 침입과 승리를 허용했지만 그렇다고 당신의 백성을 완전히 추방할 생각은 없었다는 것이고, 아스투리아스는 정신적으로뿐만 아니라 주도한 인물들에 있어서도 부활한 비시고트 왕국이었다는 것이다. 그러나 비시고트 귀족 가운데 다수가 711년 이후 아스투리아스에서 도피처를 찾았다는 것을 말해 주는 명백한 증거는 없다. 그들의 지도자 펠라요가 왕족이었다는 이야기도 분명치 않으며, 후대인들이 코바동가에서의 승리를 기독교도들이 무슬림들에게 정복된 반도 영토에 대한 재정복의 첫 발걸음으로 묘사하기는 했지만 당대인들이 그 사건을 그렇게 생각한 것 같지는 않다.

이제 막 태어난 아스투리아스 왕국이 펠라요의 반란 이후로 독립을 유지하고 나아가 그 후로 영토를 확대할 수 있었던 것은 반란자들의 우월한 군사력 때문이라기보다는 무슬림의 침입 직후 알 안달루스의 지배자들이 그들의 에너지를 무엇보다도 남부 갈리아 지역에서의 군사작전에 투입했기 때문이었다. 기독교도들은 740년대 아랍인-베르베르인 간의 갈등과 750년대의 파괴적인 기근의 덕을 보기도 했는데, 이 두 사건은 베르베르인들이 반도 북쪽 끝 지역에 설치한 군사 전초기지들을 비우고 남쪽으로 내려가지 않을 수 없게 만들었다. 이 숨 쉴 틈이 아스투리아스 왕국이 살아남고 발전하게 만든 것이다. 펠라요의 딸 에르메신다(Ermesinda)와 칸타브리아의 페드로 공작(Duke Pedro)의 아들 알폰소(Alfonso)의 혼인으로 아스투리아스의 동쪽 지역이 국왕에게 합병되었다. 알폰소 1세(739~757)와 그의 아들 프루엘라 1세(Fruela I, 757~768) 치하에서 아스투리아스 왕국은 이웃 갈리시아와 서부 바스크 지역으로 지배권을 확장하기 시작했고, 또 이 두 왕은 일설에 의하면 여러 차례에 걸쳐 남쪽 두에로 계곡 쪽을 공격했으며, 이 시기에 다수의 기독교도들이 북쪽으로 이주했다고 한다. 그러나 그러고 나서 한 세기가 지나고 나서야 아스투리아스 왕국의 영토팽창이 재개된다. 여러 번에 걸친 내부 혼란이 있었다는 기록이 있는데, 주로 정권 다툼과 불만을 품은 귀족들이 일으킨 반란 때문이었다. 이 지역은 또 무슬림 군대의 정기적인 침입을 당하기도 했고, 844년에는 갈리시아 해안 지역을 공격해 온 바이킹 함대의 침입을 받기도 했다.

9세기 후반 동안 알 안달루스에서 재개된 내분을 이용하여 아스투리아스의 왕들은 남쪽 메세타 평원으로 영토를 확대해 갔다. 이 과정은 오르도뇨 1세(850~866) 치세에 시작되었으며(그의 치세에 레온, 아스토르가를 비롯하여 여러 로마 시대 도시들에 재정주가 이루어졌다), 그의 아들 알폰소 3세에까지 이어졌다(그는 서쪽 포르투Porto에서 동쪽 카스티야 변경 지역에 있는 부르고스에 이르는 두에로강 계곡의 재정주를 이끌었다). 9세기 후반 궁정 연대기작가들이 아스투리아스 왕들의 업적에 대한 이야기를 서술할 무렵에는 승리의 분위기가 너무나 지배적이어서 소위 883/884년의 『예언적 연대기』(Prophetic Chronicle)의 저자는 이교도들이 반도에서 추방될 날이 얼마 남지 않았다고 자신 있게 예언하기까지 했다. 아스투리아스인들의 자신감을 강조라도 하듯이 알폰소 3세가 910년 자신의 아들 가르시아 1세 (910~913/914)에 의해 폐위되는 것과 함께 왕국의 수도를 산속의 요새 도시 오비에도에서 평지 레온으로 옮기는 결정이 내려졌다. 그 후로 이 팽창해 간 왕국의 지배자들은 레온의 왕을 자처하게 되었다.

9세기 후반의 왕실 연대기작가들은 비시고트 왕들의 톨레도와 알폰소 3세의 오비에도 간의 정치적 연속성을 주장함으로써 아스투리아스의 왕이 반도 전체에 대해 합법적 지배권의 소유자임을 주장하려고 했다. 그러나 정치적 현실은 상당히 복잡했다. 아스투리아스 주민들이 무슬림 지배의 굴레에서 벗어나고 있을 바로 그 무렵 또 다른 기독교도들의 저항의 중심지들이 생겨나고 있었다. 피레네산맥 서쪽에서는 비록 그 기원이 확실하지는 않지만 옛 로마 도시 팜플로나를 중심으로 하나의 작은 독립 제후국이 9세기 2/4분기에 생겨났다. 아스투리아스인들, 칸타브리아인들과 마찬가지로 바스크족도 비시고트족의 중앙집권화 시도에 강력하게 저항했고, 무슬림과 프랑크족이 이 지역에 지배권을 강화하려고 했지만 역시 완강한 저항 때문에 성공하지 못했다. 740년 팜플로나의 아랍인 지방관(governor)과 그의 군대는 이 도시민들이 일으킨 반란에 밀려 철수해야 했다. 778년에는 카롤링 왕조 프랑크 왕국의 왕 샤를마뉴가 상부 에브로에서 군사작전을 벌이는 과정에서 팜플로나를 점령했다. 그러나 곧 철수하지 않으면 안 되었고, 이때 그의 부대 후미가 바스크인들의 매복 기습을 받아 궤멸되는 일이 발생했다. 이 사건은 후에 유명한 프랑스인들의 서사시 「롤랑의 노래」로 불후화된다. 806년 프랑크족은 다시 팜플로나를 점령했고, 동시에 아라곤강 유역에 변경 백령을 수립했다. 그러나 824년 두 번째 참패를 당하고 나서는 더 이상 피레네 서부에 군사적 변경령을 세우려는 시도를 하지 않았다. 그에 이은 힘의 공백 속에서 이니고 아리스타(Iñigo Arista)라는 지역 영주를 지배자로 하는 작고 독립적인 팜플로나 왕국이 출현했는데,─이 왕국은 후에 나바라 왕국으로 알려지게 된다─그의 왕조는 905년 라이벌 히메노 가문의 산초 가르세스 1세(Sancho Garcés I, 905~925)에 의해 타도될 때까지 권력을 유지하게 된다. 이 산초 가르세스 1세는 925년 나헤라(이곳이 새로운 왕의 중심 거처가 된다)를 포함하는 리오하 알타(Rioja Alta) 지역을 수중에 넣었다. 아라곤 백령 역시 팜플로나 왕들의 휘하에 들어가게 되며, 그런 상태는 이 아라곤 백령이 1035년 독립왕국으로 지위가 격상될 때까지 유지된다.

피레네산맥 동쪽 끝에서는 프랑크족의 군사적 침략이 좀 더 성공적이었다. 샤를마뉴의 아들 아키텐의 루이는 801년 바르셀로나를 점령하고 바르셀로나와 피레네산맥 사이의 영토를 프랑크 왕국의 보호령으로 삼았는데, 이 보호령의 경계는 11세기까지 거의 변하지 않았다. '마르카 히스파니카'(Marca Hispanica, 스페인 변경령)라고 알려지게 되는 이 보호령은 아우소나(비치), 바르셀로나, 베슬라우, 카르도나, 베르다냐, 헤로나, 파야스, 리바고르사, 우르헬 등 여러 백령으로 나뉘어 있었으며, 프랑크 왕국의 왕이 프랑크족 귀족들 중에서 임명한 사람들의 지배를 받았다. 비록 '스페인 변경령'의 경계는 801년 바르셀로나 정복 이후 거의 변하지 않았지만 변경령 내 백령의 수는 그 후 수 세기에 걸쳐 많이 변했으며, 여러 개의 백령이 한 사람의 지배를 받는 일도 드물지 않았다. 변경령 내 백령들은 상당한 자치를 향유하였고, 프랑크 왕에 대항한 반란도 자주 일으켰다. 9세기 후반 프랑크 왕국의 힘이 약해지자 스페인 변경령은 점차 독립적으로 되어 갔다. 이 시기에 나타난 독립적 군주들 가운데 압도적으로 가장 두드러진 인물이 바르셀로나, 헤로나, 아우소나의 '털보백작' 위프레드 1세(Wifred I, 870~897/898)였는데, 그의 후손들은 후에 변경령 전체를 지배하게 된다. 그러나 프랑크 왕들과의 형식적인 정치적 유대가 즉각적으로 단절되지는 않았다. 바르셀로나 백작들과 성·속의 귀족들은 프랑크 왕들의 형식적 주권을 계속 인정했고, 카탈루냐의 수도원들은 자신들의 특허장이 프랑크 지배자에 의해 인정받는 것을 바람직하게 생각했다. 카탈루냐의 백령들과 프랑크 제국을 연결해주는 정치적 연계가 공식적으로 종식되는 것은 987년 카롤링 왕조가 붕괴되고 나서였다.

북부 이베리아의 기독교 국가들은 부유하지도 세련되지도 않았다. 그들의 원시적인 경제는 압도적으로 자급자족적 농업과 목축을 기반으로 했다. 오비에도, 레온, 팜플로나 같은 왕이 거처하는 중심지들이 행정적·종교적으로 중요한 기능을 수행하기는 했지만 그 도시들 역시 요새화된 작은 도시에 지나지 않았다. 상업은 활발하지 않았고, 물물교환에 기반을 두고 있었다. 10세기에 레온이나 부르고스 같은 곳에서 소규모 수공업 활동이 나타날 때까지는 산업이라고 할 만한 것이 거의 존재하지 않았다. 기독교도 지배자들은 직업적 군대나 국가 관료제를 유지할 만한 자금을 갖고 있지 않았으며, 전사 귀족과 고위 성직자로 이루어진 측근들에 의존해 왕국을 유지하고 통치했다. 그러나 이 국가들은 팽창일로의 사회였다. 북쪽에서 나타난 인구 증가는 남쪽에서 유입되는 모사라베 이민자들과 더불어 9세기에 아스투리아스 왕국을 레온 평원까지 팽창하게 만들었다. 식민화 운동이 더디지만 꾸준하게 계속되었고, 소수 농민 집단들이 북부 메세타 지역 여러 계곡들에 정착하기 시작했으며, 10세기 초면 그들은 두에로강 연안에까지 이르게 되었다. '스페인 변경령'에서도 비슷한 현상이 나타났는데, 이곳에서도 9~10세기에 피레네 지역에서 온 정주자들과 알 안달루스에서 온 모사라베 이민자들에 의해 폭넓게 재정주가 이루어졌다.

남쪽으로부터 올라오는 모사라베들의 이주는 8세기 후반에 시작된 것으로 보인다. 그러나 인구 이동은 9세기 후반 압드 알라의 혼란한 치세 동안 급증했으며, 10세기 초에 정점에 이르렀다. 비시고트족의 문화적 전통이 북쪽 기독교 땅에 확실하게 뿌리를 내리기 시작한 것은 주로 모사라베들의 중개를 통해서였다. 아스투리아스의 알폰소 2세(791~842)는 자신의 주요 거처인 오비에도에서 교회와 궁정 둘 다에서 톨레도에서 행해지던 고트족 지배의식(전례)을 도입한 것으로 알려져 있다. 모사라베 수도승들은 기독교 왕국들에 새 공동체들을 설립했고, 기존 수도원들에 거처를 정하였다. 예를 들어 아스투리아스의 오르도뇨 왕은 갈리시아 지방 루고 인근에 있는 사모스(Samos) 수도원을 857년 알 안달루스에서 온 두 명의 수도승에게 맡겼다. 이 수도승들은 당시 아스투리아스에서 유행하던 것과는 많이 다른 자신들만의 색깔이 분명한 예술 전통을 가지고 왔다. 그것들을 우리는 여러 '모사라베 양식'의 수도원 교회들에서 볼 수 있는데, 말굽 모양의 아치, 가는 기둥, 규모가 작은 이중 아치의 창문은 이슬람 건축 양식의 흔적을 보여 준다. 이 교회들은 산미겔 데 라 에스칼라다(San Miguel de la Escalada, 913년 건축), 산세브리안 데 마소테(San Cebrián de Mazote, c. 915), 산티아고 데 페냘바(Santiago de Peñalba, c. 937) 수도원의 교회처럼 10세기 초 레온 지역에 건축되었다. 그것을 우리는 '모사라베 양식'의 필사본 회화들에서도 볼 수 있는데, 그것은 추상적인 2차원적 그림과 충격적인 색깔의 사용(그것은 10, 11세기에 만들어진 성경 필사본들과 786년경에 제작된 수도승 베아투스의『요한계시록에 관한 주석』Commentary on the Apocalypse을 아름답게 장식하고 있다)을 특징으로 한다. 좀 더 일상적인 측면에서는 모사라베 이주자들이 무슬림 세계의 관개 기술을 반도 북쪽 지역에 들여온 것으로 보이며, 그것은 두에로강 유역을 차지한 기독교도 정착자들이 훨씬 넓은 땅을 경작하여 농업 생산을 증대시키는 결과를 가져다주었다.

왕과 백작들은 교회의 열렬한 후원자로서 수도원을 건립했다. 808년 알폰소 2세는 오비에도 교회에 봉헌한 보석이 박힌 '천사들의 십자가' 같은 귀중한 제기(祭器)들을 기증하였다. 알폰소는 또 당시 막 생겨나고 있는 산티아고 숭배 의식에 대한 지지를 표명하였다(성 야고보로 추정되는 시신이 이리아 플라비아Iria Flavia의 주교 테오데미로 Theodemir에 의해 818년부터 842년 사이 어느 때에 발견되었으며, 그곳은 훗날 산티아고 데 콤포스텔라로 알려지게 된다).

기독교도들이 사는 북쪽에서 문자 문화는 거의 전적으로 사제들과 수도승들의 전유물이었다. 반도 북서쪽에서는 갈리시아의 사모스, 레온 근처 사아군, 리오하의 산미얀 수도원 등이 비시고트 시대 지식의 보고 역할을 하였다. 이 수도원들은 멀리 떨어진 지역의 지적 사조와는 접촉을 별로 갖지 않아, 독창적인 방식으로 지적인 문화에 큰 기여를 하지는 못한 것으로 보인다. 기독교도들이 사는 북쪽 지역에서 다른 곳과는 비교할 수 없을 정도로 문화 활동이 가장 활발하게 펼쳐진 지역은 스페인 변경령이었으며, 이 지역의 수도원과 교회들은 카롤링 세계와 알 안달루스 양쪽에서 유입되는 문화적 영향에 노출되었다. 카탈루냐의 수도원들은 서쪽 지역에서 지배적이었던 비시고트인들의 성 프룩투오수스(St. Fructuosus)의 계율 대신 성 베네딕트(St. Benedict)의 계율을 택하였다. 변경령 수도원들 가운데서도 가장 중요한 것은 880년 털보백작 위프레드가 설립한 리폴(Ripoll) 수도원이었으며, 이 수도원은 서유럽에서 가장 중요한 교육 중심지 가운데 하나가 되었다. 수많은 장서를 갖고 있었던 이 수도원(고전 시대 작가들의 작품뿐만 아니라 아랍의 수학 혹은 천문학 서적들을 소장하였다)은 수도승 제르베르 도리야크 같은 피레네산맥 너머의 학자들도 끌어들였다. 이 제르베르 도리야크는 후에 교황 실베스테르 2세가 되는데, 960년대의 한 시기에 리폴 수도원을 방문했다.

코르도바 칼리프령

912년 압드 알라가 죽었을 때 에미르국의 권위는 코르도바와 그 배후지에 국한되어 있었으며, 알 안달루스에서 우마이야 국가의 생존은 얼마 남지 않은 것처럼 보였다. 그러나 압드 알라의 손자 압드 알 라흐만 3세(Abd al-Raḥmān III, 912~961)의 유능하고 역동적인 리더십 하에서 우마이야 왕조는 예외적인 국운의 부활을 경험하게 된다. 새 에미르가 최우선적으로 한 일은 지금까지 우마이야 왕조의 권위를 부정해 온 알 안달루스 내 불온 세력을 무력화하는 것이었다. 남부 지역에서 독립적인 지배권 수립을 시도한 반란 세력들이 하나둘씩 다시 순치되어 갔다. 반항적이었던 이븐 합순은 917년에 죽었고, 그의 아들들과 지지자들도 928년 마침내 진압되었다. 이어 929년에서

937년 사이에 완강하게 저항하던 변경령들도 정복되었다.

압드 알 라흐만 3세는 또 북쪽 기독교도 제후국들을 공격하기 위해 여러 차례의 군사 원정을 이끌었다. 그는 기독교 국가들을 정복하려고 하지는 않았으며 다만 자신의 권위를 천명하여 차후 그들의 무슬림 영토에 대한 공격을 단념케 하려고 했다. 그는 또 백성들에게 자신의 권위를 증대시키고, 국경 쪽 변경령들의 불온한 지방관들에게 자신의 존재를 각인시키며, 전리품을 획득하여 자신과 부하들을 경제적으로 부유하게 하려고 했다. 압드 알 라흐만의 여러 침략 가운데 가장 성공적이었던 것은 920년의 원정이었는데, 여기에서 에미르는 팜플로나 근처 발데훙케라에서 레온의 왕 오르도뇨 2세(913/914~924)와 나바라의 왕 산초 가르세스 1세에게 참패를 안겨 주었다. 4년 후에는 팜플로나시(市) 자체가 에미르의 군대에게 공격을 당했다. 우마이야 왕조의 공격을 성공적으로 저지한 유일한 기독교도 군주가 레온의 라미로 2세(930~951)였는데, 그는 두에로 계곡에 대한 기독교도들의 지배를 더욱 강화하고, 939년에는 바야돌리드 근처 시망카스에서 압드 알 라흐만 3세에게 굴욕적인 패배를 안겨 주었다. 그러나 라미로 2세가 죽은 후에, 그리고 10세기 나머지 기간 동안, 우마이야 국가는 기독교 제후국들과의 관계에서 확실한 우위를 점하였고, 기독교 제후국들은 피보호국의 지위에 만족해야 했다. 958년 레온의 산초 1세(956~966)는 말을 탈 수 없을 정도로 비만하다는 이유로 자신의 백성들에게 쫓겨나 압드 알 라흐만의 주치의 도움을 받아 체중을 감량할 목적으로 단신으로 코르도바에 왔다. 거기서 그는 군사적 지원도 확보하여 이듬해 찬탈자 오르도뇨 4세(958~959)로부터 레온의 왕위를 되찾기도 하였다. 레온 왕국에서 오랫동안 계속된 정치적 갈등은 왕국의 속인 귀족들이 점차 권력을 강화할 수 있게 만들었다. 그중에서도 가장 두드러진 인물이 페르난 곤살레스 백작(Count Fernán González, 970년 사망)이었는데, 그는 라이벌 당파들을 하나하나 물리치고 사실상 독립 제후령인 카스티야 백령을 건설했다.

929년 1월 압드 알 라흐만은 칼리프를 자처하고 나섰고, '신자들의 수장', '알라 신앙의 수호자'라는 칭호를 스스로에게 부여하였다. 압드 알 라흐만 3세의 칼리프위 주장은 부분적으로는 바그다드 압바스 왕조 칼리프의 세력이 급속히 약해져 가고 있다는 생각에서 비롯된 것으로 보인다. 좀 더 특정하게는 카이로완(지금의 튀니지)에 있는 시아파 파티마 왕조의 힘이 급속히 커져 가는 것에 대해 맞불을 놓겠다는 성격이 강했는데, 이 파티마 왕조의 지배자 우바이드 알라(Ubayd Allāh) 역시 909년 스스로 칼리프라 칭하고, 서쪽 마그레브 지역에 대한 영향력을 확대해 가고 있었다. 파티마 왕조의 팽창은 우마이야 왕조의 지배권에 대한 위협이었을 뿐 아니라 알 안달루스와 지중해를 연결하는 상업 네트워크를, 무엇보다도 서아프리카에서 시질마사(Sijilmassa)를 통해 금, 소금, 노예가 이베리아반도로 유입되는 사하라 횡단 루트를 위협하는 것이기도 했다. 압드 알 라흐만 3세는 여러 번의 군사적 혹은 외교적 공세를 통해 마그레브 지역에 대한 세속적 혹은 정신적 지배권을 주장했다. 그는 956년 새 함대를 건설하고, 지중해와 대서양 해안 지역을 따라 해군기지와 해안 요새를 설치함으로써 서부 지중해에 대한 우마이야 왕조의 지배를 공고히 했다. 또 전략 거점인 멜리아(927), 세우타(931), 탕헤르(951)를 정복함으로써 북아프리카에 대한 주요 거점들을 확보하기도 했다. 동시에 우마

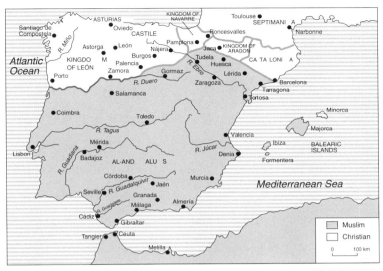

지도 3 　1000년경 이베리아반도. O'Callaghan, *A History of Medieval Spain*, p. 108에서 재인용.

이야 칼리프는 마그레브의 베르베르족 수장들 가운데 일부와 동맹 관계를 수립했는데, 이들은 시아파인 파티마 왕조에 완강하게 반대하는 사람들이었다. 이런 완강한 저항에 직면한 파티마 체제는 전략의 대상을 마그레브 지역에서 동쪽으로 옮겼다. 969년 이들에 의해 이집트가 정복되었고, 카이로가 파티마 왕조의 새 수도가 되었다.

　상당 부분은 번성한 상업 부문에 대한 관세, 개인적 부나 재산에 대한 여러 가지 세금, 무슬림으로부터 거두는 세금 덕분에 칼리프 치세에 국가 경제는 탄탄해졌고, 소문에 따르면 칼리프 지배 지역의 연 수입이 625만 금 디나르(gold dinars)에 이르렀다. 이 재정 수입 가운데 가장 큰 몫은 군사 부문에 할당된 것으로 보인다. 칼리프는 그 부를 이용하여 장비를 더 잘 갖춘 군대를 전장에 투입하고(전통적인 부족 징집병에 대한 의존을 줄이기 위해 다수의 베르베르인과 기독교도 용병들 가운데서 충원했다), 성채와 해안기지를 세우고, 함대를 장만했다. 알 안달루스의 번영은 코르도바 칼리프령이 금화 주조를 재개한 데서도 알 수 있다. 국가 관료제는 재정비되었고, 칼리프는 관료제 내 고위직에 무왈라드, 기독교도, 유대인, 사칼리바(슬라브인 혹은 북유럽 출신의 노예들) 등을 채용함으로써 옛 알 안달루스 가문들에 대한 의존을 줄이려고 했다. 정부를 대신하여 외교 협상을 수행한 유대인 학자 겸 의사인 하스다이 샤프르트(Hasdāi b. Shaprūt)는 우마이야 궁정에서 영향력 있는 직책을 가졌던 여러 명의 유명한 유대인 가운데 한 명이었을 뿐이다. 압드 알 라흐만 3세 치하에서 서기(secretary)로 봉직한 기독교도 레세문드(Recemund)는 955~956년 독일 황제 오토 1세의 궁정에 대사로 파견되었으며, 엘비라의 주교직을 하사받기도 했다. 칼리프는 또 다수의 야심적인 건축 프로젝트를 추진했다. 코르도바의 대 모스크(메스키타)는 더 확장되고 아름답게 꾸며졌다. 또 거대하고 사치스런 궁전 단지가 코르도바 근교에 있는 마디나트 알-사흐라(Madīnat al-Zahra)——소문에 의하면 칼리프의 후궁 가운데 한 명의 이름을 땄다고 한다——에 세워졌다. 이 마디나트 알-사흐라 궁전은 국가 관료제와 화폐 주조의 중심이 되었고, 엄청난 규모의 관리와 하인들의 시중을 받는 사치스런 궁전으로 발전했다. 10세기 중엽 우마이야 국가의 힘은 대단해서 외국 지배자들이 서로 칼리프와 외교 관계를 맺기 위해 애를 쓸 정도였다. 예를 들어 953년 독일의 오토 1세는 서부 지중해에서 활동하는 무슬림 해적들을 제어하는 데 우마이야 국가의 도움을 확보하기 위해 로렌의 고르제(Gorze) 수도원 원장 존(John)을 칼리프 궁정에 파견했으며, 974년에도 코르도바와 독일 간에 또 한 번의 외교적 접촉이 있었다. 콘스탄티노플의 비잔틴 황제들이 파견한 대사들이 949년과 972년에 코르도바를 방문했다는 기록도 있다.

칼리프 국가의 급증해 간 부는 상당 부분 번성한 농업 덕분이었다. 무슬림의 침입이 있고 나서 2세기 동안 농업 경제가 서서히 바뀌고 다시 활성화되었다. 대규모 라티푼디움들이 해체되고 소작 농민들에게 좀 더 유리한 조건이 제시되었으며, 로마 시대의 관개 체제는 노리아(noria, 수차) 같은 중동 기술의 도입으로 현저하게 개선되었다. 관개 시스템의 확산은 좀 더 집약적인 토지 경작을 가능케 하고 생산성을 증대시켰으며, 감귤류, 바나나, 아티초크, 면화, 쌀, 경질소맥, 사탕수수 등을 포함하여 다양한 새로운 작물이 도입되었다. 고원 지대에서는 올리브, 포도, 무화과, 곡물이 지배적이었다. 그러나 무슬림 지배하에서 곡물 재배에 할당된 땅은 줄어들었고, 그로 인해 곡물은 북아프리카에서 수입해 들여와야 했다. 알 안달루스에서 '녹색혁명'으로 기술되어 온 이런 농업 발전은 중요한 결과를 가져다주었다. 인구가 증가하기 시작했고, 농업 잉여에서 나온 증대된 이익은 제조업 혹은 상업 활동을 자극했다. 항상 이슬람 사회와 이슬람 경제의 중심이 되어 온 도시들도 팽창하기 시작했다. 도시들 가운데 압도적으로 가장 큰 규모를 자랑한 도시가 '알 안달루스의 배꼽'이라 불렸던 코르도바였는데, 이 도시는 10세기경이면 인구 10만을 자랑하는, 지중해 세계에서 가장 큰 도시 가운데 하나가 되었다. 알 안달루스의 도시들은 직물(린넨, 면직물, 비단), 도자기, 유리제품, 금속제품, 가죽제품, 종이 등을 생산하는 산업 활동의 중심이 되었다. 알 안달루스가 지중해와 이슬람 세계 전역에 걸친 국제적 교역망 속에 완전히 편입되어 있었기 때문에 이 제조업 제품들은 금속류, 광물, 목재, 그리고 올리브유나 건과(乾果) 등의 농산품 등과 함께 반도 내뿐만 아니라 넓은 해외에서도 어렵지 않게 소비자를 발견할 수 있었다. 알 안달루스의 직물류는 이집트에, 그리고 아마도 쿠라산(Khurasan)과 인디아에까지 수출되었던 것으로 보인다. 말라가의 무화과는 바그다드에 수출되었다. 알 안달루스는 대신 향신료, 아마, 원모, 향수, 보석 등을 수입했다. 알 안달루스는 또 북유럽, 러시아, 중앙아시아에서 생산되는 모피, 수단의 금, 기독교 스페인과 동유럽에서 오는 노예들을 다른 곳으로 넘기는 중계 무역의 중심이기도 했다.

코르도바는 우마이야 정부의 소재지였을 뿐 아니라 알 안달루스의 문화적 중심이기도 했다. 대 모스크(메스키타)는 교육의 중심이었으며, 여기에서 학자들과 학생들은 쿠란의 전승과, 이슬람법(그중에서도 말리키파의 법)을 연구했다. 우마이야 지배자들 자신들이 열정적인 예술의 후원자여서 궁정에는 시인, 음악가, 학자들이 자주 들락거렸다. 압드 알 라흐만 2세 치세 동안 우마이야 궁정은 동쪽 이슬람 세계의 문화적 영향을 적극적으로 수용하였다. 페르시아에서 망명해 온 학자 겸 음악가인 지리압(Ziryāb)은 코르도바 사회에 헤어스타일, 복장, 요리, 그리고 기타, 치약, 겨드랑이 방취제 등의 새로운 물건을 도입하는 등 코르도바의 지배층에 새로운 유행을 퍼뜨리는 주요 인물이 되었다. 알 안달루스 문화는 9세기에 점차 '동방화'되어 갔고, 점점 더 많은 수의 이베리아 무슬림이 바그다드와 중동의 다른 문화 중심 도시들에서 공부를 더 하고 싶어 했다. 압드 알 라흐만 3세와 그의 아들이며 계승자인 알-하캄 2세(961~976) 치세에 문화적 활동에서 두드러진 발전이 나타났다. 과학, 지리학, 역사, 철학, 문법 등에서 중요한 저술들이 생산되었으며 고대 그리스의 과학 서적과 페르시아의 천문학 서적을 아랍어로 옮긴 번역본들이 널리 유통되었다. 오늘날의 역사가들은 그 수치가 신빙성이 없다고 보지만 알-하캄 2세의 개인 도서관에는 40만 권의 장서가 소장되어 있었다는 이야기가 있다.

정치-군사적 측면에서 알-하캄 2세는 부왕(父王)이 성공적으로 추진해 온 정책 기조를 그대로 유지했다. 변경 지역의 유력 가문들은 이때 좀 더 완전하게 우마이야 국가에 통합되었다. 북쪽 기독교도 왕국과 피레네 북쪽 왕국의 외교 사절들이 계속해서 우마이야 궁정을 방문했다. 상당수 베르베르족 용병들이 (우마이야) 국가 군대에서 복무했다. 우마이야 국가는 외교와 무력을 통해 북쪽 기독교도 영역들을 계속 확고하게 제어했다. 965년, 소리아 근처 두에로강 계곡 위에 고르마스 요새가 확장되고 강화되었으며, 그것은 지금도 위용을 자랑하며 아래쪽을 내려다보고 있다. 10년 후 이 요새는 레온과 나바라 왕들이 펼쳤던 3개월에 걸친 공성을 막아 내게 될 것이었다. 북서부 모로코에서는 이드리스족(the Idrisids)의 권력이 972~973년에 무력화되고, 이 지역에 우마이야 왕조의 보호령이 설치되었다.

976년 알-하캄 2세가 죽자 당시 열네 살이던 그의 아들 히샴 2세(Hishām II, 976~1009)가 그를 계승했다. 얼마 안 가 칼리프의 섭정들 사이에서 권력 다툼이 벌어졌으며, 그 가운데 한 명인 무함마드 이븐 아비 아미르(Muḥammad ibn Abī ʿĀmir, 역사에서는 '승리자'라는 뜻을 가진 '알-만수르'al-Manṣūr로 더 잘 알려져 있다)가 정적들을 차례로 물리치고 권력을 수중에 넣었다. 칼리프 히샴 2세는 통치에서 배제되었고, 형식적인 역할에 만족해야 했다. 알-만수르의 권위는 그 후 1002년 죽을 때까지 칼리프의 총신이자 알 안달루스의 사실상의 지배자로, 심각한 도전을 받지 않은 채 유지되었다. 알-만수르는 자신의 지위의 상징물로서 코르도바 동쪽 교외에 자신의 궁전 단지 마디나트 알-사히라(Madīnat al-Zāhira, '반짝반짝 빛나는 도시')를 세웠으며, 981년 정부를 그리로 옮겼다. 그는 코르도바의 대 모스크를 확장하고, 알-하캄이 소장한 도서관 일부를 소각함으로써 보수적인 종교지도자들의 지지를 얻었다. 국가 군대는 다수의 사칼리바와 베르베르인 병사를 충원함으로써 더 확대되었으며, 그로 인해 전통적인 준드들(junds)의 역할이 축소되었다. 알-만수르가 지휘하는 대규모의 강력한 군대는 알 안달루스의 여러 지방에 대한 중앙 정부의 통제를 확실하게 보장하고, 그에게 상당한 개인적 권위를 부여해 주었으며, 또 그는 지하드(jihād)라는 이름하에 기독교 영토에 대한 주기적인 파괴적 약탈 원정을 통해 상당량의 전리품을 확보하기도 했다. 알-만수르에게 약탈당한 도시들 중에는 바르셀로나(985), 코임브라(987), 레온과 사모라(988), 카리온과 아스토르가(995), 팜플로나(999) 등이 포함되어 있었다. 산트 쿠가트 델 바예스(985), 사아군과 에슬론사(988), 그리고 산 미얀 데 라 코고야 수도원(1002)도 약탈당했다. 그중에서도 가장 유명한 것이 997년 반도 북서쪽 끝에 위치한 성지 산티아고 데 콤포스텔라에 대한 공격인데, 이때 이곳 대성당이 약탈을 당했으며, 무슬림들은 이 대성당의 대문과 종을 떼어 가 코르도바 대 모스크를 장식하는 데 사용했다. 알-만수르의 백성들은 자칭 이 '이슬람의 수호자'가 보여 주는 무용에 깊은 감명을 받았고, 북쪽 기독교도들은 겁을 집어먹고 굴종의 징표로서 하집(ḥājib, 즉 알-만수르)에게 공물을 바치고 분견대를 보냈다. 1세기 후에 그라나다의 압드 알라 불루긴(Abd Allāh b. Buluggīn)은 "알-만수르 치하에서 이슬람은 알 안달루스의 역사에서 유례를 찾을 수 없을 정도의 영광을 누렸고, 기독교도들은 유례없는 굴욕을 감수해야 했다"고 말했다. 그러나 그것은 깨지기 쉬운 영광이고 권위였다. 얼마 가지 않아 무슬림과 기독교도 간의 놀랄 만한 힘의 균형의 이동이 나타나게 된다.

제2장 기독교 이베리아의 우위: A.D. 1000~1474

1002년 8월, 알-만수르가 기독교 영토에 대한 또 한 번 성공적인 침략 원정을 마치고 돌아오다가 죽었을 무렵 알 안달루스 세력은 정점에 있는 것처럼 보였다. 그러나 그의 아들이자 하집으로 그를 승계한 알-무자파르(al-Muẓaffar)가 6년 후 부왕의 뒤를 이어 죽고 나자 알 안달루스의 통일적인 정치권력은 갑자기 붕괴되고, 1031년 서쪽의(즉, 이베리아반도의) 우마이야 칼리프국은 역사 속으로 사라져 버렸으며, 다시는 회복되지 못했다. 그 후 무슬림 지배하의 이베리아가 두 번에 걸친 베르베르족의 이동(알모라비드파, 알모하드파)으로 잠시 다시 통일되기는 하지만 그 이후 반도 내 무게 중심은 결정적으로 알 안달루스로부터 점차 자신감을 되찾아 가고 영토를 확대해 가고 있었던 북쪽 기독교 국가들에로 옮겨 갔다.

우마이야 칼리프국의 몰락

우마이야 칼리프국의 붕괴는 대체로 알-만수르와 알 무자파르가 추구한 정책의 결과물이었다. 칼리프 히샴 2세가 통치에서 소외된 것은 칼리프위의 권위를 떨어뜨렸고, 알 안달루스 내 기존의 권력 기반을 약화시켰다. 나아가 국가 군대의 꾸준한 확대와 점점 더 많은 사칼리바와 베르베르인의 군대로의 편입은 국가 재정에 상당한 압박을 가져다주었을 뿐만 아니라 알 안달루스 사회에 칼리프에게보다는 코르도바에 있으면서 자신에게 임금을 지불하는 자에게 충성을 바치는 변덕스런 이질분자들을 끌어들였다. 그러나 정치적 위기를 가져온 직접적인 계기는 알-무자파르의 동생이면서 하집으로서의 계승자이기도 한 압달-라흐만이 1008년 칼리프의 상속자를 자처하고 나선 것이었다. 정치 세력으로서 자신들의 가문이 소멸될 것이라고 염려한 일단의 우마이야 왕조 고관들이 이듬해 2월 반란을 일으켰고, 그 와중에서 압드 알 라흐만은 살해되고 히샴 2세는 쫓겨났으며, 그들(고관들)은 알-만수르와 알-무자파르 가문의 또 다른 일원인 무함마드 알-마흐디(Muḥammad al-Mahdī)를 새 칼리프로 추대했다.

　1009년의 반란은 우마이야 왕조의 권위를 회복하기는커녕 심각한 정치적 혼란의 시기를 촉발시켰다. 라이벌 파당들이 칼리프위를 차지하기 위해 경쟁하면서 통일적인 정치적 권위는 사라지게 되었으며, 알 안달루스는 타이파(taifas, '파당' 혹은 '분파'를 의미하는 아랍어에서 왔다)라고 알려진 여러 개의 지역 국가들로 파편화되었다. 칼리프국은 붕괴되었고, 1073년부터 1090년까지 그라나다 타이파의 지배자였던 압드 알라 불루긴은 "모든 군사 지도자들은 자기가 거주하는 도시에서 반란을 일으켰으며, 성채 뒤에 틀어박혀서 자신의 지위를 공고히 한 다음 군대를 만들고 재원을 강화했다. 이 사람들은 세속 권력을 두고 서로 경쟁했으며, 서로 상대방을 복속시키려고 했다"고 말했다. 권력을 장악한 사람들 중에는 세비야의 압바디드 가문(the Abbādids)처럼, 오래전부터 부와 권력을 누려 온 아랍인 혹은 베르베르인 가문도 있었지만 그라나다에 거점을 마련한 자위 지리(Zāwī b. Zīrī)같이 새로 등장한 전사 귀족 가문도 있었다. 그런가 하면 레반테 지역에 단명으로 끝난 몇몇 지배령을 세운 사칼리바들도 있었다. 아직도 칼리프 제도를 되살릴 만한 가치가 있다고 생각하는 사람도 있었지만 음모와 반음모가 판치는 혼란한 분위기는 누구도 오랫동안 권력을 장악할 수 없으리라는 것을 분명히 했다. 마지막 칼리프 히샴 3세(1027~1031)가 1031년 쫓겨날 무렵에는 코르도바 역시 다른 주요 도시들과 마찬가지로 작은 타이파에 불과한 지위로 전락해 있었다.

우마이야 가문의 권위가 붕괴되고 난 직후, 알 안달루스에는 약 30여 개 정도의 타이파가 생겨나 있었으나 11세기 중엽에는 이미 많은 작은 타이파들이 더 강한 이웃 타이파들에게 병합됨으로써 알 안달루스의 정치 지도가 단순해지기 시작하고 있었다. 가장 탐욕스러운 타이파는 세비야의 압바디드 왕국이었는데, 이 왕국은 1070년경 서부 안달루시아와 알가르베에 있는 10여 개의 작은 타이파들을 수중에 넣고 있었다. 타이파의 정치는 작은 가문들의 라이벌 관계, 지역적 외교 관계, 소규모의 군사적 충돌에 따른 끊임없이 변하는 배경을 기반으로 이루어졌다. 외국과의 외교 관계는 중단되고, 북쪽 기독교 영역에 대한 공세는 매우 드물어졌다. 사실 서로 치고받고 싸우느라 정신없었던 타이파 군주들은 자신들의 군대를 별로 갖고 있지 않은 상황에서 라이벌 타이파들과의 영토 다툼을 벌일 때 필요한 군대를 기독교 국가들로부터 제공받으려고 했고, 그를 위해 기꺼이 대가를 지불할 준비가 되어 있었다. 그리하여 1009~1013년 서로 코르도바를 차지하기 위해 싸운 타이파들은 카스티야와 카탈루냐로부터 병사들을 제공받았다.

　11세기 전반기 대부분 동안 기독교도 지배자들은 칼리프국의 붕괴를 이용하여 이익(영토상의 이익을 포함하여)을 취하려는 노력을 별로 기울이지 못했다. 북서쪽에서 레온의 알폰소 5세(999~1028)는 지역 귀족들 중 불온세력의 여러 번에 걸친 도전에 대처해야 했고, 갈리시아 해안 지역을 주기적으로 침략하여 황폐화시키는 바이킹들의 공격에도 대처해야 했다. 피레네 동쪽 끝에서는 1020년 이후 카탈루냐 제후국들의 공적 질서가 붕괴될 위기에 처해 있었는데, 그것은 이 지역의 대귀족들과, '신귀족들'(대개는 소성주들 petty castellans로 이루어져 있었다)이 그 지역을 지배하고 있던 바르셀로나 백작들의 권위에 정면으로 도전했기 때문이었다. 반면에 '스페인의 황제'를 자처했던 나바라의 산초 3세 대왕(Sancho III the Great, 1004~1035)은 군사력을 바탕으로 외교적 기술을 이용하여 이웃 기독교 국가들에 대해 영향력을 강화했다. 그러나 이베리아반도에 대한 나바라의 지배권 주장은 산초 3세의 죽음과 함께 사라졌고, 그의 지배 영토(나바라, 아라곤, 리바고르사, 카스티야)는 네 명의 아들들에게 분할되었다. 2년 후 이 아들들 가운데 한 명이면서 동시에 카스티야의 초대 왕으로 즉위한 페르난도 1세(1035~1065)는 타마론(Tamarón)의 전투에서 자신의 매형인 레온의 베르무도 3세(Vermudo III of León, 1028~1037)를 패퇴, 전사시키고 레온과 카스티야 모두를 수중에 넣었다. 1054년에는 페르난도가 자신의 형제인 나바라의 가르시아 3세(1035~1054)를 부르고스 근처 아타푸에르카(Atapuerca)에서 패퇴시키면서 북쪽에서 레온-카스티야 왕국의 우위는 더욱 강화되었다.

이렇게 입지가 확고해지자 페르난도 1세는 드디어 무슬림 타이파들의 정치적·군사적 약화를 이용할 수 있게 되었다. 그의 가장 잘 알려진 영토 정복—라메고(1057), 비세우(1058), 코임브라(1064)—은 오늘날의 북부 포르투갈 지역을 차지하고 있던 바다호스(Bodajoz) 타이파를 제압하고 나서 이루어졌다. 그러나 페르난도의 주요 관심사는 대체로 영토 팽창이 아니라 공납 수취였던 것으로 보인다. 타이파 왕들로부터 '파리아스'(parias)로 알려진 공납 지불을 요구한 최초의 기독교도 지배자는 바르셀로나와 아라곤의 지배자들이었으나 이 시스템을 완벽하게 만든 사람은 살아 있을 때 사라고사, 톨레도, 바다호스, 세비야에서 정기적으로 파리아스 공납을 받고 있었던 페르난도 1세와 그의 아들 알폰소 6세(1065~1109)였다. 기독교 지배자들은 '보호세'라는 그럴 듯한 이름이 붙은 이 시스템을 작동시켰는데, 그것은 타이파 군주들에게 군사적 도움을 제공하고, 그 대신 금은으로 된 상당량의 공납을 받는 것이었다. 예를 들어 1069년과 1073년 사라고사의 알-묵타디르(1046~1082)와 나바라의 산초 4세(1054~1076) 간에 체결한 조약을 보면, 전자는 후자에게 매달 1,000디나르 금화(연간 금 20킬로그램 정도에 해당)를 바치고, 대신 후자로부터 '기독교도든 무슬림이든 간에' 공격해 올 때 군사적 보호를 받는 것으로 되어 있었다. 무슬림들이 바치는 공납 중에는 보석류, 직물, 상아 등 사치품도 포함되어 있었으며, 1063년 세비야의 알-무타디드(al-Mu'taḍid, 1042~1069)는 성 이시도로의 유해를 페르난도에게 넘겨주기도 했다. 기독교도 지배자들이 동료 기독교도들의 공격으로부터 타이파 공납 납부자들을 보호하기 위해 기꺼이 무기를 들 준비가 되어 있었다는 사실은 당시 사람들이 이데올로기보다는 정치적 실용주의를 더 중시했음을 보여 준다. 예를 들어 1063년 사라고사의 도시 그라우스를 점령하려고 한 아라곤의 라미로 1세(1035~1063)는 무슬림 봉신(封臣) 알-묵타디르를 보호하기 위해 레온-카스티야의 페르난도 1세가 보낸 군대에 패해 전사했다.

파리아스 공납의 유입은 그전만 해도 가난뱅이였던 기독교 왕국들에게 엄청난 부를 가져다주었다. 그것은 그 왕국의 지배자가 자신의 지지자들에게 넉넉하게 보답하고, 대군을 전장에 투입하고, (페르난도 1세의 딸 우라카를 위해 마련하고, 레온의 산이시도로 교회에 봉헌한 정교하기 이를 데 없는 금과 마노로 된 성배와 같은) 값비싼 예술품 제작을 의뢰할 수 있게 해 주었다. 무슬림들이 바치는 공납은 또 기독교도 왕들에게 유례없는 규모로 교회와 성을 건축할 수 있게 해주었다. 예를 들어 1070년대 동안 아라곤의 산초 라미레스 1세(1063~1094)에 의해 추진된 다양한 건축 공사 중에는 하카 대성당, 우에스카 북서쪽 로아레(Loarre)에 있는 웅장한 성과 교회 단지, 그리고 산티아고 데 콤포스텔라로 가는 순례길에 건설된 여러 개의 교량이 포함되어 있었다. 레리다, 토르토사, 사라고사의 타이파에게서 정기적으로 파리아스 공납을 수취했던 바르셀로나의 라몬 베렝게르 백작 1세(Count Ramón Berenguer I, 1035~1076)는 이런 식으로 새로 확보된 부를 땅, 성, 권리 구입에 사용했고, 이를 통해 그는 스페인 변경령에 대한 주도권을 강화하고, 카르카손과 라제(Razès) 등 피레네 북쪽의 백령들을 수중에 넣을 수 있었다. 이 백작은 또 이베리아반도의 기독교도 군주 가운데 자신의 금화를 주조한 최초의 인물이었다. 종교 기구들 또한 파리아스의 주요 수혜자였다. 그중에서도 가장 유명한 것이 부르고뉴의 클뤼니 수도원이었는데, 1063년 레온-카스티야의 페르난도 1세는 수도승들로부터 영적인 기도를 받는다는 조건 하에 이 수도원에 매년 금화 1,000개를 기부하기로 약속했다. 그리고 1077년에 알폰소 6세는 그 액수를 두 배로 늘렸다.

모험적인 귀족들 역시 파리아스 시스템으로부터 이득을 얻었다. 그중에서도 가장 유명한 사람이 후대에 엘 시드(El Cid, 아랍어 사이드sayyid, 즉 수령lord에서 온 별명으로 보인다)라는 이름으로 더 잘 알려진 카스티야인 로드리고 디아스(Rodrigo Díaz)였다. 모든 기술(記述)들에서 천재적 무장(武將)으로 묘사되는 이 엘 시드가 기독교도와 무슬림 모두를 상대로 하는 전투에서 보여 준 업적은 그에게 큰 부와 명성을 가져다주었다. 1081년 알폰소 6세와 불화하여 쫓겨난 그는 사라고사 타이파에 봉직하는 용병이 되어 바르셀로나의 베렝게르 라몬 2세(1076~1096)와 아라곤의 산초 라미레스 1세를 상대로 하는 전투에서 결정적인 승리를 거두었다. 그 후 1089년부터 1094년까지의 두 번째 추방 기간 동안 엘 시드는 반도 동쪽 지역의 타이파들에게서 파리아스 공납으로 상당액의 재산을 받고 봉사하는 프리랜스 무장으로 활동했으며, 1094년 6월에는 그 자신이 발렌시아에 하나의 독립 제후국을 건설하기도 했다. 엘 시드는 전통적으로 스페인 역사의 위대한 영웅들 가운데 한 사람으로 간주되어 왔다. 후대 저술들, 특히 본받아야 할 전사 귀족의 적절한 모델을 제시하고 싶었던 카스티야의 서사시 『시드의 노래』(Cantar de Mio Cid)는 엘 시드의 정복 활동이 자신의 기독교 군주 알폰소 6세를 위해 수행된 것이라는 점, 그리고 그가 국왕의 충성스런 신하로서 정복 활동에 임했다는 점을 강조하고 있다. 그러나 그 이전의 문건, 좀 더 신뢰할 만한 증거들은 1094년부터 1099년까지 '발렌시아의 군주'를 자처한 엘 시드가 무엇보다도 자신의 이익에 충실한 사람이었음을 말해 준다.

엘시드 같은 야심만만한 모험 군인이 무슬림 영토에서 어렵지 않게 활동할 수 있었던 것은 11세기 동안 기독교-무슬림 전선이 '상호침투적'이었음을 말해 준다. 장거리를 이동하는 목동들은 가축 떼에게 먹일 싱싱한 초지를 찾아 국경 지역을 넘나들었다. 유대인 상인들은 비단 등 값비싼 상품을 공급하기 위해 북쪽 기독교도 지역 성장일로의 도시들을 방문했다. 외교 사절들은 기독교도 지배자들과 무슬림 지도자들을 오가며 방문했다. 후에 알파케케(alfaqueques)라고 알려지는 중재자(거간꾼)들은 몸값을 지불하고 인질을 구해 오기 위해 전선을 넘나들었으며, 최고위직에 있다가 정치적 망명자 신세가 된 기독교도 고관들은 남쪽 무슬림 궁정에서 보호처를 발견하였다. 예를 들어, 1072년 1월 자신의 동생 카스티야의 산초 2세(1065~1072)에 의해 레온 왕위에서 쫓겨난 알폰소 6세는 톨레도의 알-마문(al-Mam'ūn, 1043~1075)의 궁정에서 은신처를 발견했다.

기독교 군주들에게 매년 많은 양의 금·은이 흘러들어간 사실을 고려할 때 그 군주들이 이 체계적인 공납 수취 정책을 포기할 직접적인 이유는 없었던 것으로 보인다. 그러나 몇몇 사람들은 좀 더 장기적인 관점에서 바라보기 시작했다. 레온-카스티야의 왕 알폰소 6세가 1075년경 그라나다의 압드 알라 불루긴과 공물 납부 재개를 협상하기 위해 파견한 시스난도 다비데스 백작(Count Sisnando Davídez)은 다음과 같이 선언했다고 한다.

알 안달루스는 기독교도들이 아랍인들에게 정복될 때까지 기독교도들에 속해 있었다. 이제 기독교도들은 힘으로 그들에게 빼앗긴 것을 회복하려고 한다. 기독교도들은 당신들(무슬림)을 약화시킴으로써, 혹은 당신들을 쳐부숨으로써 그 목적을 달성할 것이다. 당신들이 더 이상 돈과 병사들을 갖고 있지 않기 때문에 우리는 별 어려움 없이 나라 전체를 장악하게 될 것이다.

10년 후인 1085년 5월, 알폰소 6세가 톨레도 타이파의 지배자 알-카디르(1075~1085)를 쫓아내고 그곳을 지배하게 되었을 때 이 예언은 부분적으로 실현되었다. 이로써 레온-카스티야 왕국은 단번에 지배 영토를 3분의 1 정도 더 확대시켰고, 알폰소 6세는 두에로강과 타구스강 사이의 땅에 대한 지속적인 재정주를 준비할 수 있게 되었다. 톨레도시는 원래 비시고트족의 수도였고, 스페인 교회의 수좌 대주교구였다. 1077년 '모든 스페인인들의 황제'를 자칭함으로써 반도 내에서 자신의 주도권을 분명히 하려고 했던 알폰소 6세와 같은 왕에게 톨레도 정복은 엄청난 상징적 의미를 갖는 것이었다.

알모라비드파의 침입

톨레도의 함락은 무슬림들에게 엄청난 공포를 불러일으켰다. 시인 이븐 알-아쌀(Ibn al-Aṣṣāl)은 "오, 알 안달루스 주민들이여, 그대들의 말에 박차를 가하여라. 여기에 그대로 머물러 있는 것은 큰 실수가 될 것이니. 우리는 결단코 우리를 가만히 내버려두지 않을 적들에게 포위되어 있다. 어떻게 독사들과 한 바구니 안에서 함께 살 수 있단 말인가"라며 탄식했다. 이 두려움은 이듬해 알폰소 6세의 군대가 사라고사를 공성하고 무르시아 남서쪽 알레도(Aledo) 성을 함락시키자 더욱 커졌다. 톨레도에서는 주민들에게 그들의 신앙을 계속 유지할 자유를 허락했던 항복 조약이 얼마 가지 않아 사실상 무효화됐고, 도시의 모스크가 대성당으로 바뀌는 등의 모욕을 당하였다. 이에 독립적 지배자로서 자신의 수명이 얼마 남지 않았다고 두려워하게 된 나머지 타이파 지배자들은 지브롤터해협 너머 알모라비드파로 알려진 이슬람 부족의 지도자이며 베르베르족 수장이었던 유수프 타슈핀(Yūsūf b. Tāshufin, 1061~1106)에게 긴급히 군사적 도움을 청하였다. 타이파 왕들은 거칠고 청교도적인 알모라비드파와 아무 관계도 갖지 않았으므로 베르베르족의 개입을 요청하는 것에 대해 깊은 불안감을 가지고는 있었지만 긴박한 상황이었기 때문에 긴박한 조치를 취하지 않을 수 없었다. "내가 만약 선택을 해야 한다면 카스티야에서 돼지치기가 되기보다 모로코에서 낙타를 돌보겠다"라고 곤경에 처한 세비야의 알-무타미드(1069~1091)는 의미심장한 언급을 했다.

서부 사하라의 유목민 산하자 베르베르족(Ṣanhāja Berber tribes)에게서 시작된 알모라비드 운동은 1039년 이후 어느 시점에 말리키 법학자(Malikite scholar) 압드 알라 야신(Abd Allāh b. Yāsin)에 의해 시작되었다. '정의의 확산, 불의의 시정(是正), 부당한 세금 철폐'라는 슬로건하에 집결하고, 엄격함과 신앙 부흥의 열정이라는 호소력 있는 특징을 가졌던 이 운동은 대단한 인기를 누리며 급속히 성장했다. 이븐 야신의 계승자 아부 바크르(Abū Bakr, 1056~1087)와 그의 사촌 유수프 타슈핀 하에서 알모라비드파의 지배권은 남쪽으로는 금 생산지인 가나 왕국으로, 북쪽으로는 모로코 평원으로 확산되었다. 1070년 모로코 평원에서는 마라케시에 왕조의 새로운 수도를 세웠다. 1086년 6월 유수프는 곤경에 처한 타이파 지배자들의 간곡한 요청에 응답하여 대군을 이끌고 지브롤터해협을 건너 알헤시라스에 상륙했고, 그해 10월 바다호스 근처 사그라하스에서 알폰소 6세의 군대를 궤멸시켰다. 알모라비드파는 비록 이 성공에서 영토상의 이익을 취하지는 못했지만 유수프는 1088년 다시 반도로 돌아와 전투를 벌였고, 1090년에는 톨레도를 공격했지만 실패했다. 이때쯤 유수프는 타이파 지배자들이 방탕한 생활을 하고 백성들에게 쿠란에 없는 세금을 거두어 그것을 이교도들에게 파리아스 공납으로 지불하고 있다고 생각하고, 타이파 지배자들 가운데 일부는 은밀하게 알폰소 6세와 협상을 재개했다고 의심했으며(그것은 사실이었다), 이제 자신이 직접 알 안달루스를 지배해야겠다고 결심했다. 1090년과 1094년 사이에 서부와 남부 알 안달루스의 모든 타이파 지배자들이 비틀거렸고, 그들의 영토는 알모라비드 제국에 병합되었다. 오직 발렌시아의 엘 시드만이 얼마 동안 알모라비드파가 레반테 쪽으로 진출하는 것을 저지할 수 있었다. 그러나 1102년 엘 시드가 죽고 3년 만에 그의 미망인 히메나는 도시를 비워 주지 않으면 안 되었으며, 그 지역 역시 유수프의 군대에 점령되었다. 1110년 반도에서 독립적인 무슬림 세력의 마지막 거점이었던 사라고사 타이파가 유수프의 아들이며 계승자인 알리 유수프(Ali b. Yūsuf, 1106~1143)에 의해 복속되었다.

같은 시기에 알모라비드파 군대는 기독교도 요새들에 대해 공격을 시작하고 있었다. 11세기 말이면 전에 톨레도 타이파 왕국에 속했던 모든 영토가(북쪽으로 타구스강에 이르기까지) 톨레도만 제외하고 무슬림에 의해 다시 정복되었다(당시 톨레도는 방어가 튼튼해서 아직 기독교도들의 수중에 남아 있었다). 나아가 파리아스 조공은 급속하게 사라졌고, 알폰소 6세와 동료 기독교도 지배자들은 심각한 자금 부족에 시달려야 했다. 알폰소 6세는 1104년 전략적으로 중요한 요새 도시 메디나셀리를 장악하는 등 최선을 다해 알모라비드파의 진격을 저지하려고 했으나, 1108년 5월 그의 노력은 레온-카스티야 군대가 톨레도 동쪽 우클레스에서 궤멸당하면서 무위로 돌아갔다.

우클레스의 패배가 타구스 전선의 완전한 붕괴를 의미하지는 않았으나 알폰소 6세의 아들 겸 상속자였던 산초 왕자의 전사는 심각한 정치적 위기를 촉발시켰다. 1109년 7월 왕이 전사하자 레온-카스티야의 왕위는 장녀 우라카에게 넘어갔고, 그녀는 그전에 아라곤의 왕 '악전고투하는' 알폰소 1세(1104-1134)와 혼인한 상태였다. 그러나 이 혼인은 곧 깨지게 되었고, 우라카 자신은 사이가 틀어진 전남편뿐만 아니라 여왕과 그 전남편인 부르고뉴의 라이몬드 백작 사이에서 태어난 아들, 그리고 포르투갈의 엔리케 백작과 그의 아내 테레사(알폰소 6세의 서녀)에게 충성하는 사람들까지 포함된 치열한 권력 다툼에 휩쓸렸다. 1110년에서 1117년 사이에 이 왕조 간 전쟁은 레온과 카스티야를 휩쓸었고, 도시와 농촌 모두에서 무정부에 가까운 상황이 나타났다. 그처럼 혼란한 상황 속에서도 왕위를 유지한 우라카의 의지는 높이 살 만하다. 그러나 그것을 위해 그녀가 지불해야 했던 대가는 너무나 컸다. 동쪽에서는 카스티야의 넓은 땅과 리오하와 소리아 고원 지역이 아라곤의 지배하에 들어갔고, 서쪽에서는 포르투갈 백령이 테레사 백작부인의 지도력하에(그녀는 여왕을 자처하기 시작했다) 레온 왕국의 세력권에서 완전히 떨어져 나가 그 자체로 독립적 정치체로 떠올랐다.

알폰소 6세가 알모라비드파를 상대로 굳세게 주도권 다툼을 벌이고 있는 동안 1035년 나바라의 산초 3세가 죽은 이후, 왕국의 지위를 갖게 된 기독교 왕국 아라곤은 반도 북동부 지역 최강자로서의 지위를 꾸준히 강화해 가고 있었다. 아라곤의 초대 왕 라미로 1세와 그의 아들 산초 라미레스 1세 치하에서 그들의 주요 전략 목표는 사라고사 타이파를 제압함으로써 남쪽으로 영토를 확장하는 것이었다. 산초의 노력을 통해 1080년대에 그라우스(1083), 몬테아라곤(1088), 몬손(1089) 등을 포함한 사라고사의 여러 주요 요새들이 아라곤의 수중에 들어갔다. 1096년 알코라스 전투에서 사라고사의 알-무스타인과의 전투에서 승리를 거둔 산초의 아들이자 계승자인 페드로 1세(1094~1104)는 우에스카 요새를 정복할 수 있었다. 이어 5년 후에는 사라고사시 자체를 공격하였으나 성공하지 못했다.

마찬가지로 피레네 동쪽 끝에서는 카탈루냐의 바르셀로나 백작들이 야심만만하게 알 안달루스의 타이파들을 제압함으로써 영토와 영향력을 확대시키기 위해 애쓰고 있었다. 그러나 레반테 지역에 대한 바르셀로나의 계획은 처음에는 1085년과 1089년 두 번에 걸쳐 베렝게르 라몬 2세가 시도한 발렌시아 공격을 저지한 엘 시드에 의해, 그리고 1102년 모예루사에서 라몬 베렝게르 백작 3세(1097~1131)의 군대를 물리친 알모라비드파에 의해 저지되었다. 그럼에도 불구하고 라몬 베렝게르 3세는 1111년 스페인 변경령에서 베슬라우 백령과 바예스피르 영토 획득을 통해 그리고 1117년 세르다냐, 콘플렌트, 베르가의 합병을 통해 세력을 강화할 수 있었다. 그는 또 카르카손과 라제 등 피레네 북쪽 백령들에 대한 지배권을 강화하였고, 1112년 프로방스 백작의 상속녀 두스(Douce)와 혼인함으로써 랑그독 남부 해안 지역에 대한 영향력도 확대하였다.

기독교 이베리아반도의 '유럽화'

11세기 이전만 해도 이베리아반도 내 기독교도 영역들은 서유럽의 정치적·문화적 주류로부터 비교적 소외되어 있었다. 프랑크 제국의 한 부속령으로서 피레네 이북 지역과 주기적으로 접촉할 수 있었던 스페인 변령령의 카탈루냐 백령들을 제외하면 기독교 지배자들은 유럽 다른 지역 지배자들과 정규적인 외교 관계를 수립하지 않았던 것으로 보인다. 카탈루냐 이외의 지역에서 이베리아반도의 교회는 보수적이고 내향적이었으며, 로마 교황청과의 접촉도 없었다. 로마식이 아닌 비시고트식 혹은 모사라베식 예식이 지배적이었다. 수도원들은 라틴 서유럽 나머지 대부분 지역에서 뿌리내리고 있던 베네딕트 계율이 아니라 비시고트식 계율에 따라 운영되고 있었으며, 피레네 이북의 문화 운동에 대해서 그리 많이 알지 못하고 있었다. 그러나 11세기가 지나는 동안 이베리아반도와 나머지 서유럽 기독교 지역의 관계는 극적으로 변했다.

이 변화를 가져온 핵심 요인 가운데 하나가 산티아고 데 콤포스텔라로 가는 순례길이었다. 818년과 842년 사이 어느 시기에 사도 성 야고보(St. James the Great)의 무덤으로 추정되는 곳이 갈리시아의 이리아 플라비아(Iria Flavia) 근처, 오늘날의 산티아고 데 콤포스텔라에서 발견되었다. 지역 성직자들과 레온 왕실의 열정적인 지원하에 그 지역에서 성인에 대한 숭배예식이 나타나기 시작했고, 사도(야고보)의 유골과 관련된 기적에 관한 이야기들이 나돌았다. 10세기 중엽에는 외국인 순례객들이 콤포스텔라에 있는 성인의 유골을 모신 성당을 방문하기 시작했고, 그 후 사도의 무덤을 찾는 순례자가 꾸준히 늘어났다. 콤포스텔라로 가는 순례길은 프랑스에서 네 개의 주요 지점(투르, 베즐레, 르퓌, 생쥘뒤가르)에서 출발하여 피레네 서쪽에 있는 푸엔테 라 레이나에서 모이게 되며, 거기에서 이른바 '프랑스 길'이 서쪽으로 쭉 이어지는데, 그러니까 팜플로나, 부르고스, 레온, 아스토르가 등 주요 도시들을 거치는 스페인 북부 지역을 지나 성도(聖都) 콤포스텔라에 이르게 된다. 수많은 외국인 순례객의 유입은 콤포스텔라의 교회와 도시에 큰 부를 가져다주었을 뿐 아니라, 그 길이 지나는 지역에 지속적인 영향을 남겼다. 국왕, 성직자, 속인들이 도로를 보수하고, 교량·교회·여관·병원을 설립하는 등 순례객들이 이용할 수 있는 편의시설을 확충했다.

이 과정과 병행하여 교황청은 이베리아반도 문제에 전보다 훨씬 많은 관심을 갖기 시작했다. 교황 알렉산더 2세와 그레고리우스 7세가 주도한 교회개혁 운동은 서유럽 교회와 속인 권력을 연결하고 있던 긴밀한 유대를 단절하고, 세속 권력에 대한 로마 교황의 권위를 강화하였으며, 라틴 서유럽 세계 전체의 종교 규율과 예식을 통일하기 위해 노력했다. 교황에 대한 특별한 복종의 맹세를 바쳤던 클뤼니 교단 수도승들이 이 개혁운동의 첨병이 되었다. 클뤼니 교단의 영향력은 특히 나바라와 레온에서 강하게 나타났는데, 이곳에서는 앞에서 보았듯이, 페르난도 1세와 알폰소 6세가 무슬림들에게서 받은 금 가운데 많은 액수를 매년 기증함으로써 클뤼니 교단의 의식(儀式)에서 중요한 한자리를 차지하였다. 이베리아반도로 들어온 클뤼니 교단 수도승들은 반도 서쪽에 주요 수도원들의 네트워크를 만들었고, 어떤 수도승들은 스페인 교회 계서 내의 주요 직책에 임명되었다. 모든 클뤼니 교단 수도승들 가운데 가장 유명한 인물이 세디락의 베르나르(Bernard of Sédirac)였는데, 그는 1076년과 1080년 사이에 사아군 수도원 원장을 역임하고, 톨레도가 정복되고 나서는 톨레도 대주교에 임명되었다.

클뤼니 수도승들과 1067년 이후 정기적으로 반도를 방문한 교황 사절들의 노력 덕분에 이베리아 교회는 광범한 파급력을 가진 개혁 프로그램의 영향을 강하게 받았다. 교황에 의해 이단적이라고 규정되기도 한 비시고트식 예식은 (반도) 서쪽 왕국들에서 1071년과 1080년 사이에 로마식 예식으로 대체되었다. 베네딕트 계율이 비시고트식 계율을 대체했고, 새로운 교회법이 도입되었다. 전통적인 모사라베식 채식 사본 기술은 점차 사라졌고, 비시고트식 서체는 라틴 서유럽 다른 지역들에서 사용되고 있는 카롤링 소문자(Carolingian minuscule)로 대체되었다. 동시에 점차 주교들이 이웃 주교구와의 영토 분쟁에서 교황의 판결을 요구하고, 로마를 자신들의 권위를 지탱해 줄 권위의 원천으로 간주하면서 반도 교회와 교황청 간의 접촉은 더욱 증대되었다. 예를 들어 산티아고 데 콤포스텔라가 1120년에 대주교구가 될 수 있었던 것은 주교 디에고 헬미레스(Diego Gélmirez)가 교황청에 벌인 적극적인 로비 덕분이었다.

신앙심이 외부인을 반도로 끌어들인 유일한 요인은 아니었다. 타이파 왕국들로부터 파리아스 공납의 형태로 엄청난 부가 북쪽으로 흘러든다는 소문이 퍼지자 피레네 이북의 귀족들 중 일부는 알 안달루스 전선을 강력한 부의 원천으로 바라보게 되었다. 1064년 카탈루냐와 아라곤의 군대가 사라고사의 성채 도시 바르바스트로를 공성하고 정복하는 것을 프랑스 기사들이 와서 도운 것은 신앙심 때문이 아니라 약탈에 대한 기대 때문이었다. 반도 내 지배 가문들과의 가족적 유대 관계도 프랑스 귀족들이 스페인으로 들어오게 만들었다. 1087년 투델라 근방에서 지지부진한 전투를 벌인 프랑스 군대의 지도자 가운데 부르고뉴의 오도 공작이 포함되어 있었는데, 그는 알폰소 6세의 두 번째 아내 콘스탄스의 조카였다. 같은 전투에 참여한 생쥘의 레이몽(Raymond of St. Gilles)의 어머니 알모디스는 바르셀로나의 라몬 베렝게르 1세 백작과 혼인한 사이였다. 1087년의 원정은 군사적인 면에서 별 성과가 없었지만 부르고뉴 공작 가문의 두 사람(아무의 레이몽Raymond of Amous과 그의 사촌 샬롱의 앙리Henry of Châlon)이 후에 알폰소 6세의 두 딸 우라카와 테레사와 각각 결혼하게 되는 계기가 되었다.

이베리아반도는 또 좀 더 낮은 신분과 계층의 사람들을 끌어들이는 자석이 되기도 했다. 프랑스인들은 1085년과 1118년 톨레도와 사라고사를 정복한 이후 두 도시 주변 배후지에 정착했고, 외국인 상인과 수공업자들은 산티아고 순례길을 지나는 신자들에게 필요한 편의시설을 제공하기 위해 순례길 여러 지점에 가게와 작업장을 차렸다. 프랑스인 정주자들은 1090년 아라곤의 산초 라미레스 1세에게서 팜플로나 남서쪽 에스테야(Estella)에 정주할 수 있는 푸에로, 즉 특허장을 받았으며, 그 푸에로는 나중에 근처 다른 도시들에까지 확대되었다. 대부분 프랑스인이었던 외국인 정주자들은 순례객이든, 항구적인 정착자든 간에 이베리아반도에 문화적으로 중대한 흔적을 남겼다. 그리고 그 흔적을 하카나 사아군 같이 멀리 떨어진 장소에서도 유행한 혁신적인 조각 형태에서, 혹은 카탈루냐로부터 포르투갈에 이르기까지 많이 세워진 당시 유행한 '로마네스크 양식'의 교회, 궁전, 그리고 그 외 건물들에서 찾아볼 수 있다. 또 12세기 말에는 특징적인 첨두 아치를 가진 프랑스식 '고딕' 양식의 요소들이 들어오기 시작했다. 1222년과 1226년 각각 공사가 시작된 부르고스와 톨레도 대성당은 이 새 양식의 가장 두드러진 예라 하겠다.

레콩키스타와 십자군

기독교 이베리아에 대한 알모라비드파의 공격은 교회 지도자들이 서유럽 세계의 귀족들에게 군사적 행위도 만약 그것이 기독교 신앙의 적들을 상대로 사용된다면 참회의 가치를 가질 수 있다고 주장하고 설득하기 시작할 때 일어났다. 1095년 11월 클레르몽에서 열린 공의회에서 교황 우르바누스 2세는 성지 예루살렘의 기독교도들을 이슬람의 속박으로부터 해방시키기 위해 '무장순례'를 떠날 것을 호소했고, 이 십자군에 참여한 사람들은 그들이 고백한 모든 죄를 용서받게 될 것이라고 약속했다. 기베르 드 노장(Guibert of Nogen)은 후에 속인들에게 이것은 '구원을 얻는 새로운 방식'이라고 말했다. 이베리아반도 왕국들의 기독교도 귀족들 사이에서 새로운 십자군 정신의 인기가 급증하자 그로 인해 너무 많은 기사들이 가슴에 십자가 표식을 달고 성지로 떠나지 않을까 하는 염려가 생겨난 것으로 보인다. 1096년부터 1099년 사이에 작성한 것으로 보이는 서신에서 교황 우르바누스 2세는 베살루의 베르나트(Bernat of Besalú), 루시용의 기슬라베르트(Guislabert of Roussillon), 세르다냐의 기엠(Guillem of Cerdanya) 등 여러 백작들에게 예루살렘으로 떠나지 말고 대신 타라고나(Tarragona)를 회복하는 일에 전념하라고 촉구하면서, 타라고나

회복을 위해 싸우다 죽은 사람도 죄 사함을 받고 영원한 삶을 보장받을 수 있다고 말했다. "한쪽에서는 무슬림으로부터 기독교도를 구하고, 다른 쪽에서는 기독교도들을 무슬림의 폭정과 억압에 방치하는 것은 결코 미덕이 아니"라고 교황은 결론지었다.

그 후 9세기 말 아스투리아스의 궁정 연대기작가들에 의해 처음 생겨난 것으로 보이는 레콩키스타(Reconquista) 개념이 십자군 운동과 밀접히 결부되었다. 교황 파스칼 2세는 1114년 마요르카를 점령하기 위해 떠난 카탈루냐-피사 공동원정에 참가한 사람들에게 십자군에게 부여하는 면벌부를 하사했다. 겔라시우스 2세는 1118년 사라고사 공성에 참가한 프랑스-아라곤인들에 대해서도 마찬가지로 면벌부를 하사했다. 1125년 1월 산티아고 데 콤포스텔라 공의회에서 대주교 디에고 헬미레스는 다음과 같은 감동적인 참전 촉구 설교를 했다.

그리스도의 병사들과 성교회의 충실한 아들들이 수많은 땀과 피로 예루살렘으로 가는 길을 열었듯이, 우리도 그리스도의 병사가 되어 그리스도의 사악한 적 사라센들을 처부수고 스페인을 통해 주님의 무덤으로 가는 지름길을 만들어 내야 한다.

새로 생겨난 십자군적 열정의 예를 아라곤의 알폰소 1세에게서 발견할 수 있다. 그는 인생 후반에 에브로강 계곡의 무슬림들에 대한 여러 차례의 전투를 성공적으로 이끌었다. 1118년 12월 그는 제1차 성지 예루살렘 십자군에 참가한 적이 있는 프랑스인 십자군 분견대의 도움을 받아 8개월의 공성 끝에 사라고사시를 정복했다. 이듬해 알폰소의 군대는 에브로강 남쪽으로 진격하여 투델라와 타라소나 등의 거점을 점령했다. 1120년에는 알모라비드파를 쿠탄다(Cutanda)에서 패퇴시켰으며, 그를 통해 칼라타유드와 다로카를 점령할 수 있었다. 1122년 알폰소는 사라고사 남동쪽 벨치테에 기반을 둔 '그리스도의 수비대'를 창설함으로써 십자군적 열정을 과시했는데, 이 수비대 구성원들은 죽을 때까지 이슬람과의 투쟁에 헌신한다는 조건하에 죄의 사면을 약속받았다. 벨치테의 수비대는 1124년경 왕이 인근 몬레알에서 창설한 수비대와 마찬가지로 신전기사단과 성 요한의 구호소기사단(이 기사단들은 그전에 예루살렘을 순례하는 순례자들을 보호하기 위해 성지 예루살렘에 세워졌었다)에서 영감을 얻었다. 신전기사단과 구호소기사단은 곧 이베리아반도에서, 특히 아라곤에서 많은 재산과 영향력을 획득했다. 그러나 처음에는 이 기사단들이 기독교도 지배자들이 이끄는 전투에서 중요한 역할을 수행하지 못했다. 그로 인해 12세기 후반에 여러 개의 토착 종교기사단이 창설되었으며, 그중에서 가장 유력했던 것이 칼라트라바(1158), 산티아고(1170), 알칸타라(1176) 기사단이었다. 포르투갈에서는 1176년 에보라 기사단(후에 아비스 기사단으로 이름이 바뀌었다)이 창설되었다. 이후 수십 년 동안 이 기사단들은 이슬람과의 전투에서, 그리고 남쪽 변경 지역 방어와 행정에서 주도적인 역할을 수행하게 된다.

알폰소 1세는 치세 말에 중부 에브로 지역(Middle Ebro) 너머로까지 아라곤의 지배권을 확대시키기 위한 전투를 벌였다. 그러나 그는 1134년 7월 레리다 근처 프라가(Fraga)에서 공성 작전을 수행하는 과정에서 알모라비드파 군대에 참패를 당했고, 그해 9월에 죽었다. 왕의 죽음은 기독교 북쪽 지역에 두루 영향을 미쳤다. 1076년, 레온-카스티야의 알폰소 6세와 아라곤의 산초 라미레스 1세에 의해 점령되고 분할되었던 나바라 왕국은 비록 리오하를 레온-카스티야에 결정적으로 상실함으로써 무슬림 영토로 팽창하는 것이 이제 불가능하게 되었지만, 가르시아 라미레스 4세(1134~1150) 치세하에서 다시 독립국가로 등장하게 되었다. 아라곤 왕국 자체에서는 지역 귀족들이 왕국을 신전기사단, 구호소기사단, 성묘 교회에 유증하겠다고 한 알폰소 1세의 이상한 유언을 거부하고 대신 그의 동생 '수도승 왕' 라미로 2세(1134~1137)를 새 왕으로 옹립했다. 1137년 라미로 2세는 자신의 딸 페트로니야(Petronilla)를 바르셀로나의 라몬 베렝게르 4세 백작과 약혼시켰고, 이 바르셀로나 백작은 그 후 아라곤 왕국의 보호자 역할을 하게 되었다. 1150년 백작과 페트로니야의 혼인은 아라곤과 카탈루냐 백령들이 결정적으로 왕조 간 연합을 하게 되는 결과를 가져온다. 한편 반도 서쪽에서는 여왕 우라카의 아들 레온-카스티야의 알폰소 7세(1126~1157)가 1110~1117년의 전투에서 아라곤인들에 의해 점령되어 있던 나머지 영토를 회복하고, 일시적이긴 했지만 사라고사도 자신의 지배하에 복속시켰다. 1135년 5월 알폰소 7세 자신이 레온에서 황제로 즉위한 것은 그의 회복된 권위를 말해 주는 것이었다. 그러나 그의 반도 내 헤게모니 주장을 다른 기독교 국가들이 좌시하지 않았는데, 이제 독립적인 지위를 누리고 있었던 포르투갈 왕국도 그중 하나였다. 이 포르투갈의 지배자인 엔리케(엔히크) 백작과 테레사 왕비의 아들인 알폰소(아폰수) 1세(1128~1185)는 1143년 알폰소 7세의 의해 정식 왕으로 인정받았다.

한편 반도 내에서 알모라비드파의 권위는 이미 붕괴되어 가고 있었다. 1120년대가 지나는 동안 모로코에서 알모하드파라는 라이벌 베르베르 운동이 나타나 마그레브에서 치열한 권력 다툼이 벌어졌고, 그것은 (알모라비드) 제국의 재원을 끊임없이 고갈시켰다. 알 안달루스 내에서는 베르베르어를 말하는 엄격한 알모라비드파(이들은 비록 강력하기는 했지만 소수에 불과한 전사귀족층을 이루고 있었다)가 거친 외국인이라며 경멸하는 풍조가 나타났고, 비이슬람인들에 매기는 세금과 알모라비드 당국이 기독교도들의 공격(당시 이들의 공격은 강도에서나 범위에서 점차 증가하고 있었다)으로부터 자신들을 지켜주지 못하는 것 때문에 체제에 대한 불만은 증폭되었다. 1144년에서 1147년 사이에 알모하드파와의 싸움이 절정에 이르자 지방에서 일련의 반란이 일어나 알 안달루스 내에서 알모라비드파의 정치적 지배권은 붕괴되기에 이르렀다. 대신 새로 여러 후계 국가들이 생겨났고 (대략 14개 정도), 장군, 관리, 종교지도자 등으로 구성된 그 지도자들은 독립 왕조를 자처했다.

알 안달루스 내에서 벌어진 이런 심각한 정치적 혼란과, 전체 기독교 세계 내에서 고조된 십자군적 열정(그것은 1145년 12월 제2차 십자군 전쟁 선언으로 절정에 이르렀다)을 배경으로 반도 내 기독교도 지배자들이 남쪽 무슬림 세력에 대한 일련의 협공을 시작하였다. 1146년 5월 알폰소 7세는 잠깐 동안 코르도바를 차지했고, 이듬해 1월 과디아나 강변에 위치한 칼라트라바를 점령했다. 1147년 10월 황제의 군대는 나바라, 바르셀로나, 몽펠리에, 헤로나의 군대와 힘을 합쳐 번영한 항구 도시 알메리아를 점령했다. 일주일 후에는 포르투갈 군대와 앵글로-노르만·플랑드르·독일의 십자군(이들은 성지로 가는 길에 요청을 받아 도와주러 온 것이었다)의 협공으로 리스본이 정복되었다. 1148년에는 바르셀로나의 라몬 베렝게르 6세가 제노바의 함대와 리스본에서 싸웠던 십자군 분견대의 도움을 받아 에브로강 입구에 있는 토르토사를 점령했다. 이듬해 그 백작(라몬 베렝게르 6세)은 레리다, 프라가, 메키넨사를 점령함으로써 에브로강 계곡에서 무슬림들을 항구적으로 격퇴하였다.

당시 다른 지역 유럽인들은 1147~1149년의 이베리아반도에서의 정복 활동을 기독교 세계의 적들(무슬림)에 대해 하나의 단일한 기독교도 '순례 군대'(십자군)가 벌이는 협공의 일부로 간주하는 경향이 있었다. 프랑스의 음유시인 마르카브뤼(Marcabru)에게 스페인은 (유럽의) 기사들이 자신의 영혼을 정화하고, 명예·부·공훈만이 아니라 구원을 획득할 수 있는 공간이었다. 기독교 이베리아에서는 성급한 낙관의 분위기가 나타났다. 1151년 1월 카스티야 동쪽 국경에 있는 투데헨(Tudején)에서 알폰소 7세와 라몬 베렝게르 4세 백작은 나바라를 분할하고, 알 안달루스 전체 영토를 두 지배자가 나누어 갖는 것을 내용으로 하는 조약을 체결했다. 이에 따르면 발렌시아, 데니아, 무르시아는 백작의 소유령으로 하며, 백작은 황제의 봉신으로 그 지역들을 지배한다는 것, 그리고 나머지 지역은 알폰소 7세가 차지하는 것으로 되어 있었다. 그러나 이 조약이 현실화되지는 못했는데, 알폰소 7세는 알 안달루스에서 자신의 정복활동을 완수하는 데 필요한 외국의 군사 지원을 확보하지 못했을 뿐만 아니라, 1156~1157년 알모하드파가 대공세를 퍼부어 알메리아 자체를 포함하여 시에라모레나 남쪽의 기독교도들이 장악하고 있던 모든 거점들을 무슬림들에게 내주어야 했다. 과달키비르 계곡의 정복이 다시 한번 현실화되는 것은 그러고 나서 두 세대가 더 지나고 나서였다.

알모하드 제국의 흥기와 몰락

알모하드 운동은 1120년경, 아틀라스산맥에 사는 베르베르 마스무다 (Berber Masmuda) 부족들 가운데 하나에서 태어나고 성장한 이븐 투마르트(Ibn Tūmart, 1130년 사망)에 의해 시작되었다. 코르도바와 바그다드에서 교육을 받은 그는 1118년 마그레브로 돌아와 자신이 직접 목격한 알모라비드 체제의 도덕적 해이를 성토하는 운동을 시작했다. 3년 후 그는 스스로 마흐디, 즉 베르베르 민족에서 정통 이슬람교를 회복시켜 줄 신의 인도를 받는 지도자를 자처했다. 이븐 투마르트의 교리는 신의 절대적 통일성과 단일성에 대한 믿음에 의해 보강되었는데, 그 때문에 그의 지지자들은 무와히둔(Muwaḥḥidūn)으로 불렸고, 여기에서 '알모하드'라는 말이 나왔다. 이븐 투마르트는 아틀라스산맥에 있는 자신의 세력 거점에서 마스무다 부족들에게 도덕적 정화를 중심으로 하는 메시지를 설교하기 시작했고, 알모라비드파를 상대로 장기적인 주도권 싸움을 벌였으며, 그 싸움은 1147년 3월 마라케시가 이븐 투마르트의 계승자인 초대 알모하드 칼리프 압드 알 무민(Abd al-Mu'min)에게 함락된 것에서 정점에 이르렀다. 그 후로 1146년부터 1173년 사이에 알모하드파는 서서히 알 안달루스에서 알모라비드파의 지배를 거부한 여러 계승 국가들을 복속시켰고, 그 지역의 수도를 코르도바에서 세비야로 옮겼다.

　알 안달루스와 마그레브의 무슬림 영토에서 이런 정치적 변화가 나타나고 있을 때 북쪽 기독교 국가들에서도 비슷한 대변동이 나타났다. 1157년 레온-카스티야의 알폰소 7세가 죽고 그의 '제국'은 두 아들 산초 3세(1157~1158)와 페르난도 2세(1157~1188)에게 분할되었다.

이들은 각각 카스티야와 레온에 있는 왕국들을 상속받았다. 산초가 1158년 부친에 이어 사망하자 카스티야의 라이벌 귀족 가문들(라라가와 카스트로가)은 산초의 어린 아들 알폰소 8세(1158~1214)에 대한 후견권을 두고 권력 다툼을 벌였다. 같은 시기에 카스티야는 나바라의 페르난도 2세와 산초 6세(1150~1194)의 공격을 받았다. 카스티야와 레온은 불화를 거듭하다가 1230년 페르난도 3세(1217~1252)하에서, 이번에는 항구적으로 다시 합쳐졌다. 그동안 폭력적 갈등이 두 지역 간에 주기적으로 분출했었고, 두 지역 간 경계선을 따라 세워진 도시와 성들은 자주 주인이 바뀌었다. 그러나 양쪽 모두 큰 영토상의 이득은 없었다. 같은 시기에 이제 막 생겨나고 있던 포르투갈은 레온인들의 입장에서 보면 계속 입안의 가시로 남았고, 한편 카스티야는 나바라와 장기간의 국경분쟁에 휘말리게 되었다.

12세기 후반기에 알모하드파 칼리프들은 기독교 국가들에 대한 여러 차례 원정을 수행했고, 그것은 광범한 파괴를 초래했다. 그러나 알모하드파 군대는 주요 거점의 점령에 필요한 공성 기술이 부족했고, 그 외에도 그들의 전투는 병참의 측면에서 문제가 많았기 때문에 자주 실패로 돌아갔다. 대규모의 알모하드 군대가 쿠엥카 근처 우에스카라는 별로 중요하지 않은 요새 도시를 점령하려다가 실패한 1172년의 원정은 좀 더 큰 문제의 상징이었다. 전선 지역 기독교도 쪽의 고도로 군사화한 공동체들과는 대조적으로 알 안달루스 측 공동체들은 중요한 군사적 능력을 갖고 있지 못했고, 그로 인해 북쪽 기독교도들에 대한 작전은 칼리프와 그의 군대가 마그레브로 돌아가면 매번 사실상 마비되었다. 유수프 1세(1163~1184)나 그의 아들 야쿱(Ya'qūb)은 북아프리카에서 자주 일어나는 반란을 진압해야 했기 때문에 이베리아반도 문제에 전념할 수가 없었다. 알모하드파의 이런 군사적 약점 때문에 기독교 군대는 1170년대와 1180년대 내내 넓은 전선에서 무슬림들을 공격할 수 있었다. 노예와 가축을 잡아가고, 포도밭과 올리브 나무를 파괴하는 정기적인 약탈 공격과 치고 빠지기 공격은 전선을 따라 들어서 있으면서 기독교도들의 공격에 노출된 무슬림 공동체들에게 매우 심각한 결과를 가져다주었다. 그래서 리스본 남쪽 알카세르 두 살(Alcacer do Sal) 같은 지역에서는 알모하드 당국이 주민들을 계속 그곳에 머물게 하기 위해 매달 보조금을 주어야 할 지경이었다. 기독교도들의 침략 원정들 사이사이에 간헐적으로 정복전쟁이 시도되기도 했다. 1171년 아라곤의 알폰소 2세 (1162~1196)는 테루엘을 정복했고, 6년 후에는 카스티야의 알폰소 8세를 도와 쿠엥카를 점령했다. 1179년 3월 두 군주는 (28년 전 두 나라 왕이 투데헨에서 그렇게 했던 것처럼) 카솔라에서 조약을 맺고 알 안달루스를 자기들끼리 분할하기로 합의를 보았다. 이 조약으로 아라곤 왕은 동명(同名)의 카스티야 왕에게 지고 있던 봉건적 의무에서 자유롭게 되었고, 대신 무르시아 영토는 그 후 카스티야에 돌아갔다.

12세기 마지막 10년 동안 알모하드파는 몇 차례 중요한 군사적 공세를 개시했다. 1195년 7월 칼리프 야쿱은 칼라트라바 근처 알라르코스에서 알폰소 8세의 군대를 궤멸시켰다. 이슬람 세력의 팽창보다는 알폰소 8세가 추구하는 주도권 장악을 더 걱정해야 했던 레온과 나바라의 왕들은 이듬해 알모하드파의 지원하에 카스티야 영토에 대해 파괴적인 침략을 감행했다. 카스티야가 이 위기에서 살아남을 수 있었던 이유 가운데 하나는 1197년 튀니지에서 새로 발생한 소요 때문에 칼리프가 카스티야와 5년간 휴전하기로 동의해야 했다는 사실이었다. 동시에 1187년 예루살렘 상실과, 성지에 대한 제3차 십자군 실패로 상심한 교황이 이베리아반도 군주들 간의 내분을 끝내고 십자군의 불꽃을 되살리기 위한 일련의 외교적 노력에 착수했다. 이 외교적 노력은 1211년 칼리프 무함마드 알-나시르(1199~1213)가 라만차 지역 살바티에라에 있는 칼라트라바 기사단 본부를 점령하자 더욱 강화되었다. 카스티야의 알폰소 8세, 아라곤의 페드로 2세(1196~1213), 나바라의 산초 7세(1194~1234)는 알모하드파를 굴복시키기 위한 십자군에 대한 지지를 약속했고, 다가올 전투에 참가할 지원병을 모집하기 위해 톨레도 대주교 로드리고 히메네스와 알폰소 8세의 주치의 아르날도(Arnaldo)를 프랑스에 파견했다. 1212년 봄에는 기독교 연합군이 꾸려졌다. 6월 칼라트라바가 알모하드파에 의해 점령된 후에 프랑스인 십자군 가운데 다수가 도망가 버리기는 했지만 그럼에도 알폰소 8세와 그의 동맹자들은 시에라모레나산맥을 넘어 남쪽으로 진격해 들어갔고, 이어 1212년 7월 라스 나바스 데 톨로사에서 그들은 칼리프 군대에 결정적인 승리를 거두었다.

라스 나바스 데 톨로사 전투는 전통적으로 이베리아반도에서 알모하드 제국의 종말이 시작되는 분기점으로 여겨져 왔다. 그러나 이 전투가 있고 나서 얼마 동안 기독교 국가들은 자신들의 문제 때문에 이 성공으로부터 즉각적으로 많은 이득을 끌어낼 수가 없었다. 아라곤의 페드로 2세는 알비파 위기에 개입하여 참전하였으나 1213년 9월 툴루즈 근처 뮈레(Muret)에서 시몽 드 몽포르의 십자군과 함께 벌인 전투에서 전사하고 말았다. 이 사건은 카탈루냐-아라곤이 남부 프랑스에서 가지고 있었던 전통적인 이해관계를 위협하였을 뿐 아니라 페드로를 이어 다섯 살 먹은 아들 하이메 1세(1213~1276)가 왕위를 승계하게 만들었고, 그로 인해 아라곤 귀족들 간에 치열한 정권 다툼이 벌어졌다. 페드로의 죽음과 1214년 칼리프 무함마드와 알폰소 8세의 죽음은 아라곤인과 카스티야인이 서둘러 알모하드파와 휴전을 모색하게 만들었다. 산초 1세(1185~1211)가 죽고 경험 없는 그의 아들 알폰소 2세(1211~1223)가 왕으로 즉위한 포르투갈에서 언급할 만한 유일한 군사적 성공은 1217년 이집트로 가던 독일인 십자군 함대가 알카세르 두 살을 점령한 것이었다. 알폰소 8세의 어린 아들 엔리케 1세(1214~1217)가 죽자, 엔리케 1세의 조카 페르난도 3세가 라라 가문과 그의 부친 레온의 알폰소 9세의 반대에도 불구하고 카스티야 왕에 즉위했다. 1230년 레온의 알폰소 9세도 죽자 페르난도 3세는 레온의 왕위마저 주장하여 차지하게 되었고, 그로 인해 레온과 카스티야가 다시 통합되었다.

알모하드 제국은 정치적 혼란으로도 고통을 당했다. 칼리프 유수프 2세(1213~1224)가 죽자 지배 가문 사람들 간에 치열한 권력 다툼이 나타났다. 왕위를 차지하려는 라이벌 후보자들은 목적 달성을 위해 책략을 쓰고, 다수의 기독교도 용병들을 자기 편으로 끌어들였기 때문에 이베리아 영토에 대한 알모하드파의 지배권은 급속히 와해되었다. 그로 인해 초래된 권력 공백 상태에서 다수의 지역 무슬림 실력자들은 권력의 주도권을 차지하기 위해 치열한 다툼을 벌였다. 그 중 한 사람이 무함마드 후드(Muḥammad b. Hūd)였는데, 그는 1228년 무르시아에서 알모하드파의 지배에 대항하여 반란을 일으켰고, 자신의 주권을 발렌시아를 제외한 알 안달루스 거의 전체로 서서히 확대시켜 나갔다. 그러나 이븐 후드(Ibn Hūd)가 1230년 레온의 알폰소 9세에게 알랑혜(Alanje)에서 패함으로써 바다호스와 그 인근 영토는 곧 상실되었고, 그의 지배권은 와해되기 시작했다. 새로운 타이파 지배자들 가운데 가장 두드러진 인물들 중 한 사람이 무함마드 이븐 알아하마르(Muḥammad Ibn al-Aḥamar, 1237~1272)였는데, 그는 1237년 그라나다에 기반을 둔 새로운 도시 국가를 만들었고, 그것은 15세기 말까지 존속하게 된다.

　알모하드 제국의 잔해로부터 생겨난 분열되고 취약해진 새 타이파 왕국들은 점점 커지고 강력해져 간 기독교 왕국들의 적수가 되지 못했다. 기독교도 군주들은 교황청의 열정적인 지원을 등에 업고(교황청은 참전한 병사들에게 십자군 면죄부를 하사했다) 모든 전선에서 괄목할 만한 영토 팽창을 이루어 냈다. 동쪽에서는 아라곤의 왕 하이메 1세가 마요르카를 비롯한 발레아레스제도를 정복했고(1229~1235), 이어 시간이 많이 걸리기는 했지만 부유한 발렌시아 타이파를 점령했다(1232~1245). 발렌시아시 자체는 1238년에 함락되었다. 그 이후 마요르카와 발렌시아 왕국은 아라곤 연합왕국(Crown of Aragon)이라고 알려지게 되는 느슨한 왕조 간 연합체 내의 독립 왕국들로 남게 된다. 반도 서쪽에서도 그에 못지않은 성공이 나타났다. 레온의 알폰소 9세는 남쪽으로, 즉 지금의 에스트레마두라로 진격하여 카세레스(1227), 메리다와 바다호스(1230)를 차례로 점령했다. 카스티야의 페르난도 3세는 꾸준히 과달키비르계곡 쪽으로 내려가 코르도바(1236), 하엔(1246), 세비야(1248)를 차례로 점령했다. 무르시아 타이파도 1243~1244년에 카스티야의 지배하에 들어갔다. 포르투갈인들은 1249년 알폰소 3세(1248~1279) 치세에 알가르베 남단 지역을 점령했고, 그것으로 그들의 재정복은 거의 마감되었다. 그에 비해 사방이 육지로 둘러싸여 있던 나바라(나바라는 1234년부터 프랑스 왕의 봉신인 샹파뉴의 티보 백작의 지배하에 들어가 있었다)만은 알모하드 체제의 붕괴로부터 별다른 이득을 얻지 못했다. 그 후 나바라는 확실하게 프랑스의 지배 범위 안에(샹파뉴 백작, 프랑스 왕, 그리고 에브뢰의 백작) 머물러 있다가 1512년에 항구적으로 카스티야 왕국에 병합되었다.

이렇게 해서 13세기 중반이면 생겨난 지 얼마 되지 않은 그라나다 왕국(이 그라나다는 하나의 봉신 왕국의 지위로 전락해 있었다)과 대서양 해안의 몇몇 고립영토들을 제외하고는 반도 내 무슬림의 세력은 거의 완전히 구축(驅逐)되었다. 무슬림들에게 남부 스페인 이슬람 세력의 파괴적인 붕괴는 자성과 절망의 분위기를 불러일으켰다. 그것을 우리는 시인 알-룬디(al-Rundī)에게서 볼 수 있는데, 그는 알 안달루스의 멸망에 대해 다음과 같은 탄식의 글을 남겼다.

몸을 씻는 흰 우물은 슬픔으로 울고 있다.

사랑하는 여인과 헤어진 한 남자가 그런 것처럼;

그들은 무슬림들이 떠나고 없는 주거지의 잔해 위에서 흐느끼고 있다.

지금 그곳은 이슬람인들을 쫓아내고 이교도들이 차지하고 있다.

모스크는 교회로 바뀌고,

그 교회에서는 이제 종이 울리고 십자가가 세워져 있다.

한때 막강했던 사람들이 참주들과 불의에 의해 하잘것없는 존재가 되어 있으니

이 얼마나 부끄러운 일인가!

어제 그들은 화려한 궁전에 사는 왕이었으나

오늘은 이교도들이 지배하는 땅에서 노예가 되어 있구나!

팽창하는 사회

1050년부터 1250년까지 이베리아반도 북쪽 기독교 국가들의 괄목할 만한 영토 팽창은 같은 기간 동안 내내 이루어진, 그보다는 덜 극적이지만 그에 못지않게 중요한 의미를 갖는 이주(migration)와 식민화 운동을 동반하였다. 포르투갈에서 카탈루냐에 이르기까지 대부분 지역에서 나타난 심각한 인력 부족 때문에 기독교 영주들은 북쪽의 주민들을 새로 정복된 이슬람과의 접경 지대로 이주시키기 위해서 실질적인 유인책을 제시해야 했다. 예를 들어 레온-카스티야의 알폰소 6세는 두에로강과 타구스강 사이에 위치한 인구 희박 지역에 대한 지배권을 강화하기 위한 재정주 프로그램에 착수했다. 세풀베다(1076), 아빌라(1087), 세고비아(1088), 살라망카(1100) 등에서 이루어진 정주 사업은 그 도시들이 지배하는 넓은 지역에서의 재정주 과정을 이끌게 될 행정 중심으로 뿐만 아니라 무슬림의 공격에 맞서고, 미래의 영토 확장을 위한 발판으로 이용할 수 있는 전술적·군사적 기반 마련을 위해 계획된 것이었다. 1090년대 알폰소 6세의 사위 부르고뉴의 레몽 백작의 지시로 아빌라에 세워진 거대한 화강암 성벽과 탑들은 오늘날의 방문객에게 이 도시의 군사적 기원을 상기시키고 있다.

　　왕과 주교, 그리고 귀족들은 전선으로 전사들을 끌어들이기 위해 특허장(charters of liberties)을 발행했는데, 이것은 세금 면제, 도주 죄인에 대한 처벌 면제 등을 포함하여 여러 가지 중요한 유인책을 제공했다. 이런 도시들에서의 정주 조건은 유례없는 사회적 이동의 기회를 만들어 냈다. 국경 부근 도시들은 '카바예로스 비야노스'(caballeros villanos), 즉 '평민기사'라고 하는 유사귀족 전사 계층에 의해 지배되었는데, 이들의 특권적 신분은 오로지 그들이 말과 군사적 장비를 소유하고 있다는 사실에 의해, 그리고 전리품을 얻기 위한 침입이든, 왕이나 대귀족들이 주도하는 알 안달루스에 대한 정복 전쟁에 참여하는 것으로든 정기적으로 기꺼이 군사적 봉사를 하겠다는 의지에 의해 결정되었다. 그와 비슷한 식민화 모델이 1120년대 아라곤의 알폰소 1세에 의해 새로 정복된 에브로강 계곡 지역 정주지에서 시행되었다. 타라고나, 토르토사, 레리다 인근 카탈루냐의 전선 지역에서도 마찬가지로 아라곤의 백작-왕들이 정주자들을 끌어들이기 위해 특허장을 부여했으나 서쪽과 비슷한 정도의 군사화는 나타나지 않았다.

전선이 타구스강과 과달키비르강 사이 인구 희박 지역으로, 그리고 발렌시아 북쪽으로까지 확대되면서 충분한 수의 정주자를 끌어들이는 일은 더욱 어렵게 되었다. 이 지역들에서는 방어와 행정의 책임이 주로 종교기사단들에로 돌아갔고, 이 종교기사단들은 주로 무슬림 농장 노동자들의 노동력에 의존하는 대규모의 엔코미엔다(encomiendas), 즉 영주권을 부여받았다. 이어 1230년대와 1240년대의 '대 레콩키스타'(Great Reconquista)와 함께 스페인 남부·동부의 새로운 방대한 지역에 새로 정주해야 할 필요성이 나타났다. 마요르카, 안달루시아의 여러 지역, 무르시아, 발렌시아에서 농촌과 도시 재산은 '레파르티미엔토'(repartimiento)로 알려진 시스템에 따라 정복에 참가한 사람들에게 분배되었다. 여기에서 주요 수혜자는 귀족, 교회, 종교기사단 등이었는데, 이들은 새로 정복된 땅에서 엔코미엔다를 넉넉히 하사받았다. 여기에서도 문제는 지역 경제의 지속적 번영을 보장해 줄 충분한 인력을 확보하는 것이었다. 세비야나 코르도바처럼 농업이 발전한 지역들은 처음에는 북쪽 스페인과 심지어 다른 외국으로부터 식민자들을 끌어들이는 데 별 어려움이 없었다. 그러나 안달루시아와 무르시아의 나머지 많은 지역들에서는 심각한 노동력 부족이 나타났고, 그로 인해 넓은 비옥한 땅이 목초지로 바뀌어 갔다. 그리고 이런 상황은 중부와 북부 이베리아의 성·속의 영주들이 자기네 영지에서 농민들이 탈출하는 것을 적극적으로 저지하려고 하고, 또 일부 지역(예를 들어 세비야와 에시하 등)에서는 많은 정주자들이 자신의 토지를 팔고 다시 고향으로 돌아가고, 그리고 1264~1266년의 대규모 폭동으로 무슬림들이 안달루시아와 무르시아에서 대거 추방됨으로써 더욱 악화되었다. 그러나 발렌시아의 중부와 남부 지역은 사정이 전혀 달랐다. 이곳에서는 무슬림 농민 가운데 다수가 기독교도 영주의 지배를 받는 신분으로 남아 그 지역의 지속적인 농업적 번영을 지탱해 주었다. 이 지역에서는 기독교 정주자들(이들은 대부분 도시에 정주하려고 했다)이 다가올 여러 세대 동안 분명한 소수자로 남아 있었다.

1000년 이후 기독교 이베리아의 팽창은 무슬림이 지배하던 영토에 대한 점진적 정복과 식민화뿐만 아니라 후방에서 역동적으로 진행된 '내부적 팽창'(internal expansion)으로 나타나기도 했다. 950년 이후 서유럽 대부분 지역에서 그랬던 것처럼 반도 북부에서도 인구 증가, 기후 변화, 기술 발전(보다 광범한 관개 기술의 보급, 쟁기 개선, 물레방아, 날을 쇠로 만든 농기구 등), 광범한 개간 사업 등에 힘입어 농업 생산이 크게 증가했다. 부분적으로는 기독교도 엘리트들의 수중에 들어간 무슬림의 파리아스 조공에 힘입어, 그리고 부유한 귀족 가문과 교회 기구들이 독립적인 농민 재산가들의 땅을 병합하여 보유지를 확대시키기 위해 노력하면서 재산 시장(property-market)에서 극적인 증가가 나타났다. 독립적인 농민 재산가들 가운데 다수가 부채 혹은 가뭄이나 기근 때문에 가진 재산을 다른 사람들에게 팔아넘기고 그 지역의 유력한 영주들의 보호하에 들어가기를 택했으며, 그 영주들은 농민들에게 보호를 제공하는 대신 지대나 부역 같은 일련의 의무를 강요했다. 예를 들어, 1125년 구티에레스 페르난데스와 그의 아내 토다 디아스는 카스티야의 산 세브리안 데 캄포스(카리온 근처) 마을 주민들이 쟁기질, 수확, 타작, 땅 파기, 가지치기 등의 형태로 장원에서 매달 이틀 동안 부역을 바쳐야 한다고 규정했다. 카탈루냐에서는 이 영주화 과정이 1020~1060년 사이 그 지역을 휩쓴 정치적 격변에 의해 가속화되었으며, 그로 인해 수많은 농민공동체가 지역 성주들에게 신분적으로 예속된 지위로 전락했다. 12세기 후반에는 농민들이 전선 지역에서 제시하는 더 좋은 조건을 찾아 함께 장원을 떠나 버리지 않을까 염려한 북쪽의 지역 영주들이 장원 내 소작농들에게 좀 더 관대한 토지 보유 조건을 제시하기 시작했다. 반대로 아라곤과 카탈루냐에서는 척박한 산악 지대에 살고 있어서 다른 지역에서 좀 더 좋은 조건을 찾으려고 할 것 같았던 농민들이 오히려 증대된 영주제적 부담과 강요에, 이른바 여섯 가지의 '나쁜 관행'에 구속되었다. 그 '나쁜 관행' 가운데서도 가장 부담스러웠던 것은 이곳 농민들이 레멘사(remença)라고 하는 상당히 많은 액수의 돈을 영주에게 바치지 않으면 다른 곳으로 이주할 수 없게 하는 것이었다.

농업은 여전히 기독교와 무슬림 이베리아 경제의 근간으로 남아 있었다. 곡물 경작(주로 밀, 보리, 라이밀)이 메세타 북부와 아라곤 왕국의 평원을 지배한 데 반해 남쪽에서는 올리브 농사와 과수 재배가 지배적이었고, 토르토사와 암푸르단 근방에서는 쌀이 재배되었으며, 발렌시아의 관개된 우에르타(huerta) 지역에서는 오렌지 등 감귤류가 생산되었다. 한 가지 중요한 변화가 있다면 그것은 리오하, 나바라, 카탈루냐 지역을 중심으로 포도밭으로 바뀐 땅 면적이 크게 증가했다는 사실이었다.

반도 북부와 동부의 산지, 중부와 남부 메세타의 인구가 희박한 평원 지역에서는 목축이 지배적인 경제 활동이었다. 1085년부터 1284년 사이에 나타난 대(對) 이슬람 접경 지대의 남하(南下)는 고질적인 인력 부족, 직물업자들 사이에 (국내와 국외 모두에서 나타난) 양질의 양모 수요 증대 등과 결부되어 목양 활동의 급증을 가져왔다. 전선 지역에 거주하는 사람들 가운데 다수는 약탈을 위한 침략에 참여하지 않을 때는 목축에 종사했고, 양떼는 전쟁이 일어나면 가장 가까운 도시 성(城) 안에 안전하게 들여올 수 있는 장점이 있었다. 그러나 목축이 결코 프론티어 도시들의 배타적 특권은 아니었다. 기독교 왕국들의 세속 귀족, 종교기사단, 주교령, 수도원들도 마찬가지로 증대일로에 있는 수지맞는 경제 활동에서 중요한 주체였다. 여러 지역에서 목양주 조합이 생겨나 조합원들의 이익을 보호했다. 카스티야에서는 목축 활동의 확대가 훨씬 대규모적이고 막대한 영향력을 가진 기구의 창설로 이어졌는데, 1260년대에 만들어진 것으로 보이는 메스타(Mesta)라고 하는 왕실평의회(Royal Council)가 바로 그것이었다. 메스타가 맡은 역할은 카스티야 왕국 전역을 남북으로 오가는 양떼의 계절적 이동을 규제하고, 라이벌 목양주들 사이, 혹은 목양주들이 자기들 땅을 침범하는 것에 대해 불평을 토로하는 지역 지주들과의 사이에 자주 발생하는 분쟁을 해결하는 것이었다.

　　서유럽 대부분 지역에서와 마찬가지로 이베리아 내 기독교 왕국들에서도 대략 1000년부터 1300년 사이에 상업 활동의 현저한 팽창과 도시 생활의 활성화가 나타났다. 이 추세를 상징하는 것이 물물교환 경제의 쇠퇴, 레온의 산초 라미레스 1세와 레온-카스티야의 알폰소 6세의 은화 도입이다. 북쪽에서는 상업 발전에 기여한 가장 중요한 자극이 산티아고 데 콤포스텔라로 가는 순례자들로부터 처음으로 왔다. 1000년 이후 순례자들이 꾸준히 증가하면서 외국인 상인과 수공업자의 공동체들이 순례길의 주요 지점에 가게를 세우기 시작했다. 예를 들어 11세기 후반 동안 중부 피레네 쪽 솜포르트 고개(Somport Pass) 밑자락에 위치한 하카(Jaca)는 별로 중요하지 않은 성채를 가진 마을에 불과했으나 후에는 프랑스와 반도 내 왕국들 간의 상업 혹은 순례 교통의 주요 거점이 되었다. 레온의 남동쪽에 위치한 사아군은 알폰소 6세의 후원에 힘입어 떠들썩한 상업 중심지가 되었고, 한 지역 연대기작가에 따르면, '알아들을 수 없는 말을 하는 다양한 국적의' 상인과 기술자들이 그곳으로 모여들었다. 그러나 순례길을 따라 자리 잡은 상인과 수공업자들은 곧 각 지역 성·속의 영주들이 강요하는 봉건적 부담에 불만을 갖기 시작했고, 그로 인한 긴장은 악화일로를 걷다가 1110년 결국 폭발하게 되었는데, 이때 사아군을 비롯한 여러 도시들에서 상인, 수공업자, 농민들의 '형제단'이 힘을 모아 여러 차례 반란을 일으켜 대지주들의 지배로부터 벗어나려고 했던 것이다. 1117년경 반도들은 다시 영주들의 권위에 복속되지 않으면 안 되었다. 부분적으로 그로 인해 그 후로 '카미노 프란세스'(프랑스의 길)에 자리 잡은 도시들의 상업적 발전이 상당히 위축되었다.

상업과 도시의 성장이 결코 단순하게 콤포스텔라로 가는 순례가 만들어 낸 현상만은 아니었다. 목양 붐 덕분에 살라망카, 세고비아, 아빌라 같은 군사적 거점이자 목양의 중심지들이 12~13세기 동안 주요 도시로 성장했다. 북쪽 해안 지역의 경우 어로(漁撈), 포경(捕鯨), 장거리 무역의 확대로 칸타브리아 해안의 항구들(예를 들어 푸엔테라비아, 산 비센테 데 라 바루케라, 산탄데르 등)이 12세기 후반에 급성장하여 바스크산 철과 카스티야산 양모를 영국과 플랑드르 시장에 수출하는 데 주역이 되었다. 1267년경 카스티야 상인들은 브뤼헤에 상업식민지를 건설했다. 남서쪽에서는 리스본, 카디스, 세비야 같은 새로 정복된 대서양 쪽 항구들(여기에서는 제노바 상인들이 주역이었다)이 지중해에서 북유럽으로 가는 항로의 주요 기항지로 발전했다. 상업 활동은 바야돌리드(1152), 카세레스(1229), 세비야(1254), 코르도바(1284) 등에 들어선 것들과 같은 지역 정기시의 출현으로 더욱 탄력을 받게 되었다.

그러나 기독교 쪽 이베리아의 상업 발전이 가장 활짝 개화한 것은 카탈루냐에서였다. 바르셀로나에서는 농업에서 얻어진 수익이 무슬림들이 바치는 공납의 유입과 함께 11세기 동안 상업 활동을 자극했고, 바르셀로나시를 지역 상업의 중심축으로 만들어 놓았다. 1140년 이후 지방의 귀족 가문들은 재산, 제조업, 재정 그리고 상업에의 투자를 늘려 나가기 시작했다. 1220년대와 1230년대 동안 아라곤의 하이메 1세에 의한 발레아레스제도와 발렌시아 정복은 이 상업 활동 과정에 새로운 자극을 제공했으며, 바르셀로나가 원거리 무역의 핵심으로 발전하는 데 기여했다. 카탈루냐 상인들은 세 개의 주요 상업 루트를 가지고 있었는데, 그중 하나는 북아프리카를 오가는 항로로서, 거기서 그들은 금, 상아, 노예를 들여왔다. 두 번째는 남부 프랑스, 사르디니아, 시칠리아로 통하는 항로로서, 이 지역은 이베리아반도 시장에 다량의 곡물을 공급해 주었다. 나머지 하나는 동부 지중해로 가는 항로인데, 이곳에서 그들은 향신료, 면화, 향수, 그리고 그 외 사치품을 구입했다. 아라곤 연합왕국에서 수출하는 품목 중에는 가죽제품, 양모와 직물류, 목재, 납, 금속류, 종이, 올리브유, 설탕, 건과(乾果)류, 소금, 포도주 등이 포함되어 있었다.

카탈루냐 상인들은 또 세비야, 리스본, 브뤼헤에 자신들의 집단거주지를 건설하는 등 대서양 무역에서도 중요한 위치를 차지하고 있었다. 투자자와 상인들은 단기성 '코멘다'(commenda) 계약을 통해 상업 파트너 관계를 맺었는데, 그것은 상인들이 투자자의 상품을 외국에 팔고, 그를 대신해서 상품을 구매하며, 그 대가로 대개 거기에서 난 수익의 4분의 1을 차지하는 것이었다. 경우에 따라서는 상인들이 서로 힘을 합쳐 하나의 무역회사를 차리고, 그로부터 생긴 수익은 매년 투자자들끼리 분배하는 경우도 있었다. 1257년에는 콘술라트 델 마르(Consulat del Mar)라는 기구가 설립되었는데, 그것은 무역부의 기능을 수행하였고, 상인들 간의 갈등을 중재했으며, 영향력 있는 해상법(Llibre del Consulat del Mar, 1283)을 제정했다. 신용대부의 수요가 증가하여 14세기에 은행 제도가 발전했다. 비록 아라곤 연합왕국의 외교 정책이 카탈루냐 상인 엘리트들에 의해 좌우되었다고 말할 수는 없지만 아라곤 연합왕국의 왕들은 무역업자들의 이익을 보호하기 위해 최선을 다했다. 1274년 하이메 1세는 교황 이노센트 4세가 튀니지에 대한 십자군 계획을 포기하도록 로비를 벌이기도 했는데, 그것은 그 원정이 마그레브에서 아라곤 연합왕국이 갖고 있는 상업적 이익에 손실을 가져오지 않을까 하는 염려에서였다.

반도 내에서 상업 활동의 부활은 제조업 활동에서의 팽창을 동반하였다. 북부 이베리아와 서부 이베리아 대부분 지역에서 제조업은 도시를 기반으로 활동하는 소수 수공업자들(구두수선공, 목수, 재단사, 대장장이, 도공. 이들은 대개 해당 지역 시장에 제품을 공급했다)의 영역으로 머물러 있기는 했지만 사모라, 아빌라, 세고비아, 소리아 같은 주요 이동 목양로에 위치한 카스티야의 몇몇 도시들은 13세기에 상당량의 직물을 생산하여 이웃 포르투갈에 수출하기도 했다. 카탈루냐와 발렌시아에서는 철제품, 피혁제품, 직물류가 수출품에 포함되었다. 13세기에 가장 중요한 성장 산업 가운데 하나가 조선업이었는데, 특히 칸타브리아의 항구들, 바르셀로나, 세비야 등에서 가장 번성했다. 이 수공업 활동의 성장으로 인해 12세기 전반기부터 길드들이 창설되었다.

세 종교의 땅

기독교 국가들이 1050년 이후 남쪽으로 팽창하면서 식민화 과정은 무슬림, 유대인, 모사라베(무슬림 치하에서 살고 있던 기독교도들)라는 중요한 소수집단의 존재로 복잡해졌다. 모사라베들은 특히 톨레도 지방에 많이 살고 있었는데, 이곳에서 그들은 1101년 알폰소 6세로부터 특허장을 하사받아 가지고 있었다. 12세기 1/4분기 동안 알모라비드파가 가한 종교적 박해는 모사라베들 가운데 다수를 북쪽 기독교 국가들로 이주하게 만들었다. 1125~1126년 겨울에는 아라곤의 알폰소 1세가 그라나다 교외에 이르기까지 남쪽으로의 과감한 침공을 이끌었고, 이 과정에서 다수의 모사라베들이 왕의 깃발하에 모여들어 그를 따라 에브로강 계곡으로 이주했으며, 거기서 그들은 왕으로부터 특별 정주 허가를 받았다. 알모라비드파 당국은 그에 대한 보복으로 남아 있는 모사라베들 중 다수를 모로코로 추방했고, 거기서 그들은 1147년 알모라비드 제국이 붕괴될 때까지 머물러 있어야 했다.

무데하르, 즉 기독교도의 지배하에 머물러 있기를 택한 무슬림들에 대한 기독교 지배자들의 정책은 한 역사가에 따르면 '모순적이고 갈팡질팡한' 것으로 특징지어졌다. 한편으로 기독교도 당국은 무데하르 노동자들을 자신들이 살고 있는 지역의 지속적인 경제적 번영을 위해 필수불가결한 존재로 간주하고, 그들을 그곳에 머물러 있게 하려고 노력했다. 하지만 다른 한편으로는 무슬림들을 언젠가 기독교도의 지배에 맞서 반란을 일으킬 수 있는 잠재적 '제5열'로 보고 두려워하기도 했다. 아라곤의 하이메 1세에게는 "발렌시아 왕국의 무어인들은 모두 반역자들이며, 자주 '우리는 그들을 잘 대해 주는데, 그들은 항상 우리에게 해코지하려고 한다는 것'을 되새기게 만드는 사람들"이었다. 피정복 주민들이 무력으로 저항한 지역에서는 무슬림들이 자기네 고향 땅으로부터 강제 추방되었다. 1231년 마요르카 정복이 끝난 뒤 그곳에 남은 무슬림 인구는 10분의 1이 채 되지 않았다. 안달루시아와 무르시아에서는 1264~1266년의 대규모 무데하르 반란이 그 지역 무슬림 인구의 인종청소로 이어졌다. 다른 무슬림들에게는 기독교도의 정복이 그보다 더 참혹한 결과를 만들어 냈는데, 메노르카와 이비사가 1287년 아라곤의 알폰소 3세(1285~1291)의 직접적 지배하에 들어가게 되었을 때 그곳에 살고 있던 무슬림 인구 가운데 상당수가 노예로 팔렸고, 그들의 토지는 기독교도 정주자들에게 분배되었다.

그러나 항복조항은 대개 항복하는 무슬림들에 대해 그들의 재산권을 존중하고 그들의 시민적·종교적 권리를 존중한다는 내용을 담고 있었다. 부유한 무슬림들은 대개 그라나다나 북아프리카로 이주했고, 떠나지 않고 남은 사람들은 대개 재산이 많지 않은 소농이나 수공업자들이었다. 기독교 당국은 안보상의 이유로 톨레도, 발렌시아, 세비야 등 주요 도시들에서는 무데하르 시민들을 추방하는 정책을 택한 데 반해, 농촌 배후지에서는 만성적인 인력 부족 때문에 상당수의 무데하르 공동체 잔류를 허용했다. 발렌시아와 아라곤에서는 무데하르가 적어도 전체 인구의 4분의 1을 차지했으며, 나바라의 일부 지역, 특히 투델라에서는 그 비율이 절반을 넘었다. 그런 지역에서는 콘비벤시아(convivencia), 즉 기독교도, 무슬림, 유대인 간의 조화로운 공존이 지배적이었다는 주장이 있어 왔다. 무슬림들은 국왕의 백성으로 간주되었고, 그들과 그들의 재산은 왕의 보호를 받았다. 많은 지역에서 무데하르들은 이동의 자유, 매매의 권리를 누렸다. 아빌라와 쿠엥카, 그리고 다른 변경 도시들에서는 심지어 무슬림들이 지역 수비대에서 복무하는 것이 허용되기도 했다. 14세기 초 카스티야에서 교회 공의회들은 유대인과 무슬림들이 가톨릭 미사에 참석하는가 하면, 무데하르 음유시인들이 야간 행사 기간 동안 교회에 고용되기까지 한다면서 불평하기도 했다. 사회적 상호작용이 언어적으로 나타난 증거는 아랍어에서 채용한 4,000여 개의 단어에서, 특히 농업, 상업, 제조업, 전쟁 관련 용어에서 찾아볼 수 있다. 이 용어들은 로망스어 방언에, 특히 카스티야어와 포르투갈어에 편입되었다.

그럼에도 불구하고 무데하르들은 여러 가지 점에서 차별 대우를 받았다. 몇몇 도시에서 무데하르들은 그들 자신들만의 알하마(aljamas), 즉 게토에 거주해야만 했다. 무르시아에서는 '세 종교의 왕'을 자처했던 카스티야의 알폰소 10세(1252~1284)가 성벽을 쌓아 무데하르 시민들과 기독교도 시민들을 분리시켰다. 대부분 지역에서 무데하르들은 공직에 취임할 수 없었다. 기독교도와 무슬림 간의 소송에서 무슬림이 불리한 판결을 받는 것은 일반적인 현상이었다. 무데하르 농민은 기독교도 농민보다 훨씬 과중한 세금을 내야 했다. 무슬림 공동체들이 종교적·사회적·경제적으로 상당한 자유를 누렸던 나바라에서조차 무데하르 농민들은 생산한 농산물의 4분의 1을 세금으로 내야 했다. 대부분의 무데하르들은 기독교도들과 자유롭게 거래할 수는 있었지만 다른 사회적 교제에서는 제약을 받았다. 기독교도, 무슬림, 유대인은 공동 목욕탕에서 함께 목욕할 수 없었다. 기독교도와 무데하르 혹은 유대인 간의 성관계는 화형이나 돌팔매질 처형을 당할 수 있는 중죄였다. 무데하르 알하마는 또 기독교도 민중의 분노의 대상이 될 수 있었다. 예를 들어 1276년과 1291년 사이에 반-무데하르 폭동이 발렌시아 지역 여러 도시에서 불타올랐다.

11세기는 알 안달루스의 유대인들에게 황금시대로 여겨져 왔다. 유대인 상인은 알 안달루스를 지중해와 그 너머 지역으로 잇는 교역망의 주역이었다. 유대인 문자 문화는 이 시기에 르네상스를 구가했다. 상당수의 저명한 유대인이 타이파 국가들에서 영향력 있는 지위에 올랐다. 그라나다의 지리 왕조 지배자들(Zīrīd rulers)의 재상이 된 사무엘 나그릴라(Samuel b. Naghrila, 1056년 사망)와 그의 아들 조셉은 그중에서도 두드러진 인물이었다. 그러나 그들의 그런 강력한 영향력은 무슬림의 반감을 불러일으켰다. 1066년 그라나다의 무슬림 대중 사이에 반-유대인 감정이 확산되어 나중에는 그 지역 유대인 가운데 다수가 학살되는 결과를 초래하였으며, 그중에는 조셉 나그릴라 자신도 포함되어 있었다. 그라나다 대학살은 예외적인 경우였지만 그럼에도 그것은 이베리아 유대인 사회가 장차 직면하게 될 문제를 예시하는 것이었다. 알모라비드파와 알모하드파의 지배하에서 모사라베들과 마찬가지로 유대인도 점증해 간 박해에 시달려야 했고, 그 결과 많은 유대인이 기독교도 지배 영역으로 넘어갔다. 13세기 말경 카스티야 왕국의 과세(課稅) 대장은 이 왕국에 3,600개 이상의 유대인 가정이 있었음을 말해 주며, 아라곤 연합왕국에는 그 수가 더 많았을 것으로 보인다. 한편 기독교도 지배자들은 유대인들에게 종교의 자유를 허용했고, 또 그들에게 여러 가지 사회적·경제적 특권을 부여했다. 많은 유대인이 세금징수인, 외교관, 의사, 번역가, 재정가, 상인 등으로 부와 영향력을 획득했다. 그 외 다른 유대인들은 수공업자와 소농으로 생계를 유지했다. 비록 1179년과 1215년의 라테란 공의회 같은 교회 공의회들이 기독교도와 비기독교도 간 사회적 분리를 강요하는 법령을 발표했지만 이베리아 왕국의 지배자들은 그것의 시행을 대단히 못마땅해했다.

13세기 동안 무슬림과 유대인 공동체에 대한 복음화 사업이 일부 기독교 집단들에서 추진되기 시작했다. 1219년에는 일단의 프란체스코 교단 탁발수사들이 세비야에 가서 복음을 가르쳤고, 이어 모로코로 건너가 복음을 전하다가 거기서 순교했다. 도미니쿠스 수도회의 라몬 데 페냐포르트(Ramon de Penyafort, 1275년 사망)는 1250년에 튀니지에 아랍어 연구를 위한 학교를, 1266년에는 무르시아에 아랍어와 히브리어 학교를(선교사들을 교육시키기 위한 학교) 각각 세웠다. 1276년에는 프란체스코회 작가이자 선교사인 라몬 율(Ramon Lull, 1315년 사망)의 영향을 받은 마요르카의 하이메 2세(1276~1311)가 이슬람 지역에 파견할 선교사를 훈련시키기 위한 학교를 설립했다. 탁발수사들은 국왕의 허락을 받아 무슬림과 유대인 모두에게 복음을 가르쳤으며, 유대인과 무슬림 종교지도자들과 공적인 논쟁을 벌였다. 기독교도와 유대인 간의 그런 논쟁이 1263년 아라곤의 하이메 1세가 참석한 가운데 바르셀로나에서 벌어졌다. 그러나 모든 사람이 기독교로의 개종을 이끌어 내는 데 필요한 것은 강제가 아니라 이성에 의한 설득이라는 사실에 동의했다. 카스티야의 알폰소 10세는 자신의 동료 기독교도들을 다음과 같이 격려했다.

무력이나 강제가 아니라 친절한 말과 적절한 가르침으로 무어인을 개종시키고 그들이 우리의 신앙을 믿게 해야 합니다. 왜냐하면 우리 주님은 공포를 통해서 당신께 바치는 봉사가 아니라 어떤 압력도 없이 자발적으로 하는 봉사를 기뻐하시기 때문입니다.

이베리아의 정치, 1250~1350

1225년부터 1248년 사이에 알 안달루스 내 알모하드파의 정치적 지배권이 점진적으로 소멸되는 것과 함께 마그레브의 알모하드 제국도 혼란과 분열에 휩싸였는데, 이 마그레브의 알모하드 제국은 튀니지의 하프스 가문(Hafsids), 틀렘센의 제나타 가문(Zayyanids), 모로코의 마린 가문(Merinids) 등 상호 경쟁 관계에 있었던 여러 베르베르 가문의 공격을 받았다. 그중 마린 가문이 13세기 나머지 기간 동안 북아프리카의 지배적인 세력이 되었을 뿐만 아니라, 그전에 알모라비드파와 알모하드파가 그랬던 것처럼 해협 너머로까지 세력을 확대시키려고 했다. 반도 내에서는 1238년에 건설된 그라나다의 나스르 에미르국(그 경계는 대략 알메리아부터 지브롤터해협에 이르렀다)이 독립 무슬림 세력 최후의 주요 거점이 되었다. 그라나다가 1492년까지 독립을 유지할 수 있었던 것은 이 나라가 군사적으로 강력해서라기보다는 카스티야와 조약을 체결하여 평화를 보장받는 대신 기꺼이 공납을 바칠 준비가 되어 있었다는 점, 1250년 이후 기독교도들이 사는 북쪽 지역을 주기적으로 휩쓴 정치적 내분, 그리고 그에 못지않게 중요한 것으로 나스르 지배자들이 자신들의 이익을 수호하기 위해 카스티야, 아라곤, 그리고 마린 가문 등과 충성관계를 그때그때 적절하게 바꾸었던 뛰어난 기술 덕분이었다.

알모하드 제국이 붕괴되고 난 직후 카스티야는 계속해서 무슬림 남쪽에 대해 군사적 압박을 가했다. 알폰소 10세의 군대는 1259년과 1262년에 각각 카디스와 니에블라에 있던 무슬림 고립영토들을 점령했고, 1260년에는 십자군 원정대가 모로코의 살레항(Salé港)을 공격했다. 그러나 그 이상의 영토 팽창은 1264년 안달루시아와 무르시아의 무데하르인들이 그라나다의 무함마드 1세와 마린 가문의 에미르 아부 유수프 야쿱(1258~1286)의 적극적 지원하에 반란을 일으키면서 저지되었다. 이 반란은 아라곤의 하이메 1세가 보낸 지원 덕분에 진압되었고, 이어서 무데하르 주민의 대규모 추방이 이어졌으며, 이들 무데하르 주민 가운데 다수는 그라나다로 갔다. 이전에 무슬림이 지배했던 과달키비르 계곡 지역에 대한 카스티야의 지배가 결코 확고하지 않았다는 점은 1275년 그라나다의 무함마드 2세의 지원을 받은 마린 가문이 북침하여 코르도바와 하엔을 공격하고 에시파 근처에서 기독교도 군대를 패주시키면서 다시 한번 입증되었다. 마린 가문은 그 후 아프리카로 철수했지만 무함마드 2세가 그들에게 할양한 알헤시라스와 타리파라는 전략적으로 중요한 항구에 대한 지배권은 계속 고수하였다.

알폰소 10세의 장남 페르난도 데 라 세르다가 1275년 전투 중에 갑작스레 사망했고, 그로 인해 카스티야에서 치열한 왕위계승 전쟁이 벌어졌다. 알폰소 10세는 예술의 후원자로 이름을 떨쳤고, 그는 그런 평가를 충분히 받을 만했다. 그러나 그가 야심차게 추진한 행정개혁, 경제정책, 그리고 신성로마제국 황제위에 대한 그의 지나친 주장 등은 단지 귀족, 종교기사단, 도시, 그리고 궁극적으로는 자기 가족과의 관계를 멀어지게 했을 뿐이었다. 1282년 알폰소의 차남 산초는 부왕이 왕국 일부를 페르난도 데 라 세르다의 아들들에게 상속할까 염려하여 스스로 권력을 장악하고 부왕 알폰소 10세를 세비야에 은거시켰다. 이에 알폰소는 마지막 승부수를 띄워 마린 가문(이들은 코르도바를 공성하고 멀리 북쪽 마드리드를 공격하였다)과의 동맹을 통해 자신의 왕위를 회복하려고 했지만 성공하지 못했다. 1284년 4월 알폰소 10세가 죽자 산초 4세(1284~1295)가 카스티야 왕으로 즉위했다. 그러나 프랑스, 아라곤과의 관계는 좋지 않았는데, 그것은 그들이 알폰소 10세의 손자 알폰소 데 라 세르다(그는 계승권이 자신에게 있다고 주장했다)를 지지했기 때문이며, 교황이 산초와 그의 사촌 마리아 데 몰리나와의 혼인을 불법으로 규정하고 거부하지 않았기 때문에 문제는 더욱 복잡해졌다. 산초는 또 반도 남부에 대해 재개된 마린 가문의 개입에도 대처해야 했다. 1292년 마린 가문의 군대가 해협을 건너 반도로 들어오는 것을 막는 과정에서 산초는 그라나다의 무함마드 2세의 도움을 받아 타리파를 점령했다. 그전에 1291년 카스티야 국왕은 몬테아구도에서 아라곤 왕 하이메 2세(1291~1327)와 장차 두 왕국이 북아프리카에서 세력을 팽창할 지역을 분할하는 내용의 조약을 체결했었는데, 그에 따르면 모로코는 카스티야의 몫이었다.

산초 4세의 아들이자 상속자인 페르난도 4세(1295~1312)는 즉위 당시 아홉 살에 불과했다. 그래서 그의 모후 마리아 데 몰리나가 섭정이 되어 왕권에 도전하는 알폰소 데 라 세르다에 맞서 아들을 지켜야 했다. 1296년 알폰소 데 라 세르다는 아라곤인의 도움을 받아 카스티야에 침입했고, 하엔에서 스스로 왕위에 취임했으나 얼마 가지 않아 패퇴되었다. 1301년 페르난도의 입지는 결국 교황이 그의 정당성을 인정하면서 강화되었다. 페르난도는 성년이 되자 아라곤의 하이메 2세와 동맹을 맺고 알 안달루스에 대한 군사적 공세를 재개했다. 아라곤인들이 알메리아를 포위하는 동안 카스티야 군대는 1309년 지브롤터를 점령하고, 알헤시라스를 공성했으며, 이에 그라나다의 무함마드 3세(1302~1308)는 서둘러 마린 가문과 다시 동맹을 체결하지 않으면 안되었다. 그러나 결국에는 카스티야 대귀족들의 소요가 발생하여 페르난도는 1310년 알헤시라스에 대한 공성을 중단해야 했으며, 아라곤인들 또한 소기의 목적을 달성하지 못한 채 알메리아에서 철수했다.

1312년 9월 페르난도 4세가 한 살 먹은 그의 아들 알폰소 11세 (1312~1350)에게 왕위를 넘기고 죽자, 왕의 가족들 간에 누가 섭정을 맡을 것인가를 두고 지루한 권력투쟁이 벌어졌다. 왕실의 권위는 1325년 알폰소가 성년이 되고 나서야 회복되었다. 불온한 귀족들은 제압되었고, 왕의 사촌 후안은 처형되었으며, 또 다른 사촌 후안 마누엘은 추방되었다. 도시들에 대한 국왕의 지배는 코레히도르 (corregidores)라고 알려진 관리들의 파견으로 강화되었다. 1348년 알폰소 10세 때 제정된 『7부 법전』(*Siete Partidas*)이 이때 공표됨으로써 법적 통일로 향해 가는 거보가 내디뎌졌다. 치세 후반기는 마린 가문과의 싸움으로 지배되었는데, 이 가문은 에미르 아불 하산(Abū'-l-Ḥasan) 치하에서 1337년 틀렘센의 제나타 왕국을, 1347년 튀니지아의 하프시드의 영토를 각각 정복함으로써 마그레브에서 지배권을 강화하고 있었다. 1340년 아불 하산은 이베리아반도에 대한 원정을 이끌었고, 그라나다의 유수프 1세(1333~1354)와 힘을 합쳐 타리파를 공격했다. 이에 대응하여 알폰소 11세는 포르투갈 군대, 아라곤 함대, 북아프리카에서 온 십자군 분견대의 도움에 힘입어 1340년 10월 타리파 근처 살라도 강가에서 무슬림 연합군을 격파했다. 1344년 3월 알폰소 11세는 영국의 더비와 솔즈베리 백작을 포함하여 상당히 많은 외국인 자원병들의 도움을 받아 알헤시라스를 정복함으로써 해협에 대한 지배권을 강화하였다. 그러고 나서 5년 후 그는 아라곤 군대의 지원하에 지브롤터해협의 재점령을 시도했으나, 흑사병 발발로 공성하고 있던 병사 중 다수와 1350년 3월 알폰소 11세 자신마저 사망하는 바람에 중단되고 말았다. 살라도강에서의 승리와 그에 이은 작전으로 해협에 대한 카스티야의 지배는 더 확고해졌고, 모로코로부터의 침입 위협은 그만큼 감소했으며 기독교도들의 십자군 열정도 수그러들기 시작했다. 그라나다에 대한 군사작전은 1350년 이후에야 완전히 중단되지만 그 후 재정복은 더 급한 국내의 정치적 관심사에 우선순위를 내주게 된다.

1213년 페드로 2세가 알비 십자군에게 참패를 당하고 사망했으며, 이 일은 남부 프랑스에서 아라곤의 영향력이 거의 완전히 붕괴되는 결과를 가져왔다. 1258년 코르베이(Corbeil) 조약에 의해 하이메 1세는 옥시타니아에 대한 지배권 대부분을 정식으로 포기했으며, 프랑스의 루이 9세도 카탈루냐 백령에 대한 전통적인 지배권 주장을 포기했다. 이어 하이메는 프로방스 영토에 대한 권리도 포기했다. 그 후 아라곤 왕정은 서부 지중해에서 영향력을 확대하는 쪽으로 에너지를 집중했다. 1282년 6월 하이메 1세의 야심만만한 아들 페드로 3세는 앙주의 샤를(Charles of Anjou)에 대항하여 봉기한 시칠리아 반란 세력이 보내온 요청에 응하여 단기간의 전투 끝에 시칠리아섬을 병합하였는데, 그것은 한마디로 벌집을 건드린 꼴이 되었다. 그 섬은 명목상 교황의 봉토였기 때문에 교황 마르티노 4세는 즉각 페드로를 파문에 처하고, 아라곤 왕위를 프랑스 필리프 3세의 아들 발루아의 샤를(Charles of Valois)에게 하사했다. 그리고 1285년 6월에는 (아라곤 왕국을 공격하기 위해) 피레네산맥을 넘은 프랑스 군대에게 십자군 면죄부를 하사했다. 페드로에게는 설상가상으로, 프랑스 군대는

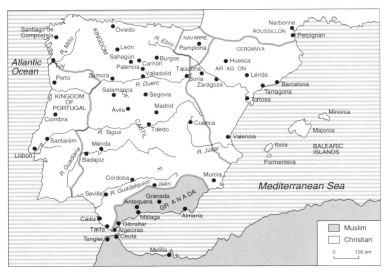

지도 4 1350년경 이베리아반도. O'Callaghan, *A History of Medieval Spain*, p. 355에서 재인용.

왕의 동생이며 하이메 1세가 죽을 때 발레아레스제도와 루시용을 포함하는 마요르카 왕국을 상속받았던 하이메 2세의 지원을 받고 있었다. 그러나 프랑스 군대는 악천후와 불충분한 보급으로 심각한 어려움을 겪어야 했고, 그해 10월 철수하지 않으면 안 되었다. 2년 후 페드로 3세의 아들 알폰소 3세는 마요르카의 하이메 2세를 패퇴시키고 발레아레스제도를 정복했으며, 그로 인해 하이메 2세는 아라곤 왕국에 신서와 충성의 맹세를 바쳐야 했다.

알폰소의 동생이자 계승자인 하이메 2세의 치세 동안 아라곤 연합왕국의 세력은 새로운 정점에 이르렀다. 하이메는 1295년 아나니(Anagni) 조약을 통해 교황청과의 외교 분쟁을 해결하고, 교황 보니파키우스 8세로부터 사르디니아와 코르시카의 왕으로 인정받았다. 대신 그는 시칠리아를 원래 주인인 앙주 가문에 돌려주겠다고 약속했다. 그러나 말은 쉬워도 실천은 어려웠다. 하이메의 동생이자 시칠리아 부왕이었던 프레데릭이 시칠리아 왕을 자처하고 나섰으며, 프레드릭은 이를 저지하려는 형의 노력에도 불구하고 오랫동안 시칠리아의 독립을 성공적으로 유지하였다. 1302년에 시칠리아 전쟁이 끝나고 나서 지중해에서의 카탈루냐의 영향력은 알모가베르(almogàvers)로 알려진 일단의 용병들에 의해 더 멀리까지 확대되었다. 이 용병들은 비잔틴 황제에게 봉사하고 난 후 1311년 아테네와 네오파트리아(Neopatria)에 공국들(duchies)을 세웠고, 그것은 시칠리아에 의존하는 형태로 1388년까지 유지되었다. 페드로 4세(1336~1387)도 마찬가지로 아라곤 연합왕국의 산재된 여러 영토들에 대해 자신의 권위를 확고히 유지하려고 했다. 1344년 결정적으로 그는 본토에 소재한 루시용에 대한 지배권을 포함하여 마요르카 왕국을 아라곤 연합왕국에 편입시켰다. 1378년에는 차남 마르틴을 시칠리아섬 부왕에 임명함으로써 이 섬에 대한 지배권을 확고히 했고, 1379~1380년에는 그리스에 있는 카탈루냐 공령들을 자신의 직접적 지배하에 두었다(비록 그것들은 그가 죽고 얼마 지나지 않아 붕괴되고 말았지만 말이다). 그러나 아라곤과 제노바 간의 갈등 원인으로 남아 있었던 사르디니아를 복속하려 한 시도는 그리 성공적이지 못했다.

왕권과 통치

당대인들은 기독교 사회가 싸우는 자(귀족), 기도하는 자(사제와 수도승), 일하는 자(농민과 수공업자)라고 하는 세 위계로 이루어진 계서적 모델을 기반으로 구성되었다고 말하곤 했다. 그 사회의 정점에는 왕이 있었는데, 그의 이름으로 전쟁을 하고 평화 협정을 체결하고 법을 제정하고 화폐를 주조하고 식민화가 추진되었다. 그러나 만약 왕국 내 대귀족들(magnates, grandes)의 긴밀한 협력이 없었다면 왕의 권력은 이내 쇠약해지고 말았을 것이다. 대귀족들의 정치적·경제적 힘은 오랫동안 국왕 통치의 필수불가결한 대리인으로서 그들에게 독립성을 부여해 왔다. 왕은 직업적 군대를 가지고 있지 않았기 때문에 이 대귀족들이 제공하는 군사적 봉사와 파견대가 왕이 적을 상대로 전쟁을 해야 할 때 필수불가결한 것이었다. 왕은 또 자신의 궁정에서 봉사하고, 국정에 대해 자신에게 조언하고, 법정에서 재판관으로 봉직하고, 자신을 대신해 외교를 수행할 사람으로서 귀족들에게 의존했고, 또 그들에게 권력 행사의 집단적 대리자로서 국왕의 이름으로 통치하라며 영토 대부분에 대한 통치권을 위임했다. 귀족들은 왕에게 충성스런 봉사를 바치는 대신 토지, 성채, 돈으로 된 녹봉과 함께 항구적인 형태로 보유할 수 있는 영지를, 그리고 면세와 같은 그 밖의 다른 특권들을 하사받았다. 대귀족이라는 특권 집단 아래에 다수의 인판손(infanzones) 혹은 12세기부터는 이달고(hidalgos)라 불린 하급 귀족 집단이 있었다. 이 하급 귀족들은 대귀족이 가진 정치적·경제적 영향력을 갖고 있지는 않았지만 그들도 귀족의 피가 제공하는 사회적 위신과 재정적 혹은 법적 특권을 누렸다. 카바예로스 비야노스(caballeros villanos, 평민기사)의 경우는 사정이 좀 달랐는데, 그들의 특권적 지위는 전적으로 그들이 수행하는 군사적 기능에 의해 결정되었다. 그러나 이 평민기사들과 그 귀족 신분이 출생으로부터 온 사람들을 구분해 주던 경계선은 점차 시간이 지나면서 불분명해져 갔다.

　왕들은 고정된 통치 본부, 즉 수도를 갖고 있지 않았다. 그들이 가진 권위의 일차적이고 가장 특징적인 성격은 국왕이 이리저리 옮겨 다녔다는 것이었는데, 군주와 그 가신들은 왕국을 주유(周遊)하면서 왕으로서 해야 할 임무를 수행했다. 중앙집권화된 행정, 사법, 재정 기구가 부재한 상황에서 왕국들 내에서 정치적 통일과 비슷한 어떤 시스템을 유지하기 위해서는 왕이 계속 이곳저곳으로 돌아다니지 않으면 안 되었다. 그들은 통치 업무에서 그가 신임하는 성·속의 대귀족들로 이루어진 소규모 집단의 도움을 받았다. 성·속의 최고위 귀족들로 구성되는 대회의체들이 정기적으로 소집되었다. 이 회의체들은 대체로 의식적(儀式的)인 기능을 수행했는데 그것들은 주군이 지배 영역 내 유력자들의 집단적 충성서약을 받을 수 있게 했고, 그 유력자들은 조언 혹은 사법적 기능을 수행하기도 했다. 1109년에 레온에서 열린 그와 같은 대회의체, 즉 '보편 쿠리아'에서 레온-카스티야의 우라카 여왕과 아라곤의 알폰소 1세의 혼인이 승인되었다. 13세기 초에 이 회의체는 코르테스(cortes, 카탈루냐어로는 corts)라고 하는 보다 정형화된 기구로 발전했으며, 이 코르테스에는 대귀족, 고위 사제, 그리고 도시 대표들이 정기적으로 소집되었다. 인구의 다수를 차지하는 대중(농민과 수공업자)은 이 코르테스에 자신들의 대표를 파견할 수 없었다. 코르테스의 가장 중요한 기능은 새로운 세금 도입에 동의하는 것이었다. 그러나 대표들은 왕에게 불만을 토로할 수 있었고, 자신들의 특권 승인을 요청할 수도, 왕위 계승, 전쟁과 외교, 세금과 입법에 관한 문제를 논의할 수도 있었다. 카탈루냐에서는 디푸타시오(Diputació) 혹은 제네랄리탓(Generalitat)이라는 상임위원회가 코르테스 회기가 끝난 뒤 그 회기에서 결정된 문제들을 처리하였으며, 아라곤 연합왕국의 다른 영역들(아라곤왕국, 발렌시아)에서도 비슷한 기구가 발전했다.

13세기에 나타난 의회 기구의 발전은 법적 구조의 점진적 변화를 수반하였다. 기독교도 군주들은 로마법의 부활, 아리스토텔레스 정치 이론의 재발견, 새로운 신법의 발전 등의 영향을 받아 전통적인 비시고트 법전이 대단히 복잡한 영역법(territorial laws) 혹은 지역 특권(local privileges)으로 보완되거나 대체되고 있었던 각 왕국들에 모종의 법적 통일성을 부여하고자 노력했다. 이를 위해 카스티야의 알폰소 10세는 두 개의 주요 법전 제정을 주도하였는데, 하나는 '국왕자치법'(Royal Fuero)으로서, 이것은 왕국 내 도시들의 법적 절차를 규정하기 위한 것이었다. 다른 하나는 '법의 거울'(Espéculo de las leyes)로서, 이것은 국왕의 사법 행정에 관련된 것으로, 1260년대에 백과사전적인 법전으로 완성되는 『7부 법전』(Siete Partidas)의 토대를 이루게 된다. 전통적으로 국왕 법정의 재판관으로 봉직했던 귀족들은 로마법 훈련을 받은 법률가들로 대체되었다. 이런 쇄신책은 단순히 법적 관행의 표준화에 그치지 않고 그보다 훨씬 중요한 어떤 것을 반영하였는데, 알폰소 10세의 법전은 로마법의 원칙을 포용함으로써 왕정의 권위를 강화하고, 귀족과 평민을 막론하고 모든 신민들에 대해 왕이 공적인 권위를 행사할 수 있음을 강조하였다. 『7부 법전』은 다음과 같이 선언했다.

왕은 [⋯] 신의 사자(使者)로서, 황제가 자신의 제국에서 그렇게 하듯이 백성들 위에 군림하면서 세속사에서 정의와 진리를 그들에게 보장해 준다. […] 왕은 왕국의 머리이다. 감각(그 감각에 의해 신체의 모든 부분이 통제된다)이 머리에서 나오듯이 모든 것이 왕으로부터 유래하는 명령에 의해 지시받고 인도되어야 한다. 왕은 왕국 내 모든 백성들의 주군이며 우두머리이다.

알폰소 10세의 행정적 쇄신은 카스티야 대귀족들의 강력한 반발을 샀는데, 그들은 그것을 자신들의 전통적 자유, 통치의 중심에서 지금껏 누려 온 특권에 대한 중대한 공격으로 간주했다. 그 결과 알폰소 10세는 1272년 귀족들의 대규모 반란에 직면해야 했고, 그것은 그가 그렇게도 중요시한 중앙집권화 프로그램을 포기하게 만들었다. 이는 아라곤 연합왕국에서도 마찬가지였는데, 여기에서는 중앙집권적인 로마법과 교회법을 도입하고, 자신의 행정에서 귀족들을 배제하는 대신 유대인과 전문적인 법률가들로 대체하려고 한 하이메 1세의 시도가 1265~1266년 대규모 반란을 촉발했으며, 아라곤과 발렌시아 귀족들이 결사체를 구성하여 자신들의 이익을 지키기 위해 싸우게 만들었다. 1283년 페드로 3세는 귀족의 전통적 특권을 존중하고, 그들의 군사적 의무를 제한하며, 그들이 내야 하는 세금 액수를 제한하고, 코르테스를 정기적으로 소집할 것을 약속하는 칙령을 발표해야만 했다. 1287년 알폰소 3세는 후스티시아르(Justiciar, 궁정의 사법 활동을 감시하는 귀족)와 코르테스의 동의 없이 결사체의 이익에 역행하는 조치를 취한다면 폐위도 불사하겠다는 협박을 받기까지 했다. 아라곤에서의 국왕과 귀족 간의 갈등은 1348년 페드로 4세가 사라고사 남서쪽 에필라에서 귀족들을 패퇴시키고 결사체를 항구적으로 폐지할 때까지 오래 끌었다. 그리고 나서도 아라곤의 왕들은 여러 헌법상의 제약 때문에, 그리고 그에 못지않게 아라곤, 카탈루냐, 발렌시아 코르테스들이 불만이 시정될 때까지 왕에게 재정적 도움을 승인해 주지 않겠다고 버텼기 때문에 권력 행사에 제약을 받곤 했다. 반대로 카스티야에서는 특히 15세기에 코르테스가 점차 국왕의 요구에 순종적으로 되어 갔기 때문에 국왕은 공적 세금의 형태로 점점 더 많은 액수의 돈을 확보할 수 있었다.

문화적 발전

1009년 알 안달루스에서 통일된 정치 권력이 붕괴되기는 했지만 그렇다고 그것이 그 지역의 문화적 쇠퇴를 의미하지는 않았다. 반대로 타이파 국가들의 지배자들은 사치스런 궁전을 유지하고, 알-묵타디르가 사라고사에 건립한 우아한 알하페리아 궁전과 같은 웅장한 공공건물을 건축하는 것으로, 혹은 지나치다 싶을 정도로 예술 활동에 많은 돈을 지원하는 것으로 우마이야 왕조의 전임 지배자들을 모방하려고 했다. 예를 들어 쿠엥카에서는 톨레도의 둘-누니드 가문(Dhu'l-Nunids)의 후원하에 상아 조각 학교가 활기를 띠었다. 타이파 궁전들은 문화계 명사들이 들락거리는 중심이 되었고, 그곳에서 과학자와 시인, 그리고 그 외 다른 학자들이 성공의 기회를 잡을 수 있었다. 이 문화 개화의 시기에 활약한 사람들 가운데 가장 영향력 있는 사람으로는 천문학자 이븐 알-자르칼리(Ibn al-Zarqali, 1110년 사망. 그의 저술은 서유럽에서 널리 읽혔다), 코르도바의 이븐 하즘(Ibn Hazm, 1064년 사망. 그의 방대한 저작 중에는 사랑에 대한 탁월한 논문인 「비둘기의 반지」The Ring of the Dove와 비교종교학에 관한 논문이 포함되어 있었다) 등을 들 수 있다. 타이파 지배자들 중 일부, 특히 바다호스의 알-무자파르(al-Muẓaffar, 1045~1068), 세비야의 알-무타디드(al-Mu'tadid, 1042~1069)와 알-무타미드(al-Mu 'tamid)는 뛰어난 시인이자 학자이기도 했다. 12세기 동안 알모하드파의 알 안달루스 정복은 이 지역을 우마이야 칼리프 시대와 타이파들의 시대에는 대개 금지 대상이었던 중동 철학 그리고 과학과 좀 더 긴밀하게 접촉하게 해 주었다. 이 시기에 가장 활발한 활동을 한 철학자 중에 가장 유명한 사람으로는 이븐 투파일(Ibn Tufayl, 1185년 사망)과 아리스토텔레스의 저술에 대해 일련의 영향력 있는 주석들을 저술한 이븐 루쉬드(아베로에스, 1198년 사망)가 있다. 그러나 1220년대 알모하드 제국이 해체되고 나서 당대의 많은 뛰어난 학자들이 마그레브 혹은 그보다 더 먼 곳으로 떠났으며, 그로 인해 그 후 알 안달루스의 지적 생산은 현저히 줄어들었다. 나스르 왕조 그라나다의 대표적인 지식인은 시인, 의사, 역사가를 겸했던 이븐 알-카티브(Ibn al-Kaṭīb, 1374년 사망)였다.

헤브라이 문학과 학문도 11세기와 12세기 동안 번성했다. 가장 유명한 유대인 학자로는 시인 솔로몬 가비롤(Solomon b. Gabirol, 1056년 사망. 가장 널리 알려지고 영향력 있는 철학 서적으로 『생명의 샘』The Fountain of Life이 있다), 모세스 에즈라(Moses b. Ezra, 1138년 사망), 유다 할레비(Judah Halevi, 1141년 사망)가 있다. 다수의 유대인 학자들이 유대교와 아리스토텔레스 철학의 관계를 탐구하였으며, 그들 중 가장 유명한 사람이 모세스 마이모니데스(Moses Maimonides, 1204년 사망)였는데, 그는 알모하드 박해 때 추방당한 뒤 이집트에서 삶을 마쳤다. 유대인들은 또 카스티야 왕국 알폰소 10세의 후원하에서 아랍어로 된 저술을 라틴어와 카스티야어로 번역하는 작업에서도 중요한 역할을 수행했다.

13세기 이전에는 북쪽 기독교 지역의 문자 문화가 대개 소수 성직자 엘리트의 전유물이었으며, 라틴어가 학문의 주요 언어였다. 톨레도의 대주교 로드리고 히메네스(1247년 사망)와 투이의 주교 루카스(1249년 사망)가 저술한 야심적인 '일반 역사들'(general histories)에서 가장 인상적인 표현을 발견한 역사 서술이 큰 인기를 얻었다. 라틴어가 중세 후반 내내 문학적 표현을 위한 중요한 수단으로 남아있기는 했지만 13세기부터는 속어로 쓰인 텍스트도 출현하기 시작했다. 서사시(그중에서 카스티야어로 된 『시드의 노래』*Cantar de mio Cid, c.* 1207가 가장 유명하다)와 서정시(프로방스어, 갈리시아-포르투갈어, 카스티야어로 두루 쓰였다)도 널리 인기를 누렸다. 카스티야의 알폰소 10세의 후원하에서 속어로 쓰인 다양한 분야의 저술이 극적으로 늘어났고, 그 가운데 기념비적인 두 권의 역사서(『일반사』*General Estoria*와 『스페인사』*Estoria de Espanna*)와, 『성모마리아 찬가』(*Cantigas de Santa María*, 갈리시아-포르투갈어로 쓰인, 성모마리아를 찬양하는 400여 편의 노래 모음집)가 가장 두드러진다. 알폰소 10세와 동시대 인물인 아라곤의 하이메 1세는 자신의 치세를 자서전적으로, 카탈루냐어로 서술했다. 카탈루냐어로 작품 활동을 한 다른 주요 문필가로는 역사가 베르나트 데스클로트(Bernat Desclot, 1288년 사망)와 라몬 문타네르(Ramon Muntaner, 1336년 사망), 의사 아르나우 데 빌라노바(Arnau de Vilanova, 1311년 사망), 그리고 비교종교학, 철학, 시 등의 분야에서 카탈루냐어, 라틴어, 아랍어로 무려 250여 권의 책을 저술한 것으로 유명한 라몬 율(Ramon Lull) 등이 있었다. 14~15세기 동안 작가들은 새로운 문학 장르를 개척하기 시작했다. 이타(Hita)의 수석사제(Archpriest) 후안 루이스(Juan Ruiz, 1351년 사망)의 『좋은 사랑의 책』(El Libro de Buen Amor)은 성직자들의 느슨한 도덕과 부패를 날카롭게 고발했으며, 카탈루냐어로 된 『티란트 로 블랑크』[Tirant lo Blanch, 발렌시아의 기사 조아노트 마르토렐이 쓴 기사도 소설]와 『쿠리알과 겔파』[Curial and Guelfa, 15세기에 익명의 작가가 쓴 카탈루냐의 기사도 소설] 같은 기사도 소설도 큰 인기를 얻었다.

사람들은 중세 후반기 이베리아반도가 이슬람과 서유럽 기독교 세계를 잇는 가교였다고 말한다. 1085년 톨레도 함락과, 그 후 국경선의 남하로 기독교도와 무슬림 간의 문화적 접촉이 빈번해졌다. 벽돌과 회반죽, 돌보다는 목재의 사용이 특징인 무데하르 양식의 건축과 장식이 기독교 왕국들 여러 지역에서 확산되었다. 그중 가장 놀라운 예 가운데 하나는 12세기 말 부르고스에 들어선 라스 우엘가스 왕립 수녀원(royal nunnery of Las Huelgas)에 지어진 라 아순시온(La Asunción) 소성당인데, 이 건축물은 알모하드 양식의 영향을 많이 받았으며, 무슬림 장인들에 의해 건축된 것이 확실해 보인다. 반대로 우아한 그라나다 알함브라 궁전 단지(이 중 많은 부분은 14세기 동안 나스르 왕조의 후원으로 건축되었다) 내 '왕들의 방'(Sala de los Reyes)의 천장을 장식하고 있는 프레스코화는 아마도 기독교도 미술가들에 의해 그려진 것으로 보인다.

문화변용은 또 주로 철학서와 과학서를 중심으로, 아랍어로 된 책들을 라틴어 혹은 지역어로 번역하는 것으로도 나타났다. 초창기 번역가들 중 한 사람인 산타야의 우고(Hugo de Santalla, fl. 1145)는 "특히 아랍인들은 이 기술에서 우리의 선생이자 선구자이기 때문에 그들을 모방하는 것이 우리에게는 유익하다"라고 말했다. 12세기 전반 기부터 바르셀로나, 타라소나, 투델라 등에서 번역가들이 활발한 활동을 펼쳤다. 그러나 가장 중요한 학문의 중심지는 톨레도였고, 그곳에서는 세고비아의 부주교 도밍고 곤살레스, 이탈리아인 학자 크레모나의 제라르드(Gerard of Cremona), 개종한 유대인 아벤다우트(Avendaut), 세비야의 후안을 포함하여 다수의 이베리아인과 외국인 학자들이 서로 협력하여 야심적인 번역 사업을 진행했다. 아리스토텔레스, 유클리드, 프톨레마이우스 같은 고대 그리스 사상가들의 저술, 아랍인과 유대인 학자들의 저술이 라틴 서유럽에서 널리 나돌기 시작한 것도 이 같은 번역가들의 노고 덕분이었다. 카스티야의 알폰소 10세는 아랍어로 된 다수의 과학서와 철학서뿐만 아니라 마술이나 체스 같은 보다 비의적인 내용의 책들을 카스티야어로 번역하는 일을 주문하기도 하였다.

또 기독교 이베리아는 유럽의 문화적·지적 흐름에 점점 더 많이 노출되어 가고 있었다. 특히 13세기에는 반도에 최초의 대학교들이 생겨났다. 1200년경 카스티야의 알폰소 8세가 팔렌시아에 세운 학교는 그 후 이렇다 할 발전을 이루지 못했다. 그에 비해 1218년 레온의 알폰소 9세가 특허장을 하사한 살라망카의 대학교는 후에 기독교 세계에서 가장 유명한 대학교 가운데 하나로 성장하게 된다. 리스본(1290)——후에 코임브라로 옮겨 간다(1308)——레리다(1300), 바야돌리드(1346), 우에스카(1354)에도 대학이 생겨났다. 대학의 커리큘럼은 주로 법, 철학, 수사학, 논리학, 문법, 의학으로 되어 있었다. 알폰소 10세는 세비야에 아랍어와 라틴어를 가르치는 학문 중심지를 세울 것을 제안하기도 했으나 이 사업은 실현되지 못했다.

위기와 회복

1000년 이후 이베리아반도에서 나타난 두드러진 특징 가운데 하나
인 경제적 팽창이 14세기에 중단되었다. 전쟁과 주기적인 기근의 발
발(1333년과 1347년 카탈루냐를 휩쓴 것과 같은)의 영향은 질병의 확산
으로 더욱 악화되었다. 1348년과 1350년 사이에 흑사병이라는 이름
으로 더 잘 알려진 선(腺)페스트가 서유럽 전체를 휩쓸었다. 반도 내
에서는 아라곤 연합왕국이 특히 큰 피해를 입었다. 페드로 4세는 자
신의 백성들 가운데 3분의 1가량이 이 흑사병으로 죽었다고 추정했
다. 발렌시아와 사라고사에서는 사망률이 50%에 이르렀고, 타라고나
근처 시토 교단 소속의 포블레트 수도원에서는 1348년에만 두 명의
수도원장, 59명의 수도승, 30명의 속인 형제가 이 병으로 죽었다.

흑사병의 사회적·경제적 결과는 심대했다. 심각한 인력 부족은
지주들의 지대 수입을 무려 3분의 2나 감소시켰다. 경작지는 버려지
고 마을은 황폐화되었다. 물가는 급등하고, 국왕의 수입은 감소했다.
그렇게 되자 왕은 수입 감소분을 충당하기 위해 세금을 올려야 했다.
농촌 경제가 쇠퇴하자 성·속의 영주들은 농민들에게 봉건적 부담을
가중시키는 것으로 자신들의 수입 감소를 벌충하려고 했고, 이에 농
업노동자와 수공업자들은 만성적인 반란으로 맞섰다. 카스티야의 메
세타 도시들에서는 귀족들의 과도한 요구에 대항하여 자신들을 보
호하고, 지역에서 설치고 돌아다니는 비적을 제어하기 위한, 형제단
(hermandades)이라는 기구가 창설되었다. 카탈루냐에서는 인구 감
소가 점증하는 재정 불안과 점차 가중되어 간 카스티야인·제노바인
과의 무역 경쟁과 더불어 한때 번성했던 카탈루냐 무역 제국을 쇠퇴

하게 만들었다. 1350년과 1450년 사이에 바르셀로나를 통과하는 무역의 양이 5분의 1로 줄어들었다.

　　모든 경제 분야가 다 침체한 것은 아니었다. 인력에 의존하는 비중이 낮았던 카스티야 목양업은 반대로 14~15세기 동안 질 좋은 메리노 양모에 대한 외국의 수요 증대에 따라(특히 플랑드르와 이탈리아의 모직물 제조업자들로부터 수요가 컸다) 극적으로 팽창했다. 14세기 초만 해도 카스티야에는 약 50만 마리의 양이 있었던 것으로 추정되지만 1480년경이면 약 500만 마리로 증가했다. 계절에 따라 이동하는 양떼는 점점 영향력이 커져 간 메스타(Mesta)라는 목양주 조합의 감독을 받아 카냐다(cañadas)라 불리는 주요 이동로를 따라 남북으로 이동하였다. 그 이동로 중 하나는 레온에서 바다호스까지였고, 다른 하나는 중부 두에로 계곡부터 알쿠디아와 과달키비르 계곡까지였으며, 다른 하나는 쿠엥카 근처 언덕 지역에서 무르시아와 상부 과달키비르 지역까지였다. 여름에는 이 양떼가 북쪽에서 풀을 뜯다가 9월이면 라만차, 엑스트레마두라, 안달루시아 지역으로 내려왔다. 양모 무역은 양떼의 주요 소유주였던 귀족, 종교기사단, 고위 성직자를 부유하게 만들었고, 카스티야 양모의 대부분이 칸타브리아 항구들로 옮겨지기 전에 거쳐야 했던 부르고스 같은 운송 거점들을 번영하게 만들었다.

　　14세기에 반도를 옥죄고 있던 사회적 위기의 또 다른 징후는 기독교도들 사이에서 유대인에 대한 적대감이 현저하게 증가한 것이었다. 유대인이 자신들의 종교 의식을 치르면서 기독교도 아이들을 살해하여 의식에 이용한다든지 흑사병의 주범이라든지 하는 노골적이고 거친 반(反)유대인 선전이 널리 나돌았고(특히 1360년대 카스티야 내전기 동안 심했다), 유대인 집단거주지가 폭력적 공격의 대상이 되었다. 기록에 따르면 1391년 여름에 약 4,000명의 유대인이 세비야에서 학살당했고, 그 후로도 안달루시아의 여러 도시들, 그리고 멀리 레온, 부르고스, 발렌시아, 하카, 마요르카, 페르피냥에서도 비슷한 학살이 저질러진 것으로 알려져 있다. 그런가 하면 수많은 유대인이 기독교로 개종하여 콘베르소(conversos)가 되는 것으로 살아남았다. 무데하르 공동체들도 마찬가지로 비록 유대인 같은 대규모 학살은 없었지만 점점 심해져 간 기독교도들의 적대감에 시달려야 했다.

14~15세기 이베리아반도의 정치사는 왕조 위기와 내전으로 점철되었다. 그라나다 왕국에서는 나스르 지배 가문의 내분이 어찌나 심했던지 1417년부터 1450년 사이에 10차례 이상 에미르가 바뀌었다. 1450년부터 1460년 사이에 나바라도 마찬가지로 아라곤의 왕자 후안을 지지하는 귀족들과, 그의 아들이며 비아나(Viana)의 왕자 카를로스를 지지하는 쪽 간에 내전이 일어났다. 아라곤 연합왕국에는 페드로 4세의 차남 마르틴 1세(1395~1410)가 합법적 계승자를 생산하지 못하고, 그의 서손(庶孫) 프레데릭을 즉위시키려 하자 네 명의 라이벌 후보가 왕위를 주장하고 나섬에 따라 심각한 정치 위기가 나타났다. 결국 1412년 6월 아라곤, 카탈루냐, 발렌시아의 코르테스들에 의해 임명된 9명의 대표로 이루어진 한 위원회가 카스페에서 모여 카스티야의 트라스타마라 가문의 안테케라의 페르난도(Fernando de Antequera)를 왕으로 추대했다. 페르난도 1세(1412~1416)와 그의 아들들인 알폰소 5세(1416~1458), 후안 2세(1458~1479) 치하에서는 서부 지중해에서 아라곤의 지배권이 공고해질 것인가가 초미의 관심사가 되었다. 알폰소 5세는 시칠리아와 사르디니아에 대한 자신의 지배를

강화했고, 1442~1443년에는 나폴리 왕국을 정복하고 그곳을 자신의 정부 소재지로 삼았다. 1458년 알폰소가 죽고 나서 나폴리는 그의 서자 페르난도에게 돌아가고 아라곤 연합왕국의 다른 지역은 페르난도의 배다른 동생 후안 2세에게 상속되었다. 후안은 상당히 어려운 상황도 함께 물려받았다. 카탈루냐에서 농촌과 도시의 소요는 만성적이었고, 농민의 곤궁을 해결하고 모종의 도시 개혁을 이루려는 왕의 시도는 1460년대에 반란을 촉발시켰다. 사회적 불안은 바르셀로나에서 최고조에 이르렀는데 이곳에서는 귀족 엘리트들(the Biga)과 상인과 수공업자 무리(the Busca) 간 당파 싸움이 1472년까지 벌어졌다.

카스티야에서 페드로 1세의 치세(1350~1369)는 왕과 알폰소 11세의 서자들, 그리고 구스만의 레오노르(Leonor de Guzmán) 간의 치열한 왕위 다툼으로 점철되었다. 가족들에 대한 페드로의 잔인한 행위(그로 인해 그는 후에 '잔혹왕'이라는 별명을 갖게 되었다), 유대인에 대한 호의적 태도 등은 성·속의 대귀족들 가운데 다수의 불만을 샀으며, 그 귀족들은 왕의 배다른 형제 트라스타마라가(家)의 엔리케를 지지했다. 1357년부터 1367년까지 카스티야와 지루하지만 별 소득 없는 전쟁을 벌이고 있던 아라곤의 페드로 4세는 도전자(엔리케)에게 지지를 보냄으로써 사태를 더 복잡하게 만들었고, 백년전쟁을 벌이고 있던 영국과 프랑스도 이 내전에 개입하였다. 프랑스와 아라곤인들의 도움을 등에 업은(이들은 용병 대군을 고용할 수 있는 자금을 제공했다) 엔리케는 1366년 스스로 왕으로 즉위하였으나 이듬해 영국인, 나바라인들과 동맹을 체결한 페드로 1세에게 쫓겨났다. 내전은 1369년까지 끌었는데, 이 해에 페드로가 몬티엘에서 엔리케에게 패하여 살해되었으며, 엔리케는 엔리케 2세(1369~1379)로 즉위했다.

카스티야 내전에서의 승리에도 불구하고 트라스타마라가의 입지는 불안했다. 페드로 1세의 딸이자 계승권자인 콘스탄사(Constanza)의 남편이었던 랭카스터 공작 곤트의 존(John of Gaunt)이 카스티야 왕위를 자신이 넘겨받아야 한다고 주장하고 나섰다. 엔리케 2세의 아들 카스티야의 후안 1세(1379~1390)와 아비스 종교기사단 단장(그는 얼마 안 있어 포르투갈 왕 주앙 1세[1385~1433]로 즉위한다) 간에 포르투갈 왕위 계승 전쟁이 벌어지자 영국 군대는 후자 쪽으로 개입했고, 후자, 즉 주앙 1세는 알후바로타에서 카스티야인들에게 굴욕적인 패배를 안겨 주었다(1385). 이듬해 랭카스터 공작은 갈리시아를 침입하고 포르투갈과 동맹을 체결했는데, 그 동맹은 1387년 공작의 딸 필리파(Philippa)와 포르투갈 주앙 1세 간 혼인으로 더 공고해졌다. 그러나 영국-포르투갈 연합군의 카스티야 침공은 대실패로 끝났고, 그것은 랭카스터로 하여금 1388년 바욘느에서 후안 1세와 협약을 체결하게 했다. 즉 공작과 그의 부인은 카스티야 왕위를 포기하는 대신 매년 상당액의 현금을 받고 그들의 딸 캐더린과 미래의 엔리케 3세(1390~1406)를 혼인시킨다는 것이었다. 이듬해 체결된 륄링엄과 몽사웅(Leulingham and Monção)의 조약은 반도 정치에 대한 프랑스와 영국의 개입을 종식시켰다.

14세기 후반에 나타난 가장 놀라운 발전 가운데 하나는 카스티야 해군력의 팽창이다. 1370년대와 1380년대에 카스티야 함대들은 프랑스 해군과 연합하여 정기적으로 잉글랜드 남부 해안 지역을 침입했고, 동시에 점점 더 많은 수의 무역상(그중 다수는 바스크인이었다)이 대서양과 지중해를 연결하는 항로를 오가기 시작했다. 비스케이(비스카야)만과 플랑드르에서 급증해 간 카스티야의 상업적 이해관계는 카스티야 상인들과 한자동맹 상인들 간에 갈등을 유발했으며, 이 갈등은 1440년대에 카스티야 상인들에게 유리한 쪽으로 해결되었다. 한편, 남쪽에서는 동부 대서양 해역의 상황에 대해 잘 모르고 있는 상태에서 카스티야의 알폰소 11세가 1345년 카나리아제도에 대한 지배권을 주장했다. 그러나 카나리아제도의 식민화는 1390년대에 가서야 시작되었고, 이 제도에 대한 최종적인 복속이 이루어진 것은 1470년대에 이르러서였다. 그러나 동부 지중해에서의 해상 팽창에 개입한 나라가 카스티야만은 아니었다. 1415년 7월 세우타 정복 이후 포르투갈 함대들도 아조레스제도, 마데이라제도, 카보베르데제도에 기지를 세웠고, 서부 아프리카 해안을 따라 탐험하기 시작했으며, 무역 전진기지(feitorias)를 세워, 그곳을 기반으로 지역 원주민들에게 유럽의 물건을 내주고 금, 상아, 노예를 받는 교역을 했다. 1460년대경이면 포르투갈인들은 이미 기니만까지 내려간 상태였으며, 1483년에는 디에구 카웅(Diogo Cão)이 콩고강 입구까지 도달한 상태였다. 이런 포르투갈인들의 상업적 이해와 카스티야인들의 그것 간의 강한 라이벌 관계는 1492년 아메리카 발견의 배경과 계기를 제공하게 된다.

트라스타마라의 '혁명'은 카스티야 귀족들을 다시 권력과 영향력의 정점에 이르게 했는데, 그것은 엔리케 2세와, 그를 계승한 후안 1세, 엔리케 3세로 하여금 자신들을 지지하는 사람들에게 작위, 관직, 특권, 영지를 퍼 주게 했기 때문이었다. 이 지지자들 중 다수가 이달고 출신으로 '새 귀족'이 되었으며, 그들은 차후 수 세대 동안 왕국의 정치, 사회, 경제생활을 지배하게 될 것이었다. 이 신흥귀족들은 사병을 유지하는 데 필요한 자금을 가지고 있었고, 국왕의 수입을 자신들이 차지하였으며, 자신들의 특권과 권력을 침해하려는 카스티야 왕실의 어떤 시도에 대해서도 강하게 저항했다. 후안 2세(1406~1454)의 미성년 치세기 동안 섭정은 왕의 모후 랭카스터의 캐더린과 그의 삼촌 안테케라의 페르난도가 맡아 보았다. 후안 2세는 성년이 되자 자신의 권력을 총신 알바로 데 루나(Álvaro de Luna)에게 위임했다. 알바로의 변변치 못한 신분, 돈을 밝히고 동성애자라는 소문, 그리고 무엇보다도 권력을 집중화하고 왕권을 강화하려는 그의 시도는 대귀족의 완강한 반감을 불러일으켰으며, 그중에는 안테케라의 페르난도의 아들들도 포함되어 있었다. 루나는 1427년과 1438년에 연이어 추방되기도 했지만 1453년까지 카스티야에서 무소불위의 권력을 휘두르다가, 이 해에 왕의 두 번째 부인 포르투갈의 이사벨이 주도한 또한 번의 귀족들의 음모로 권좌에서 내려온 뒤 처형되었다.

후안 2세의 아들 엔리케 4세의 치세(1454~1474)는 왕위 계승 문제로 매우 시끄러웠다. 엔리케는 딸 후아나(1462년 두 번째 부인 포르투갈의 조안나와의 사이에서 태어남)를 자신의 적법한 후계자로 간주했지만 엔리케가 성불구자이고 동성애자라는, 따라서 카스티야의 후아나가 사실은 다른 남자의 딸이라는 소문이 퍼져 있었다. 왕이 유대인과 무데하르들에 대해 호감을 가지고 있었던 점도 불만을 가중시켰다. 1465년 엔리케가 카스티야 귀족들이 제기한 헌정상의 개혁 프로그램을 수용하지 않자 귀족들은 자기들끼리 모여 엔리케를 폐위시키고 그의 배다른 형제 알폰소를 왕으로 추대했다. 엔리케의 지위는 1467년 반도들의 패배와 이듬해 알폰소 왕자의 죽음으로 일시적으로 유지되었다. 그러나 후아나가 왕의 친딸이 아니라는 소문은 수그러들지 않았고, 많은 귀족들이 엔리케의 배다른 여동생 이사벨을 지지하는 쪽으로 입장을 바꾸었다. 그리고 왕은 1468년 이사벨을 자신의 적법한 계승자로 공식 인정했다. 1474년 이사벨이 카스티야 왕으로 즉위하고, 이어 5년 후 그녀의 배우자 페르난도가 아라곤 연합왕국 왕으로 즉위한 것(이 혼인으로 트라스타마라 가문의 두 지가_{支家}가 하나로 합쳐졌다)은 이베리아반도 역사에서 새로운 시대를 열게 될 것이었다.

제3장 보편 왕정: 1474~1700

1479년부터 1580년이라는 고작 한 세기의 짧은 기간 동안 히스패닉 세계의 영토들은 특별한 운명의 변화를 경험하게 된다. 이베리아반도의 두 강국 카스티야 왕국과 아라곤 연합왕국이 1479년 하나로 합쳐졌고, 전통주의자들이 볼 때 이 사건은 근대 스페인 국가의 탄생으로 여겨졌다. 이어서 여기에 그라나다(1492), 나바라(1512), 포르투갈(1580)이 차례로 합병됨으로써 비시고트 시대 이후 처음으로 반도 통일이 이루어지게 되었다. 이 기간 동안 스페인은 정복과 정주를 통해 광대한 아메리카 제국을 획득했고, 또 합스부르크 가문의 카를로스 1세가 1516년 스페인 왕위에 오르고 난 후에는 거대한 유럽 제국을 갖게 되었다. 불과 수십 년 만에 스페인은 유럽 정치의 중심이 되었을 뿐 아니라 지구상에서 가장 강력한 왕국이 되었다. 그것은 진정 '해가 지지 않는 최초의 제국'이었다.

　　그러나 스페인의 그 우월한 지위는 그리 오래가지 못했다. 스페인이 유럽에서 누린 정치적 헤게모니는 얼마 가지 않아 되살아난 프랑스, 잉글랜드와 홀란드 등 새로 부상한 프로테스탄트 국가들의 도전을 받았다. 17세기 들어 어떤 대가를 치르더라도 자신의 평판을 지키려고 한 스페인의 결의는 스페인을 여러 차례의 파괴적인 전쟁에 휩쓸리게 만들었고, 그것은 스페인의 재정에 엄청난 부담을 가져다 주었으며, 궁극적으로는 스페인의 유럽 제국을 상실하게 만들었다.

가톨릭 공동왕

후대인들은 16세기 스페인이 세계적 강국으로 놀라운 부상을 할 수 있었던 이유를 설명하려고 할 때 카스티야의 이사벨 1세(1474~1504)와 그녀의 부군(夫君) 아라곤의 페르난도 2세(1479~1516)의 치세를 그 촉매제로서 돌아보지 않을 수 없었다. 가톨릭 공동왕(Reyes Católicos, 1496년 교황 알렉산더 6세가 그들에게 붙인 별명이다)의 업적은 다양하고 원대했다. 수십 년 동안 끌어온 내전이 종식되고, 왕정의 권위가 회복되었다. 영원한 라이벌이었던 카스티야와 아라곤(연합왕국)이 왕조 간 혼인으로 하나로 통합되었다. 레콩키스타는 1492년 무슬림의 땅 그라나다를 정복하는 것으로써 승리로 종결되었다. 북아프리카에는 전략적 교두보가 마련되었다. 반도 내 가톨릭 교회의 우월성은 강화되었으며, 스페인의 유럽 제국과 '신세계' 제국의 토대가 마련되었다. 국내와 국외 모두에서 당대인들은 스페인에서 일어난 이 놀라운 변화를 날카롭게 인식하고 있었다. 니콜로 마키아벨리는 자신의 유명한 정치학 논문 『군주론』에서 아라곤의 페르난도를 "별볼 일 없는 왕에서 기독교 세계에서 가장 유명하고 영광스런 왕으로 바뀌었기 때문에 그는 거의 새로운 유형의 군주라고 할 수 있다"라고 기술했다.

    그러나 1474년 12월 이사벨이 이복 오빠 엔리케 4세가 죽고 나
서 카스티야 여왕을 자처했을 때만 해도 그녀의 치세에 대한 전망은
지극히 불투명했다. 비록 이사벨이 그녀의 남편이면서 아라곤 왕국
왕위 계승권자였던 페르난도(그와는 1469년에 결혼한 상태였다)와 카
스티야의 대표적인 성·속의 대귀족들 가운데 다수의 적극적인 지지
를 받기는 했지만 그녀는 자신의 조카이자 또 다른 왕위 계승 후보자
인 열한 살 먹은 후아나를 상대로 장기간의 군사적 혹은 외교적 싸움
을 벌여야 했다. 후아나는 전임 왕(엔리케 4세)의 친딸이 아니라 왕비
포르투갈의 조안나(Joanna of Portugal)가 왕의 총신 벨트란 데 라 쿠
에바(Beltrán de la Cueva)와 바람을 피워 태어난 혼외자식이라는 소
문이 돌아 '라 벨트라네하'(la Beltraneja, '벨트란의 자식'이란 뜻)라는
별명을 갖고 있었다. 공주 후아나는 삼촌인 포르투갈의 아폰수 5세
(1438~1481, 1475년 5월 이 아폰수 5세는 후아나와 혼인한다)의 적극적
지원과 카스티야의 일부 귀족들(그중에서 가장 유력한 인물은 비예나
후작 디에고 로페스 파체코였다), 톨레도 대주교, 그리고 부르고스, 살
라망카, 사모라를 포함한 여러 주요 도시들의 지지를 받았다. 안달루
시아, 엑스트레마두라, 갈리시아도 후아나를 지지하고 나섬으로써
왕국의 절반 이상이 반도들의 수중에 들어가 있는 형국이었다. 카스
티야의 장래는 여전히 미궁에 빠져 있는 것처럼 보였다. 만약 후아나
의 지지자들이 이 싸움에서 승리했더라면 새로운 히스파니아의 정치
지도는 매우 달라졌을 것인데, 그렇게 되었다면 카스티야의 미래는
포르투갈과 불가분으로 긴밀하게 연계되었을 것이다.
    그러나 후아나의 계승권 주장은 아라곤 연합왕국의 페르난도
가 1476년 3월 사모라 근처 토로에서 포르투갈군에 승리함으로써 좌

절되었다. 프랑스의 루이 11세가 바스크 지역을 침입했으나(프랑스의 루이 11세는 카스티야와 아라곤 연합왕국의 동맹이 가져다줄 결과를 두려워했다), 이 또한 격퇴되었다. 1479년 1월 카스티야와 아라곤 연합왕국은 페르난도가 부왕 후안 2세의 서거로 아라곤 왕위를 계승하게 되면서 왕조 간 결합을 통해 하나로 통합되었다. 포르투갈과의 적대관계도 1479년 9월 알카소바스 평화조약의 체결로 마침내 종식되었다. 포르투갈은 점유하고 있던 땅에서 물러났고, 이사벨을 카스티야의 합법적 여왕으로 인정했다. 불운한·후아나는 포르투갈의 한 수녀원에 유폐되었다. 이사벨과 페르난도의 딸 이사벨(모녀의 이름이 같았다)과 포르투갈의 왕위계승권자 아폰수의 약혼이 발표되었다. 카스티야는 아프리카와 보자도르곶 서쪽 대서양 지역의 포르투갈 영토에 대한 소유권 주장을 모두 취소하였다. 다만 카나리아제도는 계속해서 카스티야의 수중에 남게 된다.

새로운 왕정?

페르난도와 이사벨은 자주 잉글랜드의 헨리 7세, 프랑스의 루이 11세 등 동시대 군주들과 더불어 자신들의 권위를 통해 통일되고 중앙집권화된 국가 건설에 전념한 '새로운 국왕들'로 여겨져 왔다. 그러나 그런 견해는 별로 설득력이 없어 보인다. 카스티야와 아라곤 연합왕국의 왕조 간 통합은 상징적인 의미는 크다고 할 수 있지만 그것 자체로 바뀐 것은 별로 없다. 가톨릭 공동왕 치하에서 국왕의 통치는 제도로 보나 외형적으로 보나 여전히 전통적인 모습 그대로 머물러 있었다. 페르난도와 이사벨이 자신들의 긴밀한 정치적 파트너십을 세상에 보여 주려고 노력한 것은 사실이다. 통치와 관련된 모든 결정은 두 사람 공동 명의로 발표되었고, 공동의 외교정책을 추구했으며, 그들이 주조한 주화에는 두 사람의 흉상이 나란히 새겨져 있다. 그리고 그들은 두 나라 백성들의 충성심을 하나로 묶는 수단으로 두 나라 모두에서 종교적 통일을 추구했다. 그 후 당대인들은 페르난도와 이사벨을 항상 '스페인'의 지배자로 언급하곤 했지만 공동왕 자신들은 그렇게 하지 않았다. 이사벨이 카스티야의 '유일한 여왕'으로 여겨졌듯이, 페르난도 역시 아라곤 연합왕국의 유일한 합법적 지배자로 간주되었다. 카스티야와 아라곤 간의 행정적·정치적·법적 통일이 시도되기는커녕 논의 대상에도 오르지 않았다. 아라곤 연합왕국은 여러 국가들(아라곤, 카탈루냐, 발렌시아, 마요르카, 사르디니아, 시칠리아 등)의 느슨한 연합체로 남아 있었으며, 그 국가들은 각각 자신의 의회, 법률, 통화, 그리고 세제(稅制)를 갖고 있었다. 카스티야와 아라곤 연합왕국 간 관세 장벽도 그대로 유지되었다. 유일하게 도입된 통합적 경제 조치는 카스티야와 발렌시아, 그리고 카탈루냐의 금화의 가치를 같게 한다고 규정한 1497년의 법령이었다.

"이제 우리는 모두 형제다"라고 1479년 바르셀로나의 시 당국자는 세비야의 동료에게 썼다. 그러나 처음부터 카스티야와 아라곤의 '결합'은 동등자 간 파트너십이 아니었다. 카스티야는 아라곤 연합왕국의 세 왕국 영토를 모두 합친 것보다 세 배나 더 컸고, 인구는 다섯 배나 많았다. 번영하는 양모 무역에 기반을 둔 카스티야 경제는 아라곤 연합왕국 경제에 비해 훨씬 역동적이었다. 그라나다 정복과 그에 이은 신세계 정복과 식민화는 거의 전적으로 카스티야인들의 일이었고, 제국의 행정기구는 카스티야인들이 지배하게 될 것이었다. 외교(그것은 무엇보다도 프랑스의 영향력을 봉쇄하고 서부와 중부 지중해를 지배하는 것에 초점이 맞추어져 있었다)는 부분적으로 아라곤 연합왕국의 전통적인 전략적 이해관계에 의해 좌우된 측면이 있다. 그러나 그 정책을 실행할 책임은 카스티야에 있었고, 그로부터 유래한 이익 중 많은 부분을 가져간 것도 카스티야였다. 국왕 페르난도 자신도 자신의 세습 왕국(아라곤 연합왕국)의 문제보다는 카스티야의 문제에 에너지를 더 많이 쏟아부었다. 그는 37년의 재위 기간 가운데 3년을 카탈루냐에, 3년이 채 안 되는 기간을 아라곤 왕국에, 그리고 발렌시아에는 단지 6개월만 체류했을 뿐이다. 그가 자리를 비운 동안 그의 왕국들은 국왕이 임명한 '요치티넨트'(Llochtinent), 즉 부왕(副王)들에 의해 다스려졌다. 1494년 페르난도는 상설기구로 아라곤평의회를 설치하였는데, 이 기구는 왕이 그곳을 방문할 때 그와 같이 동행하고, 그의 가문 영토(아라곤 연합왕국)의 사정을 파악하여 왕에게 보고하는 기구였다. 카스티야의 우위와 아라곤 연합왕국의 정치적 소외는 반도 동쪽(아라곤 연합왕국)의 반감을 자극하게 되었으며, 그것은 쉽게 극복되지 않게 된다.

이사벨과 페르난도 치하의 카스티야 통치는 권력의 중앙집권화보다는 왕권의 강력한 재천명과 훨씬 더 관계가 있었다. 왕위 계승 전쟁 이후 국왕에게 저항했다가 아직 사면을 약속받지 못한 귀족들이 점차 국왕의 권위에 복속되었다. 엔리케 4세 치세의 내전기 동안 귀족들의 야심의 도구가 되었던 부유하고 강력한 종교기사단들도 차례차례 왕정의 지배하에 들어왔다. 도시의 치안 유지 기구였던 '형제단'(Hermandad)들은 1476년 4월 마드리갈 코르테스에서 부활했고, 중앙위원회, 즉 훈타(junta)의 전체적인 지배를 받았다. 그 후 20년 동안 성 형제단(Santa Hermandad, 이 기구를 부르는 이름)은 농촌 지역을 순찰하고 반도(叛徒)들과 범죄자들을 약식재판을 통해 처벌하는 등 카스티야에서 왕권 강화의 중추로 활약하게 된다. 성 형제단은 또 국왕에게 자금과 군대의 주요 원천이기도 했다. 이 기구에 속한 시민군(1490년경 약 10,000명의 보병을 가지고 있었다)은 그라나다 에미르국을 정복하는 전쟁에서 중요한 역할을 수행했다. 그러나 1498년 가톨릭 공동왕은 이제 막 생겨나고 있던 이 국왕 상비군을 유지하는 데 들어가는 비용에 대해 도시들이 제기하는 항의에 응답하여 성 형제단을 치안 유지라는 원래의 역할에 복귀시켰다. 도시들에 대한 왕의 권위는 코레히도르(corregidores), 즉 민간인 지사들(14세기에 처음 생겨난 관직)에 의해 회복되었다. 1479년경 카스티야 전역에서 44명의 코레히도르가 활동하고 있었다.

카스티야에서 왕권의 재천명은 1480년 톨레도 코르테스에서 공표된 일련의 행정 개혁의 도움을 받았다. 가장 중요한 행정기구 가운데 하나였던 국왕평의회(Consejo Real, 후에 카스티야평의회로 이름이 바뀐다)가 재편되어, 전에 이 평의회를 지배했던 카스티야 대귀족들은 배제되고, 대학에서 공부하고, 대부분 하급 귀족 출신이었던 법관들(letrados)이 그 자리를 대신했다. 이 평의회 외에 종교재판소평의회(1483), 종교기사단평의회(1495) 등이 생겨났다. 이렇게 평의회 중심의 통치로 바뀌면서 코르테스의 영향력은 극적으로 감소해 갔으며(이 코르테스에는 성직자들과 귀족들이 더 이상 참여하지 않았다), 코르테스가 부조금 승인권을 통해 갖게 되는 힘도 국왕이 관세, 목양주들에게 거두는 세금, 알카발라(10%의 판매세), 성 형제단으로부터 거두는 수입 등 다른 수입원에 의존할 수 있게 됨에 따라 점점 덜 중요하게 되었다. 그 결과 이사벨은 자신의 치세 동안 코르테스를 아홉 차례밖에 소집하지 않았고, 1480년부터 1498년까지는 단 한 차례도 소집하지 않았다. 지금까지 주유(周遊)하면서 법정을 여는 방식으로 작동되던 사법 행정도 개혁되어 '아우디엔시아'와 '찬시예리아'로 알려진 두 개의 고등법원이 바야돌리드와 (1505년부터는) 그라나다에 각각 생겨났다. 마지막으로 환수령(Act of Resumption)을 발표하여 1464년 이후 양도되거나 빼앗긴 국왕의 모든 재산이나 지대를 다시 국왕 재산으로 환수하겠다고 선언했다. 이런 조치들을 통해 가톨릭 공동왕은 카스티야 귀족들의 정치적 힘을 제어하는 데 성공했다. 그러나 대귀족들의 사회적·경제적 지배력은 손대지 않았다.

카스티야에서 왕권의 회복은 현저하게 권위주의적인 쪽으로 돌아서는 현상을 수반한 데 비해, 아라곤 연합왕국에서는 페르난도가 연합왕국 내 각 왕국의 전통적인 법, 자유, 기구 등을 유지하겠다고 약속하는 것으로 그 지역의 질서와 안정을 회복하려고 했다. 국왕이 각 지역 입법부(의회)의 동의 없이 새로운 법률을 공포하고, 병사를 징집하고, 세금을 징수하는 것을 엄격하게 제한하는 계약적 헌정체제를 개혁하려는 시도는 전혀 없었으며, 이런 결정은 장차 스페인 왕정에 중대한 의미를 갖게 된다. 그러나 페르난도가 장기간 동안 자신의 세습 왕국(아라곤 연합왕국)을 비운 상황은 독립적 성향을 가진 이 지역 귀족들에 대해 자신의 권위를 강요할 수 없게 만들었다. 예를 들어, 아라곤 왕국에서 성 형제단의 도입을 통해 공적 질서를 회복하려고 한 그의 시도는 강력한 저항에 부딪혔고, 사적인 전쟁이 이 지역의 고질병으로 남게 되었다. 페르난도가 거둔 가장 두드러진 성공은 1486년 4월 '과달루페 선언'을 발표하여 카탈루냐 농촌에 평화를 가져다준 것이었는데, 이 선언은 레멘사 농민들을 영주들의 사법권으로부터 해방시키고, 전통적으로 이 지역 영주들이 강요해 온 '여섯 가지 악습'을 폐지함으로써 농민들이 자신의 땅을 효과적으로 소유할 수 있게 해 준 것이었다.

재정복의 완결

15세기 대부분 기간 동안 다른 일로 정신이 없었던 카스티야 왕들에게 무슬림 에미르국 그라나다를 정복하는 일은 시급한 현안이 아니었다. 소규모 국경 분쟁은 고질병이 되다시피 했고, 국경 지역 도시와 성들은 자주 주인이 바뀌었으나 양쪽 모두에게 영토상으로 중요한 소득은 없었다. 어쨌거나 (그라나다의) 나스르 왕들이 카스티야 국왕의 금고에 정기적으로 상납하는 상당액의 공납이 에미르국의 붕괴를 막는 요인이 되었던 것은 사실이다. 그러나 페르난도와 이사벨에게 그라나다와의 적대를 재개하는 것은 카스티야 귀족들의 불안한 에너지를 제어하고, 백성들이 모두 왕정에 충성심을 갖게 할 기회를 제공할 수 있다는 점에서 충분히 고려해 볼 만한 일이었다. 개전의 명분은 1481년 12월 국경 소도시 사하라(Zahara)에 대한 무슬림의 공격으로 확보되었다. 이에 대한 보복으로 기독교 군대는 이듬해 2월 알하마를 점령하고 좀 더 규모가 큰 전투 준비에 착수했다. 이 단계에서 그라나다에 대한 즉각적 정복이 논의되었는지는 불확실하다. 그러나 결국 알하마의 함락은 10년에 걸친 힘겨운 소모전의 서막이 되었다. 그라나다 정복에 필요한 군대는 카스티야 귀족, 도시들, 성형제단 등이 제공했고, 외국인 용병(주로 스위스인)도 고용되었다. 교황은 면죄부를 발행하여 이 전쟁을 지원했으며, 이 성전에 참여하기 위해 유럽 각지의 지원자들이 스페인으로 몰려들었다. 영국인 에드워드 우드빌(Edward Woodville)도 그중 한 명이었는데, 그는 1486년 5월 리오하 탈환 전투에서 중요한 역할을 수행했다. 이 전투에 소요되는 비용을 지원하기 위해 1485년 교황 인노켄티우스 8세는 페르난도와 이사벨에게 스페인 교회 수입의 10분의 1을 양도했는데, 이것과 교황의 다른 재정적 양도들로 1484년부터 1492년까지 약 8억 금화 마라베디(gold maravedies)가 국왕 금고에 들어갔다. 이 액수에다 성 형제단은 1482년부터 1490년까지 3억 마라베디를 더 기부했다.

　　기독교도들은 또 나스르 지배 가문을 큰 혼란에 빠뜨린 동족상잔의 분쟁의 덕을 보았다. 아미르(amir, 이슬람 국가의 왕)로 재임중이던 아불 하산(Abū'l-Ḥasan, 1464~1485)이 1482년 7월 그의 아들 압드 알라(무함마드 12세로 즉위하였고, 기독교도들에게는 보압딜Boabdil이라는 이름으로 알려져 있었다)에게 폐위되어 말라가로 쫓겨나고 내전이 벌어졌다. 보압딜은 1483년 루세나에서 기독교 군대에 패하여 포로가 되었으며, 이사벨과 페르난도에게 봉신이 되겠다고 선언하고 나서 풀려날 수 있었다. 1485년 아불 하산은 그의 동생 무함마드 사드(Muhammad b. Saʻd, 알 사갈al-Zaghal['용감한 자']이라는 이름으로 알려져 있었다)에게 왕위를 물려주었고, 새 왕은 무함마드 13세 (1485~1487)가 되어 보압딜을 상대로 지배권 다툼을 계속했다. 라이벌 파당 간에 내전이 진행되는 동안 재정과 (점점 중요해져 간 포병 능력을 포함하여) 군사력에서 압도적 우위를 누리고 있었던 기독교 군대는 무슬림의 주요 거점들을 차례로 무력화시켜 나갔다. 1485년에 론다, 1487년에 말라가가 함락되었다. 알 사갈은 1489년 알메리아항과 과딕스를 공동왕에게 넘겨주었다. 드디어 그라나다시에 대한 공성이 1491년 4월에 시작되었고, 결국 그해 11월 항복 조약이 체결되었다. 1492년 1월 페르난도와 이사벨은 당당하게 그라나다시로 입성했다. 보압딜은 남쪽 알푸하라스 산지의 한 영지를 수여받았으나 이듬해 금전적인 보상을 받는 대신 모로코로 넘어간다는 데에 동의했다. 정복 후 약 20만 명의 무슬림이 북아프리카로 건너간 것으로 추정된다. 남은 사람들은 자신의 재산, 법, 관습, 종교, 그리고 자신들의 법관과 관리들을 유지할 수 있다는 약속을 받았다. 무슬림 세력의 최후의 거점이었던 그라나다의 함락에 대해 서유럽 전체가 환호했다. 한 문필가는 "그날은 스페인이 생겨난 이후 가장 중요하고 축복받은 날이었다"고 선언했다.

제국으로 나아가다

그라나다가 정복되고 반도 내 이슬람 세력이 파괴되었지만 그것이 레콩키스타의 전통과 십자군 불꽃의 소멸을 의미하지는 않았다. 1504년 마지막 유언에서 이사벨 여왕은 스페인 왕이 될 계승자들에게 "아프리카 정복과 무어인들을 상대로 하는 성전(聖戰)에 중단 없이 헌신할 것"을 촉구했다. 국왕 페르난도는 심지어 십자군으로 이집트나 예루살렘 원정을 떠나는 것을 고려하기도 했다는 이야기가 있다. 1510년 역사가 페드로 마르티르는 "왕에게 아프리카 정복사업은 하나의 집착과도 같은 것이었다"라고 썼다. 그와 비슷한 바람이 12세기 이래로 가끔씩 형성되어 왔다. 그라나다가 함락될 무렵이면 스페인 해안에서 준동하는 베르베르족 해적들의 활동을 제어하고, 지중해에서 신흥세력으로 떠오르고 있던 오스만 튀르크족에 대처해야 한다는 결의는 그런 개입을 더욱 더 절실한 목표로 만들어 놓았다. 이 정책을 추구하기 위해 카스티야 군대는 아프리카 북부 해안에 설치된 일련의 거점들, 즉 멜리야(1497), 메르스 엘 케비르(1505), 페논 데 벨레스(1508), 오란(1509), 부기, 트리폴리, 알제(1510~1511) 등을 차례로 점령했다. 그러나 이 시기에 마그레브 지역에 대한 전면적 정복이 진지한 논의 대상이 되지는 않은 것으로 보인다.

페르난도의 관심은 점차 서부 지중해에서의 주도권을 두고 가장 중요한 라이벌 관계를 이루고 있던 프랑스에게로 돌려졌다. 1462년 이후 프랑스인들이 점유해 오고 있던 세르다냐와 루시용 지역이 1493년 아라곤 연합왕국의 지배하에 다시 들어오게 됨으로써 해묵은 영토 분쟁이 일단 해결되었다. 그러나 두 열강 간 갈등은 1494년 프랑스의 샤를 8세가 이탈리아를 침공하고 이듬해 나폴리를 정복함으로써 다시 한번 타올랐다. 페르난도는 이 지역에서 아라곤 연합왕국의 전통적인 이익이 위기에 처했다고 생각하여 복잡한 반-프랑스 외교 동맹을 구성하고('신성동맹'으로 알려졌으며, 스페인, 신성로마 제국, 잉글랜드, 밀라노, 베네치아 등이 참여하였다), 곤살로 페르난데스 데 코르도바(후에 '대장군'이라는 별명을 갖게 된다)를 지휘관으로 임명하여, 대부분 카스티야인으로 구성된 특수부대를 이탈리아에 파견했다. 코르도바는 스페인 보병을 테르시오(tercios)라는 이름의 고도로 훈련되고 기동성 있는 연대들(regiments)로 조직했는데,

각 테르시오는 3,000명 정도의 병력으로 구성되고, 장창, 단검, 화기 등으로 무장하고 있었으며, 이 부대는 중무장한 프랑스 기병과 스위스 창병에 비해 월등한 전투력을 자랑했다. 프랑스인들은 머지않아 나폴리에서 쫓겨나고, 페란테 2세(Ferrante II)가 새 왕으로 즉위했다. 1503년 코르도바는 체리뇰라(Cerignola)와 가릴리아노(Garigliano)에서 프랑스-스위스 연합군을 패퇴시켰고, 그를 통해 페르난도는 나폴리를 직접 지배할 수 있게 되었으며 중부 지중해에서 자신의 권위를 공고히 할 수 있었다.

군사 작전은 유럽에서 프랑스를 고립시키기 위한 일련의 교묘한 외교적 조치들로 뒷받침되었다. 영국과는 공동왕의 딸 아라곤의 캐더린을 영국 왕위 계승권자인 아더와 결혼시켰다가, 아더가 죽자 그의 동생 헨리와 혼인시키는 것으로, 포르투갈과는 이사벨 여왕과 같은 이름을 가진 딸(이사벨)을 포르투갈의 후안 2세의 계승권자인 아폰수와 결혼시켰다가 그의 사후 아폰수를 계승한 마누엘 1세(1495~1521)에게 시집보내는 것으로, 공동왕의 또 다른 딸 마리아는 마누엘 1세와 혼인시키는 것으로, 그리고 신성로마 제국과는 공동왕의 아들 후안을 황제 막시밀리안의 딸 마르가레테와, 그리고 공동왕의 딸 후아나는 오스트리아 대공이자 황제의 아들인 미남공 필리프와 혼인시키는 것으로 복잡한 왕조 간 동맹을 체결했다. 스페인의 해외에서의 이익은 외교 사절들과 상주 대사(특히 로마, 베네치아, 런던, 브뤼셀에 파견된)의 네트워크에 의해 더욱 강화되었다.

1492년 4월, 아직 그라나다 전투의 승리로 들떠 있던 분위기에서 페르난도와 이사벨은 크리스토퍼 콜럼버스(1506년 사망)라는 이름을 가진 야심만만한 제노바 출신 상인 겸 선원이 제안해 온 한 탐험 사업을 지원하기로 결심했다. 콜럼버스의 주요 목적은 서쪽으로 항해하여 대서양을 건너 많은 이익을 낼 수 있는 아시아 시장을 직접 찾아가는 것이었다. 콜럼버스는 자신의 원정이 스페인 왕실에 새 영토를 획득하게 해 주고, 아시아 원주민들을 기독교로 개종시키고, 그럼으로써 이슬람에 대항한 투쟁에서 제2의 전선을 열 수 있는 기회가 될 것이라고 주장하기도 했다. 콜럼버스는 그전에 포르투갈, 프랑스, 영국, 스페인 왕실에 자신의 원정을 지원해 달라고 요청했으나 모두 퇴짜를 맞았다. 그의 '과학적' 계산은 유럽과 아시아 간의 진짜 거리를 터무니없이 짧게 평가한 것으로 생각되어 설득력을 갖지 못한 것으로 간주되었다. 자신의 원정이 신의 섭리에 의해 인도되고 있다는 그의 믿음도 설득력이 없었으며, 그의 개인적 요구 사항도 지나치다고 여겨졌다. 그리고 해외 팽창의 선구자였던 포르투갈인들은 이미 그들이 벌여 온 아프리카 해안에 대한 탐험 사업에 깊숙이 매달리고 있어서 콜럼버스의 요청을 들어줄 상황이 아니었다. 1488년 바르톨로메우 디아스는 처음으로 아프리카 남단 희망봉을 돌아 인디아로 가는 항로를 열어젖히고 있었다.

같은 달, 페르난도와 이사벨은 콜럼버스에게 그가 원하는 지원을 승인했다. 콜럼버스는 재정적인 지원 외에 항해에 성공하면 귀족의 지위를 받고, 세습적 성격의 제독과 그가 발견할 땅의 부왕과 총독에 임명될 것이며, 그리고 수입의 10%를 차지하는 것으로 결정되었다. 1492년 8월 3일 콜럼버스는 세 척의 선박에 88명의 선원을 태우고 우엘바 근처 팔로스항을 출발했다. 카나리아제도에서 보급품을 보충한 콜럼버스 일행은 서쪽으로 항해를 계속하여 10월 12일 바하마제도에 도착했다. 거기에서 소함대는 쿠바와 히스파뇰라(지금의 아이티와 도미니카 공화국) 해안 지역을 가볍게 정찰한 다음 선수(船首)를 스페인으로 향하였다. 콜럼버스는 가톨릭 공동왕에게 보낸 흥분에 찬 보고서에서 이 섬들이 갖고 있는 금, 향신료, 노예 등의 경제적 잠재력을 과장해서 선전했다. 페르난도와 이사벨은 당연히 다시 한번 인디아스[스페인의 아메리카 내 지배 영토를 가리키는 말]로 가는 원정을 지원하겠다고 약속했고, 새로 발견된 영토에 대한 지배권을 교황으로부터 승인받는 절차를 추진했다. 1493년 4~5월 교황 알렉산더 6세는 카보 베르데제도 서쪽으로 100리그 지점에 북-남으로 가상의 직선을 긋고 그 서쪽에서 발견될 땅 전부에 대한 지배권은 스페인에 있다고 선언했다. 이듬해, 교황의 선언이 남대서양에서의 자신의 이익을 위협한다는 포르투갈의 항의에 응답하여 체결된 토르데시야스 조약은 분할선을 앞의 것보다 270리그 더 서쪽으로 이동시켰으며, 이 결정의 예기치 못한 결과로 브라질이 포르투갈의 지배하에 들어가게 된다. 교황의 교령(敎令)은 또한 인디아스 원주민에 대한 복음화의 임무를 스페인 왕실에 위임했다.

1493년 9월 콜럼버스는 17척의 선박에 1,200명의 인원을 태우고, 항구적인 무역 전진 기지를 건설하고, 거기에서 아시아의 부유한 상업 중심지를 상대로 무역할 목적으로 히스파뇰라로 갔다. 그러나 그의 실험은 실패했다. 콜럼버스가 약속한 엄청난 부는 약간의 금과 노예를 제외하고는 현실화되지 않았고, 한편으로 그가 섬 북쪽에 건설한 식민지는 식량과 물 부족, 질병으로 고통을 겪었다. 그가 트리니다드에 도달하고 남아메리카 본토 해안을 탐험한 세 번째의 원정(1498~1500) 동안 콜럼버스의 원래의 목적인 상업적 이익 추구는 포기되었으며, 히스파뇰라에 대한 전면적 식민화가 시도되었다. 정주자들에게는 땅을 분배해 주었고, 인디언 공동체들에게는 밭이나 광산에서 스페인인들을 위해 일할 것이 요구되었다. 그러나 이 무렵 콜럼버스는 왕실의 신임을 잃게 되었으며, 1500년 체포되어 손목이 묶인 채 스페인로 송환되었다. 콜럼버스는 곧 풀려나 네 번째이자 마지막 인디아스 원정에 착수하기는 했지만(이때 그는 온두라스 해안 지역에서 파나마해협을 탐험했다) 결코 인디아스 총독과 부왕에 복직되지는 못했으며, 1506년 부유하지만 회한에 찬 상태에서 죽었다.

그 후로 아메리카 식민지들은 카스티야 국왕에 의해 직접 지배되었다. 인디아스와의 모든 무역은 세비야를 거쳐야 했고, 통상원(Casa de la Contratación, 1503년 설립)의 통제를 받아야 했다. 당대인들은 계속해서 서반구를 '인디아스'라고 칭하였지만 콜럼버스가 카리브해에서 발견한 영토가 아시아가 아니라, 그와는 전혀 다른, 그동안 유럽인들에게 알려져 있지 않던 대륙이라는 것은 얼마 안 가 분명해졌으며, 그 대륙은 피렌체 출신 항해가 아메리고 베스푸치(Amerigo Vespucci)의 이름을 따 '아메리카'라고 불리게 되었다. 1519~1522년 한 스페인 원정대가 태평양을 횡단하고, 오래고도 지루한 이루 말할 수 없는 고된 여행 끝에(그 과정에서 포르투갈인 원정대장 페르난도 마젤란과 선원 대부분이 죽었다) 처음으로 지구를 일주했으며, 그로써 스페인인들이 자신들이 원래 목표로 했던 것보다 얼마나 멀리 나아갔는가를 입증했다.

종교적 통일의 탐색

이사벨과 페르난도는 치세 동안 매우 강력한 힘을 갖고 있었던 스페인 교회에 대한 지배를 강화하였다. 그중 다수가 상당한 군사적 재원을 가지고 있었고, 그 이전 수십 년 동안 정치적 다툼에서 주도적 역할을 했던 주교들은 왕들의 요구에 따라 갖고 있던 성들을 넘겨주어야 했다. 공동왕은 또 자신들이 원하는 사람을 주교직에 임명할 권리를 확보하기 위해 교황을 상대로 결연한 싸움에 뛰어들었다. 1486년 교황 인노켄티우스 8세는 그라나다 왕국에서 차후 모든 성직 임명에 대한 파트로나토(patronato), 즉 성직 임명권을 왕들에게 넘겨주었고, 이 권리는 1508년 아메리카 식민지에도 확대되었다. 1523년에는 스페인 전체의 주교 자리에 후보를 추천할 국왕의 권리도 인정되었다. 교황은 또 국왕들에게 교회 수입을 끌어다 쓸 수 있는 권한도 부여했는데, 1494년에는 테르시아스 레알레스(타이유의 3분의 1)를 항구적으로 인정하였고, 그라나다와 북아프리카에서 벌일 십자군에 들어갈 비용 조달을 위해 상당액의 다른 돈도 공동왕에게 하사했다.

그러나 교회에 대한 국왕의 정책은 오로지 권력과 부의 문제에 의해서만 좌우되지는 않았다. 이사벨 여왕은 자신의 고해사제인 에르난도 데 탈라베라(1428~1507)와, 그의 후임인 톨레도 대주교 프란시스코 히메네스 데 시스네로스(1436~1517)의 조언하에 성직자들의 도덕적·지적 자질을 향상시키고, 부재성직자·성직매매·성직자들의 축첩 행위 등을 근절하고, 종교 교단들에 대해 보다 엄격한 계율을 강제하기 위한 일련의 개혁 조치를 주도했다. 1508년 시스네로스는 성직자들의 교육 수준을 향상시키기 위해 마드리드 근처에 알킬라에나레스 대학을 설립하기도 했다. 그러나 이런 조치들의 결과는 기대에 미치지 못했다. 개혁은 몇몇 대성당 참사회의 강력한 저항을 불러일으켰는데, 그들은 이 개혁들을 자신들의 자치권에 대한 공격으로 간주했고, 많은 수도원들은 개혁되지 않은 채 남게 되었다.

이사벨과 페르난도는 이단 세력으로부터 자신의 지배 영역들을 지키려는 결심이 대단히 강했다. 앞에서 보았듯이 기독교도 공동체들과 유대인 공동체들 간의 관계는 14세기 말 이후 긴장이 점점 고조되고 있었다. 폭력의 위협에 직면하고, 교회로부터 점증하는 개종 압력에 시달리다 못한 카스티야와 아라곤 연합왕국의 유대인 중 다수가 결국 기독교로의 개종을 택했다. 그러나 이들 콘베르소들(conversos, 기독교도들은 그들을 마라노marranos[돼지]라고도 불렀다) 가운데 다수가 전보다 더 쉽게 성·속의 계서에서 영향력 있는 자리를 꿰차자 '구기독교도들'[조상 대대로 기독교였던 사람들] 사이에서 이들에 대한 의심과 질시가 나타났다. 구기독교도들은 콘베르소들의 기독교 신앙의 진실성이 의심스럽다고 주장했다.

1478년 페르난도와 이사벨에 의해 설치된 종교재판소는 콘베르소들에 대한 도시 대중의 고조되어 가는 적대감에 대한 응답이었다. 교황이 주도한 종교재판소는 이미 알비파 이단에 대한 십자군이 구성된 13세기 초에 아라곤 연합왕국에 설치된 바 있었다. 그러나 그 후로는 활동을 중단한 상태였다. 그와 비슷한 시도가 카스티야의 엔리케 4세에 의해 논의된 적이 있었으나 현실화되지는 않았다. 새 종교재판소 창설의 일차적 목적은 콘베르소들 사이에 행해지고 있다고 의심되었던 이단적 신앙과 행위를 근절하는 것이었다. 그러나 종교재판소의 소임에는 마녀, 미신, 풍기문란(예를 들어 동성애와 중혼

重婚), 서적 검열도 포함되어 있었다. 조사(수사) 결과 이단혐의가 있다고 생각되는 사람은 아우토 데 페(auto de fe, 신앙의 판결)라고 부르는 엄숙한 예식에서 이단심문관들의 법정에 출두해야 했고, 거기에서 처벌 수위(재산 몰수, 추방, 구속, 처형 등)가 결정되었다. 종교재판소가 가져다준 충격은 지역마다 달랐는데, 한 연구에 따르면 1480년부터 1488년 사이에 세비야에서만 다시 유대교로 돌아갔다고 여겨진 700여 명의 콘베르소가 화형을 당하고 그 외에도 5,000명이 처벌을 받았다고 한다. 카탈루냐에서는 대부분의 콘베르소들이 종교재판소가 조사를 시작하기도 전에 도망쳐 버렸다.

반(反)유대주의가 다시 극성을 부리게 되면서 많은 공공기관들(종교기사단, 대성당 참사회, 대학 칼리지 등)이 '림피에사 데 상그레'(limpieza de sangre), 즉 순혈령(純血令)을 채택했는데, 그것은 무슬림 혹은 유대인 후손들을 공직에서 배제하는 것이었다. 동시에 당시 반도에 개종하지 않은 유대인이 많이 존재하기 때문에 콘베르소들이 기독교의 품에 완전히 통합되지 못하고 있다는 생각에서 개종하지 않은 유대인에게 눈에 띄는 옷을 입게 한다든가(1476) 유대인과 무데하르의 알하마(집단거주지역)와 기독교도 지역 사이에 담을 쌓아 구분하는 등(1480)의 차별 조치를 취했다. 마침내 1492년 3월 31일 공동왕은 칙령을 발표하여 카스티야와 아라곤의 모든 유대인에게 기독교로의 개종과 추방 가운데 택일할 것을 강요했다. 이 가혹한 조치로 카스티야와 아라곤의 유대인 가운데 적어도 5만 명이 스페인을 떠난 것으로 추정된다. 그중 다수는 포르투갈로 갔다가 1497년 포르투갈에서도 비슷한 반유대인 조치가 시행되자, 북아프리카, 이탈리아, 동부 지중해 등지로 옮겨 갔다.

무데하르(기독교 지배 지역에 남은 무슬림들) 백성들에 대한 가톨릭 공동왕의 정책은 처음에는 관용적이고 회유적이었다. 그라나다 정복이 있고 나서 그라나다의 초대 대주교로 부임한 에르난도 데 탈라베라는 평화적인 설득을 통해 무데하르들을 개종시키려고 했고, 그 과정을 앞당기기 위한 수단으로 미사에서 아랍어를 사용할 것을 장려하기도 했다. 그러나 탈라베라의 점진적 개종 정책은 1499년 시스네로스 대주교에 의해 갑자기 바뀌었는데, 그는 강제 개종 프로그램에 착수했다. 시스네로스와, 그에 못지않은 열정적 신앙심의 소유자였던 이사벨 여왕은 스페인에서의 이교도의 존재를 기독교 신앙에 대한 도전일 뿐만 아니라 왕권에 대한 위협으로 간주했다. 이런 강경책은 1499년 그라나다에서, 이듬해에는 남쪽 알푸하라스 산맥에서 각각 무데하르들의 반란을 촉발시켰다. 그러나 반란은 곧 진압되었으며, 시스네로스와 이사벨 여왕은 그라나다 함락 당시 합의되었던 항복조항의 무효화를 선언했다. 다시 한번 무데하르들의 대규모 개종이 나타났고, 1502년 2월 여왕은 카스티야에서 기독교로 개종하지 않는 모든 무데하르들은 왕국을 떠나라는 칙령을 내렸다. 여기에서 출국을 택한 무데하르들은 많지 않았다. 이 정책과 함께 무데하르들의 고유한 문화적 전통을 근절하기 위한 일련의 조치가 동반되었다. 아랍인들의 서적과 귀중한 필사본들이 불에 태워지고 전통의상 착용이 금지되었으며 공중목욕탕이 불법화되었다. 그러나 무데하르 농업 노동자들이 기독교도 지주들의 비호를 받고 있었던 아라곤 연합왕국에서는 1526년에 가서야 그와 비슷한 탄압 조치가 도입되었다. 1492년의 항복 조건 취소, 대규모 개종 정책, 모리스코들(개종 유대인들을 경멸조로 부르는 말)의 문화적 정체성에 대한 지속적인 공격은 카스티야에서 다원적 전통이 최종적으로 거부됨을 의미했다. 이런 불관용 정책은 문제를 해결하는 것이 아니라 쌓아 두는 것이었고, 그것은 후에 스페인 왕정을 다시 괴롭히게 될 것이었다.

합스부르크 왕조의 계승

카스티야와 아라곤 연합왕국의 왕조 간 통합이 매우 취약한 것이었음은 1504년 11월 이사벨 여왕의 서거 이후 발생한 일들에 의해 분명하게 입증되었다. 여왕의 유언 내용에 따라 그녀의 딸 후아나가 카스티야 왕위 계승자로 임명되었다. 그러나 그 유언은 만약 후아나가 통치하기에 부적합한 것으로 판명되면(이는 급속하게 악화되어 간 후아나의 정신 건강을 이사벨이 염려하고 있었음을 말해 준다) 그녀의 부친(이사벨의 부군夫君)인 아라곤 연합왕국의 페르난도가 외손자 카를(후아나와 필리프 대공의 장남)이 성년에 이를 때까지 카스티야 섭정직을 맡는 것으로 되어 있었다. 이런 유언으로 볼 때 이사벨은 카스티야 왕국이 트라스타마라 가문에서 합스부르크 가문으로, 즉 그녀의 표현에 따르면 '다른 나라 사람이며 다른 나라 말을 하는' 손자에게 넘어갈지도 모른다는 사실을 불안하게 생각했던 것이다. 그러나 그녀의 아들 후안 왕자가 이미 1497년에 죽었고, 2년 후 이사벨 공주와 포르투갈의 마누엘 1세 사이에서 태어난 손자 미겔도 죽고 없었기 때문에 여왕이 어떻게 달리 해 볼 방법이 없었다. 1506년 후아나와 그녀의 남편 필리프 미남공이 왕위에 오르기 위해 카스티야에 도착했을 때 카스티야와 아라곤 연합왕국의 왕조 간 연합은 다시 영원히 무효화되는 것처럼 보였다. 페르난도는 자신의 지배 영역인 아라곤으로 돌아갔고, 이듬해 그는 프랑스의 루이 12세의 질녀 제르맹 드 푸아(Germain de Foix)와 재혼했다. 그러나 필리프 미남공 역시 1506년 9월에 갑자기 죽고, 그의 미망인 후아나의 정신이상 증세가 더 악화되어 토르데시야스성에 유폐되기에 이르자(그녀는 이 성에서 1554년 죽을 때까지 머물러 있게 된다) 페르난도가 다시 카스티야로 돌아와 섭정으로 통치하게 되었다.

이후 9년간의 여생 동안 페르난도는 카스티야와 아라곤의 유일무이한 지배자로서 통치했다. 카스티야 국내 정치는 대체로 시스네로스 추기경에게 맡기고 자신은 주로 외교와 관련된 문제에 관심을 집중하였다. 예를 들어 1512년 그가 부르고스 법을 공포한 것은 신세계 식민지의 아메리카 인디언 백성들의 복지에 대한 관심의 표현이었다. 같은 해 그는 나바라 왕위계승을 둘러싼 분쟁을 이용하여 나바라 왕국을 자신의 휘하에 복속시켰다. 3년 후 나바라는 비록 자신의 전통적인 제도와 법을 유지하는 형태이기는 했지만 정식으로 카스티야 왕정에 합병되었다.

1516년 1월 페르난도가 죽자 카스티야와 아라곤 왕국은 열여섯 살 먹은 외손자 카를로스 1세(1516~1556)에게 넘어갔고, 그는 그전에 이미 부친(필리프 미남공)으로부터 플랑드르, 프랑슈콩테, 그리고 독일과 중부 유럽의 합스부르크 영토를 상속받은 상태였다. 젊은 왕이 스페인에 입국하기도 전에 카스티야가 외국인의 지배하에 떨어지게 될 것을 염려한 일단의 귀족들이 음모를 꾸며 카를로스 대신 스페인에서 태어난 그의 동생 페르난도를 왕으로 옹립하려고 했다. 그러나 이 음모는 주도면밀한 시스네로스에 의해 좌절되었다. 시스네로스는 1517년에도 나바라에서 발생한 봉기를 진압해야 했으며, 결국 페르난도는 더 이상 귀족들의 음모의 표적이 되지 않도록 플랑드르로 보내졌다. 그러나 합스부르크 왕조의 왕위계승에 대한 불안은 사라지지 않았고, 카를로스가 1517년 스페인에 도착하여 보인 행동은 이 불안감을 더욱 깊게 할 뿐이었다. 헨트(Ghent)에서 태어나고, 황제 막시밀리안 1세의 부르고뉴 궁정에서 성장한 카를로스는 카스티야어를 몰랐고, 반도 사정에 어두웠으며, 플랑드르인들에 둘러싸인 채 그들에게 관직, 작위, 부를 아낌없이 내주었던 것이다. 카스티야가 광대한 합스부르크 제국의 한 위성 국가로 전락할지 모른다는 우려는 카를로스가 1519년 자신의 조부 막시밀리안의 뒤를 이어 신성로마 제국 황제 카를 5세(Karl V)로 선출되면서 더욱 커졌다. 그가 황제로 선출되고 난 직후에 쓴 글에서 그의 상서 가티나라의 메르쿠리노(Chancellor Mercurino de Gattinara)는 카를에게 "폐하께서는 이제 보편 왕정으로 가는 길 위에 계십니다. 폐하께서는 하나의 굴레하에 전 기독교 세계를 통합하시게 될 것입니다"라고 말했다. 이듬해 카를이 불만에 찬 카스티야 코르테스로부터 3년 만에 두 번째 기금을 제공하겠다는 약속을 받은 채, 그리고 자신의 동국인이자 조언자였던 위트레흐트의 아드리안에게 내정을 맡기고 독일로 떠나자 카스티야인들의 불만은 노골적인 반란으로 폭발했다.

　　1520~1521년의 코무네로스(코무네로들) 반란은 부재 군주와, 카스티야의 부를 고갈시키기로 작심한 것 같아 보였던 그의 외국인 심복들의 (스페인) 왕국에 대한 '고압적인 통치'에 항의하기 위해서 '산타 훈타'(Junta Santa), 즉 신성동맹을 맺어 대응하기로 한 카스티야 북부 지역 13개 도시가 체결한 동맹에 기원을 두고 있었다. 반란

세력의 주요 요구 사항은 카를은 즉각 카스티야로 돌아올 것, 외국인을 고위직에 임명하는 것을 즉시 중단할 것, 세금을 과도하게 요구하지 말 것 등이었다. 그러나 코무네로스 운동의 중심에는 훈타가 카스티야 자치도시들과 귀족들의 전통적인 정치적 권리를 수호하고 있다는 믿음(그들은 그 권리가 가톨릭 공동왕의 즉위 이후 침해되어 왔다고 생각했다), 그리고 궁극적으로는 공동체의 권리가 국왕의 권리보다 우월하다는 믿음이 자리 잡고 있었다. 한 코무네로 성직자는 "군주가 폭군으로 변하면 공동체가 국가를 다스려야 한다"고 말했다. 처음에는 코무네로들이 광범한 사회계층으로부터 지지세력을 끌어 모을 수 있었다. 귀족, 성직자, 농민이 공동의 명분하에 힘을 합쳤다. 국왕이 임명한 코레히도르들이 쫓겨나고, 시 정부가 지역 코뮌들에게 넘어갔다. 위트레흐트의 아드리안과 카스티야평의회 위원들은 왕국의 행정 중심인 바야돌리드로 도피하지 않으면 안 되었다.

그러나 반란은 얼마 가지 않아 추동력을 상실하게 되었다. 북부 카스티야 외의 지역에서는 반란에 대한 지지가 미온적이거나 아예 없었으며, 토르데시야스에 유폐된 후아나 여왕의 지지를 획득하려고 한 반란 세력의 시도는 실패로 돌아갔다. 더욱이 반란 초창기에는 카스티야 귀족들 가운데 일부가 반도(叛徒)들의 명분에 동정적이었지만 대중의 분노가 도시에서는 군중 폭력으로, 농촌에서는 반봉건적 반란으로 발전해 가자 귀족들은 국왕과 화해하는 쪽으로 돌아서고, 반란자들은 소외되었다. 1521년 4월 토르데시야스 근처 비얄라르 전투에서 코무네로들이 왕의 군대에 패하고, 반란 세력의 지도자 후안데 파디야, 후안 브라보, 프란시스코 말도나도 등이 처형됨으로써 코무네로스 운동은 막을 내리게 되었다.

발렌시아와 마요르카에서도 도시의 '형제단들'(agermanats)이 일으킨 민중반란이 발생했는데, 이 반란은 정치적 불만보다는 주로 사회경제적 조건의 악화, 특히 봉건 영주들과 지역 무데하르들에 대한 강한 반감 때문에 촉발되었다. 이 반란 역시 진압되었다. 1522년 11월 카를 5세가 상당수의 독일 용병들을 데리고 스페인에 돌아왔을 때 카스티야 왕국은 평화를 되찾고 왕의 권위는 회복되어 있었다.

카를 5세와 제국의 수호

코무네로스 반란과 '형제단들'(아헤르마나트)의 반란의 패배는 카스티야와 아라곤에서 합스부르크 가문의 계승이 확실하게 정착될 것이라는 점뿐만이 아니라, 차후 스페인의 운명이 세계적 규모의 카를 5세의 제국을 유지하는 데 중요한 역할을 수행할 것이라는 점을 분명히 했다. 코무네로들이 경고했듯이, 황제의 주유(周遊)적 통치 스타일과 황제가 스페인이 아닌 다른 지역에서 감당해야 했던 광범한 제국적 사업은 그가 치세 가운데 상당 기간 동안 반도를 비우게 될 것이라는 것(1543년부터 1556년까지 14년이라는 긴 부재 기간을 포함하여), 스페인의 국익이 합스부르크 왕조의 안전과 위신이라는 더 큰 문제에 종속되리라는 것을 의미했다. 그렇다고 그것이 스페인 자체가 제국의 변두리로 전락할 것임을 의미하지는 않았다. 스페인인들은 제국의 계서에서 상당한 영향력을 행사하게 되었고, 황제는 스페인, 특히 카스티야를 자신의 황제 임무 수행에 필요한 자금과 병력의 핵심 원천으로 간주하였다. 카스티야의 테르시오들(tercios)은 합스부르크 왕조를 지키기 위해 싸웠고, 전 유럽의 전쟁터에 알려지며 공포의 대상이 되었다.

카를 5세가 이베리아반도에서 자리를 비운 오랜 기간 동안 스페인 내 영토들의 통치는 그의 아내이자 황후인 포르투갈의 이사벨(1539년 사망)에게, 그리고 그녀의 사후에는 아들 펠리페(1527년생)에게 맡겨졌다. 그러나 실제로 일상적인 정책 결정의 대부분은 황제의 주요 조언자들이, 그중에서도 막강한 영향력을 가진 재상 프란시스코 데 로스 코보스(1547년 사망)가 맡아 보았다. 여러 합스부르크 영토들을 하나의 지상(至上)의 행정 시스템하에 통합하려는 시도도, 스페인 왕정을 구성하는 여러 영역들을 재정적·제도적으로 통일하려는 시도도 없었다. 카스티야 자체에서는 기존의 평의회 중심의 통치 시스템에 전쟁평의회(1522), 국가평의회(1526)——이 둘은 모두 조언 기구였다——, 재정평의회(1523), 인디아스평의회(1524)가 더해짐으로써 더 확대되고 정교해졌다. 코보스의 지휘하에 국가 관료제가 더욱 확대되었다. 카스티야와 아라곤의 코르테스는 정기적으로 소집되었으나 국왕은 대체로 그것을 조언기구로서의 역할을 기대하기보다는 황제의 군사적 모험을 위한 자금 확보를 위한 기구로 보는 경향이 있었다.

카를 5세하에서 제국 정책을 추동한 것은 합스부르크 왕조의 이익을 수호하고, 내외의 적들에 대항하여 '기독교 세계의 통일성'을 지키겠다는 단호한 결의였다. 유럽 내 주도권을 두고 숙적 발루아 가문의 프랑스 왕들과 벌인 싸움은 치세 내내 그의 전략적 사고를 지배했다. 그리고 부르고뉴 상속령과 이탈리아는 두 라이벌 국가 간 갈등의 중심축이었다. 카를은 특히 밀라노 공령(이 공령은 그의 남부 이탈리아 지배령으로부터 플랑드르 혹은 독일로 가는 주요 통로를 끼고 있었다)의 지배권을 장악하는 데 관심을 집중했다. 프랑스 왕정 또한 나름대로 프랑스가 합스부르크 제국에 의해 완전히 포위되는 것을 막기 위해 필사적이었다. 프랑스의 프랑수아 1세가 1523년과 1524년에 밀라노에 침입하자 카를은 즉각 반격을 가했고, 1525년 2월 프랑수아는 파비아에서 패하여 포로가 되었다. 교황 클레멘스 7세가 잉글랜드, 프랑스, 그리고 이탈리아 제후령들과 동맹을 맺고 황제에게 대항하자 황제는 급료를 받지 못한 자신의 군대가 1527년 로마를 약탈하는 것을 묵인함으로써 악명을 떨쳤다. 1529년 캄브라이 평화조약으로 카를은 밀라노 공령을 획득했고, 그와 함께 이탈리아반도 전체에 대한 사실상의 지배권도 갖게 되었다. 대신 그는 부르고뉴, 프로방스, 랑그독 등 프랑스 내 영토에 대한 지배권은 포기했다.

프랑스와의 평화조약은 카를 5세로 하여금 중유럽과 지중해에서 오스만 제국의 서진(西進)을 저지하는 데 더 많은 재원을 투입할 수 있게 해 주었다. 1529년 튀르크인들이 빈을 탈취하려다 실패한 것, 1535년 (카를의) 제국 원정군이 튀니지를 점령한 것은 오스만의 진격이 이제 저지된 것처럼 보이게 만들었다. 그러나 프랑스와의 적대 재개(프랑스는 1536년 튀르크인들과 전략적 동맹관계를 추구하는 것에도 주저하지 않았다), 북유럽에서 악화되어 간 정치적 상황은 황제에게 대(對)이슬람 성전을 보류하게 만들었고, 그로 인해 지중해에서 기독교 세력은 점차 약해져 갔다. 1541년에 시도된 알제 원정은 실패로 돌아갔고, 트리폴리·페뇬 데 벨레스·부기 등은 1551년부터 1555년 사이에 차례로 오스만인들의 수중에 들어갔다.

스페인인들은 카를 5세가 유럽에서 벌이는 전쟁이 자신들의 이익과 무관하다고 생각했다. 1527년에 카스티야 코르테스는 황제가 헝가리에서 오스만인들을 상대로 전쟁을 하는 데 소요되는 비용을 지불할 수 없다고 노골적으로 거절하기도 했다. 그러나 카를 5세의 제국적 사업이 확대되면 될수록 황제는 더욱더 제국의 재정 부담을 스페인에 의존했다. 아라곤 연합왕국은 징수 가능한 세금액에 대한 헌정상의 제약 때문에 제한된 액수만을 황제에게 승인할 수 있었으며, 그로 인해 카스티야, 스페인 교회, 아메리카 식민지가 제국 운영비의 대부분을 부담해야 했다. 특히 아메리카에서 들어오는 수입은 1520년대와 1530년대에 신세계에서 스페인의 이익이 극적으로 증대됨에 따라 점점 더 중요해져 갔다. 왕실은 2할세(quinto, 모든 아메리카 귀금속에 대해 매기는 5분의 1세)와, 식민지에서 징수되는 각종 세금과 관세를 수취할 권리가 있었다. 신세계로부터의 귀금속 유입은 1536~1540년 동안 연평균 324,000두카트(ducat)이던 것이 1551~1555년에는 871,000두카트로 늘었다. 정부는 1516년부터 1560년 사이에 대략 1,190만 두카트의 귀금속을 수취했다. 그러나 이 막대한 귀금속도 카를 5세 치세에 늘어만 가는 예산 적자를 메우지는 못했으며, 그로 인해 카를 5세는 독일과 이탈리아 은행가들에게 높은 이자를 지불하고 많은 돈을 빌리지 않으면 안 되었다. 1556년경 카스티야 국가 수입의 68%가 왕실이 발행한 후로(juros)라는 연금 지불에 들어갔다.

카를 5세 치세 말년은 북유럽에서 일어난 프로테스탄트 종교개혁 운동과의 싸움으로 그늘지게 되었다. (프로테스탄트) 종교개혁은 아우구스티누스회 수도승 마르틴 루터의 지휘하에 보편적 가톨릭 교회의 권위에 공공연히 도전하였다. 카를은 자신의 지배 영역에서 신앙의 통일성을 수호할 책임을 신으로부터 부여받았다고 확신하고, 이 도전에 단호하게 대응했다. 선왕 이사벨 여왕과 마찬가지로 그 역시 이단을 기독교의 통일성에 대한 공격으로뿐만이 아니라 자기 지배 영역의 정치적 통일에 대한 공격으로 간주했다. 스페인 내에서는 종교재판소가 적극적으로 활동하여 루터주의가 자리 잡는 것을 막았다. 루터의 이론을 지지하는 서적의 반입이 금지되었고, 알룸브라도들(alumbrados, '계몽된 사람들'. 그들은 가톨릭 신앙의 몇몇 측면에 의심을 품었다)이라고 알려진 신비주의 성향의 종교 집단은 탄압을 받았다. 네덜란드 신학자이자 철학자인 에라스무스(그는 성직자들의 권력 남용을 개혁할 것을 주장했다)의 이념을 지지하는 사람들도 은밀한 루터교도로 간주되어 단죄 대상이 되었다.

그러나 독일에서는 이단을 근절하려는 황제의 시도가 좌절되었다. 1521년 보름스 의회에서 그는 루터가 제국법의 보호를 박탈당한 신분임을 선언했다. 그러나 이 선언이 바라던 효과를 가져오지 못하자(루터는 독일 제후들 중에서 유력한 보호자를 발견할 수 있었다) 카를은 1545년 트렌트 공의회에서 종교개혁가들과 교황청 간에 합의를 끌어내려고 시도했다. 이 시도가 실패로 돌아가자 카를은 다시 공세로 돌아서서 1547년 뮐베르크에서 프로테스탄트 제후들을 패퇴시켰다. 이어 독일에서 다시 가톨릭교도들과 프로테스탄트들 간에 화해를 이끌어 내려고 했지만 역시 성공하지 못했다. 황제는 아우크스부르크 화의(1555)를 통해 독일 제후들이 자신들이 원하는 종교를 자유롭게 선택할 수 있음을 인정했다. 이듬해(1556년) 여러 번의 실패로 기력이 고갈된 카를 5세는 브뤼셀에서 제국을 둘로 분할하여 지배권을 양위했는데, 그의 동생 오스트리아의 페르난도 1세에게는 신성로마 제국 황제 자리를 물려주고, 아들 펠리페 2세(1556~1598)에게는 스페인의 영토와 아메리카 식민지, 그리고 시칠리아·사르디니아·밀라노(나폴리 왕국은 1554년 잉글랜드의 메리 튜더와 혼인할 당시 펠리페에게 상속되었다)로 이루어진 이탈리아 영토, 부르고뉴 내 영토 프랑슈 콩테, 네덜란드 등을 물려주었다. 정신적으로 고갈된 카를은 엑스트레마두라에 있는 유스테 수도원으로 물러나 은거하였고, 거기서 그는 1558년 9월에 죽었다.

스페인과 신세계

1550년대의 글에서 역사가 프란시스코 로페스 데 고마라는 콜럼버스의 아메리카 '발견'을 "세계 창조 이래 가장 중요한 사건"이 될 것이라고 기술했다. 그러나 콜럼버스가 신세계에 첫발을 딛고 나서 25년이 지나고 나서도 그가 후원자인 스페인 왕들에게 자신 있게 약속한 엄청난 경제적 이익은 여전히 신기루로 남아 있었다. 히스파뇰라에서의 열광적인 금 찾기 과정에서 원주민들의 정치조직은 파괴되고, 땅은 백인들에게 빼앗겼다. 노골적인 노예로 매각되지 않은 인디언 공동체들은 엔코멘데로들(encomenderos, 엔코미엔다의 소유자들)에게 분할되었으며, 이 엔코멘데로들은 대농장과 광산에서 인디언 노동력을 이용하고, 그 대신 적어도 이론적으로는 원주민들의 육체적·정신적 복지를 돌볼 의무를 졌다. 사회적·경제적 혼란, 학살과 학대, 영양실조, 그리고 무엇보다도 유럽인들이 자신들도 모르게 들여 온 전염병(홍역, 천연두, 발진 티푸스 등. 원주민들은 이런 병들에 대해 면역력을 갖고 있지 않았다)의 충격 등은 원주민 인구를 급속히 감소시켰다. 1514년경 히스파뇰라에는 22,726명의 인디언만 남게 되었고, 금광은 거의 고갈되었으며(30톤 이상이 스페인로 운송되었다), 스페인인 정주민들은 식민지 경제를 유지하기 위해 상업적 농업(특히 사탕수수 경작)에 눈을 돌리지 않으면 안 되었다. 새로운 노동력과 귀금속을 찾아 소규모 단위의 스페인 정복자들이 카리브해 전역으로 퍼져나갔다. 푸에르토리코, 바하마제도, 쿠바에도 정주가 이루어졌으나 결과는 마찬가지로 파괴적이었다. 1510년 바스코 누녜스 데 발보아(Vasco Núñez de Balboa)는 파나마 지협 다리엔에 정착지를 건설했으며, 3년 후 그는 태평양 해안에 이르렀다.

1519년에 아메리카 본토에 대한 탐험이 진지하게 시작되었다. 그해 8월 에르난 코르테스(Hernán Cortés)라는 한 야심만만한 이달고(hidalgo)가 600여 명의 인원, 32필의 말, 그리고 몇 문의 야포로 이루어진 소규모 원정대를 이끌고 쿠바를 출발하여 지금의 멕시코 해안에 도착했다. 그로부터 코르테스는 내륙으로의 진군을 시작하여 2년 후 우여곡절 끝에 부유하고 강력한 아즈텍 제국의 수도 테노치티틀란을 정복하는 데 성공했다. 코르테스의 눈부신 성공은 프란시스코 피사로(Francisco Pizarro)와 짝을 이루게 되는데, 피사로는 1531년 코르테스의 원정대보다 더 적은 180명의 인원과 27필의 말로 이루어진 병력을 이끌고 파나마에서 안데스 남아메리카로 진격해 가 2년이 채 되지 않은 기간에 강력한 잉카 제국을 정복했다. 두 정복자는 이 과정에서 막대한 양의 귀금속을 전리품으로 획득했다.

어떻게 그처럼 소수의 스페인인이 아메리카 인디언 문명들을 거꾸러뜨릴 수가 있었을까? 우월한 군사적 기술이 중요한 역할을 했으리라는 데는 의심의 여지가 없다. 흑요석으로 촉을 처리한 인디언들의 화살과 창이 스페인인들의 강철 무기와 갑옷을 당할 수는 없었고, 신세계에서는 알려져 있지 않던 말[馬]은 대회전(pitched battles)에서 더할 나위 없이 효과적인 무기가 되어 주었다(도시 내 전투나 험한 지역에서는 그리 효과적이지 못했다). 화승총과 대포도 성능에 한계는 있었지만 적진을 혼란에 빠뜨리는 데 도움을 주었다. 그러나 그보다 훨씬 더 중요한 요인은 스페인인들이 원주민들의 정치적 분열을 교묘하게 이용했다는 점이다. 에르난 코르테스는 틀락스칼라족 같은, 아즈텍인들과 적대적 관계에 있던 부족 20만 명을 자기 편으로 끌어들일 수 있었다. 피사로도 영리하게 잉카 왕위를 다투는 경쟁 당파 가운데 하나와 동맹을 맺을 수 있었다. 원주민의 저항은 유럽인들이 가져온 질병과 원주민 지배 계층의 우유부단한 처신 때문에 더욱 약화되었다. 마지막으로 정복자 자신들의 성격이 고려되지 않으면 안 된다. 1493년부터 1550년 사이에 신세계로 건너간 약 15만 명의 스페인인 가운데 다수는 안달루시아, 엑스트레마두라, 카스티야 남부 등 빈곤 지역 출신이었으며, 대부분 14세에서 30세 사이의 독신 남성들이었다. 그중 4분의 1가량이 이달고였고, 그 가운데 다수는 가난한 차남 이하의 아들들이어서 장자상속제 때문에 부친으로부터 재산을 상속받을 수 없었다. 나머지는 대개 가난한 노동자, 수공업자, 상인, 병사들이었다. 레콩키스타의 호전적 가톨릭 신앙으로 고취되어 있었고 당시 크게 유행하던 기사도 이야기에 의해 고무되어 있었던, 단호하고 자신감으로 충만해 있었던 이들이 공통적으로 가지고 있었던 것은 국왕과 교회에 대한 충성심, 부와 지위, 그리고 권력을 얻고자 하는 억누를 수 없는 갈망이었다. 코르테스의 충성스런 보병 가운데 한 사람이었던 베르날 디아스는 다음과 같이 솔직하게 고백하였다. "우리는 여기에 하느님과 국왕 폐하께 봉사하고, 부자가 되기 위해서 왔다."

코르테스와 피사로의 놀라운 성취는 다른 예비 정복자들을 고무하여 그들로 하여금 그와 비슷한 부를 찾아 아메리카 전역으로 돌아다니게 만들었다. 1539년 에르난도 데 소토는 플로리다에 도착하여 미시시피강 내륙까지 탐험했다. 1540~1542년에 프란시스코 바스케스 코로나도는 시볼라(Cibola)의 일곱 도시로 알려진 한 부유한 문명에 관한 소문에 이끌려 지금의 애리조나, 뉴멕시코, 텍사스, 오클라호마, 캔자스 땅까지 침투해 들어갔다. 남아메리카에서는 여러 원정대가 엄청난 금을 가지고 있다고 소문이 난 왕국 '엘도라도'를 찾아 출발했다. 이 원정들 가운데 하나를 이끈 프란시스코 데 오레야나는 아마존강을 따라 내려간 최초의 유럽인이 되었다. 1540년대가 되면 정복의 속도가 떨어지기 시작한다. 전설상의 왕국 엘도라도와 시볼라는 어디서도 나타나지 않았다. 그러나 부의 주요 원천(농사지을 땅, 귀금속, 인력의 측면에서)은 이미 그 소재가 알려져 있었다. 아메리카 대륙 나머지의 상당 부분을 차지하는 사막, 우림, 팜파스(대초원)는 스페인인들의 관심을 끌지 못했고, 한편 정복자들이 마주치곤 했던 원주민들의 강력한 저항(예를 들어 남부 칠레에서 만난 아라우코족의 저항)은 이후 영토 팽창에 강력한 장애물이 되었다.

스페인의 신세계 식민지 지배는 정복 이후에 건설된 도시들의 네트워크를 통해 강화되었다. 멕시코시티, 쿠스코 같은 일부 도시들은 기존 원주민의 도시들 위에 세워졌고, 베라크루스(1519), 키토(1534), 보고타(1536), 산티아고 데 칠레(1542)는 완전히 새로 세워진 도시들이었다. 교회도 세워지고, 교회 행정의 하부 기구도 자리를 잡았으며, 스페인로부터 선교사들이 도착하여 원주민에 대한 '정신적 정복'에 착수했다. 원주민의 정치 구조는 서서히 해체되어 갔으며, 전통적인 경제 생활은 엔코미엔다제도, 유럽산 작물(밀, 포도, 올리브 등)과 가축(말, 양, 돼지, 소 등)의 도입으로 크게 변했다. 반대로 신세계의 작물(특히 토마토, 옥수수, 콩, 감자)도 서서히 유럽인들의 식단에 포함되었다. 그러나 무엇보다도 가장 큰 충격은 인구에서 나타났다. 카리브 지역에서 그랬던 것처럼 아메리카 본토에서도 전쟁, 질병, 기근 등으로 원주민 인구가 급감했다. 한 추정치에 의하면 중부 멕시코(central Mexico)의 원주민 인구는 1518년 2,520만 명에서 1568년 265만 명으로 감소했다. 멕시코에서는 레파르티미엔토(repartimiento)로, 페루에서는 미타(mita)로 알려진 교대제 인력 동원은 인력 부족에 대처하기 위한 한 시도였다. 그러나 16세기 말부터는 정주자들이 상업적 모험 사업으로서 농사와 가축 사육에 눈을 돌리게 됨에 따라 자유임금 노동이 서서히 도입되었다.

인디언들의 참혹한 상황은 16세기 전반기 동안 스페인 지식인들 사이에서 폭넓은 논란을 불러일으켰다. 아메리카에서 구세계의 부패에 오염되지 않은 완벽한 기독교 공동체들을 설립할 수 있다고 생각한 스페인의 성직자들은 인디언들에 대한 스페인인들의 학대를 고발하고 엔코미엔다제도와 노예제 폐지를 요구했다. 1511년 도미니쿠스 수도회의 안토니오 데 몬테시노스는 히스파뇰라의 정주자들에게 베푼 설교에서 "이 사람들은 인간이 아니란 말입니까? 이 사람들이 합리적인 영혼을 갖고 있지 않다는 것입니까? 당신들은 당신 자신들을 사랑하듯이 이들을 사랑하지 않아도 된다는 말입니까?"라고

물었다. 원래 정복자였다가 후에 도미니쿠스회 탁발수사가 된 바르톨로메 데 라스 카사스는 자신의 생애 대부분을 인디언들을 위해 싸우는 데 바쳤고, 신세계에서 스페인인들의 잔인한 만행을 고발하는 내용의 선동적인 책을 여러 권 출간했다. 라스 카사스의 견해에 대해 학자인 후안 히네스 데 세풀베다가 반론을 제기했는데, 그는 아리스토텔레스의 천부적 노예제 이론에 입각하여 인디언들은 스페인인들에 비해 천성적으로 열등하기 때문에 지배를 받아 마땅하다고 주장했다.

스페인 왕들은 대체로 친(親)인디언 인사들의 주장에 더 동정적이었다. 왕들은 인도주의적인 관심과는 별도로 궁극적으로 식민지에서 국왕의 지배권을 훼손하게 될 강력한 식민지 귀족의 출현을 막기 위해 노력했고, 이에 따라 엔코미엔다의 경제적 중요성을 약화시키기 위한 조치를 취했다. 노예제는 점차 금지되었다. 엔코멘데로들은 강제 노동을 요구할 권리를 상실하게 되었다. 엔코미엔다 자체가 점차적으로 국왕의 수중에 편입되었다. 그러나 이 모든 것에도 불구하고 국왕은 라스 카사스 등이 주장하는 것처럼 만일 원주민이 스페인 정주자들의 경제적 지배로부터 자유롭게 된다면 식민지는 파산하고 말 것이고 왕실은 주요 수입원을 상실할 것임을 잘 알고 있었다. 그러므로 궁극적으로 국왕과 정주자들의 물질적 이해관계는 긴밀하게 서로 연계되어 있었다.

펠리페 2세: 스페인 권력의 정점

1556년 즉위 당시 펠리페 2세는 이미 1543년 이래 여러 번에 걸쳐 부왕(父王)을 대신해서 스페인의 여러 영역을 통치한 경험이 있었고, 1554년 잉글랜드의 여왕 메리 튜더와의 혼인 이후에는 '여왕의 배우자'로 활동한 바도 있는 경험 많은 지배자였다. 처음부터 스페인은 펠리페 2세의 지배 영역들 가운데 중심이었고, 펠리페 2세는 1559년 네덜란드에서 돌아오고 나서는 한 번도 반도 밖으로 나가지 않았다. 밖으로 나돌며 정력적인 활동을 펼친 부왕과 달리 펠리페는 신중한 태도와 한곳에 머물러 있는 관료제적 통치 스타일로 유명했다. 1561년 그는 반도의 지리적 중심에 가까운 마드리드를 자신의 항구적 수도로 정하고, 2년 후부터는 마드리드에서 북서쪽으로 48킬로미터 떨어진 곳, 과다라마산맥 남쪽 사면에 거대하고 음울한 엘 에스코리알궁을 건축하기 시작했다. 엘 에스코리알궁은 예로니모회 수도원이었고, 학문의 중심이었으며, 또 통치의 중심이기도 했다. 펠리페는 봄과 여름 동안 엘 에스코리알에 있는 집무실에 틀어박혀 있으면서 가능한 한 다른 사람에게 일을 맡기지 않고(그는 사람들을 쉽게 신뢰하지 않았다) 세부사항에 이르기까지 꼼꼼히 국정을 챙겼다. 그 결과 왕은 하루 종일 서류 더미에 묻히게 되었으며, 국왕의 개인비서 곤살로 페레스는 "정책 결정이 너무나 더디게 진행되어서 절름발이도 그것을 따라잡을 수 있을 정도다"라고 불평을 토로했다.

당대인들에게는 펠리페 2세의 권력과 그가 가지고 있는 재원이 엄청난 것처럼 보였다. 그러나 그를 '절대적인' 군주로 간주하는 것은 지나친 해석일 것이다. 국왕의 서류는 왕국 전체에서 존중되고 순종되었지만 사실 광대하고 널리 분산된 지배 영역에서 왕의 권위는 여러 가지 제약으로 제한되었다. 여전히 강력한 힘을 갖고 있었던 교회와 귀족들뿐 아니라 스페인 왕정을 구성하는 여러 영토들은 자신들의 특권과 자유를 완강히 지키려고 했다. 왕정에 반대하는 반란이 1568년 알푸하라스에서, 1572년 네덜란드에서, 1591년 아라곤에서 일어났다. 제국의 발전소였던 카스티야에서도(왕권의 중앙집중화는 이곳에서 가장 두드러졌다) 왕이 자신의 뜻을 관철시키기 위해서는 귀족, 주교, 도시들의 협력에 크게 의존해야만 했다. 한때는 순종적이었던 카스티야 코르테스도 새로운 세금을 부과하려는 왕의 시도에 있는 힘을 다해 저항했고, 제국 정책의 방향에 관하여 우려의 목소리를 높였다. 1590년 왕의 전임 비서 안토니오 페레스(그는 왕의 배다른 동생 오스트리아의 돈 후안Don Juan의 비서 후안 데 에스코베도 살해에 연루되어 있었다)가 마드리드의 감옥에서 도망쳐 아라곤 연합왕국에서 피신처를 구했을 때 그를 조사하려는 펠리페의 시도가 아라곤인들의 방해로 좌절된 것도 역시 충격적이었다.

선왕과 마찬가지로 펠리페의 왕으로서의 주요 목표는 (외부의) 공격으로부터 자신의 영토를 지키고, 이단과 이교도에 대항하여 기독교 세계의 종교적 통일성을 수호하는 것이었다. 치세 초에 왕은 오스만 함대와 베르베르 해적들이 스페인의 해상에서의 우위에 끊임없이 도전하고 있던 지중해에 많은 관심을 쏟았다. 메디나셀리 공작과 안드레아 도리아 제독이 이끄는 원정군이 1560년 트리폴리를 점령하기 위해 파견되었으나 제르바(Djerba)에서 튀르크 함대에 의해 격파되고, 10,000명에 이르는 병력이 포로가 되었다. 그 후로 펠리페는 지중해에서 해군력 증강, 몰타(Malta) 같은 주요 거점의 강화 등으

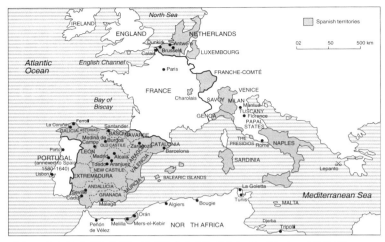

지도 5　펠리페 2세 계승 당시(1556) 유럽 내 스페인 제국. Geoffrey Woodward, *Philip II*(Longman, 1992), p. viii에서 재인용.

로 이슬람의 위협을 저지하려고 했다. 1565년 몰타를 공성한 오스만의 군대는 격퇴되었다. 5년 후 그리스 해안에서 멀지 않은 레판토에서 오스트리아의 돈 후안이 이끄는 신성동맹(스페인, 베네치아, 교황청이 참가)의 연합 해군이 오스만의 함대에 참패를 안겨 주었다. 레판토 해전의 승리는 스페인과 유럽 대부분에서 열렬한 환호와 축하를 받았지만 그렇다고 그것이 이슬람 해군의 파괴를 의미하지는 않았다. 1573년 돈 후안에 의해 정복된 튀니지는 이듬해 다시 오스만인들에게 빼앗겼다. 그러나 그 후로 펠리페가 자신의 군대를 네덜란드에서 일어난 프로테스탄트 반란 진압에 돌리고, 오스만의 술탄 무라드 3세도 불안한 페르시아 전선에 몰두하게 됨에 따라 두 열강 간의 군사적 갈등의 정도는 약해지기 시작했다. 1580년 8월 두 군주는 휴전 협정에 서명했다.

　　펠리페 2세의 가장 두드러진 성공은 1580년에 스페인과 포르투갈의 왕조 간 통합이었다. 펠리페 2세는 자신의 모친인 이사벨(포르투갈의 마누엘 1세의 딸)을 통해 포르투갈 왕위 계승권을 주장할 수 있었다. 포르투갈 왕 세바스티안 1세(1557~1578)가 대 모로코 십자군 중에 전사하고, 그를 승계한 추기경 겸 왕 엔히크도 2년 후에 죽자 펠리페는 자신의 승계권을 강력히 주장했다. 스페인과의 왕조 간 연합의 전망에 대해 포르투갈의 교회 당국, 많은 지식인 엘리트들(그들 가운데 다수는 이미 카스티야의 지식인들과 강한 연계를 구축하고 있었다), 그리고 두 왕국의 연합이 가져올 경제적 이익을 기대하는 리스본의 상인공동체는 이를 환영했다. 펠리페는 이번에는 평소와 달리 늑장을 부리지 않았다. 1580년 8월 스페인 군대는 포르투갈 전역을 평정했으며, 아조레스·서아프리카·향신료제도·브라질 등 포르투갈의 해외 식민지들도 얼마 가지 않아 펠리페의 지배하에 들어왔다. 왕은 리스본에 거처를 정하고(그는 여기에서 1583년 2월까지 머물렀다) 요령 있게 통치했다. 포르투갈의 언어·화폐·관습을 건드리지 않은 것은 물론이고 포르투갈의 제도나 법도 폐지하려고 하지 않았다. 포르투갈평의회의 구성원은 모두 포르투갈의 행정 엘리트들만으로 충원했다. 1593년 왕의 초대 포르투갈 부왕(합스부르크가의 오스트리아 알버트 대공)이 죽고 나서 그 자리는 항상 포르투갈 귀족들에게 돌아갔다.

　1502년 그라나다의 무슬림들을 강제로 개종시키고 대규모로 세례를 받게 한 이후 약 반 세기 동안 모리스코들을 기독교 사회에 동화시키려는 시도는 거의 없었다. 그러나 1550년대 이후 모리스코들과 기독교 당국 간에 긴장이 꾸준히 증대되기 시작했다. 약 40만 명에 이르렀던 모리스코들은 스페인 전체 인구의 6%밖에 되지 않았지만 그들은 대개 아라곤, 발렌시아, 그라나다 등에 집중되어 있었다. 그들은 당국의 불신의 대상이 되었다. 당국은 그들을 튀르크인들이 반도에 침입해 오면 적극적인 도움을 제공할 제5열이 될 수 있다고 보았고, 종교재판소와 교회 당국은 모리스코들 가운데 다수가 여전히 남몰래 이슬람교를 신봉한다고 의심했다. 그라나다 모리스코들이 품게 된 불만은 경제적이기도 하고 종교적이기도 했다. 지역 경제의 중심인 견직물 산업이 정부 정책 때문에 심각한 침체에 빠져 있었다. 즉 수출이 금지되고 세금은 높았으며, 이웃 무르시아 지역에서 생실크(raw silk)가 수입됨으로써 그라나다 실크의 수익성은 크게 떨어졌다. 1559년부터 1568년 사이에 당국은 모리스코 지주들로부터 소유권을 입증하지 못하는 약 10만 헥타르의 땅을 강제 수용했다. 더불어 당국은 모리스코들을 기독교 사회에 신속히 동화시키기 위해 아랍어 사용을 금하고, 전통적인 관습·문화·의상을 억압하고, 모리스코들의 집을 정기적으로 사찰했으며, 모리스코 아이들을 부모에게서 떼어 내 따로 양육케 하는 등 억압적인 조치들을 취했다. 1568년 12월 알푸하라스 지역에서 모리스코들의 반란이 거세게 분출했다. 오스트리아의 돈 후안이 이끄는 국왕 군대가 이 반란 세력을 상대로 피비린내 나는 싸움을 벌였다. 그러나 반란은 1571년에야 진압되었고, 그때까지 약 60,000명이 희생되었다. 반란 재발을 염려한 정부는 10만 명이 넘는 모리스코들을 안달루시아, 엑스트레마두라, 카스티야 등지로 강제 이주시켰으며, 그로 인해 그라나다 지역 인구는 4분의 1 이상이 감소했다.

1566년 펠리페 2세는 교황 피우스(비오) 5세에게 "종교와 하느님에 대한 봉사에서 털끝만큼의 위해를 감수하느니 차라리 내가 다스리는 모든 영토를 포기하고, 내가 만약 그것을 가지고 있다면 내 목숨 100개라도 기꺼이 내놓을 것이다. 나는 결코 이단 무리들의 지배자가 될 생각이 없다"라는 유명한 말을 했다고 한다. 가톨릭교도와 루터교도 간에 타협을 이끌어 내려는 시도는 1540년대에 실패로 돌아가고, 로마 가톨릭 교회는 1545~1547년, 1551~1552년, 1562~1563년 트렌트 공의회에서 개혁의 청사진을 제시했다. 그 내용은 애초에 종교개혁 운동을 촉발한 가톨릭 교회의 폐단을 시정하고, 이단 주창자들에 대해서는 단호한 반격을 가하는 것, 이 둘을 동시에 추진하는 것이었다. 펠리페 2세는 이 '대응 종교개혁'의 "자발적 수호자"였다. 스페인 자체 내에서는 종교재판소가 활발한 감시 활동을 펼쳤다. 1556년에서 1562년 사이에 여러 프로테스탄트 소조직이 세비야와 바야돌리드 등 몇몇 도시에서 적발되어 타도되었다. 그러나 네덜란드에서는 그곳 의회를 거칠게 다루어 더 많은 자금을 얻어 내려는 펠리페 2세의 시도와 정통 가톨릭 신앙의 강요가 1566년 스페인 당국에 대항한 반란을 촉발하였다. 왕은 이 반란을 진압하기 위해 알바 공작이 지휘하는 스페인 군대를 네덜란드에 파견했다. 그러나 두 명의 주모자 에그몬트(Egmont) 백작과 호른(Horn) 백작을 포함하여 1,000명이 넘는 반란자들을 처형하고, 군사비용 조달을 위해 판매세와 재산세를 부과한 알바 공작의 강경책은 사태를 오히려 악화시켰을 뿐이었다. 1572년 오라녀공 빌렘(오렌지공 윌리엄)의 지휘하에 다시 군사봉기가 일어났고, 북부 일곱 개 주가 스페인의 지배로부터 떨어져 나갔다. 그 후 30년 동안 반란을 일으킨 주들에 대한 펠리페의 정책은 타협과 협공을 오가며 오락가락했다. 1576년 폭동을 일으킨 스페인 군대가 앤트워프를 약탈하고 7,000명 이상의 주민을 학살한 사건은 스페인의 평판을 크게 훼손하였다. 그러나 1578년 이후 유능한 파르마 공작 알렉산더 파르네세가 상당한 리더십을 발휘하여 남부 네덜란드의 가톨릭 주민들에 대한 스페인의 권위는 서서히 회복되어 갔다. 그러나 북부 프로테스탄트 주들은 여전히 반항적인 태도를 버리지 않았으며, 그 어떤 종교적 타협도 거부한 펠리페의 태도는 반도들과의 정치적 타협을 불가능하게 만들었다. 1590년대에는 마드리드 정부에게 네덜란드 전쟁이 막다른 지경에 이르렀다는 것이 점점 분명해지고 있었다.

펠리페 2세가 즉위했을 때 그의 1차 목표 가운데 하나는 폭발 직전에 이르고 있었던 프랑스와의 적대 관계를 끝내는 것이었다. 1557년 북부 프랑스 생캉탱과 이듬해 그라블린느(Gravelines)에서 거둔 승리는 프랑스를 협상 테이블에 끌어들이는, 바라던 효과를 가져왔다. 1559년 카토-캉브레시스 조약에 의해 프랑스는 오랫동안 주장해 온 이탈리아 영토에 대한 지배권을 포기하는 대신 그전에 영국인들에게서 탈취한 칼레항은 유지하게 되었다. 이 평화조약은 펠리페 2세와 (프랑스 앙리 2세의 딸) 발루아의 엘리자베스의 결혼으로 확인되었다. 그 후 펠리페는 지중해와 네덜란드 문제에 전념해야 했기 때문에 이웃 프랑스와의 싸움을 어떻게든 피하려고 했다. 1560년대 프랑스에서 가톨릭교도들과 프로테스탄트 위그노들 간에 종교 전쟁이 발발했을 때 펠리페는 사태를 느긋하게 지켜보고 있다가 위그노인 나바라의 앙리가 왕이 될지도 모르는 상황이 전개되자 1585년 기즈 공작이 이끄는 가톨릭 신성동맹을 지지하는 쪽으로 분쟁에 합류하였다. 1590년 스페인 군대는 프랑스 가톨릭 동맹군과 연합하여 나바라의 앙리(그는 프랑스 왕으로 즉위한 상태였다)를 쫓아내기 위해 프랑스를 침입했으나 결국 전쟁의 수렁 속에 빠지게 되었다. 앙리가 1593년 가톨릭으로 개종하여 많은 프랑스인들의 지지를 받게 되었을 때에도 펠리페는 군사적 압력을 가하였고, 이는 프랑스로 하여금 1596년 네덜란드, 잉글랜드와 동맹을 모색하게 만들었다. 2년 후 프랑스와 스페인의 적대 관계는 양편 모두 특별한 소득 없이 베르뱅(Vervins) 조약으로 종결되었다.

두 번째 부인 메리 튜더가 죽고 그녀의 (이복) 여동생이면서 프로테스탄트인 엘리자베스 1세가 1558년 영국 여왕으로 즉위하고 난 뒤 펠리페 2세의 대 영국 정책은 처음에는, 만약 엘리자베스가 가톨릭교도이면서 영국 왕위를 넘보던 스코틀랜드의 메리 여왕에 의해 흔들리면 이는 영국-프랑스의 동맹으로 이어지고, 그것은 스페인에 해로울 것이라는 생각에서 자제하는 편이었다. 그러나 1580년대에 영국-스페인의 관계는 급속히 악화되기 시작했다. 펠리페 2세는 1583년과 1586년 엘리자베스를 폐위하려는 가톨릭교도들의 음모를 지원했고, 엘리자베스는 또 그녀대로 네덜란드 프로테스탄트 반도들에 대해 지지를 표명함과 동시에 존 호킨스나 프랜시스 드레이크 같은 영국 해적들이 스페인 보물선 함대와 카리브해 식민지를 약탈하도록 부추겼다. 1585년에는 네덜란드인들의 반란을 지원하기 위해 레스터 백작(earl of Leicester)이 이끄는 원정군을 파견했으며, 2년 후 스코틀랜드인들의 여왕 메리를 처형하기로 한 결정은 펠리페로 하여금 결국 선전포고를 하게 만들었다.

1588년 5월, 130척의 전선(戰船)에 19,000명의 병력을 싣고 리스본을 출발한 스페인 무적함대(아르마다)는 잉글랜드를 수륙양면으로 공격하려는 야심적인 전략의 일부였다. 그러나 펠리페의 진짜 목적이 잉글랜드의 전면적 정복이었던 것 같지는 않다. 그의 목적은 무력시위를 통해 네덜란드 전쟁에서 영국의 불간섭을 보장받고, 그동안 스페인 선박들이 입은 손실을 보상받고, 영국 가톨릭교도들의 종교적 자유를 보장받는 것이었던 것으로 보인다. 왕은 또 만약 이 원정이 성공하면 네덜란드인들의 반란을 단번에 항구적으로 제압할 수 있을 것으로 믿었다. 그러나 영국해협으로 가는 과정에서 영국 해군에 허를 찔리고 해전에서 패한 아르마다는 영국으로 침입할 또 다른 군대와 함께 육지에서 대기하고 있던 파르마 공작과 랑데뷰를 할 수 없었으며, 그런 상태에서 북상하여 북해 쪽으로 올라가야 했다. 영국 전선들에게 쫓기고, 폭풍과 난파로 많은 사람들을 수장시키고, 기진맥진한 상태가 된 아르마다는 영국 제도(諸島)를 한 바퀴 돌아 스페인으로 돌아와야 했다. 아르마다의 실패가 많은 사람들이 주장하듯이 스페인 해군의 붕괴를 의미하지는 않았다. 그러나 그것은 스페인의 위신을 땅에 떨어뜨리는 것이었고, 스페인의 적들이 용기를 얻어 스페인을 적극적으로 공격하게 만들었다. 1589년 라코루냐, 리스본, 아조레스제도가 영국 함대의 공격을 받았고, 1596년에는 카디스가 에식스 백작에게 공격을 받았으며, 스페인 선박에 대한 사적인 공격도 크게 늘어났다. 그럼에도 불구하고 펠리페 2세는 1596년과 1597년 잉글랜드에 대한 원정대를 계속 파견했다. 그러나 그것들도 나쁜 기상조건 때문에 좌절되었다.

흑색 전설

16세기 동안 스페인이 갑자기 대국으로 성장한 것이 스페인의 이웃들에게는 예기치도, 달갑지도 않은 것이었다. 스페인의 정치적·군사적 헤게모니에 대한 반감은 종교개혁과 대응 종교개혁에 의한 이데올로기적 분열에 의해 더욱 악화되었다. 유럽에서 가톨릭적 통일성을 유지하려고 한 펠리페 2세의 노력(그것은 네덜란드, 영국, 프랑스의 프로테스탄트들에 대한 완강한 적대 정책으로 나타났다)은 전 유럽에서 스페인에 대한 두려움과 증오심이 커지게 만들었다. 특히 프로테스탄트 국가들은 경쟁적으로 악의에 찬 선전을 쏟아 냈는데, 거기에서 펠리페는 세계 지배를 꿈꾸는 잔인한 전제 군주로 묘사되었고, 스페인은 광신, 몽매주의, 유례없는 잔인성의 온상으로 묘사되었다. 펠리페의 아들이었으며 정신이상기가 있었던 카를로스의 죽음(그는 1568년 부친의 명령으로 독살되었다는 소문이 돌았다)은 펠리페의 냉혹한 잔인성을 입증하는 것으로 세상 사람들에게 제시되었다. 이 '흑색 전설'은 인디아스에서 스페인인들이 저지른 악행을 고발한 라스 카사스의 책, 혹은 네덜란드 전쟁 기간 동안 스페인인들의 인권유린을 고발하고 있는 오라녀공 빌렘의 『옹호론』(*Apologia*, 1581) 같은 논쟁을 불러일으킨 베스트셀러들로 인해 급속히 확산되었다. 펠리페 자신은 이 선전전에 말려들지 않기 위해 침묵을 지켰고, 그 때문에 왕의 적들이 퍼뜨린 악의적이고 일방적인 견해가 비교적 최근까지도 많은 역사서들에서 존속하였다.

제국의 피로

펠리페 2세하에서 스페인은 유례없이 강력하고 당당한 국가가 되었다. 그러나 광대한 제국을 운영하고 유지하는 데 들어가는 비용은 엄청났다. 1570년대와 1580년대 동안 지중해와 북유럽 문제에 스페인이 갑작스럽게 깊숙이 개입하게 됨으로써 스페인의 군사비 지출은 급증했다. 해군력 재무장 프로그램이 가동되었고, 군대 규모는 급속히 커져 1587년이면 대략 10만 명의 병력을 보유하게 되었다. 치세 초에 카스티야의 연평균 군사비 지출은 200만 두카트가 채 되지 않았으나 1598년이면 그 액수가 약 1,000만 두카트에 이르렀으며, 국가는 무려 8,500만 두카트의 부채를 떠안고 있었다. 1588년의 아르마다 하나만 해도 약 1,000만 두카트의 비용이 소요되었다.

걷잡을 수 없을 정도로 늘어나는 지출에 직면하여 정부는 비용 조달을 위해 정부가 할 수 있는 모든 조치를 다 강구했다. 각종 수입원으로부터 들어오는 세수입은 1556년부터 1577년 사이에 180%—310만 두카트에서 870만 두카트로—가 증가했으며, 1577년부터 1598년 사이에 다시 48%가 늘어 1,290만 두카트가 되었다. 이것은 부분적으로는 알카발라(판매세)나 관세 같은 일반적인 세금 징수의 효율성 제고, 속인이나 성직자들이 내는 '특별세'(올리브유, 식초, 포도주, 고기의 판매에 부과하는 '미요네스' 같은)의 인상, 공직이나 귀족 작위, 혹은 농사에 이용되지 않은 공유지(baldíos)의 매각 같은 일련의 기금 마련 조치들 때문이었다. 십일조(타이유)와 크루사다(튀르크인들에 대한 성전聖戰 비용 조달을 위해 징수된 세금), 엑스쿠사도(교회 재산에 부과하는 세금) 같은 성직자들에게서 거두는 세금을 통하여 교회로부터 징수되는 수입은 꾸준히 증가했고, 그리하여 1590년 대가 되면 스페인 교회는 정부 연간 수입의 5분의 1 이상을 제공하고 있었다. 무엇보다도 중요했던 식민지에서 징수되는 세금, 즉 2할세 (quinto)와 그 외 다른 세금들, 관세 등으로부터 얻어지는 정부 수입 은 펠리페 2세 치세 동안 급증하여 1556년 372,350두카트에서 1595년 570만 두카트가 되었다. 그의 치세 동안 정부가 아메리카 식민지로부 터 거두어들인 수입은 총 6,450만 두카트에 달했다. 그러나 펠리페는 카스티야와 인디아스[스페인인들의 지배하에 들어간 아메리카 영토를 이르는 말]에서는 유례가 없을 정도로 많은 수입을 거두어들인 반면 에 아라곤 연합왕국, 이탈리아, 네덜란드 내 영토들은 국왕에게 제한 된 부조만을 제공해 주었으며, 이 영토들에서 거두는 세금을 늘리려 는 국왕의 시도는 대부분 실패로 돌아갔다. 선왕과 마찬가지로 펠리 페는 부족분을 메우기 위해 제노바, 앤트워프, 아우크스부르크의 은 행가들에게서 엄청난 액수의 돈을 빌려야 했다. 그리고 적어도 세 차 례(1557, 1575, 1596)에 걸쳐 파산선언을 하여 자신의 부채 지불을 재 조정해야 했다. 치세 동안 돈을 빌린 대가로 국왕이 지불해야 했던 국가 연금(공채)인 후로(juro) 지불을 위해 따로 떼어 놓아야 했던 국 가 수입 부분은 급속히 커졌다. 1557년 3,600만 두카트였던 국가 후로 부채는 1598년 8,500만 두카트에 이르렀다. 그러나 펠리페 2세가 자 신의 군사적 개입을 결단코 축소하지 않으려고 했기 때문에 국왕의 부채 위기는 결코 해결될 수 없었다. 그리고 그 계산서를 받아든 사 람은 그의 계승자들이었다.

펠리페 3세와 팍스 히스파니카

"신은 내게 수많은 왕국을 주셨지만 그 왕국들을 지배할 유능한 아들은 주시지 않았다"라는 말은 펠리페 2세가 자신의 아들이자 계승자인 펠리페 3세(1598~1621)를 두고 한 회한조의 넋두리였다. 새 왕은 부친을 특징짓는 성실하고 내향적인 성품, 그리고 일에 대한 열정을 가지고 있지 않았으며, 자신의 에너지를 사냥이나 연회에 탕진하는 것을 좋아했다. 그의 치세 동안 국왕은 한 번에 아홉 달이나 수도 마드리드를 비우고 밖에서 보내는 등 주유적 생활을 재개하였다. 그러나 그 주유는 정치적 이유보다는 오락적 혹은 종교적 이유에 의한 것이 대부분이었다. 1601년 정부의 거처는 마드리드에서 바야돌리드로 옮겨 갔고, 그곳에서 한동안 머물다가 1606년 마드리드시 참사회로부터 25만 두카트를 제공하겠다는 약속을 받고 마드리드로 돌아왔다. 펠리페 2세의 각료들 가운데 후안 데 이디아케스를 제외하고는 모두 해고되었다(이디아케스는 1614년에 죽을 때까지 정부에서 영향력 있는 존재로 남아 있었다). 새 왕은 국정을 각료들에게 위임했고, 그로 인해 펠리페 2세하에서 쇠약해졌던 전통적 정치기구들이 다시 힘을 되찾게 되었다. 평의회 제도가 다시 활성화되었으며, 관료제도 다시 크게 확대되었다. 국왕 재정에 대한 코르테스의 영향력이 강화되었으며, 펠리페 2세 때 영향력이 많이 약해졌던 귀족들이 다시 정치 전면에 부상했다. 국왕 비서들의 영향력이 줄어드는 대신 각료들의 영향력이 커졌다. 각료들 중에 압도적으로 가장 큰 영향력을 행사한 사람이 레르마 공작 프란시스코 고메스 데 산도발 이 로하스(Francisco Gómez de Sandoval y Rojas, 1625년 사망)였다. 레르마 공작은 특히 자신의 직책을 이용해 부를 쌓는 데 특출한 재주를 가지고 있었다. 그는 300만 두카트가 넘는 개인 재산을 모았고, 친지와 친구들을 국가와 교회의 요직에 임명했으며, 관직을 최고가를 제시한 사람에게 매각했다. 펠리페 3세가 국왕 비서팀이 아니라 발리도(valido) 혹은 프리바도(privado)라고 알려진 한 명의 총신에 의존한 것은 17세기 스페인 통치에서 하나의 트렌드가 되었다. 발리도의 권력은 그가 왕과 얼마나 친밀한가에(그는 다른 사람들이 왕에 접근하는 것을 통제했다), 그리고 파트로나토(고위 관직 임명권) 시스템(이 시스템을 통해 그는 정부에서 지지자들의 네트워크를 만들었다)을 얼마나 확실하게 장악하고 있느냐에 달려 있었다.

펠리페 3세가 부왕에게서 물려받은 심각한 재정 상황을 고려하여, 스페인 사회에 전쟁 피로 증세가 광범하게 확산되기 시작하고 있음을 의식한 레르마는 집권하자마자 스페인이 해외에서 벌이고 있던 군사적 개입을 축소하는 정책을 취했다. 1603년 엘리자베스 1세가 죽고, 스코틀랜드 제임스 6세가 영국 왕으로 즉위한 것은 이듬해 영국-스페인 간 평화조약 체결을 가능케 했다. 네덜란드에서는 암브로시오 데 스피놀라(Ambrosio de Spinola)가 이끄는 플랑드르 군대가 1604년 오스텐드(Ostend)를 점령하고, 1605~1606년 네덜란드 반도들에 대해 대규모 공세를 취했다. 그러나 이곳의 전투는 이번이 처음은 아니지만 자금 부족으로 군대가 폭동을 일으키고, 스페인인과 네덜란드인들이 평화협상에 나서면서 서서히 수그러들었다. 1609년에 앤트워프에서 '12년의 휴전'이 체결되었다. 한편 대사들과 외교관들의 네트워크는 외국에서 스페인의 영향력을 강화하기 위해 노력했다. 1615년, 펠리페의 딸 아나(Ana)가 젊은 루이 13세와 결혼하고, 왕자 펠리페는 루이 13세의 동생 엘리자베트와 혼인함으로써 프랑스와의 왕조 간 연합을 이루었다.

레르마와 그의 동료 각료들이 모리스코 문제를 다시 거론하기로 한 결정은 부분적으로는 북유럽에서의 평화 정책에 대해 내부에서 터져 나오는 비난을 막아 보려는 시도였던 것으로 보인다. 1568~1571년의 알푸하라스의 반란 이후 모리스코들의 상황은 스페인 내 정치적 논란의 중심에 있었다. 1582년에 이미 모리스코들을 완전히 추방하는 문제가 논의되었다가 모리스코 인력에 크게 의존하고 있었고, 그 조치가 가지고 올 경제적 파장을 우려한 발렌시아의 몇몇 귀족들의 반대에 부딪혀 무산된 적이 있었다. 그러나 교회 당국, 특히 발렌시아의 주교 후안 데 리베라는 이베리아반도에서 이단적 요소를 쓸어 버려야 한다는 생각이 확고했고, 많은 모리스코들이 이슬람의 신앙과 전통을 포기하지 않는 것에 대해 개탄을 금치 못했다. 그들은 기독교도 인구는 줄어드는데 모리스코 인구는 꾸준히 늘어나는 것에 대해 불안감을 감추지 못했다. 모리스코 추방에 대한 대중의 지지 또한 뜨거웠다.

1608년 1월 적극적인 로비가 결실을 맺어 국가평의회는 발렌시아 모리스코들의 추방을 승인했다. 이 법령은 이듬해 4월 국왕의 동의를 얻었고, 그 후 그것은 스페인 다른 지역으로까지 확산되었다. 발렌시아 귀족들에게는 모리스코 신민들이 남기고 갈 재산으로 보상하겠다는 약속을 하고 그들의 동의를 얻어 낼 수 있었다. 한 연구에 의하면, 1609년 약 117,000명의 모리스코들이 발렌시아에서 추방되었고, 그 후 1610년부터 1614년 사이에 아라곤과 카스티야에서 15만 명이 더 추방되었다. 추방된 모리스코 가운데 다수는 북아프리카로 갔으며, 다른 사람들은 처음에 프랑스로 갔다가 거기서 다시 이탈리아, 살로니카, 이스탄불 등지로 갔다. 그러나 다른 많은 사람들이 추방에 저항하는 과정에서 혹은 다른 나라로 가는 과정에서 죽었다. 또 하나의 칙령은 5세 이하의 모리스코 아이들은 스페인에 머물게 하는 것이었다. 보고에 따르면 총 1,832명의 모리스코 아이들을 발렌시아에서 카스티야로 보내 사제 혹은 귀족의 집에서 봉사하게 했다. 대중은 대체로 이 추방을 열렬히 환영했으나 일부 지역에서는 심각한 경제적 결과를 낳았다. 모리스코가 전체 인구의 거의 3분의 1을 차지했던 발렌시아, 그리고 아라곤에서는 이 조치로 농업 생산과 세금 수입이 크게 감소했다.

레르마가 펠리페 3세의 '발리도'(총신)로서 가졌던 막강한 지위는 점차 약화되었다. 북유럽에서 그가 취한 발 빼기 정책을 일각에서는 불명예스러운 것으로 생각했으며, 돈에 매수되는 그의 처신과 노골적인 관직팔이는 많은 사람의 반감을 샀다. 설상가상으로 정부 지출은 계속 수입을 초과했고, 국가는 대규모의 후로(juro) 부채로 곤경에 처했기 때문에 레르마는 계속 악화되어 가는 재정 상황을 지켜보아야 했다. 국가 재정은 그가 은 함유량이 낮은 베욘(vellón)화를 주조하기로 한 결정(원래는 은과 구리의 합금이었는데, 이제 거의 구리로만 주조되었다)으로 더욱 악화되었고, 그것은 스페인 경제에 심각한 인플레이션을 가져다주었다.

레르마가 결국 1618년 해임되고 나서 새로 나타난 정부의 유력 인물은 발타사르 데 수니가(Baltasar de Zúñiga)였다. 그는 스페인이 유럽에서 위세를 재천명할 때가 되었다고 주장했다. 그리하여 1619년 약 17,000명의 스페인 군대가, 오스트리아의 황제 페르디난드

2세가 그 전해에 보헤미아에서 일어난 반란을 진압하는 것을 돕기 위해 파견되었다. 1620년에 스페인 군대는 알자스와 라인 팔라틴령 (Palatinate)을 공격했다. 이 전투는 역사가들에게 '30년전쟁'으로 알려진 장기적이고 복잡한 유럽 국가 간 주도권 다툼에 스페인이 개입하는 시발점이 되었다. 한편, 네덜란드 반란 지역들과의 싸움을 재개하라는 압력도 커지고 있었는데, 무엇보다도 네덜란드인들이 서아프리카, 인디아, 인도네시아, 브라질에서 포르투갈의 전통적인 무역 이권을 위협하는 것을 불안한 눈으로 바라보고 있던 포르투갈인들의 압력이 있었고, 그런가 하면 스페인 내에서도 네덜란드인들이 '12년 휴전'을 이용해 스페인과 신세계의 경제적 유대를 훼손하고 있다는 생각이 광범하게 퍼져 있었다. 1621년 앤트워프의 휴전 기간이 만료되자 스페인인도 네덜란드인도 다시 협상 테이블에 앉으려는 생각이 전혀 없었다.

펠리페 4세와 올리바레스: 위신의 수호

펠리페 4세(1621~1665)의 즉위와 함께 통치 정책의 방향이 수니가에 의해, 그리고 1622년 수니가가 죽고 나서는 그의 조카이자 피보호자 (protegé)인 올리바레스 백작 가스파르 데 구스만(1625년부터는 산루카르 라 마요르 공작이 되었다)에 의해 지배되었다. 새 체제가 우선적으로 추진한 정책 가운데 하나는 여태껏 권력을 장악해 온 레르마의 친구와 친척들의 네트워크를 일소하는 것이었다. 부패로 악명을 떨쳤던 로드리고 칼데론은 1621년에 참수되었고, 오스마(Osma) 공작과 우세다(Uceda) 공작은 투옥되었다. 레르마 자신은 추기경이라는 직책을 가지고 있어서 투옥은 면하였으나 대신 거액을 국고에 반납해야 했다. '개혁을 위한 대회의'(Junta Grande de Reformación)라는 특별위원회가 여러 개혁안을 마련하였는데, 그중에는 궁정 지출의 축소, 재정 재정비 프로그램(특히 미요네스 징수와 알카발라를 하나의 단일세로 대체하기), 다수의 시 관직 철폐 등이 포함되어 있었다. 개혁은 또 사회 도덕률 개선을 장려하여 매음굴과 극장이 폐쇄되고 서적 검열이 강화되었다. 그러나 이 개혁안은 상당한 반대를 불러일으켰고, 결국 제대로 실현된 것은 거의 없었다.

펠리페 3세가 1621년 3월에 죽고 나서 한 달이 채 되지 않아 네덜란드와의 적대 관계가 재개되었고, 합스부르크 오스트리아를 지원하기 위한 스페인의 군사적 개입이 강화되었다. 스페인의 관점에서 볼 때 이 군사 작전은 전적으로 방어적이었다. 수니가와 올리바레스는 무엇보다도 합스부르크 오스트리아가 표방하는 명분을 지지한다는 것을 보여 주고, 가톨릭 신앙을 수호하고, 외국에서 스페인의 힘과 위신을 수호하려는 생각을 가지고 있었다. 그러나 스페인의 라이벌들은 그것을 스페인의 제국주의적 팽창이 재개되는 것이라 여기고 놀라움을 금치 못했으며, 1625년 잉글랜드와 프랑스가 네덜란드(the Dutch Provinces), 베네치아, 사부아 등을 끌어들여 동맹을 맺고 대(對) 스페인 전쟁을 선포했다. 단기적으로 스페인은 믿음직스런 모습을 보여 주었다. 1625년, 브레다가 네덜란드인들로부터 회복되었는데, 이 사건은 후에 벨라스케스의 유명한 그림 「창」(Lances)을 통해 항구적으로 기억되게 되었다. 그 전해 네덜란드인들에게 점령되었던 브라질의 바이아(Bahia)항이 탈환되었으며, 카디스에 대한 영국인들의 공격은 격퇴되었다. 펠리페 4세는 카스티야 코르테스에서 "우리는 유럽 전체를 상대로 싸웠으나 결코 굴복하지 않았다"라며 당당하게 선언할 수 있었다. 그러나 그 후로 스페인은 여러 차례 굴욕적인 패배를 맛보아야 했다. 이탈리아에서는 프랑스의 만투아 공령에 대한 지배권 주장을 봉쇄하려는 시도가 값비싼 실패로 끝났다(1628~1631). 네덜란드에서의 전쟁은 계속 돈과 인력을 심각하게 고갈시키는 골칫거리로 남아 있었다. 1637년에는 브레다를 다시 빼앗겼다. 1626년 평화조약을 체결했었던 프랑스가 1635년에 다시 싸움을 걸어왔다. 4년 후 스페인 해군은 다운즈(the Downs)의 전투에서 네덜란드 해군에 참패를 당했다. 대서양 저쪽 편에서는 1628년 은을 실은 스페인의 함대가 쿠바 인근 해역에서 네덜란드인들에게 탈취되었고, 1640년에는 브라질 페르남부코를 탈환하려던 스페인-포르투갈 연합 함대가 네덜란드인들에게 패퇴되었다. 올리바레스는 적어도 한 차례 이상 체면도 살리면서 평화조약을 체결할 수 있는 기회가 있었다. 그러나 그의 협상 능력의 부재, 그리고 무슨 일이 있어도 스페인의 위신을 포기하지 않겠다고 생각한 고집 때문에 그 기회는 허공으로 날아가 버렸다.

올리바레스는 스페인이 새로 재개한 해외에서의 군사 개입을 감당하기 위해서는 국가 수입이 증대되어야 한다는 것을 오래전부터 알고 있었다. 1627년경 올리바레스는 다시 국가 파산을 선언해야 했으며, 정부가 계속 어떻게든 작동되기 위해서는 포르투갈의 콘베르소 은행가들을 상대로 새로 대부(貸付)를 협상하지 않으면 안 되었다. 문제는 아메리카로부터의 은 송금이 국가 수입에서의 적자분을 메우기에는 더 이상 충분치 않다는 사실뿐만 아니라, 카스티야가 감당해야 하는 재정 부담이 더 이상 버틸 수 없을 지경에 이르렀다는 것이다. 1626년 페드로 페르난데스 데 나바레테는 "적절한 비율에 따라 부담을 골고루 나누는 것이 합리적이다. 머리(카스티야)는 과중한 부담으로 점점 쇠약해져 가고 있는 반면에, 부유하고 인구도 많은 다른 지체들은 그 머리가 모든 무거운 부담을 다 지고 쇠약해지는 모습을 바라만 보고 있는 것은 지극히 불합리하다"라고 말했다. 1626년 올리바레스에 의해 선포된 연합군 계획(Union of Arms)은 스페인 왕정의 군사적·재정적 통합을 이루어 냄으로써 고질적인 재정 문제를 항구적으로 해결하려는 것이었다. 그것은 약 14만 명으로 이루어진 상비군을 창설하고, 이를 위해 왕정을 구성하는 모든 나라들이 국가 크기와 가진 재원의 비율에 따라 인원과 돈을 분담한다는 것이었다. 그런데 나폴리, 시칠리아, 플랑드르, 아메리카 식민지는 이 제안에 따르는 태도를 보인 반면에 반도 동쪽에서는 이 계획안이 강한 반대에 부딪혔다. 아라곤과 발렌시아의 코르테스는 적은 액수의 돈만을 기부하겠다고 밝혔고, 카탈루냐인들은 그 조치가 자신들의 전통적인 푸에로(자치법)를 침해하는 것이라고 주장하면서 협력을 전면 거부했다. 그 결과 올리바레스는 다시 1631~1632년과 1635~1636년에 전장(戰場)에서 스페인을 유지하는 데 필요한 돈을 확보하기 위해 이미 빈털터리가 된 카스티야에 손을 벌려야 했다. 1639년 올리바레스가 다시 카탈루냐에 연합군 계획을 강요하려고 하고, 예상되는 프랑스의 침입에 대비하기 위해 카스티야 군대를 카탈루냐에 주둔시키려고 하자, 이듬해 카탈루냐인들은 스페인 왕정에 대항하여 들고일어났다. 1641년 카탈루냐인들은 프랑스 루이 13세에게 충성을 맹세했고, 프랑스 왕은 그들을 지원하기 위해 재빨리 군대를 파견했다. 카탈루냐인들의 반란에 이어 포르투갈에서도 반란이 일어났다. 포르투갈인들의 반란 원인은 올리바레스가 더 많은 돈을 요구해서가 아니라 스페인 왕실이 네덜란드의 공격으로부터 포르투갈 식민지를 보호해 주지 못하는 것에 대한 불만 때문이었다. 이 무렵 스페인 군대는 지나치게 넓은 지역에 분산되어 있었으며, 재정은 한계에 이르고 있었다. 1641년 마드리드 주재 영국 대사 아서 홉튼 경은 "위대한 이 왕정의 운명도 이제 막바지에 이른 것 같다"라고 썼다.

카탈루냐와 포르투갈의 반란은 확실히 올리바레스의 몰락을 가져다주었으니, 그는 1643년 1월 직책에서 물러나야 했다. 그해 5월 프랑스인들은 로크루아(Rocroi)에서 쳐들어오는 스페인인들에 결정적인 패배를 안겨 주었다. 1647~1648년에는 흉작과 늘어난 세금으로 고통을 호소하던 나폴리와 시칠리아가 반란을 일으켰다. 1647년 국가 부채는 다시 한번 파산 선언을 해야 할 지경에 이르렀다. 설상가상으로 1647~1652년에 스페인 남부 지방에 역병이 창궐했다. 이 무렵 펠리페 4세와 그의 새 총신이 된 올리바레스의 조카 루이스 멘데스 데 아로(Luis Méndez de Haro)에게는 만약 왕정이 권력과 위신을 유지하려면 평화가 필수적이라는 것이 분명해진 상태였다. 1648년의 뮌스터 조약으로 스페인은 수십 년 동안 부인하려고 했던 사실, 즉 홀란드 제주 연합(the United Provinces of Holland, 네덜란드)의 독립을 공식적으로 인정했다. 조약은 네덜란드 남부 여러 주를 스페인의 수중에 남겨 두었다. 그러나 네덜란드의 독립은 홀란드가 쉘트강을 봉쇄하게 함으로써 네덜란드의 가장 중요한 상업 중심지 앤트워프를 경제적으로 몰락하게 만들었다.

그 이후 10여 년 동안 스페인의 운세는 시소 타기를 거듭했다.

1648~1653년 프랑스에서 일어난 내전은 1652년 카탈루냐를, 그리고 플랑드르 내 여러 거점을 회복할 수 있게 만들었다. 그러나 1655년부터 스페인은 (크롬웰의) 영국 공화국(English Commonwealth)과 전쟁을 하게 되었다. 그 해 영국군은 자메이카를 점령했고, 1658년에는 영국-프랑스 연합군이 던즈(the Dunes) 전투에서 플랑드르 군을 패퇴시켰으며, 그 결과 스페인은 덩케르크(Dunkirk)와 그라블린(Gravelines)을 포함하여 여러 개의 전략적으로 중요한 거점을 상실했다. 스페인 왕정은 그 이전 35년 동안 놀라운 복원력을 보여 준 바 있었다. 그러나 스페인의 재정은 다시 한번 바닥을 드러냈다. 스페인의 귀금속 함대가 1656년과 1657년에 영국 선박에 의해 나포되었고, 나폴리에서 발생한 역병은 수많은 사람들의 목숨을 앗아 갔으며, 그 결과 세수입은 크게 감소했다. 1659년 11월에 체결된 피레네 조약은 프랑스와 스페인 간에 24년을 끌어온 첨예한 갈등을 종식시켰다. 스페인은 세르데냐, 루시용, 그리고 아르투아의 대부분을 플랑드르에 있는 몇몇 거점과 함께 프랑스에게 넘기는 대신 카탈루냐, 스페인령 네덜란드, 프랑쉬 콩테, 그리고 스페인령 이탈리아에 대한 스페인의 주권을 재확인받았다. 이 평화조약은 펠리페의 딸 마리아 테레사와 프랑스 루이 14세 간 혼인으로 재확인되었다. 프랑스, 영국(1660)과의 평화는 펠리페와 아로로 하여금 드디어 포르투갈인들의 반란에 관심을 좀 더 집중할 수 있게 만들었다. 그러나 엘바스(1659), 아메이살(1663), 비야비시오사(1665) 전투에서 패배함으로써 이베리아반도가 스페인의 지배하에서 다시 통일될 수 있다는 희망은 완전히 사라져 버렸다. 1668년 무슨 수가 있어도 군사적 개입을 줄이겠다고 결심한 스페인은 포르투갈의 독립을 공식 인정했다.

사회적·경제적 발전

서유럽 대부분의 다른 지역들과 마찬가지로 스페인에서도 16세기 동안 인구가 두드러지게 증가했다. 믿을 만한 통계 수치를 얻어 내기는 쉽지 않지만 스페인 인구는 1534년 대략 470만 명에서 1591년 700만 명으로 증가한 것으로 보인다. 안달루시아, 특히 비옥한 과달키비르 계곡은 대체로 인디아스와의 활발한 교역 덕분에 특히 급속한 인구 증가가 나타났다. 대 아메리카 무역과 행정의 중심이었던 세비야의 인구는 1530~1588년 기간 동안 136%나 증가했다.

이베리아반도와 아메리카 식민지 모두에서 나타난 인구 증가는 식량 수요의 증가, 인플레이션, 농업 생산의 두드러진 증가를 가져왔다. 생산의 증가는 대개 더 나은 기술 도입을 통한 생산성 증대보다는 경작지 면적의 확대를 통해 이루어졌다. 그럼에도 불구하고 불리한 기후 조건, 척박한 토양, 후진적인 농사 방법은 항상 생산이 수요를 따라잡지 못하게 만들었다. 기근이라는 유령은 결코 먼 곳에 있지 않았으며, 공급 부족분을 메우기 위해 시칠리아와 북유럽으로부터 주기적으로 곡물을 수입해야 했다. 목축업 또한 농촌 경제의 중요한 축이었고, 카스티야는 잉글랜드와 플랑드르에 대한 주요 양모 공급처로 남아 있었다.

인구 증가, 농업 팽창, 1530년대 이후 점증한 아메리카로부터의 귀금속 유입은 산업 활동을 자극했다. 직물업의 중심지들, 특히 세고비아, 톨레도, 바르셀로나, 발렌시아는 16세기 전반기에 생산이 급증했다. 이 시기 동안 생산이 증가한 다른 분야로는 그라나다와 무르시아의 비단, 톨레도, 세비야, 부르고스의 피혁제품, 비스카야의 철광,

칸타브리아와 비스카야항의 조선 등이 있었다. 스페인의 '경제 붐'의 가장 두드러진 결과 중 하나는 급속한 인플레이션이었다. 1511년과 1559년 사이에 안달루시아의 밀 가격은 109%, 올리브유는 197%, 포도주는 655%가 각각 올랐다. 16세기 동안 전체 물가는 네 배로 뛰었다.

단기적으로 '가격혁명'은 생산자, 제조업자, 상인 모두에게 이익의 증대를 가져다주었다. 이 팽창 과정의 주요 수혜자는 귀족과 교회였는데, 이들이 농촌의 생산적인 토지의 대부분을 차지하고 있었기 때문이다. 비록 귀족들의 정치적 힘은 가톨릭 공동왕 치세 때부터 꾸준히 약해졌지만 그들의 경제적 지위는 결코 심각한 도전에 직면하지 않았으며, 많은 귀족들이 계속 광대한 토지에서 영주권을 향유했다. '귀족'이라는 말은 강력하고 부유한 대귀족(카를 5세는 그들의 수를 20명으로 제한하였다)으로부터 스페인 북부의 가난한 이달고에 이르기까지 넓은 범주의 사람들을 포함하고 있었다는 점에서 신축성이 강한 용어였다. 이 귀족들을 다른 사람들과 구별해 주는 것은 세금으로부터의 부분적 면제와, 그들 모두가 공유하는 지위에 대한 명예로운 자부심이었다.

상인들도 '가격혁명'의 또 다른 큰 수혜자였다. 본거지 메디나 델 캄포에서 광대한 무역 네트워크를 구축한 시몬 루이스(Simón Ruiz)는 이 경제적 팽창의 시기에 활약한 카스티야의 유력하고 부유한 여러 상인들 가운데 한 명이었다. 그러나 전체적으로 스페인의 중간 계층은 다른 서유럽 국가들의 그것에 비해 소수에 머물렀다. 군사적 귀족의 가치가 무엇보다도 중시되었던 스페인 사회에서 육체노동과 상업은 경멸의 대상이 되었기 때문에 상인 혹은 그 후손들이 사업에서 나오는 이익을 토지, 대부, 국가 공채에 투자하고, 국왕이 정규적으로 매각하는 귀족 작위를 매입함으로써 토지 귀족의 대열에 합류하는 것은 결코 드문 일이 아니었다. 그 외에도 16세기 초에는 카스티야의 상인과 금융업자들이 히스파니아의 무역업계에서 여전히 주역이었지만 1550년 이후로는 외국인(특히 제노바인) 기업가들에 의해 밀려나게 되었다. 가격혁명의 주요 희생자는 농민과 도시 노동자였다. 치솟는 물가, 세금과 지대를 따라가지 못하는 임금은 일반 대중의 생활 수준을 꾸준히 악화시켰으며, 부자와 빈자 간의 간극은 점점 커져 갔다. 실질임금은 16세기 전반기 동안 약 20% 감소했으며, 동세기 후반기 동안 12%가 더 떨어졌다.

인구와 경제의 팽창 과정은 서서히 속도가 느려지다가 1580년 경이면 팽창이 끝난 것으로 보인다. 그 후로 역병(선페스트, 천연두, 디프테리아), 기근, 영양실조 등의 영향으로 스페인 인구는 급속히 감소했다. 예를 들어 1596~1602년, 1647~1652년의 역병은 합쳐서 100만 명 이상의 목숨을 앗아 갔다. 식량 위기(특히 1605~1607, 1615~1616, 1630~1631, 1647)는 광범한 기근을 초래하고 질병에 대한 저항력을 떨어뜨렸다. 1609년과 1614년 사이에 25만 명 이상의 모리스코가 추방됨으로써 인구 감소가 더욱 심화되었다. 스페인은 많은 인구를 해외로 유출하고 있기도 했다. 갈리시아 한 곳만 해도 1621년과 1659년 사이에 68,000명이 군인으로 징집되었고, 1506년부터 1600년 사이에 약 25만 명의 스페인인이 아메리카로 이주했으며, 17세기 전반 동안 20만 명이 더 이주했다. 17세기 동안 급속하게 성장한 수도 마드리드를 제외하고 대부분의 스페인 도시들에서 인구가 감소했다. 이베리아반도에서 가장 큰 도시였던 세비야의 인구는 이 시기 동안 125,000명에서 75,000명으로 줄어들었다. 농촌 지역에서는 많은 마을들이 위축되거나 완전히 버려졌다. 기록에 따르면 1638년경 발렌시아 왕국의 마을들 가운데 대개는 모리스코의 추방으로 거의 반가량이 황폐화되었다.

스페인의 인구 위기는 당연히 경제 활동에 심각한 영향을 미쳤다. 줄어든 수요와 감소한 생산은 농업 생산에 침체를 가져왔고, 1550년 이후 물가 인상으로 스페인 양모의 해외경쟁력이 떨어짐에 따라 사육되는 양의 수는 크게 줄어들었다. 농촌에서 만들어 낼 수 있었던 얼마 안 되는 이익은 성·속의 지주들로 이루어진 소수 엘리트에게 집중되었다. 대부분의 농민들에게 삶은 살아남기 위한 투쟁이었으며, 많은 농민이 늘어나는 빚과 무거운 세금을 견디지 못하고 고향을 버리고 타지로 떠나야 했다. 그중 일부는 날품팔이 노동자로 일거리를 발견하기도 했지만 다른 많은 사람들은 구호소를 찾아 도시로 몰려드는 빈민 혹은 부랑자로 전락했으며, 그 수는 꾸준히 증가했다. 카탈루냐 같은 일부 지역에서는 빈털터리가 된 농민 가운데 다수가 오로지 먹고살기 위해 비적이 되었다. 같은 시기에 스페인의 제조업 또한 위축되고 있었다. 농업 위기는 소비 수요의 감소를 의미했고, 동시에 인플레이션과 무거운 세금은 스페인 제품의 해외경쟁력을 크게 떨어뜨렸다. 전성기인 1580년경 베틀 수가 600대 이상일 정도로 대규모를 자랑했던 세고비아의 직물업은 1691년이면 159대만 가동될 정도로 침체했다. 비스카야의 조선소도 마찬가지였는데, 증가하는 재료비와 인건비로 16세기 마지막 20년 동안 수주량이 크게 감소했다. 1550년 이후 스페인로 유입되는 아메리카 귀금속의 양이 크게 증가했음에도 불구하고 그 수익의 대부분은 그 귀금속을 국내 산업에 투자하기 위한 자본으로 사용되기보다는 유럽 다른 나라들로부터 제조업 제품을 수입하는 외국인 상인과 금융업자들에게 돌아갔다. 그 결과 스페인의 재정 적자는 날이 갈수록 커져 갔다. 왕의 금고로 들어오는 귀금속 중 대부분도 마찬가지로 스페인이 벌이는 해외 전쟁에 혹은 외국 은행가들에게 빌린 돈을 갚기 위해 국외로 빠져나갔다. 동시에 아메리카 무역의 양과 가치도 줄어들었는데, 부분적으로 그것은 스페인 식민지들이 점차 자급자족적으로 되어 갔기 때문이고, 부분적으로는 외국 경쟁자들(영국인, 프랑스인, 네덜란드인)이 아메리카 시장에 침투하는 데 성공했기 때문이다.

17세기 초경에는 스페인이 쇠퇴의 악순환에 빠져 있다는 인식이 세간에 널리 퍼져 있었다. 1600년 마르틴 곤살레스 데 세요리고는 다음과 같이 불평을 토로했다. "우리나라는 극심한 빈부격차로 고통을 받고 있으며, 빈자와 부자를 서로 조정할 방법을 발견할 수 없다. 우리의 상황은 하는 일 없이 빈둥거리는 부자이거나 빌어먹는 가난뱅이이거나 둘 중 하나이며, 그 둘을 중재할 사람이 없다. 부도 가난도 그들이 자연법에 따라 정당하게 향유하는 사업을 추구하는 것을 막을 수 없다." 세요리고는 1580년부터 1620년 사이에 적극적으로 활동한 다수의 이른바 '정책입안자들'(arbitristas) 가운데 한 명이었는데, 이 정책입안자들은 심화되어 가는 스페인의 경제적·사회적·정치적 위기를 이해하기 위해 노력하고, 개혁을 위해 나름의 정책(arbitrios)을 제시한 사람들이었다. 그중 많은 사람들이 스페인의 농업과 제조업 분야의 취약성을 강조한 반면에, 디에고 데 사아베드라 파하르도 같은 이는 합스부르크 왕조가 지배하는 스페인의 '제국적 운명'에 의문을 제기하면서 네덜란드와 아메리카로부터의 전면 철수를 주장하기도 했다. 그러나 대략 1660년 이후부터 회복의 햇살이 비치기 시작했다. 인구 면에서 스페인이 예전 인구를 회복하는 것은 18세기 중엽에 가서였지만 1676~1686년의 역병과 기근의 영향에도 불구하고 인구가 서서히 증가하기 시작했다. 농촌 경제 또한 회복되기 시작해 농업 생산이 늘어나고 양모 수출이 증가했다. 제조업에서는 그와 유사한 발전이 나타나지 않다가 1680년 화폐가치 절하로 사업가들 사이에서 신뢰가 회복되고 산업 투자를 자극하는 데 도움이 될 만한 안정성이 나타나고 나서야 발전이 시작되었다.

문화적 추세

16세기 스페인이 제국으로 발전해 가고, 17세기 들어 정치적·경제적으로 진통을 겪는 동안 문화 분야에서는 유례없는 발전이 나타났다. 가톨릭 공동왕의 치세 동안 스페인인들은 이탈리아 르네상스의 문화적 추세에 영향을 받아 고전 학문과 인문주의 사상에 대해 더 많이 알고 연구하게 되었다. 고전 언어의 연구가 부활하였으며, 라틴어를 아는 것이 상류층 사람들에게 지위와 교양의 표징이 되었다. 이 시기 스페인 학자들 가운데 가장 두드러진 인물 가운데 한 사람이 안토니오 네브리하(1522년 사망)였는데, 그가 1492년에 출간한 카스티야어 문법서는 근대 유럽 지역어로는 처음 편찬된 것으로서, 그 목적 가운데 하나는 카스티야어의 우수성을 강조하려는 것이었다. 카를 5세 치세 동안 스페인이 르네상스 휴머니즘에 노출되는 정도는 특히 에라스무스의 저술들을 통해 더 두드러지게 되었는데, 그렇지만 그것은 소수의 관심사에 머물렀고, 1530년대 휴머니스트 이념이 점차 루터파 이단과 연계되면서 거의 소멸되었다. 1550년 이후 카스티야 문학은 놀라울 정도의 창조성을 보인 '황금기'로 접어들었으며, 그것은 한 세기 이상 동안 지속되었다. 1558~1559년 펠리페 2세가 외국서적에 대해 엄격한 검열을 도입하고 해외유학을 금하는 칙령을 발표했음에도 스페인이 갖고 있던 제국적 성격 때문에 스페인은 피레네 산맥 너머에서 발전하고 있던 문화적 추세에 깊이 영향을 받지 않을 수 없었다. 이 문화적 창조성 표출의 가장 두드러진 산물 가운데 하나가 피카레스크 소설(사회적 악한의 주제를 다루고 있다)인데, 이 피카레스크 소설 중 가장 두드러진 작품으로는 작자 미상의 『라사리요 데 토르메스』(*Lazarillo de Tormes*, 1554), 마테오 알레만의 『구스만 데 알파라체』(*Guzmán de Alfarache*, 1599~1602), 프란시스코 데 케베도의 『부스콘』(*Buscón*, 1626) 등이 있다. 다양한 장르의 시(詩)도 나타났는데, 산타 테레사 데 아빌라(1582년 사망), 산 후안 데 라 크루스(1591년 사망), 프라이 루이스 데 레온(1591년 사망) 등의 신비주의적 시문(詩文)들이 그에 속한다. 로페 데 베가(1635년 사망), 티르소 데 몰리나(1648년 사망), 칼데론 데 라 바르카(1681년 사망) 등으로 대표되는 스페인 연극은 대단히 인기가 높았으며, 외국에서도 명성이 자자했다. 그러나 이 황금시대 문학 가운데 비교를 불허하는, 압도적으로 가장 유명한 작품은 미겔 데 세르반테스의 『돈키호테 데 라 만차』였으며(1605년과 1615년에 각각 1권과 2권이 출간됨), 그것은 유럽 전체를 통틀어서도 가장 위대한 소설 가운데 하나로 간주되고 있다. 이 저술들 가운데 여럿은 외국에서도 읽히고 번역 출간되었다. 문학의 영역 외에도 의학(특히 발렌시아 대학에서), 항해, 공학 분야에서 다수의 중요한 논문이 출간되었다.

16세기에 스페인 제국과 국가 관료제가 확대됨에 따라 그에 상응하여 대학 교육을 받은 레트라도들(letrados)에 대한 수요가 늘어났다. 그로 인해 16세기에만 스페인에서 22개의 대학이 생겨나고 아메리카 식민지에도 5개가 더 세워졌다. 16세기 말에 카스티야에만 2만 명이 넘는 대학생이 있었던 것으로 추산되는데, 그러나 여성들은 제도 교육으로부터 배제되었다. 그중 가장 영향력 있는 교육기관은 알칼라 데 에나레스(Alcalá de Henares) 대학이었는데, 이 대학은 이베리아반도에서 신학 연구의 총본산이 되었다. 4개 언어로 된 다중어 성서(Polyglot Bible) 만들기가 추기경 시스네로스의 감독하에 시작되고 1522년 그것이 출간된 곳도 이 알칼라(대학)에서였다. 여러 도시에 새 학교들이 생겨났는데, 그중에서 가장 영향력 있는 학교는 1540년 성 이그나티우스 로욜라에 의해 스페인에서 창설된 예수회가 설립한 학교들이었다. 문자해독률의 증가가 출간된 책의 가용성 증가와 궤를 같이하여 나타났다. 1470년과 1501년 사이에 800종 이상의 책이 스페인에서 출간되었으며, 1501년과 1520년 사이에 1,300종이 더 출간되었다. 가장 유명한 책으로는 페르난도 데 로하스(1541년 사망)의 걸작 『라 셀레스티나』(1499)와 『아마디스 데 골』(1508) 같은 기사도 소설 등이 있었다. 그럼에도 불구하고 문자 문화는 소수의 관심사였을 뿐 대부분의 사람들은 문맹이었으며 특히 농촌에서 그 같은 경향이 심했다. 페드로 데 발디비아가 1540년 칠레 원정에 나섰을 때 그를 따라간 150명의 대원 가운데 33명만이 읽고 쓸 줄 알았다. 글을 알지 못하는 대중들 사이에서는 구전으로 이어지는 발라드(민간 설화)와 옛날이야기가 계속해서 인기가 높았다.

1480년부터 1570년 사이의 경제 붐과 인디아스에서 들어오는 막대한 귀금속은 왕, 귀족, 상인, 성직자들로 하여금 각종의 야심적인 건축 프로그램이나 장식을 위한 예술에 거액을 투자하도록 자극했다. 각각 펠리페 2세와 펠리페 4세를 위해 건축된 엘 에스코리알과 엘부엔 레티로 왕궁, 혹은 인판타도 공작을 위해 과달라하라에 지어진 대저택 같은, 거액이 들어가는 거창한 사유 주거지들이 지어졌다. 같은 시기에 그라나다, 세고비아, 세비야 대성당 같은 여러 대성당들이 새로 건축되거나 완성되었다. 부유한 후원자들은 시각 예술의 열정적인 후원자로 활동했다. 16, 17세기에 명성과 재산을 얻은 화가들 가운데 가장 유명한 사람으로는 엘 그레코(그리스인이라는 뜻), 즉 도메니코스 테오토코폴로스(1614년 사망), 디에고 데 벨라스케스(1660년 사망), 바르톨로메 에스테반 무리요(1682년 사망), 프란시스코 데 수르바란(1664년 사망) 등이 있다. 스페인의 엘리트들은 또 서적과 그림의 열정적인 감식가이며 수집가이기도 했다. 레가네스 후작은 1655년 죽을 때까지 약 1,333점의 회화를 수집해 놓고 있었다.

합스부르크 왕조의 최후

1665년 펠리페 4세가 죽고, 네 살 먹은 그의 아들 카를로스 2세(1665~1700)가 스페인 왕으로 즉위하자 통치의 실권은 선왕의 미망인인 오스트리아의 마리아나와 5인으로 구성된 섭정위원회로 넘어갔다. 그러나 섭정위원회는 곧 왕비의 오스트리아인 고해사제 니타르트 신부(Father Nithard)에 의해 뒷전으로 밀려났다. 그러나 니타르트도, 궁정에서 권력을 행사한 그 외 다른 사람들(페르난도 데 발렌수엘라, 왕의 배다른 동생 오스트리아의 호세 후안(Joseph John of Austria)도, 스페인 왕정이 그토록 절실하게 필요로 했던 현명한 리더십을 갖고 있지는 않았다. 실패로 끝난 올리바레스의 '연합군 계획'의 기억이 많은 사람들의 머릿속에 아직 선명하게 남아 있는 상황에서 절실히 필요했던 스페인 행정 체계에 대한 전면적 재검토가 시도될 가능성은 거의 없었으며, 그로 인해 지배층은 무기력 상태에 빠지게 되었다. 1675년 카를로스 2세는 성년이 되었으나 심신이 모두 허약한 인물이었고, 통치 업무를 감당할 만한 인물이 못 되었다.

국내에서는 인구와 경제 회복의 징후가 나타나기 시작했고, 특히 반도 주변부에서 그런 현상이 먼저 나타났다. 그러나 스페인이 다시 한번 유럽에서 정치적 헤게모니를 쥘 수 있을지 모른다는 희미한 희망은 급속하게 사라졌다. 정부 부채가 계속 증가하고, 세수입은 감소하는 상황에서 국가 재정은 더 이상 올리바레스하에서 일반적이었던 높은 수준의 군사비 지출을 감당할 수가 없었다. 게다가 이 시기는 스페인의 불구대천의 라이벌 프랑스가 점점 야심만만한 인물이 되어 가고 있던 루이 14세하에서 유례를 찾을 수 없을 정도로 군사적 능력을 키워 가고 있었고, 그가 플랑드르와 그 외 다른 곳에서 스페인의 지위를 옹색한 처지로 몰아넣고 있던 시기였다. 프랑스와 스페인의 갈등을 끝장낸 1678년의 네이메헌(Nijmegen) 조약으로 스페인은 프랑슈콩테와 플랑드르 소재 15개 도시를 프랑스에 넘겨주어야 했다. 1684년에는 룩셈부르크와 플랑드르 공령도 프랑스에 넘어갔다. 1680년대 말이면 스페인은 자신의 국경 너머에서 군사작전을 수행할 자금을 갖고 있지 않았고, 한때 막강한 위세를 자랑했던 플랑드르와 밀라노의 군대도 이제 보잘것없을 정도로 몰락해 있었다.

1689년 프랑스와의 전쟁이 재개되었을 때 스페인은 네덜란드와 이탈리아 내 영토를 수호하기 위해 주로 네덜란드와 오스트리아의 동맹군에 의존하지 않으면 안 되었다. 1697년 스페인의 권위는 프랑스 군대가 카탈루냐를 공격해 오고 바르셀로나를 점령했을 때 다시 한번 나락에 떨어지게 되었다. 그해 레이스베이크(Rijswijk) 조약으로 스페인은 히스파뇰라 섬의 반을 프랑스에 넘기고 대신 카탈루냐, 룩셈부르크, 플랑드르를 회복하였다.

　카를로스 2세 치세 말년은 왕위계승 문제로 소란스러웠다. 왕이 두 명의 부인(오를레앙의 마리아 루이사, 뉴부르크Neuburg의 마리아나) 가운데 누구에게서도 후계자를 얻지 못하면서 극심한 외교적 책략의 시기가 나타났고, 한 역사가의 표현을 빌리면 이때 스페인의 라이벌들은 "스페인 왕정이라는 시체를 보고 달려드는 독수리들처럼" 모여들었다. 세 명의 후보가 스페인 왕이 되겠다고 나섰는데, 바바리아의 왕자 조셉 페르디난드, 오스트리아의 카를 대공, 루이 14세의 손자 앙주 공작 필리프가 그들이었다. 1698년 스페인의 계승권이 한 가문에 통째로 상속되는 경우 그것이 가져올 결과를 두려워한 유럽의 다른 열강들이 스페인 왕정의 지배 영역들을 세 후보 간에 분할할 것에 합의했다. 그러나 카를로스 2세는 단호하게 제국이 해체되어서는 안 된다고 생각하고 조셉 페르디난드를 스페인 왕정의 유일한 상속자로 임명했다. 그런데 조셉 페르디난드가 1699년 갑자기 죽자 이번에는 부르봉가의 앙주 공작 필리프를 후계자로 임명했다. 그러나 부르봉가의 등장은 합스부르크가의 유산을 보존하기는커녕 범유럽적 갈등을 촉발시켰으며, 그것은 머지않아 스페인과 스페인 제국을 사분오열시키는 결과를 가져왔다.

제4장　계몽 전제군주들: 1700~1833

스페인의 18세기는 지속과 변화의 시기였다. 한편으로 전(前) 세기말에 시작된 인구와 경제적 팽창이 더욱 가속화되었다. 반면에 1700년 반도에 자리 잡은 부르봉 왕정은 국가의 힘과 재원의 증강, 아직도 방대한 규모를 자랑하는 식민지 제국의 수호, 스페인의 국제적 위상 회복을 위해 여러 중요한 개혁을 단행하였다. 1740년과 1790년 사이에 정점에 이른 이 개혁은 프랑스혁명 전쟁과 나폴레옹(보나파르트)의 집권으로 갑자기 중단되었는데, 전쟁과 나폴레옹 집권은 이베리아반도에 유례없는 파괴와 고통을 안겨 주었을 뿐만 아니라 얼마 가지 않아 스페인 해외 제국의 대부분을 상실하게 만들었다.

스페인 왕위계승 전쟁

카를로스 2세가 후계자를 남기지 못하고 1700년 11월에 서거함으로써 스페인 내에서 합스부르크 가문의 지배는 끝났다. 카를로스는 유언을 통해 스페인 왕국, 스페인의 유럽 내 지배 영토와 해외 제국을 부르봉 왕가의 왕자이며 당시 나이 17세였던 앙주 공작 필리프에게 상속했다. 그의 할아버지는 프랑스의 루이 14세였으며, 할머니는 스페인 펠리페 4세의 딸 마리아 테레사였다. 프랑스 왕가와 스페인 왕가 간 동맹에 대해 스페인 외교가는 열렬히 환영했는데, 그것은 그 동맹이 스페인이 영토와 세력 그리고 지위를 훼손당하지 않고 유지하는 데 필요한 수단을 제공해 줄 것으로 보였기 때문이었다. 루이 14세는 "이제 피레네는 없다. 오랫동안 라이벌이었던 두 나라는 이제 한 민족이 될 것이다. 두 나라 간의 평화는 유럽에 안정을 보장하게 될 것이다"라고 선언했다. 그러나 오스트리아의 합스부르크 가문도 마찬가지로 스페인 왕위계승권을 강하게 주장할 만한 입장에 있었는데, 황제 레오폴드 1세가 펠리페 4세의 또 다른 딸 마르가리타 테레사의 아들이었던 것이다. 레오폴드와 장자 조셉은 이미 스페인 왕위계승권을 포기한다고 선언한 상태였지만 그의 차남 카를 대공은 스페인이라는 부유한 유산이 다른 가문의 수중에 들어가는 것을 지켜보고만 있을 생각이 전혀 없었다. 유럽 다른 나라들에서도 부르봉 가문의 스페인 왕위계승은 상당한 충격과 걱정을 불러일으켰다. "스페인 왕국과 프랑스 왕국은 결코 하나로 합쳐지지 않을 것이다"라고 한 카를로스 2세의 유언을 신뢰하지 못했던 잉글랜드와 네덜란드는 프랑스-스페인의 연합이 자신들의 정치적·경제적 이익을 심각하게 위협할 것으로 생각하여 오스트리아 가문(카를 대공)의 편에 서서 무기를 들었다. 1702년 5월 오스트리아, 잉글랜드, 네덜란드가 중심이 된 헤이그 대동맹은 프랑스와 스페인에 선전포고를 했다. 이듬해 이베리아반도와 아메리카 모두에서 영토 획득을 약속받은 포르투갈도 동맹의 편으로 전쟁에 합류했다.

스페인 왕위계승 전쟁은 비록 명목상으로는 스페인의 왕위를 차지하기 위한 것이었지만 참전국들을 대규모 유럽적 전쟁 속으로 끌어들였고, 그 효과는 아메리카에서도 느껴졌으며, 그 안에서 무역과 식민지에서의 국제적 이해관계는 정치적·왕조적 이해관계 못지않게 중요했다. 순전히 스페인적 관점에서 보면 이 갈등은 내전이기도 하고, 적대적 외세에 의해 제국이 해체되는 것을 막기 위해 벌이는 필사적인 싸움이기도 했다. 외국인 혐오증으로 악명이 높았던 카스티야인들이 이제 펠리페 5세(1700~1746)로 변신한 한 프랑스인을 지지하고 나선 반면에, 합스부르크 지배 경험에 대해 좋지 않은 기억을 가지고 있던 아라곤 연합왕국의 백성들이 오스트리아인(합스부르크 가문) 대공을 왕으로 모시기 위해 발 벗고 나서게 된 것도 아이러니가 아닐 수 없다. 동맹군에 대한 지지가 가장 강했던 카탈루냐에서 부르봉 왕가에 대항한 반란은 비록 대중의 열정적 지지를 받기는 했지만 그것을 앞에서 이끈 사람들은 바르셀로나의 상인 지배 엘리트들이었는데, 그들의 최우선적 관심사는 완전한 독립이 아니라 부르봉의 중앙집권화에 대항하여 지역 자치를 수호하는 것이었고, 경제적 이익이 기대되는 아메리카 식민지 시장에 직접 접근하는 것이었다. 발렌시아에서, 그리고 그보다는 덜하지만 아라곤에서 일어난 정치적 소요는 대체로 영주들의 지배에 분노한 농민들의 폭력적 성격의 사회적 저항의 형태를 띠었다.

우선 스페인 내에서 펠리페 5세의 지위는 견고했다. 그의 백성들은 비록 새 왕을 따라온 상당수의 프랑스인 측근들에 대해 불만이 없지는 않았지만 처음에는 충성하는 태도를 보였다. 아메리카 식민지에서도 왕조 변화와 관련하여 별다른 동요가 나타나지 않았다. 그러나 자신의 군사력이 예전에 비해 크게 몰락해 있었던 스페인─전쟁 초기 스페인 군대의 규모는 13,000명의 보병과 5,000명의 기병에 불과했다─는 유럽 내 제국 가운데 아직 남아 있는 것이라도 지키기 위해서 프랑스 군대에 의존해야만 했다. 스페인 해군의 고질적인 취약성은 1702년 영국-네덜란드 연합 함대가 카디스를 공격하고, 또 기지로 귀환하는 도중 비고(Vigo)항으로 들어오고 있던 스페인 보물 함대와 프랑스 호송선대를 파괴한 것으로 이미 입증된 바 있었다. 반도 내에서의 전쟁은 1704년 봄 카를 대공(카를로스 3세로 선언되었다)이 포르투갈에 도착하고 난 이후 본격적으로 시작되었다. 그해 8월 동맹국들은 지브롤터를 점령했다. 이듬해 발렌시아와 카탈루냐가 카를을 지지하고 나섰으며, 카를은 자신의 거처를 바르셀로나에 두었다. 1706년은 부르봉 왕가에게 '끔찍한 해'였다. 넓은 유럽 무대의 경우 라밀리(Ramillies)에서 말보로 공작이 거둔 승리는 스페인령 네덜란드의 상실을 의미했으며, 투린(Turin)에서 오스트리아가 거둔 승리는 프랑스인들로 하여금 북부 이탈리아에서 철수하지 않을 수 없게 만들었다. 이베리아반도 내에서는 마요르카와 아라곤이 카스티야 귀족 가운데 일부가 그랬던 것처럼 카를을 지지하고 나섰으며, 동맹국들이 마드리드로 입성하자 펠리페 5세는 북쪽 부르고스로 피신하지 않으면 안 되었다. 그러나 동맹국들과의 전쟁을 성전으로 선언한 성직자들의 열정적인 노력에 힘입어 왕은 카스티야 내 지지세력을 끌어 모았으며, 재개된 프랑스의 지원(인력, 돈, 물자)을 등에 업고 강력한 반격에 나섰다. 얼마 가지 않아 마드리드가 펠리페 5세에 의해 회복되었으며, 1707년 4월 원수(Marshall) 베르빅(Berwick) 공작이 이끄는 부르봉 군대가 알바세테 근처 알만사(Almansa)에서 중요한 승리를 거두었고, 그 결과 그들은 아라곤과 발렌시아를 회복할 수 있게 되었다. 그러나 피레네산맥 너머에서는 전세가 부르봉 가문에 불리한 쪽으로 기울었다. 1709년 교황 클레멘스 11세가 카를 대공을 스페인의 합법적 왕으로 공식 인정할 무렵 프랑스의 루이 14세는 펠리페 5세가 스페인 왕위에서 물러나고 프랑스 군대는 스페인에서 항구적으로 철수해야 한다는 동맹국의 요구를 받아들일 것처럼 보였다.

부르봉 가문의 왕위계승이 1700년 처음 논의될 무렵 루이 14세가 자신의 손자(필리프)에게 한 훈령은 분명했다. "좋은 스페인인이 되도록 해라. 그것이 너의 첫 번째 사명이다. 그러나 두 나라 간의 통일성을 수호하기 위해 네가 프랑스인으로 태어났다는 것을 잊지 말아야 한다. 그렇게 하는 것이 두 나라 모두를 행복하게 하고 유럽의 평화를 지키는 길이다." 그 이후 스페인 내에서의 프랑스의 영향력은 프랑스 군대뿐만 아니라 외교관, 관리, 궁정인 등의 민간인 집단에 의해서도 유지, 강화되었다. 이 민간인 집단에는 1705년부터 1709년 사이에 스페인 행정 개혁의 원동력이 되었던 미셸 장 아믈로(Michel-Jean Amelot), 1702년 중병이 든 스페인의 재정을 건강한 상태로 회복하라는 막중하고 어려운 업무를 떠맡은 재정가 장 오리(Jean Orry), 그리고 펠리페 5세 궁정에서 상당한 영향력을 행사한 위르생의 공주(Princess des Ursins) 등이 포함되어 있었다. 그러나 아믈로가 1709년 프랑스가 지지하는 평화안을 관철하려고 했을 때 펠리페는 자신의 입장을 굽히지 않았다. "내 몸속에 한 방울의 피라도 남아 있는 한 신께서 내게 허락하신 스페인 왕정을 수호할 것이다. 나는 내 목숨이 한 조각이라도 붙어 있는 한 스페인을 떠나지 않겠다." 그러나 1709년의 스페인은 독자적으로 결정을 내릴 수 있는 상황이 아니었다. 그리고 그 사실은 동맹국들이 1710년 8~9월 사라고사와 마드리드를 재점령하고, 루이 14세가 부르봉 가문을 지원하기 위해 새 병력을 서둘러 이베리아반도에 파견하지 않으면 안 되었을 때 더욱 분명해졌다. 그러나 1711년 초경 전쟁에 지친 동맹국은 자신들의 전쟁 목적을 재평가하게 되었다. 그 전해 12월에 있었던 비야비시오사(과달라하라)에서의 패배는 (이베리아) 반도에서 동맹국의 승리에 대한 가능성을 어느 때보다도 희박하게 만들어 놓고 있었다. 이어 1711년 4월 오스트리아의 황제 조셉 1세가 죽고, 황제 자리가 그의 동생 카를 대공에게 돌아가게 되었다. 영국과 네덜란드에게는 오스트리아와 스페인 제국이 결합하게 되는 것이 프랑스와 스페인이 결합되는 것 못지않게 위협적인 것이었고, 때문에 영국과 네덜란드는 1712년 1월 위트레흐트에서 부르봉 왕가와 협상을 시작하였으며, 약 1년 만에 협상을 종결지었다. 이렇게 해서 동맹국들로부터 배신당하고 버림받은 카탈루냐인들은 혼자서 필사적으로 싸웠지만 불가항력이었으며, 1714년 9월 바르셀로나는 결국 두 달여 동안 공격을 당한 끝에 프랑스-스페인 연합군에게 굴복하게 되었다.

위트레흐트 조약(1713년 4월)과 라슈타트 조약(1714년 3월)은 스페인 왕위계승 전쟁을 공식적으로 종결시키는 것이었다. 펠리페 5세가 스페인의 합법적 왕으로 인정받게 되었고(대신 그는 프랑스 왕위계승권을 포기해야 했다), 스페인의 분할을 저지할 수 있게 되었으며, 스페인령 아메리카 제국 또한 분할되지 않은 채로 보전하게 되었다는 점에서 부르봉 왕가는 전쟁 목적 가운데 대부분을 달성할 수 있었다고 할 수 있다. 그러나 황제 카를은 네덜란드와 이탈리아 내 스페인 영토(밀라노, 투스카니, 사르디니아, 나폴리)를 얻음으로써 넉넉한 보상을 받았고, 시칠리아는 사보이의 지배자에게 돌아갔다. 영국인들 또한 전쟁 과정에서 자신들이 얻게 된 이익——지브롤터와 메노르카섬(1708년 점령함)——을 고수할 수 있었으며, 인디아스에서도 중요한 무역상의 양보를 얻어 냈으니, 30년 동안 스페인 제국에 아프리카 노예를 독점적으로 운송할 수 있는 권리(아시엔토)와 매년 500톤의 화물을 인디아스에 수출할 권리가 그것이었다. 위트레흐트 조약은 그것이 부르고뉴-합스부르크 제국의 종식을 의미하고, 중요한 무역권뿐만 아니라 귀중한 반도 내 거점을 영국인들에게 내주게 되었다는 점에서 스페인에게는 굴욕적인 것임에 분명했다. 그러나 유럽 내 영토를 상실하게 된 것은 스페인이 마침내 재정 자원의 고갈로부터 해방되고, 자신의 에너지를 오롯이 국내 문제와 아메리카 식민지에 집중할 기회를 갖게 되는 것이기도 했기 때문에 적어도 이 점에서는 위트레흐트 조약이 후퇴이자 기회이기도 했다.

펠리페 5세의 통치(1700~1746)

펠리페 5세와 그의 각료들은 프랑스적인 방식으로 스페인을 통치하려고 했으니, 중앙집권화, 합리화, 근대화는 그들의 표어가 되었다. 단기적으로 부르봉 체제의 주요 목표는 왕권을 증대시키고, 전쟁을 위해 국가 재원을 효과적으로 동원하는 것이었다. 전자는 부분적으로 프랑스의 노선에 따라 국가 행정을 근본적으로 재편하는 것으로 달성되었다. 데스파초(despacho, 국무회의cabinet council)가 주요 정책결정기구가 되었고, 예전 합스부르크 시대의 국가평의회들(councils of state, 거의 귀족들에 의해 독점되고 있었다)의 영향력은 급속히 줄어들었다. 유일하게 내정을 담당하고 있던 카스티야 평의회만이 얼마간의 영향력을 유지했다. 행정상의 권력은 일련의 비서들, 즉 각료들에게(국가, 전쟁, 사법, 교회, 해군과 인디아스, 재정 등으로 나뉘어 있었다) 이관되었으며, 정책의 실행은 대귀족이 아닌 하급 귀족 출신의 새로운 관료 엘리트들에게 맡겨졌다. 이제 스페인 왕국 전체로부터 대표를 소집하는 것으로 바뀐 코르테스는 의미 있는 정치적 역할을 수행하지 못하게 되었고, 18세기 동안 딱 세 차례만 소집되었다.

반란을 일으킨 동쪽 영토들(카탈루냐, 발렌시아, 아라곤 등)의 패배는 펠리페 5세와 그의 각료들에게 반란자들을 응징하고, 국가의 정치적 합리화를 실행에 옮길 수 있는 기회를 제공했다. 1707년 6월 왕은 누에바플란타(Nueva Planta), 즉 '신계획'이라는 이름의 엄격한 칙령을 발표했는데, 그것은 "그들은 반란을 일으켰고, 짐을 자신들의 합법적 왕이자 주군이라고 한 충성의 맹세를 저버렸다"는 이유로 아라곤과 발렌시아의 주민들이 지금까지 향유해 온 모든 특권과 자유를 일소해 버렸다. 지역평의회들(regional councils)과 지역 코르테스도 폐지되었다. 그 지역 출신 관리들은 카스티야 출신 코레히도르들로 대체되었다. 전통적인 푸에로들(fueros, 지역자치법)은 카스티야법으로 대체되었다. 카스티야식 고등법원이 각 지역에 설치되었다. 카탈루냐에서도 카스티야의 지배를 강요하는 비슷한 칙령이 1716년 1월에 발표되었다. 정부는 카탈루냐인의 잘못을 용서하고 그들의 '전통적 권리와 재산을 완전히 회복시켜 준다'고 명시한 위트레흐트 조약을 파기하고 카탈루냐의 지역자치권을 억압하는 여러 가지 제도상의 변화를 도입하였다. 지역 행정과 법정에서 카스티야인들이 카탈루냐인들을 대체하였으며, 카탈루냐 대학들은 폐지되고 세르베라 (Cervera)에 친-부르봉 계열의 대학이 새로 들어섰다. 비록 그것이 카탈루냐 민법을 완전히 대체하지는 않았지만 카탈루냐에는 카스티 야의 법이 도입되었다. 군대 의무복무제 도입 계획도 고려되었으나 카탈루냐인들의 완강한 반발에 부딪혀 보류되었다. 그와는 대조적 으로 바스크와 나바라 지역에서는 그들이 (전쟁 중에) 부르봉 왕조에 충성을 다했기 때문에 푸에로와 법정이 그대로 유지되었다. 동쪽 영 역들을 다른 지역과 더 강하게 연계시키려는 취지로 아라곤(1714), 발 렌시아(1716), 카탈루냐(1717)에서 재산과 수입에 부과하는 포괄적 성 격의 단일 세금 도입을 통해 재정 통합을 이루려는 시도가 있었다. 행정상의 개혁은 한 시대의 종식을 의미했다. 동쪽 왕국들의 자치는 단번에 일소되었으며, 그곳에는 더 중앙집권화되고, 적어도 이론적 으로는 전보다 훨씬 더 통일된 스페인 왕정이 들어섰다. 이 점에서 누에바플란타는 근대국가로서의 스페인의 탄생을 의미한다고 할 수 있다.

그러나 스페인 왕위계승 전쟁이 끝나자 개혁의 추동력과 속도 는 급속하게 감소했다. 이것은 부분적으로는 펠리페 5세의 개인적인 결함에 기인한다고 할 수 있었는데, 그는 처음에는 궁정의 실력자 위 르생의 공주에게 그리고 1714년 그녀가 해임되고 나서는 자신(왕)의 두 번째 부인인 이탈리아 출신의 이사벨 파르네세(Isabella Farnese) 에게 쉽게 휘둘렸다. 펠리페는 주기적으로 정신이 온전치 못할 때가 있었는데, 그중 가장 긴 기간이 1732~1733년이었다. 이때 그는 신하들 을 만나는 것과 공문서에 서명하는 것조차 거부할 정도였다. 1724년 1월 왕은 갑자기 아들 루이스에게 양위했다가 그 아들이 그해 9월 천연두로 죽자 다시 복위하기도 했다. 펠리페의 기이한 행동과 국정에 대한 무관심은 국정 공백을 가져왔고, 그 공백은 몇 명의 외국인 조언자들에 의해 메워졌는데, 1714년부터 1719년까지 정권을 장악한 이탈리아인 추기경 알베로니(Cardinal Alberoni)와 1724년부터 1726년까지 자의적으로 권력을 휘두른 신중치 못한 네덜란드인 리페르다(Ripperda)가 그들이었다. 그 후로는 스페인인 각료들이 전면에 나섰는데, 특히 카탈루냐에서 누에바플란타를 실행에 옮기고, 후에 인디아스와 해군부, 재정부, 전쟁부 서기(장관)를 역임했으며, 마지막으로 1733년부터는 국가 서기(secretary of state)를 지낸 호세 파티뇨(José Patiño)가 가장 두드러졌다.

만약 왕의 각료들이 희망한 것처럼 스페인이 다시 한번 강국이 되고, 식민지 라이벌들을 물리치고 아메리카 제국을 수호할 수 있기 위해서는 그 야심을 뒷받침해 줄 육군과 해군이 필요했다. 이를 위해 부르봉 왕조 지배 첫 반세기 동안 국왕의 연 수입 가운데 50% 이상이 군사 부분에 할당되었다. 약 70,000명으로 구성되고, 프랑스의 연대(regiments) 시스템에 기반을 둔 근대적 상비군이 창설되었다. 야심적인 해군력 증강 계획도 파티뇨의 주도로 실행에 옮겨졌다. 조선소와 해군기지가 재건되거나, 갈리시아 지역 페롤(Ferrol)의 경우처럼 새로 만들어졌다. 스페인 최초의 해군사관학교가 창설되었고, 조선(造船) 프로그램이 가동되었다. 파티뇨의 최선의 노력이 재원 부족과 경쟁 관계에 있던 육군 쪽의 요구로 자주 방해를 받곤 했지만 그가 죽을 무렵 스페인은 34척의 대형전함과 9척의 프리깃함, 16척의 소형전함을 보유하게 되었다.

펠리페 5세의 각료들의 최선의 노력(best intentions)에도 불구하고 스페인의 외교 정책은 확고하게 유럽을 지향했다. 이사벨 파르네세의 부추김을 받은 펠리페 5세의 전술의 최우선 목표는 스페인이 전에 이탈리아 내에서 누리던 영향력을 회복하고 두 사람의 아들 카를로스에게 왕국을 하나 마련해 주는 것이었다. 이를 위해 스페인군은 1717년 사르디니아와 시칠리아를 연달아 공격했으나 프랑스, 영국, 네덜란드, 오스트리아로 구성된 '4자동맹'(1718)의 방해로 실패하고 말았다. 어쩔 수 없이 협상 테이블에 앉게 된 스페인은 캄브라이 조약(1724)으로 영토상의 이득을 포기했다. 그러나 스페인군은 폴란드 왕위계승 전쟁(1733~1738)의 발발을 기회로 1734년 오스트리아로부터 나폴리와 시칠리아를 빼앗고, 카를로스를 두 시칠리아(Two Sicilies)의 왕으로 앉혔다. 그 후로 지브롤터와 미노르카를 둘러싼 불화와 카리브해에서 이루어지는 영국인들의 대규모 밀무역에 의해 자극을 받아 악화된 영국과의 식민지 라이벌 관계가 스페인의 관심을 지배하였다. 단기적이고 실속 없는 전쟁이 1727~1728년에 있었고, 이어서 1739년에는 그보다 훨씬 오래가고 훨씬 많은 자원을 고갈시킨 또 한 번의 전쟁, '젱킨스 귀의 전쟁'(War of Jenkins' Ear)이 이어졌으니, 이 전쟁은 양측 모두에서 별 소득 없이 1748년까지 끌었다.

부르봉 지배의 첫 50년 동안의 여러 성취에도 불구하고 스페인의 전체적인 위상은 여전히 취약했다. 재정 개혁으로 정부 수입은 1703년 약 1억 2천 30만 레알에서 1745년 3억 6천만 레알로 증가했고, 카스티야와 왕국 나머지 지역 간의 과세 부담은 전보다 훨씬 공정한 쪽으로 바뀌었다. 그러나 세금징수인들은 국가의 수지 균형을 맞추기 위해 분투하지 않으면 안 되었다. 야심적이고 돈이 많이 드는 외교 정책을 위한 자금을 마련해야 하고, 급속히 확대되어 간 관료제와 새로 전문화되어 간 군대(육군과 해군)가 국가 수입 가운데 서로 많은 부분을 차지하기 위해 벌이는 싸움에 적절하게 대처해야 했던 것과는 별개로, 합스부르크 왕조 때에 비해 훨씬 씀씀이가 커진 왕가의 비용을 마련해야 하는 문제가 남아 있었다. 베르사유궁의 웅장함에 고무된 펠리페 5세는 막대한 국가 공금을 마드리드와 세고비아 근처라 그랑하 데 산 일데폰소(La granja de San Ildefonso)에 사치스러운 새 궁전을 짓고, 아랑후에스에 있는 기존의 궁전을 확대하는 데 지출했다. 1731년 영국대사 벤저민 킨(Benjamin Keene)은 당시 스페인 국왕의 연간 수입이 1,900만 페소였고, 그중에서 왕가가 700만 페소, 육군이 870만 페소, 그리고 해군과 관료가 나머지를 사용했다는 계산을 내놓았다. 1746년 펠리페 5세가 서거할 무렵에도 국가는 수입보다 훨씬 많은 액수를 지출하고 있었다. 그러므로 새 정부의 최우선적 현안은 스페인이 다시 한번 대국의 지위로 도약하고자 한다면 절실히 필요로 하는 재원을 마련하는 것이었다.

페르난도 6세(1746-1759)

펠리페 5세와 그의 첫 번째 부인 사보이의 마리아 루이사(María Luisa of Savoy) 사이에서 태어난 아들들 가운데 유일하게 살아남은 페르난도 6세는 부왕과 마찬가지로 정서적으로 불안한 인물이었다. 통치자로서의 자질을 갖고 있지 않았던 새 왕은 자신의 정력과 재원의 대부분을 사치스런 궁전을 유지하고, 그 궁전에 작곡가 도메니코 스칼라티(Domenico Scarlatti)나 나폴리 출신의 유명한 카스트라토[castrato,

어렸을 때 거세하여 여성의 음역을 가진 남성 가수] 파리넬리(Farinelli) 같은 음악가들을 초청하고 접대하는 일에, 혹은 아랑후에스궁 근처의 타구스강에서 정기적으로 수상 축제를 벌이는 일에 바쳤다. 그런 왕 때문에가 아니라 그런 왕에도 불구하고 페르난도 6세의 치세는 스페인 왕위계승 전쟁 이후 나타난 스페인의 회복에서 중요한 단계였다. 내각의 강력한 리더십, 국제 사회의 평화, 꾸준히 증대된 국가 수입에 힘입어 페르난도 6세의 첫 번째 정부는 상황을 멀리 내다보고, 국가의 하부구조를 강화하고, 스페인과 라이벌 국가들 간에 크게 벌어진 기술의 차이를 좁히기 시작했다. 두 명의 각료가 새 정부를 지배하게 되었는데, 그중 한 사람이 라 엔세나다 후작(marquis of La Ensenada) 제논 데 소모데비야(Zenón de Somodevilla)였다. 그는 1743년부터 전쟁부, 재정부, 해군부, 인디아스부 장관직을 포함한 정부 주요 내각과 국가서기(secretary of state), 국가 수입관리인직(superintendent of revenues)까지 두루 역임했다. 다른 한 사람은 호세 데 카르바할(José de Carvajal)이었는데, 그는 수상, 인디아스평의회 의장, 교역위원회(junta of commerce) 위원장을 역임했다. 이 두 사람은 주요 정책을 두고 맞서기도 했는데, 예를 들어 외교 문제에서 엔세나다는 해군이 우월한 영국에 맞서기 위해서는 프랑스와 동맹을 체결해야 한다고 주장한 반면에, 모계 쪽을 통해 영국 귀족 가문과 인척관계였던 카르바할은 영국과의 우호관계가 더 중요하다고 주장했다. 경제 부문에서는 엔세나다가 스페인과 인디아스 간 무역을 중시했다면 카르바할은 국가에 의한 국내 산업 증진을 중히 여기는 편이었다.

정책과 성격, 모두에서 큰 차이가 있었음에도 불구하고 엔세나다와 카르바할은 적어도 단기적으로는 정부의 최우선 목표가 국가 재정 자원 확충과 군사력 강화여야 한다는 데 의견을 같이했다. 스페인이 프랑스나 영국과 대등한 입장에서 상대할 수 있다면 물론 환상적인 것이 되겠지만 그들의 현실적인 목표는 엔세나다가 1752년 직접 언급한 바 있듯이, 스페인을 더 이상 두 강국에 휘둘리지 않고 존중받는 국가로 만드는 것이었다. 이 목표를 달성하기 위해서는 외국 열강과의 평화가 필수적이었다. 영국과의 적대관계는 1748년 10월 18일 엑스-라-샤펠 조약에 의해 종결되었다. 이어 1756년 한편으로 프랑스와 오스트리아 간에, 다른 한편으로 영국과 프랑스 간에 7년 전쟁이라는 새로운 분쟁이 발생했을 때 스페인은 처음에는 신중하게 중립적인 태도로 임했다.

엔세나다는 광범한 재정 개혁 프로그램을 실행에 옮김으로써 통치 자금을 증대하려는 생각을 갖고 있었다. 그의 계획 가운데 핵심은 카타스트로(catastro)라고 하는, 수입에 대한 단일세를 도입하는 것이었다. 그것은 사상 처음으로 귀족과 평민을 구분하지 않고 능력에 따라 모든 백성들로부터 세금을 징수하겠다는 것이었다. 이를 위해 1750년부터 1754년까지 카스티야 전역에 걸쳐 재산과 수입에 대한 상세한 조사가 지사(intendants)라는, 국왕이 새로 임명한 관리들에 의해 이루어졌다. 이 지사들은 사법, 재정, 군사, 그리고 그 외 일반 행정에서 광범한 권한을 가진 사람들이었다. 그러나 이 입법은 이 세제를 기존 사회질서에 대한 도전으로 간주한 귀족과 성직자들의 완강한 저항에 부딪혀 보류되고 말았다. 그에 비해 다른 재정 개혁은 좀 더 성공적이었다. 지방 세정(稅政)이 국가의 직접적인 통제하에 들어오게 되었고, 아메리카 무역과 개인에게 송금되어 오는 귀금속에 국가의 보다 엄격한 통제가 이루어졌으며, 히로 레알(Giro Real)의 창설로 외

환 업무가 국가에 이관되었다. 세금 징수에서의 이런 효율성의 증대 덕분에 페르난도가 1759년에 서거할 무렵 국가수입이 유례없이 3억 레알의 흑자가 생길 정도로 상황이 개선되었다.

　엔세나다의 신중한 재정의 최대 수혜자는 그가 의도한 대로 스페인 해군이었다. 1753년경 국가 총지출의 약 5분의 1이 해군에 투입되었다. 카디스, 카르타헤나, 페롤에 있는 전함 조선소가 재건되었고, 목재와 해군 군수품 자급을 위한 조치들이 취해졌으며, 1749~1750년에 잉글랜드를 방문한 호르헤 후안(Jorge Juan) 같은 엔지니어를 외국에 파견하여 최신 조선 기술을 배워 오게 했고, 새로운 형태의 전함을 만들 수 있는 설계전문가와 기술자 양성을 위한 노력이 경주되었다. 1754년 무렵 스페인은 45척의 대형 함선, 19척의 프리깃함을 보유하고 있었고, 그에 대해 영국 정치인들이 상당한 우려감을 표명했을 정도였다. 실제로 마드리드 주재 영국대사 킨은 음모를 꾸며 1754년 여름에 엔세나다를 직책에서 쫓아내고 대신 우에스카르 공작이자 친영파인 리카르도 월(Ricardo Wall)을 그 자리에 앉혔다. 엔세나다가 해임되면서 정부 내 그의 동료 개혁가들 가운데 다수가 함께 해임되었다. 새 체제는 엔세나다가 가지고 있었던 비전과 추진력을 갖고 있지 않았다. 사실 그들은 그에 대해 어떤 일관된 정책을 갖고 있지 않았던 것으로 보인다. 세금과 교역 분야에서 전에 도입되었던 쇄신책 가운데 다수도 유명무실해졌으며, 킨이 기대한 대로 해군에 할당되는 예산도 급감하였다. 게다가 1758년 원래 정신이 불안했던 페르난도 6세가 왕비 바르바라 데 브라간사(Barbara of Braganza)의 죽음에 따른 충격으로 완전히 광적인 상태가 됨에 따라 국정은 거의 마비 상태에 이르렀다. 1759년 8월 페르난도가 죽고 그의 배다른 형제 카를로스가 즉위하고 나서야 국정이 새로 거듭날 수 있었다.

카를로스 3세(1759~1788)

카를로스 3세가 1759년 스페인 왕위에 즉위했을 때, 그는 이미 지배자로서 상당한 경험을 가진 사람이었고, 개혁가로서 그가 받아 든 성적표 역시 인상적이었다. 1734년 이래 그는 이미 나폴리와 시칠리아의 왕으로 후에 스페인에서 부딪히게 될 것들과 매우 유사한 문제들과 싸워 상당한 성공을 거둔 이력을 쌓고 있었다. 그가 스페인에서 부딪히게 될 문제란 비효율적이고 불공정한 통치 시스템과 세제, 왕정에 위협이 될 정도로 강한 힘과 특권을 가진 귀족과 성직자, 시급히 부양책을 강구하지 않으면 안 되었던 다 죽어 가는 경제 등이었다. 거기다가 나폴리는 그의 후원하에 문화와 교육의 중심이 되어 있었다. 당대인들은 그의 열정과 국정에 대한 지대한 관심에 깊은 인상을 받고 있었다. 그는 잦은 사냥 원정에도 불구하고 결코 정무를 게을리하지 않았다. 스페인에서는 두드러지지 않은 평범한 지배자들이 이미 여럿 거쳐 간 뒤였기 때문에 카를로스는 스페인이 근본적인 개혁을 이루기 위해 꼭 필요로 했던 역동적인 군주(즉 우수한 계몽전제군주)로 비쳤다.

카를로스는 유능한 각료들로 이루어진 그의 첫 번째 내각을 구성했는데, 그중 가장 영향력 있는 인물이 스킬라체 후작(marquis of Squillace)인 이탈리아인 레오폴도 디 그레고리오(Leopoldo di Gregorio, 그는 이탈리아에서 카를로스의 신하로 일한 적이 있었고, 스페인에 와서는 1759년부터 재무부장관으로, 1763년부터는 전쟁부장관으로 복무했다)와 역시 이탈리아인이었던 그리말디 후작(marquis of Grimaldi, 1763년에 수상으로 임명되었다)이었다. 이들은 일단의 스페인인 관료들의 적극적인 지지를 받았는데, 그 가운데 다수는 만테이스타스(manteistas) 혹은 골리야스(golillas)라고 불린 대학 교육을 받은 사람들이었다. 이들은 대개 이달고 출신이었지만 권력을 두고 대립한 라이벌들, 즉 고위 귀족 출신으로서 대학 교육을 받은 콜레이할레스(colegiales, 이들이 그때까지 정부계서와 사법부, 교회를 장악하고 있었다)라 불린 사람들이 가지고 있던 부와 연줄은 갖고 있지 않았다. 이 새로운 부류의 각료의 전형적인 예가 페드로 로드리게스 데 캄포마네스(Pedro Rodríguez de Campomanes), 그리고 후에 플로리다블랑카 백작(count of Floridablanca)이 되는 호세 모니노(José Moñino)였으며, 이들은 카를로스 3세 치세 동안 왕이 추진한 개혁 정책의 선봉에 섰다. 새로운 내각은 그들이 맞대면해야 했던 과업의 어려움에 대해 정확히 알고 있었다. 각료 가운데 한 사람이었던 마누엘 데 로다(Manuel de Roda)는 "스페인은 얼마나 많은 개혁을 필요로 하는가? 그 규모가 너무나 커서 막상 그것을 시도하려고 했을 때 어디서부터 어떻게 시작해야 할지 도무지 알 수 없을 정도였다"라는 말로 그 어려움을 솔직하게 표현했다. 카를로스 3세가 스페인에 도착하고 나서 곧바로 국왕 수입 증대와 왕권 강화를 위한 일련의 개혁이 시도되었다. 예를 들어 엔세나다의 수입세(收入稅) 계획은 1760년 선반에서 내려져 다시 논의 대상이 되었고, 그것을 실행에 옮기는 것을 검토하기 위해 위원회가 설치되었다. 2년 후 캄포마네스는 과거 국왕에 의해 양도된 영주권과 재산을 되찾기 위한 단호한 개혁에 착수했다.

부르봉 왕들은 특히 막대한 부와 권력을 소유한 스페인 교회를 자신들에게 복속시키고, 교황의 개입을 최소화하는 일에 단호한 태도를 보였다. 이미 펠리페 5세에 의해 시작된 오래된 논란 끝에 1753년 체결된 교황청과의 정교협약은 스페인 국왕에게 '레알 파트로나토 우니베르살'(real patronato universal)을 허용하였는데, 그것은 스페인 국왕에게 주교와 재속 사제 대부분을 천거할 권한이 있음을 확인하는 것이었다. 카를로스 3세 치하에서 교회에 대한 국왕의 통제는 더욱 확실해졌다. 엑스쿠사도(excusado)로 알려진 교회에 대한 세금 징수를 정부가 통제할 수 있게 되었으며(1761), 교황청 문서가 스페인에 공포되기 위해서는 반드시 국왕의 사전 허가를 거쳐야 한다고 선언되었고(1762), 교회 기구가 더 이상의 재산을 획득하는 것이 금지되었다(1765). 종교재판소의 권한을 제어하려는 시도는 나타나지 않았지만 이 기구를 보다 온전하게 국왕의 통제하에 두기 위한 조치들이 취해졌기 때문에 18세기 후반이면 종교재판소에 회부되는 소송 건수가 매우 드물게 되었다. 그럼에도 종교재판소는 여전히 적극적이고 빈틈없는 모습으로 남아 있었다. 세비야 지사로 있으면서 안달루시아에서 여러 개혁정책을 추진한 바 있는 유명한 관리 파블로 데 올라비데(Pablo de Olavide)가 이단 혐의로 체포되어 8년의 구금형에 처해지기도 했다.

　　카를로스 3세의 초창기 외교정책안 가운데 하나는 엔세나다와 카르바할이 지배할 때 스페인에 큰 이익을 가져다준 바 있는 신중한 중립 정책을 포기하고 7년 전쟁에 프랑스 편으로 참전한 것이었다. 서류상으로는 이 정책이 별로 잘못된 것이 아니었다. 1761년 8월에 맺은 제3차 왕가협약(Family Compact, 프랑스와 체결한 군사동맹)

은 스페인과 프랑스 각자의 군사력을 합하여 영국의 해군력에 맞설 수 있는 강력한 군사력을 만들어 내려는 것이었다. 그러나 스페인이 1762년에 참전할 당시의 전세는 이미 영국에 결정적으로 유리한 쪽으로 기운 상태였고 프랑스는 패배 일보 직전에 있었으며, 스페인이 이 전세를 역전시킬 가능성은 없었다. 1763년 2월 체결된 파리 조약은 스페인에게 플로리다와 미시시피강 동쪽 북아메리카 영토와 온두라스에서의 교역권을 영국에 넘길 것을 요구했다. 그러나 스페인은 한동안 영국에 상실했던 아바나와 마닐라를 회복하였고, 영토 상실에 대한 보상으로 프랑스로부터 루이지애나를 넘겨받았다.

군사적 패배에 이어 내부적 혼란이 뒤따랐다. 1766년 3월 마드리드에서 민중 반란이 발발하여 4일 동안 마드리드는 무정부 상태가 되었다. 스킬라체의 저택이 민중들의 공격을 받았고, 카를로스 3세도 아랑후에스로 피신하지 않으면 안 되었다. 그에 이어 60개가 넘는 도시에서 소요가 나타났다. 비록 마드리드의 폭력 사태와 맞먹는 혼란이 나타난 곳은 사라고사를 비롯해 몇몇 도시에 불과했지만 말이다. 마드리드의 소요가 식량 부족과(1765년의 수확은 참담할 정도였고, 빵 가격은 천정부지로 치솟았다) 스킬라체가 얼마 전 영국과의 전쟁 비용을 대기 위해 도입한 세금 인상이 불러일으킨 분노로 나타난 자발적인 혼란이었는지, 아니면 외국인과 졸부들에 의해 권력으로부터 소외되는 것에 분노하고, 정부의 개혁 프로그램을 자신들의 부와 지위에 대한 위협으로 여긴 고위 귀족과 성직자 집단에 의해 선동되거나 사주된 것인지에 대해서는 그동안 많은 논란이 있어 왔다. 결과적으로 1766년의 폭동이 많은 것을 바꾸지는 못했다. 스킬라체가 신속하게 해임된 것은 사실이지만 다른 점에서는 정책이나 인적 구성에서 별 변화가 없었다. 아란다 백작(count of Aranda)이 카스티야평의회 의장에 임명되어 마드리드 질서 회복의 책임을 떠맡았고, 지방에서는 식량 폭동이 진압되고, 도시 지역 치안을 감시하기 위해 각 지역의 알칼데들(alcaldes de barrio)을 임명하는 것을 포함하여 새로운 안전 조치가 실행에 옮겨졌다.

권위가 회복되자 정부는 1766년의 혼란의 책임자를 색출하는 일에 나섰으며, 얼마 가지 않아 예수회가 의혹의 대상이 되었다. 절대주의 왕정의 원칙에 사로잡혀 있는 정부에게 예수회가 가진 국제적 조직망, 막대한 부, 아메리카에서의 반(半)독립적인 활동(파라과이에서 예수회는 거의 10만 명에 이르는 과라니 인디언들을 보호하에 두고 있었다), 교육 분야에서 갖고 있던 막대한 영향력, 귀족이나 교황청과 갖고 있던 긴밀한 관계(예수회 수사들은 교황에 복종의 선서를 했다)… 이 모든 것이 예수회가 개혁을 가로막는 장애물일 뿐만 아니라 공적 질서와 국왕의 권위를 위협하는 존재라는 의심을 부추겼다. 이듬해 작성된 한 정부 문건은 예수회의 "광신주의와 선동 정신, 교리상의 오류와 참을 수 없는 오만함"을 경멸하고, 이 교단을 "공적 복지와는 정면으로 모순되는 이해관계 추구로 국가를 어지럽히는 노골적인 당파 가운데 하나"로 규정했다. 1767년 2월 예수회를 스페인과 그 해외 영토로부터 추방하는, 그리고 예수회 재산을 몰수한다는 국왕 칙령이 발표되었다. 예수회 대학들의 강좌가 폐지되고, 대학들을 좀 더 철저하게 정부 통제하에 두고, 대학 커리큘럼의 개혁을 독려하려는 시도가 나타났다. 스페인에서 공적인 반응은 차단되었고, 성직자들(그들 중 다수는 지금까지 예수회원들이 누려 온 권력과 영향력을 못마땅하게 생각했다)은 이런 조치에 별 반응을 나타내지 않았다. 6년 후 예수회는 교황 클레멘스 14세에 의해 완전히 폐지되었다.

스킬라체의 해임과 더불어 카를로스 3세는 친정(親政)을 강화하고 거기에 스페인적 정체성을 보다 분명하게 부여하려고 했다. 새로운 체제 안에서 아란다 백작은 가계(家系)와 정치적 면모, 모두에서 두드러졌다. 아란다는 구파(old school)의 병사귀족이었으며, 왕은 그가 계몽주의적 개혁에 얼마나 관심을 가지고 있느냐보다는 그의 질서 유지 능력과 귀족의 신뢰를 고무할 능력을 더 높이 평가했다. 아란다는 개혁 자체에 반대하지는 않았지만 동료들이 주장하는 중앙집권화 정책은 그것이 지역적 전통과 자유를 훼손할 것으로 보고 반대했다. 또 그는 그리말디(Grimaldi) 같은 아웃사이더와 캄포마네스나 모니노 같은 골리야스 관료들이 높은 자리를 차지하고 있는 것을 못마땅해했다. 아란다와 그의 지지자들은 카를로스 3세의 절대주의적 경향을 억제할 필요가 있다고 믿었다. 백작과 그의 지지자들은 보다 합의적인 통치 모델로, 즉 귀족들이 왕권에 대해 견제력을 갖고, 지역의 자유가 중앙 정부에 의해 존중되는, 합스부르크 전성기 시절 스페인에 나타났었던 그런 모델로 다시 돌아가려고 했다. 아란다는 1766~1773년 카스티야평의회 의장으로서, 이른바 아라곤파(Aragonese-Party), 즉 부르봉 국가의 점차적 중앙집권화와 관료화를 저지하려고 하는 귀족, 성직자, 고위 장교들로 구성된 비공식적 파당의 수장이 되었다. 아란다 자신은 조심스런 태도를 취하여 골리야스 각료들과는 기꺼이 싸울 준비가 되어 있었지만 그의 지지자들 가운데 다수가 천명하는 극우적 견해의 옹호자가 될 생각은 없었다. 아란다가 1773년 4월 프랑스 주재 대사로 임명된 후 사실상 정치에서 물러난 후에도 아라곤파는 사라지지 않았고, 라이벌 파벌들(즉 콜레히

알들과 골리야들 간)의 정부 내 갈등은 1777년 2월 플로리다블랑카가 국가서기에 임명될 때까지 계속되었다. 플로리다블랑카의 집권은 부르봉가의 정치 프로젝트가 중앙집권화, 근대화, 개혁 지향의 강한 의지와 더불어 좌절되지 않을 것임을 보장하였다. 플로리다블랑카는 점점 국정에 대한 관심이 약해져 간 왕으로부터 거의 전권을 위임받아 정기적으로 동료 각료들과 만나 국정을 논의하고 정책을 조율했다. 각 각료들은 코바추엘라(covachuelas)라 불린 일단의 전문관리들의 많은 도움을 받았는데, 이들의 소임은 그들의 부서가 잘 돌아가도록 하는 것이었다.

군대 개혁은 펠리페 5세와 페르난도 6세 때와 마찬가지로 카를로스 3세 치하에서도 정부의 최우선 관심사였다. 7년 전쟁의 패배로 혼쭐이 난 카를로스 3세는 국가 전투 능력의 철저한 점검에 나섰다. 세기 중엽 엔세나다가 스페인 해군력을 증강하려고 했을 때 영국의 전문가들에게 도움을 요청한 데 비해 카를로스와 그의 각료들은 스페인 육군의 근대화를 가져다줄 군사적 노하우를 배우기 위해 프러시아 군대에 의존했다. 1761년경 스페인 정규군의 수는 약 6만 명에 이르렀다. 아빌라와 세고비아에 육군사관학교를 세워 신병들에게 최신식 전술을 가르쳤다. 바르셀로나, 산탄데르, 세비야에 중화기 제조 공장이 들어서 스페인 육군은 야포 등 우수한 장비를 갖춘 군대로 탈바꿈하였다. 동시에 (주로 페롤과 아바나에 기반을 둔) 해군 건설도 보조를 맞추어 예정대로 진행되었다. 이제 스페인은 그에 필요한 기술을 전문가들에 제공하기 위해 영국보다는 프랑스에 의존했지만 말이다. 1783년경 스페인 해군은 67척의 전함과 32척의 프리깃함의 보유로 유럽에서는 영국 다음으로 강력한 해군을 갖게 되었다. 그럼에도 불구하고 스페인군의 대규모 전투 수행 능력은 효과적인 보급 체계의 결여, 과다한 장교 수(1796년에 132명의 장군이 있었다), 자원병과 외국인들에 의존해야 했던 비효율적인 징병 체계 등으로 치명적으로 약화되었다. 치세 말에 스페인에는 8개의 외국인 연대가 있었다. 마찬가지로 스페인의 식민지로부터의 이익과 스페인의 대서양 무역을 수호하기 위해 스페인 해군이 중요한 역할을 수행했음에도 불구하고 해군 장교들의 낮은 자질 때문에 전시에 제대로 된 작전을 수행하지 못하고 선박들이 항구에 머물러 있어야 하는 상황이 자주 나타났다.

1760년대와 1770년대 스페인의 군사적 팽창과 짝을 이루어 보다 호전적인 대외 정책이 나타났다. 영국에 패배했음에도 불구하고 스페인은 프랑스–스페인 동맹을 계속 유지했고, 1779년 영국과의 적대관계가 재개되었을 때 스페인은 프랑스와의 신용을 분명히 지키는 쪽으로 처신했다. 새 갈등의 뿌리는 1775년 아메리카 독립전쟁의 발발이었다. 카를로스와 그의 각료들은 북아메리카 식민지의 반란이 스페인령 아메리카 식민지에서도 비슷한 분리주의적 반란을 불러일으킬지 모른다고 우려하기도 했지만 그 불안감은 이 아메리카 전쟁이 1763년 파리 조약에서 당한 손실을 만회할 기회를 제공할 수 있을 것이라는 생각에 압도되어 버렸다. 동그라미를 사각형으로 만들기라도 하려는 듯 스페인 정부는 북아메리카 주들의 독립은 인정하지 않은 채 북아메리카 반란자들에게 병참적 지원을 제공하였다. 동시에 중아메리카(Central America)의 영국기지들에 직접적인 공격을 퍼부었고, 그것은 1781년 5월 플로리다 펜사콜라 해안 점령에서 정점에 이르렀다. 이에 발맞추어 유럽 내 영국기지들에 대한 협공도 함께 이루어졌다. 1779년에는 프랑스–스페인 원정군이 잉글랜드 본토를 직접 공격할 준비를 했으나 군대에서 역병이 돌아 무산되기도 했다. 1779년과 1782년 사이에 지브롤터에 대한 장기적인 공성이 시도되었으나 성공하지 못했다. 1782년에는 메노르카섬이 74년간의 영국의 지배 끝에 재점령되었다. 이어서 체결된 베르사유 조약(1783년 9월)으로 영국은 온두라스에서의 교역권을 차지한 반면에 플로리다와 메노르카는 스페인에 귀속되었다.

1788년 12월, 카를로스 3세가 죽을 무렵 하나의 제국으로서의 스페인의 위상은 완전히 회복된 것처럼 보였다. 스페인의 군사력은 부활하였고, 제국은 플로리다와 루이지애나의 획득으로 더 확대되었으며, 국내에서는 (지브롤터는 아니지만) 메노르카가 다시 스페인의 수중에 들어왔다. 국내 전선에서는 하나의 정치 세력으로서의 대귀족이 상당히 순화된 상태에 있었고, 스페인 교회는 어느 때보다도 정부에 의해 확실히 통제되었으며, 이베리아반도와 식민지의 경제는 인상적인 성장의 징후를 보여 주었다. 국가(國歌, 1770)와 국기(國旗, 1785) 도입 등을 통해 스페인의 애국심을 고양하기 위한 조치들이 나타났다. 부정적인 측면도 있었는데, 국가 부채가 다시 증가한 것이 그것이었다. 엔세나다의 신중한 살림살이 덕분에 카를로스 3세는 상당한 재정적 잉여를 물려받았었다. 그러나 급증한 군대 예산과 1762~1763년과 1779~1783년의 전쟁은 이 '평화가 가져다준 배당금'을 곧 고갈시켜 버렸다. 엔세나다의 카타스트로(catastro)를 되살리기 위한 모든 시도가 격렬한 항의에 부딪혀 포기될 무렵인 1779년부터 정부는 발레스 레알레스(vales reales)로 알려진 국왕 채권을 발행함으로써 수입(약 4억 5천만 레알)과 지출(7억 레알 이상) 간의 점증하는 차이를 줄이기 위해 노력했다. 그러나 이 재정 조치는 차후 새 체제를 괴롭히게 될 부채의 유산을 남겨 주었다.

카를로스 4세와 앙시앵 레짐의 위기

카를로스 4세(1788~1808)가 즉위했을 때 새 왕은 주변 사람들에게 부
왕(父王)이 추진해 온 정책을 계속 추진할 것이라는 인상을 강하게
심어 주었다. 그러나 1789년 프랑스혁명의 발발은 이 예상을 깨뜨려
버렸다. 왕의 총신 플로리다블랑카(Floridablanca)는 스페인과 부르
봉 왕정이 프랑스를 휩쓴 혁명 이념에 압도되어 붕괴되지 않을까 하
는 염려 때문에 프랑스혁명 이념이 담긴 서적이 스페인으로 유입되
는 것을 차단하기 위해 엄격하게 금줄을 쳤다. 세관의 통제가 강화되
고, 스페인 언론은 엄격한 검열을 받았다. 평온한 만년을 누리던 종
교재판소는 금지 물품 목록을 작성하고, 정부 내 혹은 고등교육 기관
에서 불온한 계몽사상의 주요 주창자들을 탄압하느라 분주해졌다.
숙청 대상자 중에는 1791년 카스티야평의회 의장직에서 쫓겨난 캄포
마네스도 포함되어 있었다. 그러나 역설적이게도 (혁명) 프랑스에 대
한 플로리다블랑카의 완강한 거부 정책은 카를로스 4세가 보기에는
새로운 프랑스 체제(혁명 정부)를 상대로 입헌적 해결에 이르려고 노
력하는 그의 사촌 루이 16세에게 도움이 되는 것이 아니라 오히려 해
로운 것으로 여겨졌고, 그래서 플로리다 블랑카는 1792년 2월 자리에
서 쫓겨났다. 플로리다블랑카를 계승한 그의 오랜 정적(政敵) 아란다
백작(count of Aranda)은 프랑스 혁명정부에 대해 보다 온건한 정책을
추진함으로써 루이 16세의 지위를 유지해 주려고 노력했으나 그 역

시 그리 성공적이지 못했다. 프랑스 왕이 1792년 8월 권좌에서 물러나고 공화정이 선언되자 아란다의 정치적 위상 또한 붕괴되었으며, 그 역시 그해 11월 자리에서 물러나야 했다.

강한 카리스마를 가진 마누엘 고도이(Manuel Godoy)가 1792년 수상에 임명된 것은 카를로스 4세가 통치에 직접 개입하고자 한 첫 번째 시도였다. 엑스트레마두라 귀족 집안 출신으로서 당시 25세에 불과했던 고도이는 확고한 정치적 혹은 사회적 기반도 갖고 있지 않았으며, 국가 관료제의 '골리야' 집단 출신도 아니었다. 동시대인 가운데 다수가 고도이가 그 직책을 계속 유지할 수 있을지에 대해서 강한 의구심을 가졌던 것은 당연했다. 그것은 그의 정치적 혹은 행정적 경력이 일천했다는 사실은 차치하고라도 그의 도덕관을 의심하는 분위기가 팽배해 있었기 때문이다. 그는 소문난 난봉꾼이었으며, 왕의 아내, 즉 마리아 루이사 왕비와도 연분이 있다는 소문이 퍼져 있었다. 얼마 못 가 고도이는 중대한 정치적 위기에 빠졌다. 1793년 1월 루이 16세가 처형되었다. 절대주의 왕정의 원칙에 기반을 두고 있었던 체제(스페인)에게 프랑스 왕가의 붕괴는 도저히 좌시할 수 없는 폭거였고, 이에 스페인은 프랑스 혁명정부를 공격하기 위해 신속하게 영국과 군사동맹을 체결했다. 그해 3월, 프랑스는 선전포고를 하였다.

그러나 수십 년 동안 전쟁을 하고 정치적 긴장 관계에 있어 왔던 스페인과 영국은 얼마 가지 않아 서로 불편한 상대임이 입증되었다. 스페인 정부는 영국의 의도를 신뢰하지 못했고, 어떤 일이 있어도 자신의 제국적 지위의 보증이라 할 수 있는 함대를 유지하려고 했다. 그래서 스페인 함대는 전쟁 기간 내내 항구에 머물러 있었으며, 그에 대해 영국 지휘관들은 분노를 금치 못했다. 1794~1795년 프랑스는 카탈루냐와 바스크 지역에서 대규모 공세를 감행했으며, 루시용, 헤로나, 산 세바시티안을 포함, 상당한 영토를 점령했다. 1795년 7월 프랑스군이 비토리아를 함락시키자 마드리드 정부는 타협에 나서지 않을 수 없었다. 바젤 평화조약(Peace of Basle, 1795년 7월)으로 스페인은 반도에서 (프랑스가) 점령하고 있던 영토 모두를 회복했으나 식민지 산토도밍고는 프랑스에 넘겨주었다. 평화조약은 스페인에서 큰 환영을 받았고, 고도이는 협상을 성공적으로 이끌어 낸 공을 인정받아 카를로스 4세로부터 "평화의 수호자"라는 칭호를 하사받았다. 이듬해 산 일데폰소에서 스페인은 프랑스 공화국과 새로운 조약을 체결했으며, 영국에게 선전포고를 했다. 그러나 과거의 '왕가협약'(Family Pacts)과 달리 산 일데폰소 조약은 동등한 상대 간의 파트너십이 아니었다. 스페인은 프랑스의 한 위성국 수준으로 전락하다시피 했고, 스페인이 가지고 있던 염원, 즉 다시 강대국으로 돌아가겠다는 바람을 영원히 파괴하게 될 장기적이고도 지속적인 전쟁에 돌입하게 되었다. 영국 해군력은 막강했다. 1797년 2월 스페인 함대는 상 비센치에서 영국 해군에게 참패를 당했고, 대서양 저쪽 편에서는 트리니다드를 상실했다. 다른 한편으로 영국의 해상봉쇄는 스페인과 스페인령 식민지 간 교통을 차단했다. 1796년에 171척의 배가 아메리카에서 카디스로 항해한 데 비해 1797년에는 그 수가 9척으로 줄어들었다. 스페인 경제는 침체에 돌입했고 국가 수입은 급감했다. 1798년 국가 재정 적자는 8억 레알에 이르렀다.

이 같은 군사적 재난은 불가피하게 국내에서 고도이의 지위를 취약하게 만들었다. 그의 급속한 출세, 지나치게 돈을 밝히는 성향, 정부 내 주요 직책에 자기 집안 사람들을 앉히기 등의 행태는 이미 강경파 전통주의자들과 계몽주의적 개혁주의자들 모두로부터 상당한 분노를 불러일으키고 있었다. 1798년 3월 고도이가 프랑스-스페인 동맹을 약화시키려고 한다고 생각하여 앙심을 품고 있던 프랑스는 압력을 가하여 고도이를 자리에서 물러나게 했다. 그러나 2년 후 보수파와 진보파(자유주의자들liberals로 알려져 있었고, 개혁의 더딘 진전에 실망하고 있었다) 간의 정치적 긴장이 고조되기 시작하자 카를로스 4세는 고도이를 다시 복직시켰다.

영국과의 전쟁은 결국 아미앵 평화조약(1802년 3월)으로 끝났다. 스페인은 영국에 트리니다드를 넘겨주기로 한 데 비해, 스페인이 전쟁으로 얻게 된 이익(1801년 '오렌지가의 전쟁' 동안 포르투갈에 점령되어 있던 별로 중요하지 않은 올리벤사Olivenza라는 국경 도시)은 보잘것없었다. 그 후 2년 동안 스페인은 일종의 중립을 유지했다. 그러나 스페인은 프랑스에 단단히 얽매여 있었는데, 중립을 유지하는 대가로 프랑스에 상당한 부조금을 지불해야 할 정도였다. 1804년 영국과의 적대가 다시 전쟁으로 비화되었을 때 스페인 선박에 대한 영국군의 봉쇄가 재개되었고, 1805년 10월 프랑스-스페인 연합 해군은 스페인 남서부 트라팔가곶 근처에서 넬슨 제독에 의해 궤멸되었다. 군사적 재난은 점증해 간 국내의 사회적·경제적 위기를 가져왔다. 황열병(1800)과 콜레라(1814)가 번져 안달루시아의 여러 도시에서 많은 희생자가 났으며, 일련의 흉작(특히 그중에서도 1803~1804년의 흉작이 가장 심각했다)으로 곡물 가격이 치솟았고, 그 여파로 기근·영양실조·역병이 빈발했다. 그로 인한 생존 위기는 갈리시아(1798), 발렌시아(1801), 빌바오(1804)에서 발발한 농민 반란의 원인이 되었으며, 세고비아(1802)와 마드리드(1808)에서도 식량 폭동이 일어났다.

이미 식민지의 직물류 수요 감소로 어려움을 겪고 있던 카탈루냐와 발렌시아는 대서양 횡단무역을 사실상 중단시킨 영국의 해상봉쇄로 또 한번 심각한 타격을 입게 되었다. 세수입으로는 지출을 감당할 수 없었고, 식민지로부터의 수입도 유례가 없을 정도로 줄어들어 국가 재정은 최악의 상황에 이르게 되었다. 정부는 대규모의 국가 부채와 일부 교회 재산 징발(1798)을 허용하는 것으로 적자를 메우려고 했다. 그러나 특권 귀족들에 대한 과세는 결코 이루어지지 않았다.

정치적 긴장은 1807-1808년 극도로 악화되었다. 고도이의 '우월한 지위'는 귀족, 군 장교, 보수적 성직자들로 새로 구성된 '아라곤파'(Aragonese party)의 공격에 직면하게 되었다. 전통주의자들은 왕위계승권자인 '아스투리아스의 왕자'(Prince of Asturias) 페르난도를 알맞은 후견자로 발견했는데, 그는 왕과 왕비가 고도이를 감싸고도는 것에 대해 심한 반감을 가지고 있었으며, 자신이 왕위계승에서 밀려나지 않을까 노심초사하기도 했다. 1807년 페르난도는 은밀하게 프랑스의 황제 나폴레옹에게 서신을 보내 그에게 '가부장적 보호'를 요청하면서, 그(나폴레옹)의 가문과의 혼인을 허락해 달라고 요청했다. 고도이도 마찬가지로 나폴레옹이 자신의 불안한 지위와 미래를 헤아려 줄 것을 기대했다. 한편 나폴레옹은 자신의 목표가 대륙의 항구들로부터 영국 선박을 배제하는 방식으로 영국의 무역을 굴복시키는 것이어서 영국의 강력한 동맹인 포르투갈을 자신의 영향권 안에 두고 싶어 했다. 퐁텐블로 조약(1807년 10월)은 포르투갈과 그 해외식민지를 스페인, 프랑스, 그리고 고도이 자신(그는 알가르베에 있는 한 독립 제후령을 할당받았다)이 분할한다는 내용으로 되어 있었다. 포르투갈은 곧 프랑스와 스페인군의 공격을 받았으며, 이때 나폴레옹은 부르봉 가문의 왕위 다툼에 직접 개입할 때가 되었다고 생각했다. 1808년 초 마드리드와 몇몇 주요 도시들이 프랑스 수비대에 의해 점령되었고, 카를로스 4세의 궁정은 아랑후에스로 이전해 갔다. 아랑후에스에서 1808년 3월 17일 밤 일단의 병사들과 농민들이 페르난도 왕자의 지지자들과 음모에 가담한 카스티야평의회 위원들에 의해 선동되어 반란을 일으켰다. 이 '아랑후에스 폭동'은 민중 반란을 가장한 귀족과 성직자들의 쿠데타였다. 그것은 고도이의 종말을 가져와 그는 투옥되었다. 카를로스 4세 역시 이틀 후에 아들 페르난도에게 양위해야 했다. 페르난도 7세(1808~1833)의 즉위는 국가 쇄신의 전망을 제공하는 것처럼 여겨졌고, 전 국민의 환영을 받았다. 그러나 환호의 분위기는 얼마 가지 못했다. 스페인 궁정에서 벌어지는 당파 싸움에 신물이 난 나폴레옹은 이제 스페인을 프랑스의 위성국가로 만들기로 작정하고 카를로스와 페르난도, 두 사람 모두를 바욘느(Bayonne)로 불렀다. 1808년 5월 두 부자는 왕위를 황제에게 넘겨야 했으며, 황제는 그것을 자신의 형 조셉 보나파르트에게 주었고, 조셉 보나파르트는 스페인의 호세 1세로 즉위했다.

부르봉 스페인의 사회와 경제

스페인에서 18세기는 인구와 경제가 상당히 증가하고 성장한 시기였다. 대체로 스페인이 대규모의 선페스트 발병에서 자유로운 지역으로 남아 있었기 때문에 스페인 인구는 1717년 약 760만에서 1797년 1050만 명으로 40% 증가했으며, 경제 발전이 가장 두드러진 발렌시아나 카탈루냐 같은 번영한 해안 지역 인구는 두 배 이상으로 증가했다. 그렇지만 스페인 전체를 보면 유아 사망률이 약 25%로 매우 높은 편이었고, 전염병(황열병, 콜레라, 천연두, 발진티푸스)과 주기적인 식량 부족 사태는 간헐적으로(예를 들어 1763~1765, 1786~1787, 1803~1805년) 높은 사망률로 이어졌다. 18세기 말 스페인인의 기대수명은 약 27세였다.

외형적으로 볼 때 스페인 사회는 과거 합스부르크 시대 때 그랬던 것처럼 매우 계서적인 사회로 남아 있었다. 사회의 정점에는 특권을 가진 두 집단, 즉 귀족과 성직자가 있었으며, 이 두 집단은 생산적인 토지 전체의 3분의 2 이상을 소유했다. 1750년에 스페인에는 귀족 신분을 가진 사람이 약 80만 명 있었고, 이들은 소수의 대귀족 혹은 다른 작위 귀족으로부터 다수의 빈곤한 이달고에 이르기까지 다양한 스펙트럼을 가지고 있었다. 그러나 귀족 신분은 점차 매력을 상실해 가고 있었다. 점차 신분이 아니라 부가 사회적 구분의 징표가 되어 가고 있었으며, 18세기 동안 가난한 이달고들 가운데 다수는 완전히 귀족 신분을 상실하게 되었다. 1783년 왕은 칙령을 발표하여 이달고도 육체노동을 할 수 있게 했다. 1797년이면 귀족 수는 402,059명, 즉 전체 인구의 3.8%로 감소했다. 상층귀족은 토지 재산을 여전히 가지고는 있었지만 과거에 그들이 가졌던 정치적 영향력은 상실했다. 대귀족이 이제 과거지사가 되어 버린 군사적 기능을 계속 수행하기는 했지만 부르봉 군주들은 그들을 정치에서 소외시켜 버렸다. 왕들은 그들보다는 하급귀족과 법률가 가운데서 관리를 선발했다. 토지귀족은 대개 자신의 영지(부동산)에서 나오는 수입으로 생계를 유지했으며, 그 수입을 가지고 계속 영주로서의 권위를 행사했다. 그들은 수입의 대부분을 이런저런 종류의 큰 씀씀이와 상당수에 이르는 하인을 유지하는 데 탕진했다. 예를 들어 아르코스 공작(duke of Arcos, 1780년 사망)은 가정에 3,000명의 하인을 두고 있었다고 한다. 18세기가 지나는 동안 대토지 귀족들은 개혁가들에 의해 지속적인 비판의 대상이 되었는데, 개혁가들은 마요라스고(mayorazgo) 혹은 한사상속제(entail, 이것들은 대규모 영지를 분할할 수 없게 만들었다), 그리고 아직도 흔들리지 않고 있는 영주제를 보다 광범한 재산 소유와 절실히 필요한 생산적인 분야에의 투자를 막는 장애물로 간주했다. 대개는 귀족 출신이었던 개혁가들이 원한 것은 하나의 사회 집단으로서의 귀족제를 타파하려는 것이 아니라 귀족이 사회 전체의 이익을 위해 공헌해야 한다는 것이었다.

점차 제왕적으로 되어 간 정부가 교회 세력을 강하게 압박했음에도 불구하고 스페인 교회는 여전히 부유하고 영향력 있는 기구로 남아 있었다. 1797년 인구조사에 따르면 스페인에는 아직도 172,231명의 성직자가 있었고, 이는 전체 인구의 1.6%에 해당했다. 교회 재산은 스페인 농업으로부터 얻어지는 전체 수입 가운데 4분의 1을 차지했다. 당시의 개혁가들은 교회의 토지 소유에 대해서는 비판적인 태도를 유지했지만(그들은 교회의 토지 재산이 토지 취득과 수익성 있는 농업에의 투자를 어렵게 하고 있다고 보았다) 지역적 수준에서 막 생겨나고 있던 경제 단체들(Economic Societies)에 빛을 던지고 있었던 '유용한' 성직자들과, 사회 전체에 무거운 짐이 되고 있었던 수도(修道) 교단, 예수회, 대성당 참사회원들을 분명히 구분했다. 많은 고위 성직자들이 시대의 추세에 발맞추어 공공사업에 자본을 대고, 지역 산업에 보조금을 제공하고, 대학에 강좌를 개설하고, 농업의 개선을 독려하는 등 여러 개혁 사업의 전면에서 활약했다. 교회는 또 병원, 학교, 구빈원 등 여러 자선 기구를 지원하기도 했다. (교회에 대한) 비판의 또 다른 흐름을 대변하는 이들이 얀센주의자들이었다. 이들은 그와 비슷한 프랑스의 단체로부터 이름을 빌려 온 집단으로서, 민중 신앙의 미신적 요소, 도덕적 해이, 경박함이라고 간주한 것을 비난했고, 특히 예수회, 수도 교단, 교황에 대해 적대적이었다.

그러나 대단치는 않았지만 꾸준하게 진행되어 간 경제 성장과 국가 관료제의 확대는 이제 막 생겨나고 있던 중간계층의 확대를 가져왔다. 막 생겨나고 있던 부르주아지에는 상인, 농민, 이달고, 교구 사제 등이 포함되어 있었다. 그런 발전이 반도 전체에서 골고루 나타나지는 않았는데, 그것은 상인 부르주아지가 주요 무역 중심지에 몰려 있는 경향이 있었기 때문이다. 1797년의 인구 조사에 의하면 스페인에는 약 25,000명의 도소매 상인이 있었고, 그중 대부분이 바르셀로나와 카디스를 기반으로 하고 있었다. 제조업에 투자할 준비가 되어 있었던 기업가들은 주로 카탈루냐에 집중되어 있었는데, 그곳에서는 농업 성장과 수입(收入) 증대가 수요를 자극했다. 확대일로에 있던 이 집단은 '계급의식'이라고 할 만한 것을 갖고 있지는 않았으며, 그 구성원들이 자신들의 이익을 대변할 어떤 분명한 정치적 의제를 추구했다는 증거도 없다.

18세기 말 부르봉 스페인은 압도적으로 농촌적인 사회로 남아 있었으며, 전체 인구 가운데 75% 이상이 농업으로 생계를 유지했다. 1797년의 인구 조사에 기록된 1,824,353명의 '캄페시노'(농민) 가운데 거의 절반(805, 235)이 '호르날레로', 즉 날품팔이 농업노동자였고, 27%(507,423)는 차지농(借地農)이었으며, 19%(364,514)만이 자영농이었다. 척박한 토지, 부족한 강우량, 불충분한 관개, 부재지주가 강요하는 높은 지대에 맞서 싸워야 했던 많은 농민들에게 농업은 대체로 먹고살기 위한 것이었다. 수출은 고사하고 인근 시장에 내다 팔 잉여 생산도 여의치 않았다. 563명의 지주가 지역 전체 농업 생산의 거의 15%를 수취했던 안달루시아의 지역 풍광은 다수 귀족의 방대한 라티푼디움(이 라티푼디움은 비참한 농촌 생활에 익숙하고, 빈곤·영양실조·질병에 취약한 날품팔이 노동자들에 의해 경작되었다)에 의해 지배되었다. 세기 초에 날품팔이 노동자는 빵 한 덩어리가 5.5 레알(real)일 때 5~6 레알을 일당으로 받는 것이 보통이었다. 하지만 알리칸테와 발렌시아의 비옥하고 관개가 잘된 해안 평야에서는 이야기가 달랐다. 쌀, 밀, 감귤류, 포도, 견과류, 올리브의 주요 생산지인 이 지역의 시장용 채원(菜園)은 외국인 방문객들도 감탄하고 부러워할 정도였다. 카탈루냐에서는 농업의 확대, 개선된 관개, 집약적 농법이 작물의 특화(포도 농사의 특화)와 수출 중심의 상업적 생산을 자극했다.

당대인들도 스페인 농업 경제의 결함을 잘 알고 있었다. 1765년, 당시 카스티야평의회의 검찰관(fiscal)으로 재직하고 있던 캄포마네스는 토지 분배 조건을 개혁해야 한다고 말했는데, 생산 부족을 극복하기 위해서는 특히 교회 토지를 교회의 수중으로부터 탈취하여 농민들에게 분배해야 한다고 주장했다. 그러나 그 주장은 기득권층의 반대에 부딪혀 좌초되었다. 비슷한 맥락에서, 1795년 가스파르 멜초르 데 호베야노스도 농업 개혁에 관한 유명한 논문에서 귀족들의 한사상속제, 교회의 영구 양도 그리고 메스타를 개인과 국가의 번영을 가로막는 장애물로 간주하고 경매를 통해 공유지를 매각해야 한다고 주장했다. 18세기 후반 동안 정부는 여러 조치를 발표하여 토지를 보다 쉽게 취득하게 하고 생산을 증대시키려고 노력했다. 1765년에는 곡물 자유교역제를 도입했는데, 그것은 농민들의 생산 증대를 자극하기 위한 것이었으나, 곡가가 치솟고 빈번한 생존 위기가 광범한 기근을 초래하자 1804년 취소되었다. 1766년부터 1768년 사이 중앙 정부는 도시 정부들에 공유지를 차지농들에게 재분배하라는 지시를 내렸다. 그러나 이 토지 가운데 대부분이 결국 부자들의 수중에 들어가고 말았다. 정부들은 연이어 관개 시스템을 개선하고, 운하·저수지·댐을 건설하는 데 거금을 투입했다. 1780년대 에브로 계곡에 아라곤 제국 운하(Canal Imperial de Aragón)를 건설한 것은 3만 헥타르 이상 되는 땅을 경작지로 만드는 데 큰 도움이 되었다. 토지 이용을 증대시키는 또 다른 수단은 척박한 땅에 식민지를 건설하는 것이었다. 1767년 캄포마네스는 세비야의 지사 파블로 데 올라비데에게 시에라모레나산맥과 코르도바 서쪽의 외딴 지역에 세비야로 가는 길을 따라 식민지를 건설하라고 지시했다. 스페인 내에서뿐만 아니라 멀리 독일과 네덜란드에서까지 1만 명이 넘는 정주자들을 이곳에 끌어들였는데, 이들에게는 처음 10년 동안 지대를 받지 않는 임대 형식의 토지 제공, 가축과 농기구 제공 등을 약속했다. 결과는 상당히 고무적이었다. 작물 생산은 인상적이었으며, 이 식민지의 중심지들, 즉 라카롤리나, 라 카를로타, 라 루이시아나 등은 얼마 가지 않아 상당히 번영한 공동체로 성장했다. 그러나 시에라모레나의 성공 경험이 다른 곳에서도 나타나지는 않았다. 개혁가들은 선의의 표명에도 불구하고 개별 농민들의 처지를 개선시켜 줄 뿐만 아니라 스페인 국가 전체의 번영을 가져다줄 장기적인 농업 개혁을 단호하게 추진할 만한 정치적 의지는 갖고 있지 않았다.

스페인의 농업 구조가 대체로 경제 발전에 장애물이었다면 도시들 역시 친기업적이지 못했다. 대부분의 도시들은 무엇보다도 행정의 중심이자 관료·법률가·성직자·부재지주들의 본거지였다. 존 린치가 '무기력과 틀에 박힌 일상의 장소'라고 표현한 바 있는 이 시기 도시들은 대부분이 경제적으로나 인구적으로 두드러진 성장을 하지 못했다. 여기에서 중요한 예외가 부르봉 정부의 소재지가 된 덕분에 인구가 1743년 11,268명에서 1799년 184,404명으로 급증한 마드리드와 대서양 횡단 무역 붐과 성장일로의 제조업을 등에 업고 인구와 부에서 현저한 성장이 나타난 바르셀로나였다. 마드리드에서는 여러 가지 도시 발전 계획을 통해 가난하고 초라한 도시 모습에 큰 변화가 나타났다. 이 도시의 가장 유명한 상징물들 가운데 많은 것이 카를로스 3세 치세에 세워졌다. 푸에르타 델 솔에 세워진 카사 데 코레오스(1768), 웅장한 푸에르타 데 알칼라(1778), 식물원(Botanical Garden, 1781)과 프라도 미술관(1785) 등이 그것들이다. 포장 도로, 거리 조명, 하수도 시설 등에서도 개선이 있었다. 시민들에게는 거리에 돼지가 돌아다니지 못하도록 하라는 지시가 내려졌다. 이런 모든 외형적 개선이 있기는 했지만 도시의 빈곤은 여전히 만연해 있었고, 그런 문제는 수많은 거지와 부랑자들의 유입으로 더욱 악화되었다. 1785년 정부는 17세에서 26세 사이의 젊은이들 가운데 직업이 없는 사람을 강제로 군대에 복무시키는 것으로 부랑아 문제를 해결하려고 하였다. 그 외 다른 사람들은 오스피시오스(hospicios), 즉 작업장들에 보내졌는데, 1798년까지 약 25개 도시에 작업장이 세워졌다.

산업 활동은 주로 지역 시장에 내다 팔기 위해 생산하는 분산된 수공업 작업장을 기반으로 하고 있었다. 이 작업장들은 대체로 기술,

자본투자, 노동 비용의 면에서 소규모로 운영되었으며, 대개 길드의 규제에 구속되었다. 많은 농촌 지역에서 가내 산업은 옷감 제조가 되었든 가죽이나 금속제품 생산이 되었든 가난한 농장 노동자들이 보잘것없는 수입을 보충하는 수단 이상의 어떤 것이 되지 못했다. 영국의 여행가 윌리엄 타운젠드가 1786~1787년 스페인 중부 지역을 여행하게 되었을 때 그는 한때 번영했었던 카스티야의 모직물 산업 중심지들에 대해 "한때 사람들로 가득 차고, 공장·작업장·가게로 가득 찼던 도시들에 지금 거래는 오간 데 없고, 단지 교회 돈으로 운영되는 교회·수도원·구빈원으로 가득 찬 도시의 잔해들"만 남아 있다고 썼다. 그러나 세기가 경과되어 가면서 인구 증가와 외국으로부터의 수요 증가에 힘입어 생산 증가가 나타났다. 바스크 지역의 철 생산은 기술상의 결함에도 불구하고 18세기 첫 70여 년 동안 150%가 증가했으며, 1790년경에는 아메리카 식민지에 4,000톤의 금속제품을 수출하고 있었다. 발렌시아에서는 지역 견직물 산업이 여전히 수공업 단계에서 벗어나지 못하고는 있었지만 상당한 발전을 이루었고, 세기 말에는 4,000대가 넘는 베틀이 가동되고 있었다. 그러나 공장을 기반으로 하는 근대적인 산업 생산은 매우 드물었다. 당시 존재한 공장들은 산 일데폰소의 유리 공장, 부엔레티로의 도자기 공장, 세비야의 왕립 담배공장, 그리고 세기말에 24,000명의 노동자를 고용하고 있던 과달라하라의 모직물 공장 등 대개 국가가 운영하는 것이었다. 이런 국영 공장들을 세운 원래 의도는 그것을 모델로 하여 개인 사업가들이 따라 하도록 하겠다는 것이었다. 그러나 이 공장들은 하나같이 수익을 내지 못했을 뿐만 아니라, 이 공장들이 자본 투자나 세금 면제 같은 부문에서 향유한 이점들이 정부 내 개혁가들이 추구한 기업가들의 사업에 오히려 방해가 되었다.

카탈루냐는 언젠가 스페인의 산업이 프랑스나 영국 등의 교역상의 라이벌들과 대등한 관계에서 경쟁할 수 있다고 믿는 사람들에게 하나의 희망의 햇불이었다. 국내 다른 지역들과는 완전히 대조적으로 카탈루냐 경제는 다른 지역 사기업들을 질식시키고 있던 공동체적 규제로부터 빠져나온 상태였고, 자본 투자는 풍부한 편이었으며, 이익은 재투자되었다. 산업 발전의 주요 촉매제는 대단히 생산적이고 상업화된 농업 부문이었는데, 농업 생산물(특히 브랜디와 포도주) 가운데 많은 양이 외국으로 수출되었으며, 그로부터 얻어진 이익은 대개 각종 제조업 생산에 투자되었다. 한때 10만 명의 노동자를 고용했던 면제품 산업은 특히 노동력의 집중화를 통해, 그리고 예를 들어 제니 방적기 같은 영국의 발전된 기술을 이용하여 국제 시장을 두고 다른 나라 기업가들과 성공적으로 경쟁했다. 그러나 이류 중이던 카탈루냐 경제도 1796~1802년 전쟁으로 식민지 시장 가운데 대부분이 파괴됨으로써 나타난 침체의 찬바람을 비켜 갈 수는 없었다.

프랑스에서 도입한 중상주의 정책에 충실했던 부르봉 왕조 정부들은 여러 방식으로 국내 경제를 일으키기 위해 노력했다. 진정한 의미의 전국적 시장을 창출하기 위해 국내 지역들 간 관세가 철폐되었다. 바르셀로나와 카디스 같은 주요 상업도시들 간에 교역을 활성화하려는 노력이 나타났다. 지역 산업을 보호하기 위해 제노바의 종이와 실크제품 수입을 금한 1757년의 조치 같은 정책도 도입되었다. 모든 개혁이 정부 주도로 이루어진 것만은 아니었다. 1764년 왕의 동의하에 일단의 바스크 귀족들이 아미고스 델 파이스(Amigos del país), 즉 '국가의 친구들'이라는 단체를 창설했는데, 이 단체의 설립 목적은 농업, 상업, 산업, 예술, 과학의 혁신과 개혁을 장려하는 것이었다. 그 후 50개가 넘는 그와 비슷한 경제 단체들이 스페인과 아메리카 식민지에 만들어졌다. 그러나 바라던 경제 호황은 나타나지 않았다. 프랑스나 영국 같은 라이벌 국가들이 급속하게 산업 발전을 이루어 나가고 있을 때 스페인은 산업적 이륙(離陸)에 실패했고, 그 원인으로 여러 요인들이 지적되어 왔다. 내륙 지역의 지역 경제들을 서로 간에 혹은 해안의 항구들로부터 소외되게 만든 빈약한 통신과 교통체계가 그 주요 원인 가운데 하나였음은 의심의 여지가 없다. 플로리다블랑카가 새로운 도로망 건설을 위해 야심적인 계획을 수립했지만 재원부족으로 여의치 않아서 이때 새로 건설된 도로는 1,100킬로미터에 불과했다. 스페인이 교역상의 라이벌 국가들에 비해 기술적으로 뒤졌던 것 역시 실패의 주요 원인 가운데 하나였다. 그러나 가장 중요한 원인은 스페인 농업이 전반적으로 이익을 창출하지 못하여 자본을 산출하고 생활 수준을 개선하고 수요를 증대시키지 못했다는 데에 있었다. 기아선상 혹은 그와 유사한 상황에서 살아가고 있었던 대부분의 농민들 때문에 활성화된 소비 수요가 거의 나타나지 않았다. 생겨난 자본은 경제의 다른 부문에, 특히 재산 투자에 재투자되거나 외국으로 빠져나가는 경향이 있었다. 동시에 주변부 해안 지역의 인구 증가 혹은 경제 성장은 중심부의 경제적 쇠퇴를 악화시키는 데 한몫을 담당했다. 18세기 마지막 4/4분기 동안 바르셀로나의 임금은 마드리드의 임금 인상율의 4배에 이르렀다. 캄포마네스와 플로리다블랑카가 추진한 야심적인 개혁 프로젝트들은 현실화되지 못한 경우가 많았다. 대규모 경제 구조의 변화는 희망사항이었을 뿐이었다.

스페인과 계몽사상

18세기 동안 유럽 전역의 지식인들 사이에서 계몽사상이 널리 확산되기 시작했다. 전체적으로 계몽사상가들은 법적·사회적·교육적 개혁을 통해 사회의 물질적 복지를 개선하는 핵심적 열쇠로서 전통, 특권 혹은 미신에서 해방된 이성적 사고의 중요성을 강조했다. 스페인에서는 이 새로운 이념이 다른 나라에 비해 서서히 더디게 스며들었다. 스웨덴의 사절 크레우츠 백작은 1765년에 쓴 글에서 "유럽의 대부분은 수치스런 무지 속에서 뒹굴고 있다. 특히 피레네산맥은 계몽사상의 유입을 막는 심각한 장애물이 되고 있다. 내가 이곳 스페인에 와 보니 이 나라 사람들은 다른 나라 사람들에 비해 10세기는 뒤져 있는 것처럼 보인다"라고 말했다. 그러나 스페인에서도 지적 활동은 증가해 갔고, 그것은 국왕의 국립도서관(1712), 스페인학술원(1713), 역사아카데미(1735) 등의 창설에서, 그리고 좀 더 분명히는 수필가 베니토 헤로니모 페이호(Benito Jerónimo Feijóo, 1676~1764)의 글에서 볼 수 있다. 헤로니모 페이호는 여러 편의 글에서, 특히 『보편적이고 비판적인 극장』(Theatro critico universal, 1726~1740년에 9권으로 출간됨)이라는 백과사전에서 스페인의 후진성과 미신을 공격하고, 스페인인들이 이성적 탐구를 통해 지식과 혁신을 포용해야 한다고 역설했다. 페르난도 6세와 카를로스 3세 치세에 계몽사상의 이념은 널리 확산되기 시작했다. 종교재판소의 검열에도 불구하고 볼테르, 몽테스키외, 루소 등 프랑스 계몽사상가(필로조프)들의 저작이 소수 귀족, 성직자, 전문직업인, 상인들에게 알려졌다. 『사상가』(El Pensador, 1761~1767), 『검열관』(El Censor, 1781~1787), 『마드리드 우편』(El Correo de

Madrid, 1786년 설립) 같은 신문들과, 경제 단체들이 개혁 이념의 확산에 기여했다. 그러나 전체적으로 보아 가장 큰 영향을 주었던 것은 새 사조(계몽사상)의 정치적·철학적 측면보다는 실용주의적 측면이었다. 엔세나다, 캄포마네스, 호베야노스, 플로리다블랑카 같은 실용주의적인 '계몽주의 개혁가들'은 절대왕정에 도전하지도, 기존 사회 질서에 의문을 제기하지도 않았으며, 다만 경제 발전을 통해 국가의 번영을 증대시키고 부강하게 만들려고 했을 뿐이다. 1790년대에 가서야 프랑스혁명의 영향으로 일부 지식인들이 스페인이 이제 정치적·헌정적 개혁의 실타래를 풀 때가 되었다고 주장하기 시작했다.

스페인과 아메리카 제국

부르봉 왕조하 첫 반세기 동안에는 스페인령 아메리카 식민지가 대체로 스페인의 중요한 정치적 관심사가 되지 못했다. 스페인 왕위계승 전쟁, 펠리페 5세가 이탈리아에서 벌인 전쟁, 스페인의 행정·재정 구조에 대한 재검토…, 이 모든 것이 1700~1746년 스페인의 정치적 우선순위를 압도적으로 유럽 쪽에 두게 만들었다. 식민지를 이렇게 소홀히 취급함으로써 제국의 변경 지역은 점차 스페인의 라이벌 국가들의 압력에 시달리게 되었고, 대서양 횡단 무역은 거의 완전히 외국인들의 수중에 들어가고 해적의 먹잇감이 되었으며, 신세계 식민지들에 대한 이른바 스페인의 무역 독점은 밀무역에 의해 지속적으로 잠식되어 갔다. 식민지 자체 내에서 볼 때 중앙 정부의 권력은 실제적인 것이라기보다는 이론적인 것으로 되었다. 아메리카의 지역 정부는 대체로 영향력 있는 크리오요(criollo) 출신 지주 엘리트, 법률가와 상인들의 전유물이었으며, 그들 중 다수는 돈으로 직위를 구입한 사람들이었다. 교회 역시, 특히 예수회는 식민지 사회에 큰 영향력을 행사했다.

카를로스 3세 치세 동안 가장 시급하고 우선적으로 해결해야 했던 문제는 식민지들이 외부의 공격으로부터 스스로를 보호하고, 내부 반란을 진압하는 데 충분한 군사력을 갖추는 것이었다. 1763년 쿠바 방어를 강화하기 위해 알레한드로 오레일리 장군이 그곳에 파견되었고, 이듬해 2개 연대가 누에바에스파냐(멕시코)에 파견되었으며, 1768년에는 카라카스에 1개 연대가 파견되었다. 1771년경이면 인디아스 전역에 주둔하는 육군 병력이 43,000명에 이르렀으며, 거기다 비상시에 정규군을 보완할 수 있는 지역 수비대들도 만들어져 있었다. 그 결과 스페인 왕실은 전보다 훨씬 더 단호하고 자신감 있게 처신할 수 있었다. 리오 데 라 플라타 입구에 있는 포르투갈 식민지 사크라멘토(이곳은 이 지역 내 스페인의 이익을 위협해 왔다)가 1776년에 회복되었다. 온두라스의 모스키토 해안에 있는 영국 기지들은 파괴되었다. 1781년 성공적으로 끝난 펜사콜라 원정으로 그 지역과 인근 플로리다 지역이 회복되었다. 또 캘리포니아, 소노라, 텍사스 지역에 원정군을 보내 그 지역에 대한 스페인의 소유권을 주장하였다. 파리 조약(1763)으로 프랑스로부터 루이지애나를 획득하게 됨에 따라 스페인은 오늘날의 미국 영토의 반 정도에 대한 지배권을 주장하게 되었다.

이런 군사적 지배권 강화와 더불어 왕실 권위의 강화를 위해 광범한 행정개혁이 시도되었다. 식민지의 상황을 더 철저하게 검토하

지도 6 1780년경 아메리카의 스페인 제국. Benjamin Keen, *A History of Latin America*(Houghton Mifflin, 4th edn, 1992), p. 130에서 재인용.

고 개혁을 성공시키고 부패를 근절하기 위해 합스부르크 시대의 감찰관(visitador) 제도를 부활시켰다. 지역 행정을 감독하기 위해 지사들(대부분 스페인 출신)을 임명하고, 아우디엔시아(고등법원)직에 크리오요들을 임명하는 것을 제한함으로써 크리오요의 광범한 영향력을 억제하려고 했다. 식민지의 자원을 좀 더 효율적으로 이용하기 위한 조처들도 취해졌다. 소비세 징수를 감독하기 위해 월급을 받는 재정 관료제가 도입되었고, 누에바에스파냐에서 담배에 대한 국가의 독점이 실시되었으며, 은 생산을 증대시키기 위한 조처도 취해졌다.

1717년 누에바그라나다 부왕령(대략 지금의 에콰도르, 파나마, 콜롬비아, 베네수엘라에 해당)이 신설된 데 이어, 1776년에는 라플라타 부왕령(지금의 아르헨티나, 파라과이, 우루과이에 해당)이 설치되었다. 후자는 대서양 해안 지역, 특히 부에노스아이레스가 그 이전에 남아메리카 식민지의 중심축이었던 리마를 희생시키면서 급속한 경제 발전을 하게 되는 계기가 되었다. 식민지 교회에 대한 왕정의 권위는 1767년 예수회 추방 조치로 강화되었다. 마지막으로(그렇다고 가장 덜 중요하다는 것은 아니다) 아메리카에서 근무한 적이 있는 관리들을 인디아스평의회와 인디아스부(Council and Ministry of the Indies)에 근무하게 함으로써 처음으로 마드리드 정부가 아메리카 문제에 대해 현장 경험을 가지고 있어서 현지 사정을 잘 알고 있는 사람들의 조언을 받을 수 있게 되었다. 이 점에서 가장 두드러진 인물이 호세 데 갈베스(José de Gálvez)였다. 그는 누에바에스파냐(1765~1771), 페루(1776), 누에바그라나다(1778)에서 수석감찰관(visitador general)으로, 후에는 인디아스부 장관(Secretary of the Indies)으로 봉직한 적이 있는 사람이었고 후에 개혁 과정에서 강력한 추진력을 보여 주게 된다.

식민지 개혁의 핵심은 이미 오래전에 이루어졌어야 할 대서양 횡단 무역의 재건이었다. 이론적으로는 스페인과 식민지 간의 무역이 스페인 왕정의 독점 사항이었고, 아메리카를 오가는 모든 상품은 카디스를 통과해야 하기는 했지만 실제로는 무역에 대한 스페인의 지배가 벌써 오래전에 유명무실해져 있었다. 우선 카디스에서 아메리카로 운송되는 상품 중 대부분이 스페인에서 생산된 것이 아니었다. 1689년에 카디스에서 합법적으로 식민지로 선적되어 간 상품 27,000톤 가운데 1,500톤만이 이베리아반도에서 만들어진 것으로 추정된다. 한편 영국인, 프랑스인, 포르투갈인 등에 의해 주도된 광범한 밀무역은 관세를 전혀 물지 않았다. 스페인 왕위계승 전쟁 동안 프랑스 선박은 (프랑스 정부로부터) 칠레, 페루와 자유롭게 무역하는 것을 허락받았다. 위트레흐트 조약으로 영국인들은 아메리카 시장에 직접 접근할 수 있게 되었다. 1743년 영향력 있는 중상주의 논문의 저자인 호세 데 캄피요(José de Campillo)는 스페인이 이 대서양 횡단 무역을 다시 회복하는 것이 스페인의 경제 부활에 필수적인 요소라고 주장했다. 외국 상품의 아메리카 유입을 막고, 밀무역을 차단하고, 카디스가 누려 온 교역 독점권을 폐지하면(즉 스페인 내 여러 항구들에 개방하면) 아메리카 식민지는 스페인 산업에 방대한 잠재적 시장을 제공할 테고, 국왕에게는 귀중한 수입원이 될 수 있다는 것이 그의 생각이었다. 18세기 후반기 동안 캄피요의 이론을 현실화하기 위해 일련의 개혁이 추진되었다. 확대된 스페인 해군은 스페인 선박들이 대서양을 안전하게 오가게 해 주었다. 1750년 스페인은 영국 남해회사로부터 10만 파운드에 무역권을 매입한 이후로 아메리카 제국에 대한 무역상의 배타적 독점권을 회복하게 되었다. 이어 카리브해 식민지들이 스페인의 아홉 개 항구와 직접 교역하는 것을 허락받은 1765년부터 자유무역조약의 체결로 스페인의 항구들과 식민지들 간 자유무역이 허용된 1778년 사이에 카디스의 독점은 영원히 파괴되었다.

이 무역 자유화의 결과는 괄목할 만한 것이었다. 1778년부터 영국의 해상봉쇄로 대서양 횡단 무역이 사실상 중단된 1796년 사이에 스페인의 대 아메리카 수출은 약 3배 증가했으며, 스페인 정부의 관세 수입은 급속히 증가했다. 세기말경이면 아메리카로부터 얻어지는 수입이 전체 국가 수입 가운데 15%를 차지했다. 카탈루냐는 이제 막

떠오르고 있던 그 지역 농업과 제조업 부문 산물들을 수출함으로써 무역의 주역이 되었다. 식민지 경제는 여전히 농업, 목축, 광산업에 기반을 두고 있었지만 담배, 코코아, 설탕 같은 생산물의 비중이 크게 증가했다. 카라카스의 기푸스코아회사(Compañía Guipuzcoana de Caracas) 같은 무역회사들이 설립되었는데(1728), 이 회사는 1778년 자유무역협정이 발표될 때까지 코코아 생산에 대한 독점권을 가지고 있었다. 그러나 무역 대국이 되려고 한 스페인의 야심은 스페인이 제국에 대해 정치적 지배권을 행사할 수 있는지, 바다를 장악하고 아메리카에서 생겨난 수요에 부응할 정도로 물건을 충분히 만들어 낼 수 있는지에 달려 있었다. 사실상 무역을 중단하게 만든 1796~1802년의 전쟁, 그에 이은 트라팔가르의 재난, 1808년 프랑스의 침입, 아메리카에서 일어난 독립운동 등은 그 기대를 영원히 파괴하게 된다.

독립전쟁

프랑스인들이 이베리아반도 대부분을 점령하고, 1808년 5월 카를로스 4세와 페르난도 7세를 강제 퇴위시키고 대신 조셉 보나파르트를 옹립하려고 한 나폴레옹의 조치는 스페인인들의 분노를 불러일으켰다. 지배층은 뒤로 물러나 있었지만 민중들은 1808년 5월 2일 마드리드에서 봉기를 일으켰다. 그러나 그 봉기는 이튿날 프랑스군에 의해 진압되었고, 이 사건은 후에 프란시스코 고야에 의해 두 점의 대표작으로 불후화하게 된다. 페르난도의 양위(讓位)와 마드리드 봉기 소식이 전국적으로 퍼지면서 비슷한 봉기가 다른 도시들에서도 나타났다. 도시 민중의 지원을 받은 지역 유지들의 느슨한 연합체들이 고도이가 임명한 무관들(military governors)을 쫓아내고, 페르난도 7세의 이름으로 행정을 장악했으며, 훈타(특별위원회)들을 세우고, 그를 통해 지역민들의 저항 운동을 이끌었다. 1808년 9월 전쟁을 효과적으로 이끌기 위해 플로리다블랑카가 이끄는 '최고 중앙 훈타'가 아랑후에스에서 만들어졌다. 권력을 중앙집중화하려고 한 이 최고 중앙 훈타의 시도는 강력한 저항에 부딪히게 되었으며, 여러 지역 훈타들은 전쟁 기간 내내 대체로 독립적인 태도를 유지했다. 이 지방들의 봉기는 스페인인들이 '독립전쟁'이라고 부르는 6년에 걸친 야만적인 전쟁(영국인들은 이를 '반도 전쟁'으로, 프랑스인들은 단지 '스페인의 궤양'으로 불렀다)의 시작을 알리는 것이었다.

그러나 이 '애국자들의 봉기'는 결코 동질적인 운동이 아니었다. 프랑스의 점령에 대항하여 들고 일어선 사람들 중에는 장기적인 정치적·사회적 개혁에 헌신하고 있던 자유주의적 급진주의자, 플로리다블랑카나 호베야노스 같은 계몽주의적 절대왕정의 공복들, 그리고 구체제의 전통적 특권을 완강하게 지지하는 사람들(이들에게 개혁 이념은 저주였다)이 포함되어 있었다. 맨 나중 집단 중에는 호세 데 팔라폭스(José de Palafox)도 포함되어 있었는데, 그는 1808년 봉기 직후 사라고사에서 개인 독재 체제라 할 만한 것을 수립했다. 이 운동에는 다수의 민중도 참여하고 있었는데, 운동에 대한 그들의 열렬한 지지는 신(神), 왕, 국가에 대한 충성심뿐만 아니라 경우에 따라서는 전통적인 영주 체제에 억압당해 온 사회적 불만과 증오에 의해서도 추동되고 있었다.

전쟁 초반에는 스페인 군대가 군대로서 가진 여러 가지 제약에도 불구하고 칭찬받아 마땅할 정도로 맡은 바 소임을 다하였다. 1808년 7월 뒤퐁(Dupont)이 지휘하는 프랑스 군대는 하엔 근처 바일렌(Bailén)에서 안달루시아 수비대에 의해 격퇴되었고, 그로 인해 새로 취임한 호세 1세가 마드리드를 포기해야 했으며, 프랑스 군대는 에브로강 북쪽으로 후퇴해야 했다. 같은 달 영국 정부는 스페인과의 적대를 중지할 것을 요구하며, 스페인인들의 봉기를 지원하기 위해 아서 웰리시(Arthur Wellesey, 후에 웰링턴 공작이 됨)를 지휘자로 하는 군대를 파견했다. 그러나 1808년 11월 나폴레옹 자신이 친히 대군을 이끌고 반도에 들어오자 전세는 급속히 프랑스 쪽으로 기울었다. 12월에 마드리드가 재점령되었고, 중앙 훈타는 세비야로 옮겨 가야 했으며, 존 무어 경(Sir John Moore)이 이끄는 영국 원정군은 급히 라코루냐로 후퇴하지 않으면 안 되었다. 1810년 1월 프랑스 군대는 안달루시아 대부분을 점령했고, 중앙 훈타는 거의 난공불락의 도시라 할 수 있었던 카디스로 이전해야 했다. 스페인 정규군이 사실상 작동되지 않고 있었으며, 그로 인해 (우클레스, 메데인, 벨치테, 오카냐 전투 등에서) 여러 차례 참패를 당한 상황에서 (프랑스군에 대한) 저항은 '게리야'(guerrilla)라 불리는, 지역에 기반을 둔 비정규 군대에 맡겨졌고, 그들은 프랑스 점령군의 이동을 저지하고 보급로를 위협했다. 게리야전은 악의에 찬 반-프랑스 선전전을 수반하였는데, 그것은 스페인 민중들의 애국심을 불러일으키려는 목적을 갖고 있었다.

신뢰를 상실한 중앙 훈타 위원들이 사임하고 권력을 섭정위원회(Regency Council)에 넘기기 전에 취한 마지막 조치 가운데 하나가 인민 주권의 구현 차원에서 코르테스를 소집한 것이었으며, 해외식민지를 포함한 모든 지역들에 대표를 파견해 줄 것이 요구되었다. 코르테스가 자유주의의 요새라 할 수 있는 카디스에서 소집되었으며, 첫 모임이 1810년 9월에 개최되었다. 1812년 3월 19일 여기에서 새 헌법이 공포되었는데, 한 문필가에 따르면 이 헌법은 '구체제의 사회적·경제적·정치적 조직에 대한 정면 공격'이었다. 여기에서 페르난도는 국가 수반으로 인정은 되었으나 주권은 인민과, 그들에 의해 선출된 대표들에게 있다고 천명되었다. 헌법 제2조는 간명하게 "스페인 국가는 자유롭고 독립적이며, 어떤 가문이나 개인의 것이 아니고 그렇게 될 수도 없다"라고 선언했다. 새 코르테스는 민주적으로 선출된 단원제 의회로 구성될 것이고, 왕의 권한은 여러 가지 제약에 구속될 것이라고 했다. 예를 들어 왕은 코르테스의 소집이나 해산의 권한이 없고, 자신의 이름으로 세금을 거두거나 조약을 체결할 수 없으며, 법을 통과시킬 수도 없고, 코르테스의 동의 없이는 출국할 수도 없었다. 헌법은 또한 개별 시민들의 권리와 의무에 우선권을 두었다. 개인의 자유와 사유재산에 어떤 제약도 가할 수 없다고 했으며, 모든 시민은 법 앞에 평등하다고 했고, 영주권(領主權)은 폐지된다고 했다. 새로운 소득세 제도를 도입했으며, 표현의 자유가 인정될 것이라고 했다. 지역적 차이나 특권은 철폐되고, 통일된 중앙집권적 국가가 들어설 것이며, 모든 국민에게는 무상으로 초등교육이 제공될 것이라고 했다. 교회의 물질적 부는 새로운 공격을 받게 되었으나 교회의 권위는 도전받지 않았다. 가톨릭 신앙은 계속해서 국교로 남을 것이고, 오랫동안 진보 진영에 의해 개혁의 장애물로 여겨져 온 종교재판소는 조만간 폐지하기로 했지만 이단은 여전히 법으로 처벌될 것이라 했다.

모든 스페인인이 프랑스의 침입에 저항한 것은 아니었다. 프랑스군이 확고하게 지배한 지역에서는 지역 엘리트 가운데 일부가 새 체제에 협력하는 쪽을 택했다. 이들 '친불파'(afrancesados, 애국파는 경멸적인 의미를 담아 그들을 그렇게 불렀다) 가운데 일부는 호세 1세의 즉위를 그 이전 20여 년 동안 동력을 상실해 가고 있었던 '계몽주의적 개혁' 프로그램을 다시 활성화할 수 있는 기회로 간주했다. 그리고 어떤 사람들은 나폴레옹을 상대로 이길 수는 없다고 생각하고 현실적으로 스페인의 독립을 보전하기 위해서는 그와 협력할 수밖에 없다고 생각했다. 그러나 나머지 다수는 단순한 기회주의 혹은 안전을 바라는 마음에서 협력을 택했다. 한편 호세 1세 자신은 일련의 '계몽적인 법령'을 반포함으로써 개혁 의지를 천명하려고 했다. 메스타와 종교기사단들이 폐지되었고, 수도원과 수녀원이 탄압받았으며, 주식거래소(Bolsa)가 설치되고, 일련의 교육개혁이 진행되었다. 그러나 새 왕의 권한은 사실상 마드리드와 그 인근 지역에 국한되었다. 그는 스페인 내 프랑스 장군들에 대해서도 권위를 행사하지 못했으며, 그가 거둘 수 있는 수입은 극히 제한되었다.

1812년 전세는 다시 한번 변했다. 나폴레옹의 러시아 침공 결정은 상당수 병력을 반도에서 철수시키는 결과를 가져왔으며, 그로 인해 그때까지 포르투갈에 묶여 있던 웰링턴이 이끄는 영국군과 포르투갈군은 다시 공세에 나설 수 있었다. 1812년 7월 살라망카에서 프랑스군에게 거둔 승리는 마드리드 해방을 위한 길을 열어 놓았다. 1813년 6월 비토리아(Vitoria)에서의 승리는 카탈루냐를 제외한 스페인 전역에서 모든 프랑스 군대가 철수하게 만들었다. 1813년 12월 모든 전선에서 어려움에 직면해 있던 나폴레옹은 페르난도 7세와 발랑세(Valençay) 조약을 체결했고, 그것은 프랑스와 스페인 간 분쟁을 종결짓고, 스페인의 회복을 가져다주었다. 이때쯤 급진적인 카디스 헌법에 반대하는 반동적인 절대주의자들이 힘을 얻어 가고 있었다. 농촌 지역에서 빈곤과 굶주림이 유례없는 사회적 소요를 촉발하고 있는 상황에서 전통주의자들은 자유주의적 개혁 프로그램이 스페인을 혁명의 낭떠러지로 몰고 가고 있다고 주장했다. 한편 페르난도 7세는 다시 입헌군주로 돌아갈 마음이 없었다. 1814년 5월 그는 군대, 교회, 군중의 지지를 등에 업고 카디스에 소집된 코르테스의 권위를 부정하였으며, 그가 자리를 비운 동안 카디스 의회가 반포한 헌법은 무효라고 선언했다. 자유주의 지도자들은 처형되거나 구금되었으며, 그들의 재산은 몰수되었다. 또 약 12,000명의 친불파 가족이 국외 추방되었다. 이로써 스페인의 첫 번째 자유주의 실험은 끝나게 되었다.

스페인령 아메리카의 독립

순수하게 이베리아반도의 관점에서 볼 때 카를로스 3세가 스페인령 아메리카 식민지에서 실시한 정책은 대성공으로 나타났다. 식민지 지배는 정복 이후 어느 때보다도 확고하게 스페인 왕정의 통제하에 들어오게 되었으며, 뿐만 아니라 효과적인 세금 징수와 식민지 무역의 호황 덕분에 관세 수입이 증대되어 정부 수입은 크게 증가했다. 그러나 크리오요 엘리트들이 권력에서 체계적으로 배제된 것은 세계 다른 지역들과 자유롭게 교역하고자 하는 식민지인들의 점증하는 요구와 더불어 식민지 사회 상층부의 광범함 반감을 불러일으켰다. 그러나 이 단계에서는 아직 독립운동의 파고가 그리 높지 않았다. 카를로스 4세 치세의 위기와, 그에 이은 스페인 왕정의 붕괴가 그 분수령이 되었다. 1796~1802년과 1804~1808년 영국과의 전쟁은 대서양 횡단 무역을 마비시켰고, 정부는 중립국과의 무역을 허가하지 않을 수 없게 되었다. 한편 스페인 왕정은 스페인의 해외사업을 보호할 능력이 없어 보였다. 1806년과 1807년, 영국군이 부에노스아이레스를 점령했을 때 그들을 격퇴한 것은 스페인 정규군이 아니라 그 지역 도시들의 지역 수비대였다.

1808~1809년 왕정의 붕괴는 식민지 전체에 큰 충격을 주었다. 그에 대해 크리오요와 페닌술라르(스페인에서 건너온 이주자)들은 스페인 내 애국파의 예를 따라 호세 1세를 인정하지 않고, 대신 지역 훈타를 구성하여 페르난도 7세가 왕위에 복귀할 때까지 직접 통치 업무를 맡아 보게 하였다. 처음에는 전통적 절대주의 체제를 지지하는 쪽과 스페인 정부가 이베리아반도와 신세계 식민지 간에 정치적 평등을 도입해 주기를 바라는 쪽으로 여론이 양분되었다. 1810년 안달루시아 함락 소식이 들려오자 스페인의 패배는 불가피하게 여겨졌고, 반란 열기는 분출하고 있었다. 1814년 페르난도 7세의 복위, 그가 단행한 1812년 헌법의 신속한 폐지, 식민지에 모종의 정치적 개혁 조치를 도입하는 것에 대한 반대 등은 신세계의 온건 충성파들까지 스페인 왕정과 충돌하게 만들었다. 1815년 페르난도는 질서를 강요하기 위해 아메리카에 10,000명가량의 병력을 파견했다. 왕당파 군대는 곧 반란세력을 패퇴시킴으로써 누에바그라나다에서 소기의 목적을 달성했다. 그러나 대륙 전체에 영향을 미칠 정도로 충분한 인적·물적 자원을 갖고 있지는 않았다. 1819년경 아메리카 식민지에 대한 국왕파의 '재정복'은 이미 동력을 상실하고 있었다. 베네수엘라에서는 농촌 평원의 야네로들(llaneros, 목동들)과 영국의 돈과 군대의 지원

을 받은 시몬 볼리바르(Simón Bolívar)가 공세를 취하였고, 그 과정에서 볼리바르는 보야카(Boyacá)에서 왕의 주력군을 격파했다(1819년 8월). 1821년경에 볼리바르는 누에바그라나다 전 지역을 장악하고 있었다.

반면 남쪽에서는 라 플라타제주연방(United Provinces of La Plata, 후에 아르헨티나, 우루과이, 볼리비아를 이루게 된다)이 1816년 스페인의 지배로부터 독립을 선언했다. 이듬해 호세 데 산마르틴(José de San Martín)은 차카부코(Chacabuco)에서 국왕군과 싸워 대승을 거두었고, 그것은 산티아고 점령과 칠레 독립을 위한 초석을 닦게 된다. 멕시코와 페루는 보수적인 국왕군 지지 세력의 주축으로 남아 있었으나 1820년 스페인에서 일어난 자유주의자들의 봉기로 페르난도 7세가 카디스 헌법(다음 장 참조)에 서명하지 않을 수 없게 되자 왕정에 대한 충성을 철회했다. 1821년에는 멕시코가 중앙아메리카의 여러 주들과 함께 스페인으로부터 독립을 선언했다. 3년 후 아야쿠초에서 국왕군이 당한 패배는 페루와 볼리비아의 독립으로 이어졌다. 이때쯤에는 쿠바, 푸에르토리코, 필리핀제도, 그리고 태평양의 몇몇 섬들만이 스페인의 지배하에 머물러 있었다.

혁명과 반발

아메리카에서의 독립전쟁은 스페인을 심각한 정치적·사회적·경제적 위기로 몰아넣었다. 아메리카 식민지들의 반란은 거의 300년 동안 국가 재정을 안정적으로 유지하는 데 기여해 온 은 공급을 차단하여 왕정을 파산 상태에 빠뜨렸다. 농업, 상업, 제조업은 위기에 처하게 되었다. 계몽 절대주의의 공복들, 개혁적 자유주의자들, 그리고 귀족과 교회의 특권과 권력의 완전한 회복을 추구하는 사람들을 갈라 놓고 있던 이념적 분열은 전보다 훨씬 더 심해졌다. 승진에서 누락되고 퇴역으로 내몰린 데 불만을 품은 군 장교들에 의해 여러 번에 걸쳐 쿠데타가 시도되었으나 실패로 끝났다. 이들 불만 세력 가운데 일부는 자유주의 진영과 제휴하기 시작했다. 1820년 1월 부에노스아이레스를 진압하기 위한 원정을 떠나기 위해 카디스에 집결한 군대 가운데 일부가 라파엘 데 리에고(Rafael de Riego) 중령의 주도하에 반란을 일으켰고, 1812년의 헌법에 충성하겠다고 선언했다. 리에고의 쿠데타 시도는 스페인 전역에서 그와 비슷한 반란을 촉발시켰다. 그러나 민중들은 그에 대해 큰 지지를 보내지 않았다. 그해 3월, 페르난도 7세는 광범한 반대에 부딪히자 한 걸음 물러나 1812년 헌법을 수용하지 않으면 안 되었다.

1820년의 혁명 이후 권력의 고삐는 온건파 자유주의자들에게 돌아갔고, 그 가운데 다수는 유산가들이었다. 그들은 1812년 헌법을 본질적으로 실행불가능한 것으로 보았으며, 왕과 유산가 계층 간에 권력 분점을 합의하게 해준 프랑스의 1814년 헌장(French Charter of 1814)과 비슷한, 보다 많은 사람이 합의할 수 있는 헌법을 주장했다. 그러나 페르난도 자신은 절대주의적 원칙을 완강하게 고수하고 그런 헌법은 필요 없다며 거부했다. 한편, 엑살타도스(exaltados, '흥분한 사람들')라는 별명을 가지고 있던 급진 자유주의자들은 군인 가운데 일부와 도시 대중의 지지를 등에 업고 전면적 개혁에 착수했으며, 1812년의 '신성한 법전'을 보전하는 것이 자신들의 엄숙한 의무라고 생각했다. 라이벌 자유주의 분파들 간의 이런 불화는 정부 내에 불안과 긴장을 가져왔고, 지방적 급진주의(provincial radicalism)의 급증은 스페인을 무정부 상태로 만들지는 않을까 하는 우려를 자아냈다. 자유주의 체제에 대한 적대감은 보수주의자들에 의해 가장 강력하게 형성되었고, 그 감정은 수도원 해산, 종교재판소 폐지, 십일조 폐지와 같은 일련의 반교회 정책으로 더욱 악화되었다. 농촌 지역에서는 정부의 과세 정책과 1822년의 흉년에 불만을 품은 농촌 공동체들이 절대주의자들의 무장 선동에 적극 호응하고 나섰다. 정규군을 이겨 낼 힘이 없다고 생각한 페르난도 7세는 피레네산맥 너머로까지 확산되어 오는 자유주의적 급진주의라는 질병을 저지해야 한다고 주장하면서 프랑스 루이 18세에게 군사 지원을 요청했다. 1823년 4월 60,000명의 프랑스 군대가 피레네산맥을 넘어와 35,000명의 스페인 국왕군과 합류했다. 이번에는 침입자에 대항하는 애국적 봉기가 나타나지 않았으며, 페르난도 7세는 절대주의적 권좌에 복귀할 수 있었다.

1823년 절대주의자들의 복귀에 이어 자유주의적 반대자들에 대한 정치적 탄압이 다시 시작되었다. 그로 인해 독립전쟁의 영웅들 가운데 다수를 포함하여 132명의 자유주의 지도자들이 처형당하고 435명이 투옥되었다. 자유주의 정부에서 봉직한 수천 명의 장교와 관리들이 왕당파에 의해 공격당하고 자리에서 쫓겨났다. 쫓겨난 자유주의자들이 군사 반란을 시도했으나 내분으로 효과적인 조직화와 협력은 이루어지지 않았다. 그러나 동시에 왕당파 진영 내부의 긴장 상태 또한 점점 분명해지고 있었다. 왕당파 내 온건 세력은 화해와 정치적 안정이 필요하다고 주장한 데 비해 아포스톨리코스 (apostólicos)라고 불렸던 강경파는 구체제 수호에 집착하면서 자유주의 이념을 저주로 간주했다. 아포스톨리코스 가운데 많은 이가 페르난도 7세가 죽으면 그의 동생이며 극우왕권주의자(ultra-royalist)인 카를로스가 뒤를 이어야 한다고 생각했다. 그러나 1829년 5월 페르난도는 나폴리의 마리아 크리스티나와 혼인했고, 이듬해 국사조칙(Pragmatic Sanction)을 통과시켰는데, 그것은 딸보다 아들에게 더 강력한 계승권을 부여하는 이른바 살리법(1713년에 도입되었다)을 폐기함으로써 동등한 계승권을 회복해 주는 것이었다. 6개월 후에 딸 이사벨이 태어났다. 그러나 카를로스도 자신의 왕위계승권을 포기할 생각이 없었다. 1833년 9월 페르난도 7세가 죽은 지 채 몇 주가 안 되어 '카를로스파'(Carlists)라는 이름으로 불린 카를로스 지지자들이 반란의 깃발을 들어 올렸고, 스페인은 다시 내전 상태에 빠져들었다.

제5장　자유주의와 반동: 1833~1931

페르난도 7세가 죽고 나서 한 세기 동안 급속한 인구 증가, 괄목할 만한 경제 성장, 중대한 사회적 변화가 나타났다. 정치와 경제 분야에서 자유주의가 튼튼히 뿌리내렸고, 절대주의적 지배 구조가 대체로 붕괴되었으며, 근대적이고 중앙집권적인 국가의 행정적·법적 틀이 자리 잡았다. 그러나 절대주의 체제의 붕괴가 급격한 정치개혁으로 이어지지는 않았다. 대신 자유주의적 부르주아지와 전통적 지주 계층으로 이루어진 새로운 과두 지배층이 생겨났으며, 그것은 '질서정연한 진보'를 위해 노력하면서도 궁극적으로 자신들의 특권을 침해할 수도 있는 근본적인 정치와 사회개혁의 도입은 단호히 거부했다.

인구 변화

서유럽 다른 나라들과 마찬가지로 스페인에서도 19세기와 20세기 초 수십 년 동안 인구가 급증했다. 의술·영양·위생의 개선으로 1830년대 초 1,100만 명 정도이던 스페인 인구는 1920년대 말이면 2,350만 명으로 증가했다. 특히 1900년 이후 증가세가 두드러졌다. 18세기에 27세에 불과하던 평균 기대수명이 1910년이면 51세로 늘어났으며, 같은 기간 동안 유아사망률은 25%에서 16%로 감소했다. 18세기와 마찬가지로 인구 증가는 경제적으로 역동적인 주변부 지역에서 특히 두드러졌으며, 내륙 지역, 특히 그중에서도 아라곤, 나바라, 구(舊)카스티야에서는 인구가 오히려 감소했다. 더 이상의 인구 증가는 1867~1868년, 1880~1882년 안달루시아를 파괴했던 것과 같은 식량 부족 사태의 빈발, 1833~1835년 10만 명, 1853~1856년 20만 명, 1865년 237,000명 이상의 사망자를 낸 콜레라 등의 전염병으로 억제되었다. 농촌의 궁핍은 특히 갈리시아와 안달루시아 지역에서 이민을 부추기기도 했다. 1880년과 1913년 사이에 150만 명 이상의 스페인인이 라틴아메리카로 이주해 갔는데, 특히 아르헨티나와 브라질로의 이주가 많았다.

농촌 사회: 팽창과 침체

부양 인구가 꾸준히 늘면서 스페인 농업은 우선 증가하는 곡물 수요를 새 기술과 더욱 집약적인 농법의 도입보다는 경작지 면적의 확대로 대처하려고 했다. 1837년과 1860년 사이에 교회 토지와 도시 소유지의 한사상속 해제(disentailment)로 400만 헥타르 이상의 땅이 비경작지에서 경작지로 바뀌었다. 이 가운데 대부분은 밀 경작에 이용되었으나, 그중 상당 부분은 한계지여서 얼마 가지 않아 지력 고갈로 생산이 급감했다. 그로 인해 1860년과 1880년 사이에 밀 생산 토지 가운데 약 150만 헥타르가 더 이상 밀 농사에 이용되지 않게 되었다. 가뭄, 척박한 토양, 불편한 교통, 투자 부족, 전통적인 소유 형태와 이용 시스템 때문에 카스티야의 밀 생산자들은 1880년대에 러시아, 북미로부터 증기선을 통해 값싼 수입 곡물이 시장에 밀려들어 오자 경쟁력을 상실하게 되었다. 1891년 정부는 지주들의 집요한 로비에 부응하여 수입 밀에 대해 높은 관세를 부과했다. 그것은 곡물업자들의 생계는 보장했으나 근대화를 위해 필요한 자극 가운데 상당 부분을 상실하게 했다. 그러나 1900년과 1929년 사이에 곡물 경작에 이용되는 토지 면적이 다시 확대되기 시작했고, 주로 화학비료의 광범한 이용과 개선된 농기구 도입에 힘입어 토지 생산성과 노동 생산성이 개선되었다.

곡물 경작이 여전히 우위를 차지하기는 했지만 스페인 농업은 점차 다양화되어 갔다. 19세기 후반에 스페인의 포도주, 셰리주, 브랜디에 대한 외국의 수요가 급증했는데, 그것은 상당 부분 1868년과 1878년 사이에 포도나무뿌리진디병으로 프랑스 포도주 산업이 황폐화된 덕분이었다. 포도 재배에 이용되는 토지 면적이 1800년 약 40만 헥타르에서 세기말경에는 150만 헥타르로 거의 네 배 늘어났으며, 특히 라만차와 리오하 지역에서 집중적으로 증가했다. 1884년경이면 포도주는 스페인의 전체 수출액 가운데 45%를 차지했다. 그러나 스페인도 1890년대 초에 포도나무뿌리진디병의 피해를 입으면서 포도주 산업이 극적으로 침체에 빠졌다. 대신 주로 발렌시아와 카스테욘 지방에서 재배되던 오렌지가 19세기 마지막 10년부터 가장 중요한 수출상품이 되었다. 1890~1894년과 1930~1934년 사이에 오렌지 수출은 101,493톤에서 936,648톤으로 약 9배 증가했다. 올리브유, 코르크,

아몬드 수출도 19세기 후반기에 급증했다. 1898년 쿠바, 푸에르토리코, 필리핀제도의 스페인 식민지들을 상실하고 나서는 사탕무 생산이 극적으로 증가했다.

이런 농업상의 다양화에도 불구하고 스페인의 전반적인 농업 구조에는 상대적으로 큰 변화가 없었다. 토지 보유 시스템은 전과 마찬가지로 다양했다. 한쪽 끝에는 '손바닥만 한 자신의 땅뙈기'를 경작하며 근근이 살아가는 갈리시아 농민이 있었고, 다른 쪽 끝에는 찢어지게 가난한 농업노동자 집단들이 있었는데, 이들은 1년 중 반 이상을 농촌 소도시에서 하는 일 없이 빈둥거리며 지내고, 나머지 기간 동안에는 쥐꼬리만 한 돈을 벌기 위해 안달루시아, 엑스트레마두라, 신(新)카스티야의 대농장(라티푼디움)에서 부재지주를 위해 일해야 했다. 비옥하고 관개가 잘 되는 레반테, 카탈루냐의 땅(이 지역의 과일, 채소, 견과, 포도주는 중요한 수출품이었다)과 메세타의 건조 농업 공동체들은 전혀 다른 세계였다. 메세타에서는 낮은 생산성과 낮은 1인당 수입이 표준이 되고 있었다. 1830년대의 전통적 영주제의 해체와 그에 이은 교회 토지와 도시소유지(이 둘은 합하여 스페인 전체 경작지의 4분의 1가량을 차지했다)의 한사상속 해제가 전체적인 토지 보유 구조에 큰 변화를 가져다주지는 않았다. 대부분의 토지는 공매를 통해 기존의 지주와 당시 부상하고 있던 상업 부르주아지의 수중에 들어갔다. 지주들과 부르주아들에게는 토지 보유가 사회적 지위의 지표가 되었다. 그로 인해 1900년경이면 인구의 1% 정도가 스페인 전체 경작지의 42%를 소유하고 있었다. 한사상속 해제는 농민들에게는 이중의 어려움을 가져다주었다. 그들 가운데 공매를 통해 매각된 토지를 구입할 만한 자금을 가진 사람은 많지 않았으며, 거기다 수 세기 동안 소농들이 가축을 방목하고 땔감을 모으곤 했던 도시 공유지의 매각은 많은 사람들의 생활 수준을 더 떨어뜨리고, 수많은 농가를 확대일로의 도시나 산업 중심지로 새 기회를 찾아 떠나거나 혹은 외국으로 이민을 가게 만들었다. 식량 부족, 만성적인 계절성 실업, 극심한 빈곤은 농촌 소요의 주기적인 폭발을 가져오기도 했다. 1861년 안달루시아 지방 로하(Loja)에서는 알메리아, 그라나다, 하엔, 말라가 주(州)의 총 43개 마을에서 모인 10,000명가량의 농민이 토지개혁을 요구하며 들고일어났다. 1892년에는 일군의 농업노동자들이 잠깐 동안 헤레스 시를 점령하기도 했다. 사회 정의와 토지 재산의 재분배를 약속하는 혁명적인 아나키스트들은 남부 스페인의 궁핍한 농촌 공동체들 사이에서 열광적인 지지 세력을 발견하였다.

실패로 끝난 산업혁명?

농업은 스페인에서 여전히 지배적인 경제 활동으로 남아 있었다. 1910년까지도 전체 인구 가운데 3분의 2가 농촌에 거주했다. 하지만 스페인은 더디기는 해도 꾸준히 산업화 과정을 밟아 가고 있었다. 1850년 이후, 이미 산업화가 진행된 서구 열강 사이에서 나타난 스페인산 원료(특히 철, 구리, 납, 수은, 아연)에 대한 수요 급증은 스페인 광산업에 대한 대규모 외자 유치로 이어졌고, 그 과정은 1868년 광산법으로 더욱 가속화되었다. 예를 들어 벨기에의 투자자들은 1853년 아스투리아스 로얄 컴퍼니(Royal Company of the Asturias)를 세워 그 지역 아연광 채굴 사업에 참여했고, 한 영국 회사는 1873년 우엘바 근처 리오 틴토의 동광(銅鑛) 개발에 참여했는데, 이 회사는 16년 후 약 9,000명의 노동자를 고용하고 있었다. 활발한 외자 유치와 기술자의 유입에 힘입어 광물 생산은 극적으로 증가했다. 1864년부터 1913년까지 스페인의 철광석 생산은 28만 톤에서 986만 톤으로, 구리는 21만 3천 톤에서 230만 톤으로, 석탄은 38만 7천 톤에서 370만 톤으로 증가했다. 1913년경 스페인의 광산 자본의 절반, 그리고 스페인의 광산 회사 가운데 29%가 외국인 투자자들의 수중에 있었다.

외국인의 자본 투자와 기술적 노하우는 지역 자본의 증가와 더불어 스페인을 철도 시대로 들어서게 하는 데 결정적인 역할을 하기도 했다. 1848년 스페인 최초의 철도인 바르셀로나-마타로(Mataró) 간 29킬로미터의 철로가 개통되었다. 1855년의 철도법은 철도 건설의 전성기의 토대를 닦았는데, 그에 필요한 재원의 상당 부분이 로스차일드(the Rothschilds)나 페레이르(Pereires) 같은 프랑스 투자가들에게서 나왔다. 1866년 거품이 폭발해 철도 건설 열풍이 꺼질 무렵이면 이미 5,500킬로미터의 철로가 스페인에 가설되어 있었으며, 1931년경이면 17,000킬로미터가 넘는 철도망이 전국적으로 구축되어 있었다. 그동안 스페인 철도 체계에 대해 여러 가지 부정적 평가가 있어 왔다. 무엇보다도 그 철도망이 이제 막 부상하고 있던 스페인의 산업 중심지들의 필요에 부응하기보다는 마드리드와 각 지방을 연결하는 방사상(放射狀) 체제가 선호되었으며, 그것은 중앙 정부의 중앙 집권화라는 목표를 반영하고 있다는 것이었다. 대부분의 철도망 건설에 돈을 대고 직접 건설에 참여하기도 한 외국 회사들은 철도망 건설에 필요한 모든 기차 차량과 철로를 관세 없이 스페인에 들여올 수 있었으며, 그로 인해 철도가 경제 성장에 미치는 영향이 그 주창자들이 예상했던 것보다 크지 않았다는 것이다. 이 모든 점에도 불구하고 철도 혁명은 지역 경제의 고립을 깨뜨리고 점진적인 가격 수렴(price convergence)과 전국적 시장의 출현을 가져왔다.

철도 건설은 스페인의 커뮤니케이션 하부구조의 또 다른 종류의 개선을 동반하였다. 1843년과 1868년 사이에 도로망은 8,500킬로미터에서 18,000킬로미터로 두 배 이상으로 늘어났고, 1908년경이면 그 수치가 41,500킬로미터, 1931년이면 57,000킬로미터에 이르렀다. 1852년부터는 기선이 쿠바와 이베리아반도 간 항로를 정기적으로 운행했다. 또 같은 해 전보(電報)가 도입되었다.

산업 발전은 특히 두 지역에 집중되었다. 공장에 기반을 둔 직물류 생산이 지배적이었던 카탈루냐에서는 증대된 자본투자와 증기기관의 광범한 도입으로 면제품 생산에서 괄목할 만한 증가가 나타났으며, 그것은 바르셀로나와 그 후배지를 '스페인의 맨체스터'로 만들어 놓았다. 비록 카탈루냐의 대부분의 공장들이 20명도 되지 않은 노동자를 가진 소규모로 운영되었지만, 가끔은 대규모 공장이 세워지기도 했다. 1832년에 세워지고 증기기관을 폭넓게 이용한 최초의 회사 가운데 하나였던 보나플라타(Bonaplata) 공장, 일명 '엘 바포르'(El Vapor)는 약 700명의 노동자를 고용하고 있었다. 새 기술의 도입은 일자리를 잃을 것을 염려한 도시 프롤레타리아의 폭력적 반발을 불러일으켰다. 보나플라타 공장은 1836년 방화로 파괴되었고, 자동 방적기의 도입은 1840년대에 수차례의 파업을 촉발하였다. 카탈루냐 직물산업은 1850년대에 사바델(Sabadell)과 테라사(Terrasa) 등의 도시에 모직물 공장이 들어서면서 다시 한번 급성장했다. 카탈루냐의 직물산업 붐은 스페인의 다른 많은 지역의 소규모 저기술 작업장들을 궁지에 몰아넣었다. 그러나 카탈루냐의 직물은 외국 업체들과의 경쟁에서 고전을 면치 못했으며, 그 결과 생산은 주로 국내 시장과 식민지 시장에 맞추어졌다. 마드리드에 기반을 둔 자유주의자들은 자유무역의 장점을 역설한 반면에, 카탈루냐 직물 제조업자들은 자신들과 노동자들을 경제적 파탄에서 보호하기 위해 국가가 적극적으로 보호해 줄 것을 주장했다. 19세기 후반기 동안 카탈루냐 산업가들은 생산을 다양화하기 위해 노력했다. 기계류, 소선박, 엔진을 생산했던 라 마키니스타 테레스트레 이 마리티마(La Maquinista Terrestre y Marítima)사는 당시 이 지역에 세워진 여러 야금 관련 회사들 가운데 가장 큰 회사였다.

산업 발전이 나타난 또 하나의 주요 지역이 바스크 지역, 그중에서도 특히 비스카야(Vizcaya)였는데, 이 지역에 풍부하게 매장된 철광석이 외국인(처음에는 프랑스인, 후에는 영국인) 투자자들을 끌어들이는 유인이었다. 이 지역에서 생산된 철광석 가운데 지역 용광로에 공급되는 분량은 10분의 1에 불과했지만 광석 채굴에서 얻어지는 이익, 특혜를 주고 수입되는 영국산 코크스(아스투리아스의 석탄은 질이 좋지 않고 채굴도 어려웠다), 빌바오 은행(1855) 같은 새로 들어선 지역 은행 기구에서 어렵지 않게 끌어 쓸 수 있었던 자본 등에 힘입어 19세기 마지막 4반세기 동안 근대적 야금 산업이 이곳에서 발전했다. 1855년에는 최초의 베세머 전로(轉爐)가 설치되어 강철 생산을 위한 길을 열어 주었다. 1887년에는 이 지역의 가장 중요한 세 개의 야금 회사가 하나로 합쳐져 알토스 오르노스 데 비스카야(Altos Hornos de Vizcaya)라는 복합기업이 생겨났는데, 이 회사는 6,000명이 넘는 노동자를 고용했다. 동시에 빌바오항은 조선업의 중심지로 발전했다. 이와 대조적으로 남부 안달루시아의 조선소들(1844년까지만 해도 숯을 연료로 사용하는 이 지역 용광로들이 스페인 철 생산의 72%를 담당했다)은 급속하게 몰락했다.

1877년과 1886년 사이에 주로 직물류, 포도주, 광물의 수출 호조에 힘입어 스페인 경제는 급속하게 성장했다. 그러나 그 성장은 1880년대 말 농업 침체로 중단되었고, 그것은 산업가와 농민 모두로 하여금 국가의 보호를 강력하게 요구하게 만들었다. 경제 성장은 새로운 외자 유입, 1차 세계대전기(1914~1918)의 수요 급증, 새 기술의 도입(전기, 내연기관, 석유화학 등)에 힘입어 20세기 첫 30년 동안 다시 한번 재개된다. 1920년대가 되면 바스크 지역에서 중공업(조선과 야금)이 확실히 자리 잡게 되는데, 이 시기는 스페인 광물에 대한 외국의 수요가 감소하고 있던 때였다. 시멘트, 종이, 화학제품 등을 중심으로 경공업도 급속히 성장했다. 바르셀로나에 기반을 둔 이스파노-수이사(Hispano-Suiza) 회사는 비행기 엔진과 고급 승용차를 생산하기 시작했다. 성장 추세가 급속하게 떨어지는 1930년경에는 농업에 종사하는 노동력의 비율이 46%로 떨어졌고, 전체 노동자 가운데 27%가 제조업 부문에 종사하고 있었다.

그러나 이런 나름의 성과에도 불구하고 1830년부터 1930년까지 스페인의 산업 발전은 다른 외국 경쟁국들, 특히 영국, 프랑스, 독일, 미국 등이 같은 기간에 이루어 낸 놀라운 발전과 비교하면 초라했다. 예를 들어, 1900년 스페인의 선철 생산은 약 29만 5,000톤(metric tons)이었던 데 비해 영국의 용광로들은 900만 톤 이상을 생산했다. 이런 심한 격차 때문에 많은 역사가들은 이 시기 스페인의 경제 발전을 '뒤처진' 혹은 '정체된' 성장이라고 불렀고, 심지어는 '실패한 산업혁명'이라고 말하기도 했다. 스페인의 이런 상대적 실패는 여러 요인에 기인한 것으로 주장되어 왔는데, 산업 투자를 위해 필요한 자본을 제공하지 못한, 그리고 낮은 1인당 수입이 제조업 상품에 대한 국내 시장을 제약한 농업 분야의 후진성, 제조업자들에게서 생산물 판매를 위한 확실한 시장을 앗아간 해외 식민지의 상실, 외국인 투자자들이 스페인 땅에 '식민지 고립영토'를 만들게 만든 공적·사적 투자 자본의 부족, 생산자들이 스스로 근대화할 수 있는 유인을 제거한 보호 정책에의 과도한 의존, 진정한 전국적 시장의 창출을 방해한 열악한 커뮤니케이션 하부구조, 스페인 산업가들과 사업가들의 기업가 정신의 상대적 부족 등이 그것이었다.

　　스페인의 경제적 성취에 대한 이런 야박한 평가에 대해 여러 가지 점에서 반론이 제기될 수 있다. 무엇보다도 1830년부터 1910년 사이에 1인당 실질수입이 거의 80%나 증가했고, 같은 기간 동안 국내 생산이 세 배 증가했다는 사실은 이 기간 동안 스페인 경제가 결코 침체하지 않았음을 말해 준다. 비록 척박한 토양과 기술의 후진성으로 스페인 농업 생산이 주요 경쟁국들에 비해 많이 뒤졌다고 할 수는 있지만(농업 생산은 프랑스와 독일의 대략 절반 수준에 머물렀다) 이 시기 내내 생산은 인구 증가를 웃돌았고, 1830년과 1910년 사이에 산업 생산은 연평균 2~2.25% 성장했으며, 스페인 무역의 총가치는 1827년과 1913년 사이에 1,300%나 증가했다. 그 외에도 19세기 후반기 동안 외국 자본이 스페인으로 흘러들지 않았다면 스페인의 산업 발전은 지지부진했을 것이 분명하고, 스페인의 철도망은 설계 단계에 머물고 말았을 것이다. 스페인의 아메리카 식민지 상실도 비록 단기적으로는 전통적으로 식민지 무역에 깊은 이해관계를 가지고 있던 지역들(특히 카탈루냐)에 부정적인 영향을 미쳤지만 흔히 생각하는 것보다 그 충격이 그렇게 파괴적이지는 않았다. 그러나 스페인의 산업 발전이 서유럽 다른 산업국가들에 비해 시기적으로 나중에 나타났고, 그 강도도 덜했다는 점에는 이론의 여지가 없다. '실패한 산업혁명'이라기보다는 스페인과 그 경쟁국들 간에 '성장의 갭'이 있었다고 말하는 것이 사실에 가까울 것이다. 1930년 스페인의 1인당 산업 생산은 여전히 영국의 30%, 프랑스의 32%, 독일의 39% 수준에 머물렀다. 항구적인 문제는 지속적인 경제 발전이 반도 주변부에 국한되었다는 것이다. 스페인은 대규모 산업화를 지속시킬 만한 자본과 국내 시장이 없었기 때문에 1960년대까지도 불완전한 경제 발전 지역(semi-developed economy)으로 남게 된다.

스페인의 점진적인 경제 발전은 그 한계에도 불구하고 스페인 사회에 심대한 변화를 가져다주었다. 사회 상층부에서는 1840년대부터 은행가, 사업가, 공장주, 법률가, 장군 등으로 이루어진 부유하고 영향력 있는 도시 부르주아 계층이 출현했고, 그들은 전통적인 토지 귀족과 긴밀한 관계를 구축했다. 이 두 집단은 거의 한 세기 동안 스페인의 정치를 지배하게 되는데, 이 두 집단의 이해관계는 서로 긴밀하게 연계되어 있었다. 귀족 구성원들은 대규모 회사에서 영향력 있는 지위를 획득했고, 반면에 산업가들과 상인들은 1836년과 1855년의 한사상속법 해제 덕분에 대지주가 되었으며, 그 가운데 일부는 귀족으로 신분이 상승하기도 했다. 산업과 금융 부문은 카탈루냐의 경우, 구엘가(Güells), 문타다가(Muntadas), 토우가(Tous), 지로나가(Girona), 아르누가(Arnús), 바스크 지역의 경우 우르키호가(Urquijos), 이바라가(Ybarras) 같은 유력한 소수 지역 가문들에 의해 지배되었다.

이 새 엘리트층 바로 아래에 상점주, 장인(匠人), 법률가, 하급 관리, 언론인, 교사 등으로 이루어진, 확대일로의 중하층이 있었다. 1854년 이사벨 2세 정부에 대항하여 진보파(Progressives)와 그 외 급진파(radicals)가 반란을 일으켰을 때 바리케이드를 쌓게 되는, 그리고 후에는 민주주의자들(Democrats)과 사회주의자들(Socialists)이 많은 지지자를 끌어내게 되는 것이 바로 이 정치적으로 각성된 집단이었다. 또 증가일로의 보수적 증간층 집단도 있었는데, 그들 가운데 다수는 소사업가와 농민이었고, 그들에게는 사회적 복종과 전통적 가치 수호가 무엇보다도 중요했다.

인구 증가는 주변부 지역의 산업 발전, 그리고 내륙 지역 일부의 농업 침체와 더불어 많은 농민들이 공장노동자, 광부, 건설노동자로 일자리를 찾아 도시나 공장지대로 흘러 들어가게 만들었다. 저임금, 장시간 노동(하루 12~14시간 노동은 보통이었다), 열악한 주거환경과 위생 때문에 대부분의 도시 혹은 산업노동자의 생활 조건이 농촌보다 별로 나을 것이 없음에도 불구하고 이런 현상이 나타났다. 1856년경 바르셀로나에만 54,000명이 넘는 노동자가 있었다. 1800년에는 스페인에 10,000명 이상의 인구를 가진 도시가 34개밖에 되지 않았으나 1890년이 되면 174개로 늘어났다. 마드리드, 바르셀로나, 발렌시아, 빌바오가 대표적으로 팽창한 도시였으나 그와 비슷한 현상이 세비야, 말라가, 무르시아, 산세바스티안, 사라고사 등 지방 도시들에서도 나타났다. 1857년부터 1900년 사이에 이 시기 내내 생산의 중심이라기보다는 소비의 중심이었던 마드리드 인구가 28만 명에서 54만 명으로 두 배가량 증가했다. 빌바오의 인구는 1875년에서 1905년 사이에 3만에서 10만으로 세 배 이상 늘어났다.

　늘어나는 인구를 수용하기 위해 도시들은 불규칙하게 넓어지는 새 교외 지역을 건설해야 했고, 그러기 위해 도시를 둘러싸고 있던 성벽을 허물기 시작했다. 마드리드에서는 도시 개선 프로그램이 1846년부터 가동되었다. 새로운 도로와 광장들이 만들어졌고, 가스 가로등과 근대적 하수 시설이 들어섰으며, 도시는 시민들에게 깨끗한 물을 공급했다. 극장, 카페 같은 새로운 오락시설이 급증하기 시작했다. 1847년 마드리드에 60개 이상의 카페가 있었다. 바르셀로나에서는 번영한 부르주아지가 멋진 성벽 밖 교외 지역, 즉 1859년부터 개발되기 시작한 레익삼플레(L'Eixample) 쪽으로 옮겨 갔다. 다른 도시들과는 다른 격자 모양의 대로망(大路網)과 유이스 도메네체 이 문타네르(Lluis Domenèche i Montaner)와 안토니오 가우디(Antonio Gaudí) 같은 일급 건축가들이 과감하게 모더니스트 양식으로 설계한 스타일리시한 건물들(그것들은 파리의 건물들에서 영감을 얻었다)을 가진 새로운 바르셀로나는 점차 자신감 넘치고 번영한 사회로 발전해 갔다. 1888년의 만국박람회는 바르셀로나가 유럽 주요 도시 가운데 하나로 바뀌었다는 것을 확인하는 행사였다.

문화의 발전

1814년 페르난도 7세의 복위에 이어 찾아온 절대주의로의 역행은 스페인에 장기간의 문화적 침체를 가져왔다. 세르베라(Cervera) 대학의 운영자들은 '위험한 새로운 생각을 멀리하라'라는 유명한 선언을 하기도 했다. 그러나 1833년 페르난도 7세의 서거 이후 문화 활동이 다시 부활했다. 마드리드의 아테네움(Athenaeum, 1835) 같은 학문단체들이 생겨났는데, 그것들은 지적 담론을 위한 포럼, 영향력 있는 정치적 토론의 장이 되었다. 1830년대에는 특히 마드리드와 바르셀로나에서 정기간행물들이 부활하였다. 1850년대경이면 마드리드에는 비록 운송과 배포 문제 때문에 확산과 영향력이 제한되기는 했지만 적어도 20개 이상의 서로 다른 정치적 입장을 반영하는 신문이 발행되고 있었다. 페르난도 7세가 죽고 나서 영국이나 프랑스에서 유럽 낭만주의 운동의 영향을 가지고 스페인으로 귀국한 자유주의 성향의 망명객들에 의해 문화생활은 더욱 활성화되었다. 이성보다는 감성을 강조하는 낭만주의는 독설적인 에세이 작가이자 풍자 작가이기도 한 마리아노 호세 데 라라(Mariano José de Larra)나 '스페인의 바이런'이라 불렸던 시인 호세 데 에스프론세다(José de Espronceda) 같은 급진적 자유주의자들의 심금을 울렸다. 그 외 다른 스페인의 낭만주의 작가들(후에 리바스 공작이 되는 앙헬 사아베드라Ángel Saavedra, 호세 소리야José Zorrilla 등이 여기에 포함된다)은 안토니오 알칼라 갈리아노(Antonio Alcalá Galiano)가 인간 정신의 '내적 동요'라고 부른 것에 집중하면서 정치적으로 진보적인 낭만주의의 측면은 회피했다.

19세기 마지막 1/3분기 동안 스페인에서 나타난 사회적·경제적·정치적 혼란은 문화적 창조성의 극적인 폭발을 동반하였다. 스페인 소설가들은 발자크, 플로베르, 디킨스 같은 작가들의 영향을 받아 문학적 리얼리즘 기법을 실험하기 시작했다. 이 분야에서 가장 활발한 활동을 보인 사람이 베니토 페레스 갈도스(Benito Pérez Galdós)였는데, 그의 소설은 당대 마드리드 사회에 대한 생생한 초상화를, 그리고 혼란스러운 스페인 최근 역사에 대한 중요한 관점을 보여 주었다. 페드로 안토니오 데 알라르콘(Pedro Antonio de Alarcón), 호세 마리아 데 페레다(José María de Pereda) 같은 실생활묘사파(costumbrista) 작가들도 많은 인기를 구가했는데, 이들의 작품은 스페인 여러 지방의 매너와 습관을 조명하였다. 이 같은 지방(region)의 재발견은 카탈루냐와 갈리시아 문학의 개화와 짝을 이루었는데, 카탈루냐의 하신트 베르다게르(Jacint Verdaguer), 갈리시아의 로살리아 데 카스트로(Rosalía de Castro)의 시는 그 경향을 대표한다고 할 수 있다. 사람들은 대략 1890년부터 제2공화국 출현까지의 시기를 스페인의 '은의 시대'라고 불렀다. 이 세대의 핵심 집단은 '98세대'라고 알려진 일군의 문필가들인데, 미겔 데 우나무노(Miguel de Unamuno), 피오 바로하(Pío Baroja), 안토니오 마차도(Antonio Machado), 라몬 델 바예 인클란(Ramón del Valle Inclán) 등이 대표적이며, 이들은 당시 시대정신에 조응하여 스페인적 정신의 깊은 곳을 탐구함으로써 사회적 '쇄신'을 추구했다. 1930년경 새로운 예술 세대가 등장했는데, 그 주역은 '1927년 세대'라 알려진 일군의 탁월한 시인 집단(페데리코 가르시아 로르카Federico Garcia Lorca, 라파엘 알베르티Rafael Alberti, 비센테 알레이산드레Vicente Aleixandre, 루이스 세르누다Luis Cernuda 등), 국제적으로 명성을 떨친 네 명의 화가(파블로 피카소, 후안 그리스Juan Gris, 조안 미로Joan Miró, 살바도르 달리), 일군의 뛰어난 작곡가들(특히 그중에서도 마누엘 데 파야Manuel de Falla가 두드러진다)이었다.

　스페인은 유럽의 지적 조류를 받아들이는 입장에 있었다. 가장 영향력 있는 조류 가운데 하나는 무명의 독일 철학자 카를 크라우제(Karl Krause)가 처음 주장하고, 1850년대에 훌리안 산스 델 리오

(Julián Sanz del Río)가 스페인에 도입한 이념이었다. 관용, 조화, 도덕적 자기 개선을 강조하는 이 크라우제주의(Krausism)는 스페인 지식인들에게 강한 호소력을 가졌다. 1876년 대표적인 크라우제주의자이며, 일단의 다른 대학교수들과 함께 마드리드 대학교 교수직에서 쫓겨나기도 했던 페르난도 히네르 데 로스 리오스(Fernando Giner de los Rios)가 자유교육협회(Institución Libre de Enseñanza)의 창설을 주도했다. 이 협회는 학생들에게 예술과 과학 분야에서 폭넓은 세속 교육을 제공하고, 그들에게 관용과 자주적 정신의 가치를 주입시키려고 노력했다. 이 협회와 1910년에 세워진 이 협회 본부는 그 후 여러 세대의 자유주의 지식인들의 주요 활동 공간이 되었다. 호전적인 가톨릭교도들은 그들대로 이 협회와 협회가 옹호하는 세속적 가치가 사회 전체의 도덕적 복지를 위협한다고 보았다. 그러나 대체로 스페인의 교육 제도는 부족한 점이 많았다. 국가가 운영하는 공립 교육의 기반은 마련되었지만 중앙 정부는 그 이상을 현실로 바꾸어 놓을 수 있는 자금을 갖고 있지 않았다. 1908년 무렵 공립학교에 재학 중인 학생은 14,000명에 불과했고, 40,000명이 종교 재단에서 운영하는 학교에 다니고 있었다. 교육은 여전히 중간층 이상의 특권으로 남아 있었으며, 1900년경 스페인의 성인 인구의 절반 이상이 문맹이었다.

정치적 변화: 자유주의의 부상(liberal ascendancy)

1833~1840년의 내전은 세 살 먹은 여왕 이사벨 2세(1833~1868)의 지지자들과 페르난도 7세의 동생이며 골수 왕당파인 카를로스의 지

지자들이 왕위를 놓고 벌인 다툼(이 다툼은 제1차 카를로스파 전쟁으로 알려졌다)이었을 뿐만 아니라, 상당 부분은 독립전쟁(War of Independence) 이후 진행되어 온 이데올로기적 투쟁의 연장이었다. 서로 싸우는 두 진영이 있었는데, 한편에는 국가의 정치적·사회적·경제적 근대화에 전념하는 자유주의자들이 있었고, 다른 한편에는 전통적 질서의 힘과 특권 회복에 몰두하는 카를로스파 보수주의자들이 있었다. 왕위를 요구하는 카를로스의 지지자들은 스페인 북부 농촌의 보수적이고 골수 가톨릭적인 지역, 그중에서도 나바라와 바스크 지역, 그리고 그보다는 정도가 덜했지만 아라곤과 카탈루냐 농촌 지역에 가장 많았다. 이 지역들은 가톨릭 성직자들의 영향이 어느 지역보다도 강했고, 교회에 대한, 그리고 바스크와 나바라의 푸에로(fueros)로 대표되는 지역자치 특권에 대해 도시에 기반한 중앙집권적 자유주의가 가하는 공격이 가장 격렬한 반발을 불러일으키고 있던 곳이다. 카를로스파의 주장은 재속 성직자들과 계율(수도) 성직자들에게서 특히 열렬한 지지를 받았는데, 그들은 자신들의 오랜 특권이 사라지지 않을까, 그리고 교회 토지가 또다시 매각되지 않을까 두려워했다. 농민들이 그들의 명분을 지지한 것은 정부의 경제 개혁으로 생활 조건이 악화되었기 때문이다. 이런 점에서 카를로스파의 반란은 개혁에 맞서 왕당파적 전통(royalist tradition)을 수호하려는 운동이기도 했지만, 그에 못지않게 사회적·경제적 변화에 대한 무력(武力) 저항이기도 했다.

전쟁 초기 2년 동안 카를로스파 봉기 세력은 토마스 데 수말라카레기(Tomás de Zumalacárregui)의 지휘하에 바스크 지역에서 발렌시아에 이르는, 에브로강 동쪽 넓은 띠 모양의 땅을 장악하였다. 카를로스파는 독립전쟁 때 이용된 적이 있는 게릴라 전술을 이용하여 체계적인 조직을 갖고 있지 않았던 정부군을 궁지에 몰아넣었다. 그러나 마드리드 자유주의 정부에 맞서 폭넓은 동맹을 구축하려고 한 카를로스파의 노력은 교황의 적극적 지원에도 불구하고 성공하지 못했다. 카를로스파의 지지 기반은 계속해서 에브로강 북쪽과 동쪽 농촌 지역에 국한되었다. 농촌 중핵 지역에서 벗어나 빌바오나 팜플로나 같은 도시(이 도시들은 자유주의적 대의에 강한 충성심을 가지고 있었다)에 거점을 마련하려고 한 시도는 끝내 실패로 돌아갔다. 1837년 야심차게 시도된 '로얄 원정'(Royal Expedition)——이때 그들은 마드리드 외곽까지 다가갔지만 결국에는 저지되었다——의 실패는 카를로스파의 운세에 결정적이었다. 그 후로 정부는 영국과 프랑스 정부가 제공한 군대, 장비, 돈에 힘입어 우위를 확보하기 시작했다. 카를로스파 내 온건파는 자신들이 자유주의 국가를 타도할 만한 충분한 인력과 무기, 그리고 물자를 가질 수 없다는 것을 깨닫고 협상에 의한 해결을 추구하기 시작했다. 1839년 8월의 베르가라 회담(Convention of Vergara)은 반란을 사실상 종식시켰다(이 회담에서 카를로스파 장군 모라토Morato는 상대편 장군 에스파르테로로부터 카를로스파 장교들을 정부 군대에 다시 들어올 수 있게 해 주고, 바스크와 나바라의 푸에로를 존중하겠다는 약속을 받아 냈다). 1840년 여름 무렵에는 아직도 잔존해 있던 모든 반란 중심지들이 무력화(無力化)되었다. 그러나 북부 보수적인 농촌 지역에 강하게 남아 있던 종교적 혹은 지역주의적 감정은 카를로스주의가 모종의 정치 운동으로서 잔존하게 했으며, 그로 인해 1846년과 1872년, 다시 카를로스파의 깃발 아래 두 번째와 세 번째 반란이 발발하게 된다.

전쟁이 발발했을 당시 카를로스파에 대해 강력한 반격을 가할 충분한 정치적·군사적 지지 세력을 갖고 있지 못했던 페르난도 7세의 미망인 마리아 크리스티나(그녀는 자신의 딸 이사벨이 1843년에 성년이 될 때까지 섭정으로 지배권을 행사했다)는 두드러진 개혁적 자유주의자 집합체와의 느슨한 연합을 추구할 수밖에 없었다. 이들이 바로 온건파(Moderados)인데, 주로 전통적 엘리트, '계몽된 유산 계층', 부상하고 있던 상공업 부르주아들이 주를 이루고 있었다. 하나의 정치 집단으로서 그들은 도시 밖에서는 이렇다 할 만한 지지 세력을 갖고 있지 않았다. 그것은 물론 편의에 따른 결합이었다. 마리아 크리스티나는 앞서 자신의 남편이 그랬던 것처럼 자유주의적 정치 의제에 대해 심히 못마땅해했고, 일부 행정적·경제적 개혁에는 찬성할 준비가 되어 있었지만 자신이 왕국의 정치 조직에서 '위험한 혁신'이라고 말한 것을 도입하는 데는 결단코 반대했다. 프랑스 왕 루이-필리프의 예에서 영감을 얻고 있었던 온건파는 국가의 정치적·경제적 근대화에 노력을 아끼지 않았지만, 그럼에도 불구하고 질서 있는 진보를 위해서는 왕실(the Crown)과의 조화가 있어야 한다는 것, 그리고 급진적인 1812년 헌법의 재도입은 심히 비현실적이라는 것을 인식할 정도로 충분히 실용적이었다. 1834년의 국왕법(Royal Statute)은 왕정과 자유주의적 엘리트 간의 일시적 타협의 산물이었다. 1814년 프랑스 헌장(French Charter)에서 영감을 끌어온 이 국왕법은 민주주의적 헌법 개혁의 제한적 연습(a limited exercise)이라 할 수 있었는데, 1812년의 헌법 내용 가운데 상대적으로 급진적인 조항들은 희석시키거나 삭제한 내용으로 되어 있었다. 왕정은 '순화시키는 힘', 즉 각료를 자의적으로 채용·해고할 권리, 원할 때 코르테스를 소집·해산할 권리를 가졌다. 1812년 헌법의 주요 항목 가운데 하나인 성인 남성의 보통선거권(그것은 국가의 궁극적 주권이 왕이 아니라 인민에게 있다는 원칙을 분명히 하는 항목이었다)은 조용히 보류되었다. 대신 국왕법은 양원제 코르테스를 두되, 상원은 대귀족과 주교, 그리고 국왕이 임명한 사람들로 구성되고, 하원은 간접 선거를 통해 구성하되, 그들을 뽑는 유권자는 연수입이 12,000레알이 넘는 사람으로 제한했는데, 그 수가 전체 인구 중 0.1%도 채 되지 않았다. 요컨대 부와 '지배에의 적합성'에 기반을 둔 정치권력은 '계몽된' 중간층의 고유 영역이 되었다.

국왕법은 개혁의 문서로서는 명백한 한계를 가지고 있었음에도 불구하고 스페인 왕정을 입헌적 자유주의의 대의에 구속시켰다. 그러나 그 국왕법이 표방하는 소심한 개혁은 자유주의 운동 내 자칭 '자유의 수호자들', 즉 급진적 '열광파'(radical 'exaltados')의 계승자이며 도시 중간층에 지지기반을 두고 있었던 '진보파'(Progresistas)에게는 실망스러운 것이 아닐 수 없었다. 대체로 온건파와 진보파는 '질서 있는 진보'의 중요성에 대한 신념과, 유산자 중간층이 정치권력을 만들어 낼 권리를 갖고 있다는 믿음을 공유했다. 진보파가 온건파와 달랐던 것은 무엇보다도 혁명을 통해 권력을 획득할 준비가 되어 있었다는 사실이다. 그리하여 1835년 여름 급진적 반란의 물결이 전국의 도시들에서 발발했고, 그로 인해 여왕의 섭정(크리스티나)은 반발하는 진보파의 압력에 굴복하여 국왕법의 무효화를 선언하고, 유대인 재정가 후안 알바레스 멘디사발(Juan Alvarez Mendizábal)을 수상으로 임명했다. 이듬해 멘디사발이 사임하자 일군의 불온한 부사관들(sergeants)이 라그랑하 궁전에서 여왕 섭정과의 면담을 요구하여 진보파 사람들을 복직케 하는 조치를 이끌어 냈다.

멘디사발이 취임하여 취한 첫 번째 조치 가운데 하나는 수도원과 수녀원의 폐쇄, 교회 토지 재산 가운데 아직 남은 부분의 매각, 그리고 귀족 토지의 한사상속제 폐지 등이었다. 교회 재산에 대한 공격은 재정에 쪼들려 있던 정부가 카를로스파와의 전쟁을 성공적으로 수행할 자금을 마련하려는 의도를 담고 있었다. 또한 이 조치가 토지의 자유로운 거래를 만들어 내고, 소지주들로 이루어진 농촌 중간층을 창출해 내며, 묶여 있는 재산에 새 생명을 제공하고, '가장 풍요로운 공적 행복의 원천'을 개방케 하겠다는 의도를 담고 있었으며, 나아가 그를 통해 국가의 경제적 근대화의 길을 닦을 수 있을 것이라는 기대를 갖고 있었다. 온건파에게도 그랬지만 진보파에게도 경제적 자유와 사유재산이 사회적·정치적 개혁보다 더 중요했다. 그리하여 1837년의 헌법은 재산 자격의 기준을 낮춤으로써 유권자 수를 약간 확대하여 약 265,000명(전체 인구의 약 2%)이 투표권을 갖게 되었으나 다른 측면에서는 국왕법의 조항 가운데 많은 것이 그대로 유지되었다.

장군들의 정치(Praetorian Politics)

카를로스파 전쟁이 정부 측의 승리로 끝난 것은 이사벨 2세의 입지를 확고하게 하기도 했지만 더불어 자유주의자들이 권력을 잡게 되고, 하나의 정치적 신조로서 자유주의가 확고하게 뿌리내리게 되었다는 점에서 스페인 절대주의에 조종을 울리는 것이기도 했다. 그러나 전쟁은 정치 브로커로서의 군대를 확인해 주기도 했다. 온건파와 진보파가 정치적 영향력을 두고 다투게 되면서 두 파당은 점차 자신들과 자신들의 정책에 더 많은 지지자를 끌어들이기 위해, 그리고 궁극적으로는 자신들이 권력의 자리에 앉기 위해, 카를로스파에 대한 승리 때문에 유례없는 영향력과 권위를 갖게 된 장군들에게 도움의 눈길을 보냈다. 독립전쟁 시기 이후로 중앙 정부에 대한 군대의 반란은 스페인 정치 풍경의 한 특징이 되어 오고 있었다. 이 초창기 프로눈시아미엔토(pronunciamientos), 즉 선언(불만을 품은 군 장교들이 그들의 불만사항을 담은 성명서를 낭독함으로써 부하들의 지지를 획득하려고 했기 때문에 그런 명칭이 붙게 되었다)은 군대가 정치권력을 장악하기 위해서라기보다는 정치적 변화를 가져올 상황을 만들어 내기 위한 것이었다. 그러나 1820년 시스템에 대항하여 '선언'을 한 리에고와 그 외 다른 하급 장교들과는 달리 1840년대의 장군들은 정치 시스템 자체 내의 핵심 인물들이었으며, 자신들이 지지하는 그 파당의 명망 있는 간판(figureheads) 혹은 '칼'(swords)이었다. 대부분의 경우 군대는 대중의 반대가 아니라 지지를 업고 행동했다. 그렇지만 헌정적 깔끔함이라는 앞모습의 이면에서 민간 정치가들은 정치적 변화 과정에서 점점 주변부적 존재가 되어 갔다.

이 새로운 유의 군인 겸 정치가의 전형이 발도메로 에스파르테로(Baldomero Espartero) 장군이었다. 그는 결국 1840년에 온건파 정부에 대항하는 진보파의 반란을 이끌었고, 여왕 마리아 크리스티나로부터 섭정직을 뺏어 냈다. 에스파르테로의 지배하에서 유권자 수는 더 증가하여 1843년경이면 50만 명이 넘는 사람이 투표권을 갖게 되었다. 그러나 에스파르테로의 고압적인 태도, 좌우 불문하고 정치가들을 무시하는 태도, 그리고 몇몇 군인들에게만 의존하는 통치 방식은 온건파와 진보파 모두로부터 외면을 받게 만들었다. 1841년 10월 북쪽 지역에서 온건파의 반란이 실패한 데 이어 그 이듬해 바르셀로나에서 민중 반란이 일어났다. 1843년에는 온건파와 불만을 가진 진보파의 동맹이 라몬 마리아 나르바에스(Ramón María Narváez) 장군의 지휘하에 에스파르테로를 타도하기 위해 반란을 일으켰고, 에스파르테로는 권좌에서 물러났다.

온건파의 10년

온건파의 복귀는 진보파를 거의 10년 동안 권력으로부터 멀어지게 만들었다. 온건파의 주요 목적은 국가의 정치적·사회적 안정을 확보하고, 경제 발전을 도모하는 것이었다. 1844년 나르바에스 장군은 "스페인인들은 변화와 격변을 지겨워하고 있다"라고 선언했다. 나르바에스는 정치의 일상적 지휘는 온건파 정치 동맹세력에게 위임했는데, 그들은 유권자 수를 대폭 감축했다. 즉 유권자 수를 시민 97,000명으로, 즉 전체 인구 중 1%도 안 되게 줄이고 자신들의 집권을 유지하기 위해 전면적인 선거 조작을 감행했다. 1845년의 헌법은 1837년 헌법 조항의 대부분을 유지하되, 왕의 특권을 더 강화하고 선출직으로 구성되는 상원을 임명직 명사들로 구성되는 의회로 대체했다. 진보파의 지방 권력 기반을 약화시키는 조치들도 취해졌는데, 연설의 자유에 제약이 가해졌고, 배심원에 의한 재판은 폐지되었다. 그리고 의도에서나 목적에서나 진보파의 사적 군대라 할 수 있었던 국민수비대(National Militia)는 해산되었다.

집권 10년 동안 온건파는 근대적이고 중앙집권적인 국가의 법적·제도적 틀을 창출하게 될 일련의 재정적·행정적 개혁을 단행했다. 거기에 단일한 세제(稅制) 창출이 포함되었는데, 그것은 국가 수입을 거의 2배로 증가하게 했다. 또 국립은행의 개혁, 국가 관료제의 전문화, 형법의 공포, 교육제도의 개혁(대학과 중등학교들을 국가 통제하에 두는 내용), 우편물에 붙이는 우표 제도의 도입, 국가 화폐로서 페세타(peseta)화의 도입 등이 포함되어 있었다. 1851년 온건파는 바티칸과 정교협약을 체결하기도 했는데, 그에 따르면 국가가 가톨릭 신앙을 '스페인의 유일한 종교'로 인정하고, 재속 성직자들에게 국가가 급료를 지불하며, 핵심적 교육기관으로서의 교회의 역할을 인정하는 대신, 과거에 진행되었던 교회 토지 매각을 소급하여 인정했다.

나르바에스는 집권 기간 동안 내내 질서와 소요 통제에 단호한 태도로 임했다. 그는 임종 시에 다음과 같은 말을 한 것으로 잘 알려져 있다. "나는 적이 없다. 이미 다 쏘아 죽여 버렸으니까." 1844년 나르바에스는 치안대(Civil Guard)라는 군대와 유사한 성격을 가진 새로운 치안 유지 부대의 창설을 주도했는데, 이 기구의 임무는 산적을 토벌하고 사회적 소요를 제압함으로써 농촌의 질서를 유지하는 것이었다. 동시에 나르바에스는 군대와도 좋은 관계를 유지하려고 노력했는데, 그 결과 1850년 군병력의 수는 약 15만 명으로 급증했고, 국가 예산 가운데 55%를 차지하게 되었다. 군대의 지지를 등에 업고 나르바에스와 온건파는 집권을 더욱 견고하게 할 수 있었다. 그러나 나르바에스의 철권통치가 도전을 받지 않은 것은 아니다. 나르바에스 정부는 국왕에 의해 권력에서 배제된 급진적 진보세력으로부터, 1846~1849년 카탈루냐에서 반란을 일으킨 카를로스파로부터, 그리고 이제 막 생겨난 민주당(Democratic Party)으로부터(이 당은 남성 보통선거, 농업 개혁, 노동자 결사체의 합법화 등의 요구를 통해 사회에서 투표권이 없는 다수 민중의 권리를 주장했다) 점증하는 반대에 직면하게 되었다. 1844~1848년에 민주주의자들의 지지하에 나르바에스 체제를 무너뜨리려는 여러 번의 프로눈시아미엔토가 발생했다. 그러나 그것들은 진보파의 전면적 지지를 받지 못함으로써(그들 가운데 다수는 민중혁명이 발생하여 무정부 상태를 초래하지 않을까 두려워했다) 어렵지 않게 진압되었다.

그러나 얼마 가지 않아 나르바에스 정부의 단합은 흔들리기 시작했다. 온건파 진영은 적어도 세 개의 상호경쟁적 세력으로 분열되었는데, 여기에서 정부 내에서 정권을 잡고 있던 사람들은 온건파 가운데 '퓨리턴들'이라고 불리는 사람들(이들은 정부에 대한 군대의 지배를 저지하려고 했고, 정치적·시민적 권리의 확대를 위해 노력했다)과 왕정의 권위를 부활시키려고 하는 '교권적 절대주의자들'(clerical absolutists)의 압박을 받게 되었다. 나르바에스가 1851년 직책에서 물러나자 체제에 대한 정치적 반대가 거세지기 시작했다. 나르바에스의 후계자로 등장한 강경보수파 후안 브라보 무리요(Juan Bravo Murillo)는 분파주의와 정치적 부패를 끝장내고 국가의 권위를 유지하려고 노력했다. 유권자 수를 25,000명 정도로 대폭 줄이고, 코르테스를 조언기구로 축소시키기 위한 계획이 수립되기도 했다. 그러나 무리요의 신(新)절대주의 정책은 그것을 자신들의 정치적 입지를 위협하는 것으로 간주한 장군들뿐만 아니라 동료 온건파들 중에서도 상당한 반대를 불러일으켰다. 그래서 1853년 이번에는 그가 직책에서 물러나야 했다. 그 이듬해 일군의 장군들이 일으킨 프로눈시아미엔토가 마드리드와 지방 도시들에서 일련의 반란을 촉발시켰고, 그것은 진보파, 민주파, 그리고 도시 노동자들의 불편한 동맹 세력(uneasy alliance)의 지지를 받았다. 이에 이사벨 여왕은 낌새를 감지하고 에스파르테로와 진보파를 끌어들여 다시 한번 권력을 잡게 했다. 민주 세력(그중 다수는 반란이 부르봉 왕조의 타도와 혁명적 공화정부의 탄생으로 이어지기를 바랐다)은 진압되었다.

'진보적 혁명'과 자유주의 연합

에스파르테로의 첫 번째 행동 가운데 하나는 나르바에스에 의해 억압되고 있었던 시민적 자유 가운데 많은 것들을 원상복구하는 것이었다. 국민수비대(National Militia)가 되살아났고, 지방에서 선거로 구성되는 도시참사회(town councils)가 부활했다. 진보 정부는 또 행정개혁 프로그램을 밀어붙였고, 경제적 자유화를 촉진시켰다. 1855년 파스쿠알 마도스(Pascual Madoz)에 의해 도입된 한사상속 폐지법은 도시들이 소유한 공유지의 매각을 가능하게 했다. 사업 활동을 활성화하고 은행과 신용기관을 확대하기 위한 몇 가지 법과 규율이 공표되었으며, 1855년의 법령은 국가철도망의 전망을 밝게 해 주었다.

그러나 떠들썩하게 시작된 이 '진보적 혁명'(Progressive Revolution)은 얼마 가지 않아 동력을 상실했다. 점점 보수화되어 간 지도부(그들에게는 무질서의 진압이 우선이었다)와, 전면적인 정치적·사회적 개혁을 요구하는 민주주의자들, 급진적 진보파 간에 깊은 정치적 분열이 나타났다. 1856년에는 곡가 급등, 산업 침체, 전염병 등으로 극심한 사회적 무질서가 분출했다. 1856년 7월 레오폴도 오도넬(Leopoldo O'Donnell) 장군이 주도한 또 한 번의 프로눈시아미엔토가 일어나 에스파르테로가 권좌에서 물러나고 진보파 정부가 붕괴되었다. 오도넬 장군은 그 자리에, 그리고 얼마간의 정치적 안정을 제공하기 위해 '자유주의 연합'(Liberal Union)이라는 이름의 광범한 기반을 가진(서로 다른 생각을 가진) 정치연합체를 결성했는데, 이 기구의 이데올로기는 온건파와 진보파 주류 모두에게 어필할 수 있게 고의적으로 두루뭉술하게 표현되었다. 오도넬은 급진적 좌파를 달래기 위해 선거권을 확대시키고 얼마간 출판의 자유를 회복시켰다.

19세기 대부분 동안 스페인의 외교 정책은 단호하게 방어적이었다. 여러 정부들의 최우선적 관심사는 아직까지 스페인의 지배하에 있던 얼마 되지 않은 식민지 영토들을 고수하는 것이었다. 그러나 오도넬은 스페인을 대부분 아무 성과도 내지 못한 여러 차례의 해외에서의 군사적 모험에 내몰았다. 그는 그렇게 하는 것이 정부에 대한 대중의 지지를 끌어 모으는 데 유리할 것으로 계산한 것이다. 그리하여 1858년과 1863년 사이에 스페인 군대는 프랑스의 인도차이나 정복에 지원병을 보냈고, 1861년에는 곤경에 처한 산토도밍고 수장(president)의 요청으로 그곳에 대한 지배를 재개하였으며, 그 후 그곳에서 벌어진 내전에 휩쓸려 들어갔다가 4년 후 철수했다. 1861년에는 스페인 군대가 멕시코 문제에 개입했고, 1862년부터 1866년 사이에는 스페인의 함대가 태평양전쟁에 참여하기도 했다. 그리고 무엇보다도 중요한 것으로 스페인군은 1859~1860년 모로코에서 성공적인 전투를 벌였고, 그것은 테투안의 점령에서 정점에 이르렀다. 오도넬이 희망했던 것처럼 모로코 전투는 애국적 감정의 분출을 가져다 주었다. 그러나 그로 인한 만족감은 오래가지 못했고, 오도넬이 급진적 진보파와 보수우파 모두로부터 점증하는 반대에 직면하게 되면서 자유주의 연합은 붕괴되기 시작했다. 1863년 집권 중이던 동맹세력은 해체되었고, 오도넬은 권좌에서 물러나지 않으면 안 되었다. 이에 자유주의자들이 자신에게 강요한 헌정상의 제약에 점차 분노하게 된 이사벨 여왕은 여러 반동적인 궁정 보수주의 정부를 임명했다.

명예혁명과 제1공화국

1868년경 이사벨 여왕은 스페인 사회의 광범한 계층 사람들의 불만을 사고 있었다. 그녀의 개인적 평판은 세간의 이목을 끄는 여러 재정적·성적 스캔들로 땅에 떨어져 있었다. 대부분의 사람들이 심각한 경제침체, 실업률 상승, 높은 세금, 곡물 부족과 치솟는 곡가의 영향으로 심한 고통을 받고 있었다. 자본가와 산업가들은 수익이 급락하면서 고통받고 있었다. 진보파는 정치적으로 소외되고 탄압을 받아, 추방당한 일단의 자유주의 연합 장군들과 동맹을 맺었다. 급진적 진보파와 민주주의자들은 대도시에서 반란을 조장하고, 혁명적인 위원회들을 구성한 반면, 군대는 1859~1860년에 벌어진 모로코 전투의 영웅 후안 프림(Juan Prim) 장군의 지휘하에 1868년 9월 프로눈시아미엔토를 일으켜 정부를 타도하고 이사벨 여왕을 해외로 추방했다.

1868년의 이른바 '명예혁명'은 '혁명적인 6년'(이 시기는 정치가들과 장군들이 왕정 붕괴가 남긴 정치적 공백을 메우기 위해 격렬하게 싸웠기 때문에 심각한 정치적·사회적 혼란에 휩싸인 시기였다)으로 알려진 시기의 서막이었다. 명예혁명 이후 시급한 문제는 적어도 자유주의 연합세력, 진보파, 그리고 민주주의자들 모두의 기대와 바람을 만족시키는 쪽으로 갈 수 있는 정치 시스템을 만들어 내는 것이었다. 그 결과로 나타난 1869년 헌법은 개편된 입헌 왕정 수립을 예상케 하는 타협의 산물이었다. 그러나 그것은 진보파 다수의 지지를 이끌어 내기 위해서 상당히 급진적인 조항들을 포함하고 있었는데, 25세 이상의 성인 남자 보통선거, 종교의 자유, 결사의 권리, 배심원제도의 도입, 출판물 검열제 폐지 등이 그것이었다. 그러나 민주파 가운데 일부는 이 조항들에 대해 지지를 표명한 데 반해(이 헌법은 스페인을 아마도 당시 세계에서 정치적으로 가장 진보적인 국가로 만들어 놓았다) 급진파 다수는 혁명이 배신당했다고 생각하고 거기에서 탈퇴하여 연방공화당(federalist Republican party)을 만들었다. 1869년 9월 공화주의자들(Republicans)은 카탈루냐, 아라곤, 레반테에서 자신들의 혁명적 목표를 위해 반란을 일으켰으나 정부에 의해 진압되었다. 질서가 회복되자 새로운 국왕 모시기 작업이 시작되었다. 그러나 적당한 후보자가 거의 없었다. 호헨촐레른 가문의 한 사람을 모시려고 했으나, 그것은 프랑스와 프러시아 간 전쟁을 촉발시키는 결과를 가져왔다. 결국 1년 후에 프림은 이탈리아의 왕 빅토르 엠마누엘의 아들 사보이의 아마데오(Amadeo of Savoy)를 왕으로 선택했으며, 그가 1870년 11월 아마데오 1세(1870~1873)로 즉위했다.

　　아마데오 1세의 스페인 체류는 매우 불행했다. 1870년 12월 그가 스페인에 도착한 바로 그날 프림이 과격 공화주의자들에 의해 암살되었다. 프림의 죽음과 함께 1868년 왕에게 처음에 권력을 가져다 주었던 혁명 동맹은 급속히 와해되었다. 진보파 내 과격 집단은 마누엘 루이스 소리야(Manuel Ruiz Zorrilla)의 지휘하에 민주파와 합쳐 급진당(Radical Party)을 만들었다. 이들은 프락세데스 마테오 사가스타(Práxedes Mateo Sagasta)를 리더로 하는 보수적인 진보파 잔여 세력을 떠났고, 그들 보수적 잔여세력은 1869년 규정된 헌법에 집착하고 있으면서, 계속해서 자유주의 연합 사람들과 협력했다. 1872년 아마데오가 루이스 소리야에게 정부를 조각할 것을 허용하자 자유주의 연합 사람들은 왕정에 대한 지지를 철회했다. 이 불운한 왕은 또 공화주의자들 가운데 '완고한' 연방주의자들의 완강한 반대에도 직면했는데, 이들은 선거를 통해 정치적 목표를 달성하려고 하는 당 지도부의 법률을 존중하는 방식을 거부했다. 또 왕은 귀족적 알폰소주의자들(Alfonsistas, 이사벨 여왕의 13살 먹은 아들 알폰소의 승계권을 지지하는 사람들)의 반대에도 직면해야 했고, 카를로스파에 의해서도 거부되었는데, 카를로스파는 1872년 새 왕위 후보인 자칭 카를로스 7세의 국왕 승계를 지지하면서 반란을 일으켰다. 카를로스파는 스페인 군대가 혼란에 빠진 틈을 이용하여 몇 차례 승리를 거두었으며, 1874년경이면 바스크 국가와 나바라에 별도의 카를로스파 국가라고 말할 수 있을 정도의 정치체를 수립했다. 그러나 카를로스파는 1833~1840년 전쟁 때와 마찬가지로 전국적 차원에서 보수세력 주류의 지지를 받지 못한다는 것이 분명해졌고, 농촌 본거지로부터 벗어나려는 그들의 시도는 결국 실패로 돌아갔다.

국왕 아마데오는 또 쿠바에서 일어난 완전한 의미의 식민지 반란을 물려받았다. 19세기 전반기 동안에는 쿠바에서 정치적 독립에 대한 열망이 거의 나타나지 않았는데, 그것은 대체로 주로 설탕과 담배 산업에 기반을 두고 있었던 그곳 경제가 호황을 구가했기 때문이었다. 그러나 식민지 문제를 스페인에서 온 사람들이 지배하고 있었고, 스페인 당국이 무역상의 자유와 지역자치를 허용하지 않으려고 했기 때문에 크리오요 엘리트들 사이에서 반감이 커졌고, 그들은 자신들의 요구를 관철시키기 위해 개혁당(Reformist party)을 만들었다. 1867년 이 개혁당과 스페인 정부 간의 협상이 결렬되자 이듬해 일단의 크리오요 분리주의자들이 반란을 일으켰는데, 그 반란은 1878년에 가서야 진압되었으며, 그것은 스페인 정부의 재원에 큰 손실을 입히는 것이 되었다.

1873년 2월 11일 여러 정치 계급들 사이에서 의미 있는 지지를 받지 못했던 아마데오는 왕위에서 물러났다. 그러나 마땅한 대안도 없었고, 거기다 보수적인 왕당파가 대거 기권함에 따라 공화국이 선언되었다. 그러나 이 제1공화국은 오래 가지 못했다. 당시 진행 중이던 쿠바 반란 세력과, 카를로스파를 상대로 전쟁을 해야 하는 것과는 별개로 새 공화국 정부는 점증하는 정치적·사회적 무질서를 제어할 힘을 갖고 있지 못했다. 1873년 여름 여러 번의 군대 폭동, 폭력적인 반교권주의적 시위, 그리고 연달은 파업과 노동자들의 폭동(그중 일부는 제1 인터내셔널에 의해 사주되고 있었다)이 발발했다. 예를 들어 알리칸테 근처 알코이에서는 시장이 살해되고 노동자들이 도시의 지배권을 장악했다. 그해 여름 공적 질서가 붕괴되고, 충성을 바치는 군대는 카를로스파 전쟁에 참여하고 있는 상황에서 과격파 연방공화주의자들은 안달루시아와 레반테의 여러 도시들에 혁명위원회를 설치했고, 스스로를 자치적 칸톤(cantons, 주州)이라고 선언했다. 이 반란들 대부분은 신속하게 진압되었으나 몇몇 도시들, 특히 말라가와 카르타헤나처럼 수 개월 동안 끈질기게 저항하는 곳도 있었다. 이 칸톤주의자들의 반란은 고위장성들로 하여금 스페인의 연방공화제 경험은 국가를 무정부 상태에 빠뜨릴 수 있는 힘을 분출시켰다고 확신하게 만들었다. 1874년 1월 마누엘 파비아(Manuel Pavia) 장군은 '사회와 조국을 수호하기 위해', 기존 정부를 타도하고 세라노(Serrano) 장군이 이끄는 보수적인 공화국(conservative unitary republic)을 수립했다. 그러나 이제 공화주의는 급속하게 신뢰를 잃어 가고 있었고, 보수적 여론은 알폰소 진영(Alfonsista camp) 쪽으로 옮겨 가기 시작했다. 그해 12월, 다시 아르세니오 마르티네스 캄포스 준장이 주도하는 프로눈시아미엔토가 일어나 부르봉 왕정을 복위시키고, 알폰소 12세(1874~1885)를 왕으로 즉위시켰다. 그 직후 마르티네스 캄포스는 카를로스파 반란의 마지막 거점들을 무력화시켰다.

제1공화국의 붕괴는 이제 권력이 1833년 이후 스페인을 지배해 온 자유주의 과두세력(liberal oligarchy)의 차지가 될 것임을 분명히 했다. 그것은 또 군부의 태도가 정치 쪽으로 이동했음을 분명히 보여주는 것이기도 했다. 지금까지 장군들은 국가 문제에 대해 이런저런 정치적 당파를 위해 개입해 왔었다. 그러나 파비아와 마르티네스 캄포스의 프로눈시아미인토는 앞에서 언급했다시피, 자신들이 '사회와 조국을 수호하기 위해 군인이자 시민으로서' 행동하고 있으며, 위기에 처한 것처럼 보이는 '군대 가족의 조화'(harmony of the military family)를 유지하기 위해 행동하는 것이라고 선언했다는 점에서 이전의 것들과는 달랐다.

복고 왕정 체제

복고 왕정의 첫 번째 수상은 과거 자유주의 연합에서 활약한 정치가 안토니오 카노바스 델 카스티요(Antonio Cánovas del Castillo)였다. 카노바스가 수상이 되어 가장 먼저 한 일은 스페인에 안정을 가져다줄 정치 시스템(1868년 왕정의 붕괴 이후 스페인에는 그것이 부재했다)을 수립하고, 수십 년 동안 스페인 정계를 지배해 온 장군들의 정치를 종식시키는 것이었다. 상존하는 문제는 권력에서 배제된 사람들이 군대의 프로눈시아미엔토 혹은 민중혁명(popular revolution)을 통해 그것을 되찾으려고 하는 것을 어떻게 저지하느냐는 것이었다. 이 난제에 대한 카노바스의 해결책은 권력교대제(turno pacífico, "peaceful alternation")였다. 이것은 영국식 모델에서 영감을 얻은 양당제였는데, 여기에서는 왕정에 반대하지 않는 두 주요 정당(사가스타가 이끌고, 진보주의자·민주주의자·공화주의자들 가운데 상당수를 흡수한 자유당Liberal Party과, 카노바스 자신이 이끄는 보수당[자유주의 연합의 후신])이 번갈아 가며 집권했다. 넉넉한 다수 의석을 한 당 혹은 다른 당에 넘겨주는 것은 선거 조작의 제도화를 통해 이루어졌는데, 그 과정은 마드리드의 내무부 장관에 의해 주도되었으며, 지방에서는 정부가 임명하는 민간인 지사 혹은 시장들, 그리고 각 지역의 카시케들(caciques), 즉 지주, 대금업자, 정부 관리, 법률가, 성직자 등 지역에서 영향력을 행사하는 보스들에 의해 실행에 옮겨졌다. 그런데 이 카시케들, 즉 지역 유지 집단은 직업, 재산 분쟁, 계약 혹은 군역 면제와 같은 것에 대해 광범한 영향력을 갖고 있어서 해당 지역 내에서 상당한 후견망(clientelist networks)을 만들어 낼 수 있었다. 이 시스템에서 입헌 왕정에 반대하는 집단들, 특히 카를로스파, 공화주의자, 그리고 노동자 단체들은 탄압의 대상이 되었다.

　카노바스에 의해 작동된 복고 왕정 체제는 1923년 군사 쿠데타에 의해 전복될 때까지 존속하게 된다. 그 체제를 뒷받침한 것이 1876년 헌법이었는데, 그것은 1845년 헌법과 마찬가지로 왕과 코르테스 간 공동 주권을 회복하였고, 그럼으로써 왕이 정치 과정에 상당한 영향력을 행사할 수 있게 만들었다. 왕은 각료들을 해임하고, 입법 과정에서 거부권을 행사하고, 때가 되었다고 생각되면 집권당을 물러나게 하고 야당으로 대체할 수 있었다. 이 '평화적 정권교대' 메커니즘은 카노바스가 의도한 대로 군부의 정치 개입을 저지하는 데 성공했으며, 혁명적 자유주의 전통이 수그러들게 만들었다. 공화주의자들의 프로눈시아미엔토가 1883년과 1886년에 일어나기도 했으나 불발탄에 그쳤다. 소설가 갈도스는 "하나의 비즈니스로서 혁명은 너무나 침체해서 그것이 되살아나는 것이 불가능하다"라고 말했다. 정치적 안정은 인상적인 경제 성장이 나타나는 데 기여하기도 했는데, 그것은 토지 소유 계층, 자본가 혹은 산업 과두주의자들의 지속적인 지지를 보장해 주었다. 1880년대 대부분에 집권한 자유주의자들은 1868년 혁명의 주요 '자유주의적 성과물' 가운데 다수를 재도입했는데, 특히 결사와 표현의 자유(그것은 노동자 단체들을 사실상 합법화했다), 배심원에 의한 재판, 종교의 자유, 그리고 쿠바와 푸에르토리코에서의 노예제 폐지 등이 두드러졌다. 그에 이어 1890년 남성 보통 선거권을 보장하는 법이 제정되었는데, 이런 관용적인 조치의 수혜자는 카를로스파와 공화주의자들이었으며, 그들은 코르테스에서 얼마간의 의석을 가질 수 있었다.

이런 업적에도 불구하고 카노바스의 체제는 인위적이고 결점투성이라는 이유로 비난의 대상이 되었다. 이 두 '왕조적 정당'(dynastic parties)은 명사들의 느슨한 연합체 수준을 넘지 않았고, 그 정당들은 현상 유지를 뛰어넘는 일관된 정치적 프로그램이나 이데올로기 혹은 전국적 조직망을 갖고 있지 않았다. 프레스턴(Paul Preston)의 말에 의하면, '정치는 소수 특권층이 그에 맞추어 춤을 추는 독점적인 미뉴에트가 되었다'. 비왕당파 집단들, 즉 공화주의자, 지역 민족주의자들, 그리고 노동계급이 지배 엘리트들에 의해 정치적 과정에서 배제된 것은 정치적·사회적 긴장을 악화시키고, 장차 풀어야 할 골치 아픈 난제들을 계속 쌓아 가는 것이었다. 더 나아가 카시케주의(caciquismo)의 부정적인 영향력은 특히 글을 모르는 농촌 대중들의 정치적 무관심을 부추겼고, 그것은 농민들의 정치 교육과 정당들의 근대화가 지체되는 결과를 가져다주었다. 농민 다수에게 만성적인 파벌 싸움과 선거 조작이 난무하는 정치란 점점 점잖지 못하고 무익한 일로 여겨졌다. 왕조적 정당들이 유권자들을 조작하기가 좀 더 어려웠던 큰 도시들에서도 정치적 무관심은 지배적이었다. 1899년 바르셀로나에서는 유권자 가운데 10%만이 투표권을 행사했다. 안토니오 마차도는 이것을 '하품하는 스페인'이었다고 외우기 쉽게 표현했다. 이 같은 의회 민주주의에 대한 풀뿌리적 기반의 결여는 미래의 스페인에 중요한 결과를 초래하게 될 것이었다.

쿠바 재난

1898년 복고 왕정 체제는 그 권위에 치명타를 입게 된다. 스페인 정부가 1878년 평화협약 내용에 따라 쿠바에 자치권을 부여하지 않은 것이 1895년 이 식민지(쿠바)에서 새로운 민족주의적 반란을 불러일으켰다. 수상 카노바스는 쿠바 섬을 '최후의 1인까지, 최후의 1페세타까지' 다 쏟아부어서라도 수호할 것이라고 약속했다. 스페인 내 여론과 쿠바 내 '스페인파' 사람들은 반란에 대하여 강경 대응을 요구했고, 스페인 정부 또한 반란을 진압하기 위해 25만 명이 넘는 병력을 파견하였으나 소기의 성과를 얻어 내지 못했다. 스페인군 지휘부의 입장에서 볼 때 미국─미국은 이미 쿠바와 긴밀한 경제적 유대 관계를 맺고 있었고, 서반구에서 스페인의 영향력을 항구적으로 끝장낼 결심을 하고 있었다─이 반란 세력 편으로 개입할 준비를 하고 있다는 것, 그리고 전쟁을 하게 되면 스페인이 패배할 것이 분명했음에도 불구하고 총 한 방 쏴 보지도 못하고 쿠바와 다른 영토들을 포기한다면 그것이 가져올 결과는 불 보듯 뻔한 것이어서 그것을 도저히 받아들일 수 없었다. 1897년 한 이탈리아인 아나키스트에 의해 카노바스가 암살되자 다시 수상직에 오른 사가스타는 스페인 제국의 항복이 자기 정부를 타도하려는 민중 봉기로 이어지지 않을까 두려워했다. 후에 그는 "우리는 전쟁을 할 수밖에 없었다. 다른 선택의 여지가 없었으므로. 우리는 가공할 딜레마에 빠져 있었다. 전쟁을 해서 그 모든 결과를 감당하든지 아니면 불명예를 감수하든지 택일하지 않으면 안 되었다. 그리고 그 불명예는 모든 것의, 우리 모두의 종말을 의미할 수도 있었다"고 회고했다.

스페인 정부가 이미 두려워하고 또 예상했듯이 스페인-미국 전쟁(미서전쟁)은 오래가지 않았고, 참혹했으며, 불명예스러웠다. 1898년 5월과 7월 필리핀(이곳에서도 1896년 식민지인들의 반란이 발발했다)과 쿠바에 주둔 중이던 스페인 함대가 각각 짧은 기간 일방적인 교전 끝에 미국 군대에 의해 궤멸되었다. 더 이상의 저항은 무용하다고 판단한 스페인은 그 직후 평화조약을 요청했고, 파리 조약(1898년 12월)에 따라 푸에르토리코, 필리핀제도, 그리고 괌을 미국에 넘겨주었다. 쿠바는 미국의 사실상의 보호령이 되었다. 1899년 2월 스페인은 태평양에 잔존하고 있던 제도들——카롤린제도, 마리아나제도, 필리우제도Pelews——을 2,500만 마르크를 받고 독일에 매각함으로써 한때 엄청나게 방대했던 해외 제국 최후의 잔재를 넘겨주게 되었다.

전투와 질병으로 60,000명의 스페인인 사망자를 내고 끝난 쿠바전쟁을 많은 사람들은 스페인의 국가적 굴욕으로 간주했다. 런던판 『더 타임즈』지가 볼 때 이 패배는 "수륙 양쪽에서 열강으로서의 스페인의 권위가 사라지게 되었"음을 의미했다. 유럽 열강이 해외제국 건설에 여념이 없을 때 찾아온 스페인의 마지막 식민지의 상실은 많은 이들에 의해 스페인의 인종적·민족적 열등함의 징후로 생각되었다. 간단하게 '대재난'(El Desastre)이라고 알려지게 될 이 사건에 대한 책임은 먼저 스페인 군 지휘부에, 그리고 다음에는 마드리드에 있는 '무능한 정치꾼들'에게 돌아갔다. 정치인들은 스페인 군대가 미국과의 차이가 나는 싸움을 하게 되었을 때 절실하게 필요했던 재원을 제공해 주지 못했다는 비난을 받았다. 그러나 쿠바전쟁이 끝나고 나서 찾아온 사후 검토는 희생양 찾기에 그치지 않았다. 집단적 고뇌와 비관주의 분위기 속에서 많은 사람들이 스페인의 낡은 정치 시스템으로 간주해 온 것들을 '쇄신'해야 한다는 목소리가 분출했다. 이 '쇄신운동'(Regenerationism)은 모든 정치 집단이 수용할 수 있는 시스템에 대한 비판의 언어를 제공했다. 일부 '쇄신주의자들'은 스페인의 병폐를 전통적인 사회적·종교적 충성심의 해체 탓으로 돌리면서 대단히 보수적인 해결책을 추구했다. 반대로 영향력 있는 아라곤의 작가이자 법률가인 호아킨 코스타(Joaquín Costa)는 스페인이 역사적으로 유럽의 정치와 문화 사상의 주류로부터 소외되어 왔던 것을 개탄하면서 부패한 카시케주의의 타도를, 그리고 정치적·사회적·경제적 구조의 신속한 근대화를 주장했다. 코스타는 스페인의 경제적 잠재력이 현실화되고 사회의 '중추'라 할 수 있는 중하층 계급이 활기를 되찾기 위해서는 무엇보다도 관개 시스템의 개선, 운하, 재식림(reforestation), 그리고 그 외 공공사업을 위한 프로그램과 연결된 농업 개혁이 필수적이라고 생각했다. 그러나 코스타가 속한 정당(정당이라기보다는 압력단체에 가까웠다)인 전국생산자연맹은 중간층 농민과 상인들의 느슨한 연합체에 불과했고, 정치계에 미치는 영향력도 제한적이었다. 1901년경 코스타는 스페인이 필요로 하는 것은 카시케주의라는 암 덩어리를 제거하고, 그럼으로써 국가를 번영하게 해 줄 '강철 외과의사'(iron surgeon), 즉 자애로운 군사독재자가 필요하다는 결론에 이르게 되었다.

동시에 이른바 '98세대'라 불렸던 영향력 있는 지식인 집단은 '스페인이 처한 곤경'의 원인을 검토하고, 국가 구제를 위한 해결책을 제시하기 시작했다. 이들은 스페인의 문제가 부패한 지배 체제의 해로운 영향 때문만이 아니라, 스페인인들의 성격에서 나타나는 근본적인 결점, '고래의 정신과 미덕'의 결여, 심지어는 스페인의 '역사적 정체성'에 따라 살지 못했기 때문이기도 하다고 주장했다. 이들의 일반적인 논조는 마차도가 다음과 같이 뼈아픈 한탄으로 요약하고 있는 것처럼 영혼 찾기(soul-searching)와 환멸(disillusion)이었다. "불쌍한 카스티야여, 한때 너는 최고였으나 지금은 걸레에 싸여진 채 버려져 있구나." 여기에서 탐구되고 있는 것은 스페인의 역사적 발전만이 아니었다. 스페인의 영혼의 정수도 같이 탐구되었다. 제럴드 브레넌의 기념비적인 은유를 빌리면 그것은 마치 스페인 자신이 정신분석학자의 침상에 누워 있는 환자가 된 것과도 같았다.

체제에 대한 또 다른 비판자들

쇄신운동 주창자들과 '98세대' 지식인들이 쏟아 낸 홍수 같은 비판은 또 다른 저항과 개혁운동을 지지하는 거센 목소리로 짝이 맞춰졌으니, 제1공화국 종식 이후 정치적 세력으로는 소외되고 거의 수면 상태에 들어가 있었던 공화주의 운동의 부활이 바로 그것이었다. 이 부활을 주도한 주인공은 신문편집인이었던 알레한드로 레룩스(Alejandro Lerroux)였다. 레룩스는 '대재난'이 있고 나서 바르셀로나를 중심으로 혁명적 공화주의 운동의 기반을 닦았는데, 그것은 왕조적 정당들의 우위에 도전했을 뿐만 아니라 노동계급과의 실질적인 동맹을 모색하기도 했다. 이를 위해 레룩스와 그 지지자들은 노동자들의 권리를 주장하고, 비종교재단 학교(lay schools)를 세우고, 노조를 설립했으며, 여러 종류의 피크닉을 조직했고, 사회적 클럽들

(Casas del Pueblo)의 네트워크(여기에서 노동자들은 오락과 문화시설을 이용할 수 있었다)를 구축했다. 그러나 1908년 1월 군대 내에 지지세력을 만들려는 그의 시도에 대해 지지자 중 일부가 공격하자 노선을 바꾸었다. 레룩스는 지금까지 자신의 정치적 담론을 지배해 왔던 혁명적 수사와 신랄한 반교권적 프로파간다 가운데 많은 것을 포기하고, 급진공화당(Radical Republican Party)을 창당했는데, 그는 이 당을 합법적 수단에 의해 정치 시스템을 개혁하기 위해 노력하는, 중간층과 노동자들 모두의 이익을 대변하는 전국적이고 온건한 중도적 정당으로 만들려고 했다. 그러나 노동자들의 수호자로서의 레룩스의 위상은 악명 높은 그의 낭비적인 라이프스타일, 불법적인 사업 거래, 그리고 1909년 7월 바르셀로나에서 벌어진 '비극의 주간' 사태 동안 주도권 장악 실패로 큰 타격을 입었다. 1914년경에는 급진공화당에 대한 노동계급의 지지가 수그러들기 시작했다. 더욱이 1912년부터 그당은 라이벌 정당인 개혁공화당(Reformist Republican Party)의 도전을 받게 되었는데, 이 당은 대학 지식인 집단에 의해 설립되었고, 스페인의 정치적·사회적·교육적 근대화를 위한 일련의 실용적 개혁안을 제시했다. 이 두 공화당은 매우 영향력 있는 압력단체였으나 주요 산업 도시들 말고 다른 곳에서는 이렇다 할 지지자들을 발견하지 못했고, 집권하기 위해 합헌적 정당들(constitutional parties)에 도전할 영향력을 갖고 있지도 못했다.

19세기 마지막 10년 동안 지역 민족주의 운동을 지지하는 사람들이 급증했다. 카탈루냐에서는 레나이센샤(Renaixença)라고 알려진 카탈루냐 언어와 문학 운동(그것의 시작은 1830년대였다)이 분출하여 세기말에 카탈루냐 민족주의 감정을 다시 불러일으키는 데 일조했다. 이 운동은 연이은 자유주의 정부들의 중앙집권적 정책에 대한 뿌리 깊은 반감의 표현이었으며, 카탈루냐 산업 부르주아지들 사이에서는 마드리드 정부의 '기생적' 정책 때문에 경제적으로 역동적인 주변부 지역의 활력이 고갈되고 있다는 확신이 확산되고 있었다. 『카탈루냐주의』(Lo Catalanisme, 1886)의 저자 발렌티 알미랄(Valentí Almirall)은 카탈루냐의 정치적 민족주의를 주장한 첫 번째 사람들 가운데 한 명이었는데, 그의 제자 가운데 한 사람인 엔릭 프라트 데 라 리바(Enric Prat de la Riba)가 1892년에 작성한 '만레사 원칙'(Bases de Manresa)은 스페인 내에서 카탈루냐어를 사용하는 지역(state)의 자치를 요구했다. 이 요구는 1898년 제국 상실로 카탈루냐 지역이 겪게 된 경제적 침체(쿠바 시장은 카탈루냐 수출품의 60%를 차지했다)와 카탈루냐 사업가들의 어려움을 해결해 주지 못하는 마드리드 정부의 무능 때문에 더 강화되었다. 카탈루냐의 모든 민족주의 세력들 가운데 가장 영향력 있는 집단은 1901년 중간층의 주도로 설립된 지역 연맹(Lliga Regionalista)이었는데, 이 단체의 주요 목표는 카탈루냐의 자치권 확보와 카탈루냐 지역 산업가들의 경제적 이익의 수호였다. 이 지역 연맹은 프란세스크 캄보(Françesc Cambó)의 지도하에 카탈루냐에서 하나의 영향력 있는 정치 세력으로 급속하게 자리 잡아 갔다. 카탈루냐 민족주의는 1905년 일단의 군대 장교들이 군대를 희화화하는 만화를 실은 카탈루냐의 잡지 『쿠트-쿠트』(Cut-Cut)지의 사옥과 카탈루냐 신문 『라 베우 데 카탈루냐』의 사옥에 난입하면서 거세게 불타올랐다. 이듬해 자유주의 정부는 군대의 압력을 받아 관할권법(Law of Jurisdictions)을 통과시켰는데, 그것은 군대의 명예를 훼손한 사람들에 대해 군사법정이 조치를 취할 수 있게 하는 것이었다.

이에 분노한 카탈루냐 지역의 모든 정당들(여기에는 민족주의자, 공화주의자, 카를로스파가 모두 포함되어 있었다)이 선거 동맹을 결정하여 1907년 선거에서 압도적 승리를 거두었다. 1913년 에두아르도 다토(Eduardo Dato)의 보수주의 정부는 카탈루냐의 네 개 주(바르셀로나, 헤로나, 예리다, 타라고나)에 대해 그들이 연합하여 만코무니탓(Mancomunitat)을 결성하는 것을 허용했고, 그로 인해 그 주들은 제한된 수준의 자치를 누릴 수 있게 되었다.

바스크 지역에서는 지역 민족주의가 카탈루냐에서만큼 그렇게 깊이 뿌리내리지 못했고, 또 바스크 지역은 카탈루냐만큼 우수한 문학적 전통을 갖고 있지도 않았다. 1894년 사비노 데 아라나(Sabino de Arana)에 의해 창당된 바스크민족주의당(Partido Nacional Vasco, PNV)은 가톨릭적이고 보수적인 정당으로서, 이 당의 민족주의적 이데올로기는 정치적 중앙집권주의(그것은 1876년 바스크 자치법fueros 폐지로 입증되었다)에 대한 반감, 스페인 다른 지역과는 인종적으로나 문화적으로 다르다는 뿌리 깊은 생각, 그리고 카스티야어를 사용하는 이주노동자들(이들을 바스크인들은 경멸적인 의미가 포함된 마케토maketos라고 불렀다)의 빌바오 주변 산업 중심지로의 급속한 증가가 결국 바스크어를 사용하는 공동체를 소멸시킬지 모른다는 두려움을 기반으로 하고 있었다. 사비노의 꿈은 독립적이고 가톨릭적인 에우스카디, 즉 피레네 북쪽과 남쪽 모두의, 바스크어를 사용하는 지역 모두를 포함하는 농촌적인, 그리고 카스티야어도, 자유주의 세력도 발붙일 곳이 없는 그런 이상적인 국가의 건설이었다. 그러나 바스크 민족주의당은 농민들의 강력한 지지와 하급 중간층 사람들 사이에서 얼마간의 지지를 받고 있었음에도 불구하고 바스크의 산업가들과 은

행가들에게는 적대의 대상으로 간주되었는데, 그들에게는 바스크와 스페인 나머지 지역 간의 분리가 생각하기도 싫은 것이었다. 바스크 인과 마케토들 모두의 권리를 수호하는 데 관심을 가지고 있었던 노동자 단체들, 그리고 이 당(바스크민족주의당)의 분리주의에 반대하고 있었던 카를로스파도 바스크민족주의당을 지지하지 않았다.

19세기 후반기 동안 진행된 스페인의 부분적 산업화는 여러 노동계급 정치 단체들의 출현을 가져왔다. 1868년 러시아인 바쿠닌 (Mikhail A. Bakunin)의 사상이 스페인에 들어왔고, 그의 글에서 영감을 받은 혁명적 아나키스트 운동이 안달루시아의 무토지 농민들과 카탈루냐의 산업노동자들 사이에서 널리 확산되었다. 아나키스트들의 목표는 분명했으니 사회정의, 토지개혁, 자본주의 체제의 타파가 그것이었다. 농촌에서는 소규모 단체들이 지주와 그들의 재산에 대항하여 농민 폭력의 분출을 부추겼다. 그중 하나로, 1881년에 설립된 '스페인 노동자 지역연맹'(Federación de Trabajadores de la Región Española, FTRE)은 한때 60,000명의 회원을 갖기도 했으나 1884년 치안대(과르디아 시빌)에 의해 진압되었다. 1890년대에는 일부 과격파가 자본주의 체제는 오직 폭력적인 '직접적 행동'에 의해서만 타도될 수 있다고 주장하고 있었다. 그리고 그 정책은 여러 테러 활동(그중에서 가장 악명 높은 사건은 1893년 바르셀로나 리세우 오페라 하우스에서 21명의 관객을 살해한 사건이다)과, 정치인 암살(그중에는 세 명의 수상이 포함되어 있었다)로 표출되고 있었다. 잔인한 테러 행위는 노조 간부들에 대한 경찰의 야만적인 폭력으로 이어졌다. 1910년에 창설된 전국노동연맹(Confederación Nacional del Trabajo, CNT)은 이 혁명적 목표를 선거 거부와 파업을 통해 이루려고 했고, 이 단체의 복음주의적 열정은 노동자들 사이에서, 특히 무토지 농민들 사이에서 열광적인 지지 세력을 발견했다.

마르크스 이념에 영향을 받은 여러 단체들 가운데 압도적으로 중요한 단체가 1879년 마드리드에서 파블로 이글레시아스에 의해 창당된 스페인사회노동당(Partido Socialista Obrero Español, PSOE. 이하 '사회노동당')이었다. 이 당은 후에(1888) 노동자총동맹(Unión General de Trabajadores, UGT)이라는 노조 단체와 제휴하게 된다. 이 사회주의자들은 정치에 회의적인 아나키스트들과는 달리 '노동계급에 의한 권력 장악'을 추구하기는 했지만 행동에서는 점진적이고 실용적이었으며, 가진 에너지의 대부분을 노동자들의 생활 수준 개선과 폭력적 혁명이 아닌 선거를 통한 정권 장악에 사용했다. 사회주의의 주요 중심은 빌바오 근처의 공업 지대, 아스투리아스의 광산지역, 그리고 농촌 카스티야에 있었다. 그러나 사회주의자들의 신중하고 합법적인 방법의 추구는 스페인 노동자들 다수와 코드가 맞지 않았고, 그 때문에 당원 수가 극히 더디게 증가했으며, 사회노동당은 1909년 영향력을 확대하기 위해 개혁공화주의자들(Reformist Republicans)과 선거 연합을 하지 않으면 안 되었다.

교회와 사회

자유주의의 흥기는 스페인 사회 내에서 가톨릭 교회의 위상을 바꿔놓았다. 자유주의자들(the Liberals)이 결코 반(反)가톨릭적인 사람들은 아니었다. 1837년의 헌법은 1812년 헌법과 마찬가지로 가톨릭 신앙을 국가의 공식 종교로 인정했다. 가톨릭 교회에 대한 진보파의 공격에 앞장섰던 멘디사발과 에스파르테로도 신심 깊은 가톨릭 신자였다. 그러나 진보파(the Progressives)는 그전에 부르봉 왕당파 개혁가들(regalist-reformers)이 그랬던 것처럼, 교회의 '죽은 손'에 의해 토지가 소유되는 것이 경제 발전을 막는 장애물이라고 간주하고, 교회의 부와 힘을 감소시키는 일에 전념했다. 1814년부터 1820년까지, 그리고 다시 1823년부터 1833년까지 일부 성직자들이 페르난도 7세 체제에 보낸, 그리고 1833년 카를로스파 반란에 보낸 열정적 지지는 반교회적 반발을 불러일으켰으며, 교회의 제도적 기반을 개혁하려는 자유주의 엘리트들의 결의를 강화시켜 주었다. 1836년 멘디사발의 한사상속 폐지 법령은 교회로부터 토지재산을 빼앗아 버렸다. 교회의 입장에서 보면 엎친 데 덮친 격으로 성직에 투신하려는 사람의 수가 급격하게 감소했다. 성직자 수는 1797년 172,000명에서 1860년 63,000명으로 줄어들었다. 진보당의 세속주의적 정책은 다수의 종교적 건물이 버려지게 만들었다. 마드리드에서만 44개의 교회와 수도원이 파괴되거나 다른 용도로 전용되었다. 1844년 온건파(the Moderates)는 교회와 국가 간에 벌어진 균열을 치료하려고 했다. 비록 이미 매각된 토지를 돌려주기 위한 조치는 취해지지 않았지만(그 토지 가운데 상당 부분은 온건파 자신들의 수중에 들어가 있었다) 더 이상의 재속 사제들의 재산 매각은 중단시켰다. 1851년의 정교협약(이 협약에 따라 온건파 정부는 재속 사제들에게 임금을 지불했다)은 교회가 재산을 획득할 수 있게 했고, 다시 교회가 교육에서 중요한 역할을 할 수 있게 했으며, 이로써 화해 정책은 마침표를 찍게 되었다.

복고 왕정 기간 동안 반교권주의의 급상승에 놀라고, 특히 불만을 품은 도시 프롤레타리아와 남부 지역 농촌 민중들 사이에서 높아진 반교권주의에 놀란 교회는 사람들을 '재-가톨릭화'하기 위해 단호한 반격에 나섰다. 상류 계층의 열정적 지지 속에 종교 단체 혹은 자선 단체들이 급증했고, 가톨릭 학교들이 새로 세워졌으며, 예수회가 운영하는 대학이 데우스토(Deusto)에 설립되기도 했다. 종교 교단에 가입하는 사람들의 수도 급증했다. 1890년대 예수회 수사 비센트에 의해 설립된 '가톨릭 노동자 서클'(Catholic Workers' Circles)은 1912년 이후 완전히 성숙한 노동자 조직이 되었다. 1917년 설립된 '전국가톨릭농민연맹'(Confederación Nacional Católica Agraria, CNCA)은 회원들에게 농업은행(rural banks)을 제공했는데, 이 기구는 카스티야와 나바라에서 광범한 영향력을 갖게 되었고, 1922년경에는 가입한 회원이 약 50만에 이르렀다.

종교 문제는 스페인 사회를 양극화시켜 놓게 된다. '사회적 가톨릭 신앙'(Social Catholicism)은 자유주의 좌파 다수의 분노를 불러일으켰는데, 그들은 교육제도에 대한 교회의 지배가 스페인의 근대화를 막는 중대한 장애물이라고 생각했다. 교회와 상류층 간의 긴밀한 연계, 그리고 그 운동(사회적 가톨릭 신앙)의 지극히 가부장적인 태도는 불만을 품은 도시 프롤레타리아트들과 가난한 농촌 사람들로 하여금 교회와 부자는 한 편이라는 생각을 강하게 갖게 만들었다. 특히 주요 대도시들을 중심으로 반교권주의가 다시 나타났다. 갈도스의 지독하게 반교권적인 희곡집 『엘렉트라』(Electra, 1901)는 단 이틀만에 10,000부가 팔렸다. 민중의 신앙심이 약해지지는 않았지만 반교권적 폭력이 간헐적으로 분출했으며, 1869년과 1909년의 민중 반란 때는 특히 그러했다. 그러나 반대로 자유주의를 국가의 정수 자체에 대한 위협으로 간주한 사람들, 그리고 노동계급의 호전성과 지역 민족주의가 국가를 사분오열시킬 것이라며 걱정하는 사람들에게 교회는 안정과 영속성의 상징이 되어 주었다.

자유주의적 스페인의 위기

1898년 이후 스페인을 휩쓴 비관적인 분위기가 복고 왕정 의회제의 위신과 신용을 손상시키기는 했지만, 그것을 즉각적으로 붕괴시키지는 않았다. 왕조적 정당들은 개혁의 속도를 끌어올림으로써 점증하는 비판의 목소리를 잠재우려고 했다. 1899년 수상직을 떠맡은 보수당의 프란시스코 실벨라(Francisco Silvela)는 선거 부정과, 그것을 지탱해 온 카시케주의 네트워크를 근절하기 위해서는 시의회에 대한 정부의 영향력을 줄일 필요가 있다고 주장했다. 그러나 그의 주장은 자유당과 자신의 보수당 내 일부에 의해 거부되었다. 실벨라의 동료 '퓨리턴'이며, 1907년 수상직을 떠맡은 안토니오 마우라(Antonio Maura)는 '위로부터의 혁명' 수행에 긍정적이었는데, 그는 중간층 가톨릭 신자들의 지지를 확보함으로써 지역 정부를 재활성화하고, 카시케주의를 근절함으로써 '아래로부터의 혁명'을 저지할 수 있다고 주장했다. 그러나 마우라의 개혁 의제는 자유당의 지지를 얻는 데 실패했는데, 자유당 사람들은 '정권교대제'의 포기가 자신들의 집권 기회를 감소시킬 것이라고 생각한 것이다. 그리고 마우라의 고압적이고 강압적인 스타일은 많은 적을 만들었다. 그의 입지는 1909년 7월 북부 모로코에 있는 스페인 고립영토를 방어하기 위한 예비군 소집이 바르셀로나에서 폭력적 봉기를 촉발시켰을 때 치명타를 입었다. 노동자들의 시위는 반교권주의의 난장판으로 바뀌었고, 그 과정에서 마흔두 채의 교회 혹은 수도원이 불에 타거나 심각한 손상을 입었다. 아나키스트들은 선전문을 통해 '초승달에 대한 십자가의 승리에 관심 없다'고 선언했고, '국가에 아무 쓸모도 없는' 사제들과 탁발수사들로 이루어진 군대를 예비군 대신 모로코에 보내라고 요구했다. 폭동은 군대에 의해 잔인하게 진압되었다. 그러나 마우라의 평판은 '비극의 주간'으로 알려지게 되는 이 사건으로부터 결코 회복되지 못했다. 그 직후 바르셀로나 봉기에 뒤이은 잔인한 탄압에 반대한 자유당은 공화주의자들과 연합하여 마우라를 수상 자리에서 물러나게 만들었다.

1875년 이후로 스페인을 지배했던 정치적 합의의 균열에도 불구하고, 복고 왕정 체제는 아직 죽지 않았다. 1910년 2월 알폰소 13세(1885~1931)는 자유당의 호세 카날레하스(José Canalejas)를 불러 새 행정부를 구성하게 했다. 카날레하스는 원성을 사고 있던 식료품에 대한 소비세 폐지 같은 사회적 조건을 개선하기 위한 일련의 급진적인 개혁을 도입함으로써 좌파 세력의 호감을 사려고 했다. 그는 또 재산가들이 돈으로 군역을 면제받는 것을 금지함으로써 칭찬을 받기도 했다. 그러나 1912년 11월 카날레하스가 한 아나키스트의 총탄에 암살되자 '위로부터의 혁명'은 중단되었고, 옛 당 구조는 붕괴되기 시작했다. 보수당은 수상직에서 쫓겨난 것에 쓴맛을 본 마우라처럼, 스스로 자유당에 대한 '분명한 적대감'을 선언하고, 전체 정치적 과정(entire political process)의 부활을 요구한 사람들과, 기존 질서에 계속 머무르려는 당내 다수파로 분열되었다. 그중 후자가 우세했고, 그것은 마우라가 에두아르도 다토에 의해 당수 자리에서 물러나고, 다토가 1913년 10월 수상에 임명되는 것으로 이어졌다. 자유주의자들도 심각한 내분에 휩싸였다. 새로운 정치 세력, 특히 지역주의자, 공화주의자, 그리고 사회주의자들의 출현으로 양당적 복고 시스템은 점차 시대착오적인 것으로 여겨지기 시작했다. 구식의 카시케주의는 많은 농촌 지역에서는 여전히 살아 있었지만 도시 정부들에서는 과거에 그들이 했던 것처럼 선거를 조작하는 것이 불가능해졌다. 과두 귀족 당파들(oligarchical parties)의 파편화는 통치 업무를 한층 더 어렵게 만들었고, 알폰소 13세가 더 자주 정치에 개입하게 만들었으며, 그것은 다시 그가 통치 문제에 참견하고 있다는 비난에 노출되게 했다.

스페인은 제1차 세계대전(1914~1918) 동안 엄격하게 중립을 지켰고, 연합국에로의 수출 증가에 힘입어 제조업과 광산업을 중심으로 급속한 경제 성장을 누렸다. 급속한 인플레이션(1918년에는 62%에 이르렀다)은 산업노동자와 농업노동자 모두로 하여금 임금 인상과 노동 조건 개선을 요구하게 만들었다. 그 결과 노동자 단체에 가입한 노동자 수가 극적으로 증가했다. 사회주의 계열의 노조 노동자총동맹(UGT)에 가입한 노동자는 1914년부터 1920년 사이에 거의 두 배로 증가하여 211,000명에 이르렀고, 아나르코-생디칼리스트들 계열의 전노련(CNT)은 그보다 더 높은 증가율을 보여 1914년 약 14,000명이던 조합원이 1919년에는 70만명에 이를 정도였다.

1917년 여름 스페인은 새로운 정치적 위기에 휩싸였다. 급속한 인플레이션으로 경제적 어려움에 처하게 된 하급 장교들이 군사방위특별위원회(Juntas Militares de Defensa)라는 단체를 만들어 급료 인상과 연공서열에 따른 승진제 고수를 주장했고, 정치 체제의 즉각적

'쇄신'을 요구했다. 카탈루냐에서는 지역주의 정당, 특히 지역 연맹(Regionalist League)에 대한 지지도가 급증했고, 지역자치 요구도 더욱 강해졌다. 군사방위 특별위원회가 취한 태도에 고무되어, 카탈루냐의 민족주의자, 자유주의자, 그리고 공화주의자들의 단명으로 끝난 연합체(그것은 '의회운동'Assembly Movement이라는 이름으로 알려졌다)가 1917년 7월 바르셀로나에 한데 모여 새로운 선거를 요구하고, 더불어 '국민적 쇄신'(national regeneration)에 대한 자신들의 요구를 덧붙였다. 이런 정치적 위기 분위기에 더하여 그해 8월에는 노동자총동맹(UGT)과 전노련(CNT)의 주도하에 임금 인상을 요구하는 총파업이 있었다. 그러나 그 파업은 주요 정당들의 지지를 얻어 내지 못하고 군대에 의해 제압되었다. 그 직후 다수의 사회주의 지도자들이 체포되었고, 레룩스를 포함하여 여러 다른 정치가들은 국외로 도망쳤다. 의회운동은 지역연맹의 캄보가 개혁 요구를 포기하고, 마우라가 이끄는 자유주의자들과 보수주의자들의 연합(coalition)과 함께 정부에 들어감으로써 해체되었다. 캄보가 민족주의 명분을 포기함에 따라 지역연맹의 영향력도 사라지기 시작했고, 그 대신 다수의 다른 카탈루냐인들의 단체가 생겨났는데, 그중에서도 1922년 설립된 카탈루냐 행동(Accio Catalá)은 완전히 연방적인 스페인 국가 내 카탈루냐 공화국의 창출을 위해 캠페인을 벌이게 된다.

1917년부터 1923년 사이 왕조적 시스템은 계속 분투하였으나 스페인 내 정치적·사회적 분열은 심해져만 갔다. 코르테스는 여러 번에 걸쳐 연기되었고, 적어도 열다섯 번에 걸쳐 연립 정부가 들어섰다가 사라졌다. 1917년 러시아 볼셰비키 혁명에 고무된 혁명적 아나키스트들은 정치적 불안정을 이용하여 기존 질서에 대항하는 무장 반란을 선동했다. 바르셀로나를 비롯한 여러 도시에서는 아나키스트들과 지역 사업가들(local industrialists)에 의해 고용된 총잡이들 간에 갱들의 전쟁(gang warfare)이 벌어져 수백 명의 사망자를 냈다. 농촌 지역, 특히 안달루시아에서는 임금 인상과 노동 조건 개선을 요구하는 무토지 농민들이 계속해서 스트라이크를 벌이고, 수확물을 불태우고, 라티푼디아의 해체를 요구했다. 1919년 한 해 동안만 403차례의 스트라이크가 있었고, 그로 인해 400만 일(日) 이상의 노동일이 상실되었다. 1921년 다토는 수상으로는 세 번째로 아나키스트의 총탄에 의해 희생되었다. 그 이후의 정부들이 사회적 폭력의 악순환을 끊으려고 노력했으나 성공하지 못했으며, 즉각적인 정치적 민주화를 요구하는 공화주의자와 사회주의자들, 그리고 과두적 지배에 계속해서 집착하는 보수적인 계층 모두에서 입헌적 시스템은 이제 '효력이 다했다'는 인식이 점차 고조되고 있었다. 스페인인들 사이에서 의회정치에 대한 실망이 널리 확산되어 있었음은 광범한 정치적 무관심으로도 나타났는데, 1918년부터 1923년 사이에 선거 참여는 60%에서 42%로 줄어들었다.

장기간에 걸친 위기는 1874년 이래로 휴면 상태에 있던 군대의 정치적 역할을 되살려 놓았다. 1917년 이후 '볼셰비키 시기' 동안 군대는, 파업과 폭력적 저항으로 스페인이 무정부 상태에 빠져 가고 있고, 점점 목소리를 높여 가고 있는 야당들이 의회제도를 완전한 민주주의로 만들어 가고 있는 것, 그리고 지역주의 정당들의 흥기가 국가의 통일성 자체를 위험에 빠뜨리려고 하는 상황을 놀란 눈으로 지켜봐 오고 있었다. 일단 군대가 절대주의에 대항한 자유주의의 공격의 선봉에 서자 이제 군대는 그 스스로 국가의 통일성과 전통적 사회 질서의 수호자로 자리매김하게 되었다. 군대의 입장에서 볼 때 결정적 계기는 국외에서 또 한 번의 군사적 패배였다. 그전에 스페인과 프랑스는 1913년의 조약에 따라 모로코를 두 개의 보호령으로 분할한 바 있었다. 북쪽에 위치한 상대적으로 작은 스페인의 보호령은 테투안과 탕헤르, 세우타, 멜리야 등 해안 기지들을 기반으로 하고, 리프 (Rif)와 제발라(Djebala) 등 대체로 건조한 산악 지역을 지배하고 있었다. 그런데 1921년 7월 리프족의 반란을 진압하는 작전을 수행하는 중에 스페인 군대는 아누알(Annual)에서 전멸에 가까운 패배를 당했고, 그로 인해 약 14,000명의 병사가 죽거나 포로가 되었다. 이 군사적 패배는 범국민적 분노를 분출시켰고, 정부가 아직 가지고 있던 얼마 되지 않는 권위와 신뢰마저 완전히 상실하게 만들었다. 1923년 9월 구체제에 대한 가장 신랄한 비판자 가운데 한 사람이었던 미겔 프리모 데 리베라(Miguel Primo de Rivera) 장군은 바르셀로나에서 프로눈시아미엔토를 선언하여 복고 왕정 체제를 고통에서 구하고자 하였다. 이에 오래전부터 의회 정치를 못마땅하게 생각하고 있었던 알폰소 13세는 기꺼이 코르테스를 해산하고 프리모 데 리베라를 군사 독재 정부의 수장으로 임명했다.

프리모 데 리베라의 독재 체제

스페인 헌정 시스템의 붕괴는 1920~1930년대에 나타나게 되는 자유민주주의의 더 큰 위기의 징후였다. 스페인뿐만 아니라 유럽 다른 지역의 사회적·경제적 엘리트들에게 권위주의 정부는 완전한 정치적 민주주의 혹은 노동계급의 떠오르는 힘을 막아 줄 성채로 여겨지게 되었다. 프리모 데 리베라의 쿠데타는 처음에는 임박해 보이는 볼셰비키 혁명을 두려워한 군대, 산업가, 지주와 성직자뿐만 아니라, 왕정복고 체제의 효력이 끝났고, 시급한 쇄신이 필요하다고 오래전부터 주장해 온 '쇄신파' 지식인 엘리트들로부터도 열렬한 지지를 받았다. 프리모 데 리베라는 호아킨 코스타가 원했던 '강철 외과의사'였고, 부패한 정치꾼들에 의해 파괴되어 온 스페인을 회복 혹은 정화하고, 그러고 나서 자신의 과업이 완수되면 다시 원래의 자리로 돌아갈 사람으로 생각되었다. 그 이전 시기의 혼란과 폭력 사태를 경험한 대부분의 사람들은 프리모 데 리베라 장군의 권위주의적인 방식의 일 처리──1876년 헌법의 보류, 언론의 자유와 배심원에 의한 재판의 억제, 파업의 불법화와 정치 활동의 제한 등──가 안정을 회복하기 위해 스페인이 삼키지 않으면 안 되는 쓰디 쓴 약이라고 생각할 준비가 되어 있었다.

프리모의 정치 철학은 교회, 조국(파트리아), 그리고 왕정에 대한 확고한 충성심에 기반을 두고 있었다. 처음에는 동료 장군들과 한 명의 해군 제독으로 구성된 지도부의 지지를 받고, 1925년 12월부터는 대부분 법률가들과 경제학자들로 구성된 민간인 정부의 지지를 받아서, 칙령을 통해 지배하려고 한 그의 시도가 얼마간 성공을 거두었다. 프리모는 처음에는 모로코 내 스페인 보호령으로부터의 완전한 철수를 고려했다. 그러나 리프족의 지도자 압드 엘 크림('Abd el-Krim)이 1924년 프랑스 보호령에 대해 군사적 침공을 하자 프랑스와 스페인 정부는 연합군을 구성하여 반란을 진압하려고 했다. 1925년 9월 스페인군은 알후세마스만(Alhucemas Bay)에 성공적으로 상륙했고, 동시에 프랑스 군대는 남쪽으로부터 압드 엘 크림의 진지를 공격했다. 이 공격은 1927년경 베르베르족의 패배와 모로코 보호령의 완전한 진압으로 이어졌으며, 이 성과는 국내에서 프리모에게 상당한 평판과 호감을 가져다주었다.

국내에서 프리모 정부는 중앙 정부의 권위를 회복하기 위해 단호하게 움직였다. 정당들은 비록 정식으로 금지되지는 않았지만 거의 역할을 하지 못했고, 카탈루냐 지역 정부는 폐지되었으며, 아나르코 생디칼리스트 계열의 노조 전노련(CNT)과 공산당은 불법화되었다. 경제 분야에서는 아우타르키(autarky)의 이상, 즉 스페인은 자족적인 산업력으로 번영할 수 있다는 믿음에 기반하여 정부가 경제 활동에 깊이 개입하는 정책이 취해졌다. 이를 위해 정부는 높은 수입 관세를 부과함으로써 국내의 농업과 제조업을 보호하려고 했다. 도로, 철도, 댐, 그리고 관개 사업에 대한 야심찬 공적 투자 계획도 나타났고—그것은 높은 세금과 대규모 공채 발행으로 뒷받침되었다—그것은 대규모 산업 발전에 필요한 자극을 제공할 것으로 기대되었다. 대개는 제1차 세계대전 말 유럽 경제의 상승에 힘입어 스페인에서도 급속한 경제 발전이 나타났고, 산업 생산은 40%라는 인상적인 증가를 보였다. 텔레포니카(국영 전화 회사)와 캄사(CAMPSA, 정유회사) 같은 국영 독점회사가 설립되었으며, 국가가 운영하는 파라도르(Paradores Nacionales), 즉 국영 호텔 체인이 문을 엶으로써 국가 주도 관광 산업의 토대가 마련되었다.

사회 정책 또한 마찬가지로 온정주의적이고 개입주의적이었다. 이탈리아 무솔리니의 노동 헌장(Labour Charter)을 모델로 하여 1926년에 도입된, 주택과 의료에 대해 보조금을 제공하는 것을 주요 골자로 하는 노동 규약(Labour Code)은 노동자들의 환영을 받았고, 노동계급의 혁명적 열기를 잠재우는 데 기여했다. 노동 조건에서도 얼마간의 개선이 있었다. 노동 분쟁은 고용주들과 노동자들이 공평하게 참여하는 중재위원회(comités paritarios)에 의해 해결되었다. 혁명을 추구하는 전노련은 탄압을 받았다. 그러나 프리모는 처음으로 사회주의자들의 노동자총동맹으로부터는 적극적인 협력을 받을 수 있었는데, 노동자총동맹의 리더 프란시코 라르고 카바예로(Francisco Largo Caballero)는 국가평의회에 임명되기도 했다. 이런 일련의 조치들이 성공적이었음은 이 기간 동안 파업의 횟수가 현저하게 감소된 사실을 통해서도 알 수 있다.

프리모의 정계 활동은 그다지 성공적이지 않았다. 신뢰를 잃은 왕조적 정당들을 없애고 대신 광범한 기반을 가진 '애국 연합'(Unión Patriótica)으로 대체하려고 한 그의 새 정치 시스템 창출 계획은 많은 사람의 비판의 대상이 되었다. 1927년 자문 의회(Advisory Congress)의 소집을 통해 새 헌법을 만들려고 한 그의 시도는 대부분의 야당들이 그 과정에서 모종의 역할을 수행하지 않으려고 했기 때문에 실패로 돌아갔다. 또 주정부와 시정부 인사들을 군장교들로 대체함으로써 카시케주의를 근절하려고 한 프리모의 시도도 실패로 돌아갔다. 자문 의회의 실패가 있고 나서 프리모 정부에 대한 반대 운동이 나타나기 시작했다. 원래는 프리모를 혁명적 아나키즘의 득세를 막아 줄 인물로 보고 그에게 지지를 보냈던 카탈루냐 보수파는 그가 어떤 형태의 자치도 반대하고, 카탈루냐어를 탄압하자 그에 분노하여 공화주의적 민족주의자들의 입장을 지지하는 쪽으로 태도를 바꾸었다. 1923년에 인정사정없이 쫓겨났던 자유주의적 정치가들은 의회 민주주의의 회복을 요구했다. 미겔 데 우나무노, 라몬 델 바예 인클란, 호세 오르테가 이 가세트, 비센테 블라스코 이바네스 같은 대표적인 자유주의 지식인들(이들은 프리모의 권위주의의 우선적인 희생자들이었다)은 체제에 반대한다는 의사를 분명히 표명했고, 대학생들은 자유로운 의사 표현의 결여에 대한 저항의 표시로 시위를 했으며, 이에 대해 당국은 마드리드와 바르셀로나의 대학들을 전면 폐쇄하는 것으로 대응했다. 노동자총동맹도 체제에 대한 지지를 철회하면서 노동자들의 저항은 고조되기 시작했다. 1929년부터 악화되어 간 경제 상황(그것은 페세타화의 평가절하를 가져왔다)에 놀란 경제인, 지주, 사업가들도 프리모의 무책임한 경제 정책에 대해 반대 의사를 분명히 했다. 그리고 가장 중요한 것으로서, 프리모는 군대 내 주요 세력의 지지를 상실했는데, 그들은 프리모의 군대 개혁, 특히 복무 기간이 아니라 공적에 따라 승진하게 하는 새로운 시스템에 반대하였다. 그리고 감소해 가는 체제에 대한 인기가 왕정의 평판을 떨어뜨릴까 염려한 왕도 프리모에 대한 지지를 철회했다. 1929년 1월 발렌시아와 시우다드 레알에서 (프리모 체제에 반대하는) 군사 반란이 있었으나 실패로 돌아갔다. 그 이듬해 1월 프리모의 파면을 요구하는 반대파의 목소리가 점증하자 왕은 프리모의 사임을 받아들였고, 프리모는 파리로 망명했으며, 얼마 안 가 그곳에서 죽었다.

리베라의 계승자인 다마소 베렝게르(Dámaso Berenguer) 장군이 수상직에 취임하여 입헌적 통치로 복귀할 것을 서약하고, 프리모가 만든 권위주의적 지배 체제를 대부분 완화했으나 예전의 정치적 합의(컨센서스)는 회복되지 않았다. 사회는 점점 더 정치화되어 갔고, 베렝게르는 과격 집단들뿐만 아니라 전통적인 중간층 지지자들 사이에서도 고조되어 간 공화주의의 물결을 저지할 수 없다는 것을 알게 되었다. 거기다가 스페인이 세계적인 경기 침체의 완전한 영향을 받게 되면서 노동자들의 거센 저항의 불길도 다시 점화되었다. 1930년 8월 체결된 산세바스티안 협약(Pact of San Sebastián)에 의해 공화주의자, 사회주의자, 급진적인 카탈루냐 집단들이 왕정에 반대하는 동맹을 체결했다. 12월에는 장교단 내 공화주의자들이 하카에서 반란을 시도했으나 성공하지는 못했다. 1931년 4월 12일, 베렝게르를 계승한 아스나르(Aznar) 제독 정부 때 실시된 지방 선거에서 대도시의 공화주의 정당들이 왕당파 후보들을 누르고 대승을 거두었고, 이에 대해 군대 고위 간부들과 치안대는 자신들이 무력을 동원하여 왕정을 지지하지는 않을 것이라고 위협했다. 4월 14일 알폰소 13세는 대세가 기운 것을 인정하고 망명을 떠났으며, 이로써 스페인의 제2공화국 실험이 시작되었다.

제6장 현대시대: 1931~2000

제2공화국의 출현은 스페인에 완성된 민주주의 체제가 도입됨을 예고하는 것이었다. 그러나 얼마 가지 않아 사회적 정의를 요구하는 여러 좌파 세력과 임박한 인민혁명을 두려워하는 다양한 우파 세력 간에 점점 깊어 가는 정치적 분열이 나타났다. 1936년 7월 군인들의 '프로눈시아미엔토'는 피비린내 나는 내전을 촉발시켰으며, 그것은 3년 후 프랑코(Francisco Franco) 장군이 이끄는 우파 '국민진영'의 승리로 끝났다. 프랑코 장군은 자신이 가진 정치적 능력(이것도 상당히 중요하다), 반대파에 대한 철저한 탄압, 군대·교회·미국의 지지 등을 통해 36년 동안이나 정권을 장악하고 유지할 수 있었다. 1960년대에 스페인은 중요한 경제적·사회적 변화를 경험했다. 동시에 이때 반체제 세력이 성장했다. 1975년 프랑코가 죽을 무렵이면 스페인의 경제적 붐은 이미 중단된 상태였고, 정치적·경제적 엘리트 가운데 많은 이가 국가가 번영하기 위해서는 정치적 변화가 불가피하다는 견해를 갖고 있었다. 그 결과, 1976년부터 프랑코 체제라는 구조물은 서서히 허물어져 갔고, 민주주의로의 이행이 진행되었다.

제2공화국: 개혁의 시기

1931년 4월 14일 민중의 환호 속에 제2공화국이 선언되었을 때 지배적인 견해는 스페인의 정치에 '새로운 새벽'이 시작되었다는 것이었다. 변화에 대한 기대는 엄청났다. 공화주의 좌파가 열렬한 마음으로 기대한 것은 새 정부가 전통적 세력, 즉 군부·교회·지주 엘리트들이 유지하고 있는 공고한 지배 구조를 깨뜨리고, 근대적이고 평등하며 민주적인 사회를 만들어야 한다는 것이었다. 혁명적 좌파 쪽에 서 있는 사람들, 즉 아나키스트들과 급진적 사회주의자들은 부르주아 민주주의를 단호하게 거부하는 쪽이었다. 그럼에도 불구하고 왕정의 타도가 적어도 사회적 정의의 길로 나아가는 데 결정적인 단계를 의미한다는 견해를 가지고 있었다. 한편 오랫동안 마드리드를 중심으로 하는 권력의 집중화에 분노하고 있던 카탈루냐 민족주의자들은 공화국의 출현이 머지않아 그들을 자치 정부로 나아가도록 인도할 것이라고 생각했다. 1930년의 반(反)-왕정 연합에 참여하지 않았던 중도파와 우파 내 많은 사람들도 서둘러 공화국 진영에 승선하였으며, 비록 신생 공화국이 어떤 노선을 취해야 하는가에 대해 명백한 생각을 갖고 있는 사람은 많지 않았지만 공화국 이전으로 돌아가는 것은 불가능하다는 데 뜻을 같이했다.

공화국의 임시 정부는 1930년 신뢰를 상실한 왕정에 반대하여 연합했던 바로 그 세력을 중심으로 구성되었다. 정부(내각)는 대개 공화주의 중도파와 좌파 정당의 구성원들과 사회주의자들로 구성되었다. 그러나 그 내각의 급진적 성향은 두 명의 가톨릭 보수주의자, 즉 수상 니세토 알칼라 사모라(Niceto Alcalá Zamora)와 내무장관 미겔 마우라(Miguel Maura)의 참여로 어느 정도 순화되었다. 임시 정부의 권위는 1931년 6월에 열린 제헌의회 구성을 위한 선거에 의해 강화되었는데, 이 선거는 공화주의-사회주의자 연합 세력의 압승으로 귀결되었다. 총 470석 가운데 사회노동당이 116석으로 최대다수당이 되었고, 여러 지역주의 혹은 좌파적 민족주의당들이 180석을 차지했다. 중도 우파 공화주의자들 가운데 최대 집단은 알레한드로 레룩스가 이끄는 급진당(Radicals)으로 90석을 확보했다. 극우파는 45석을 얻는 데 그쳤다.

처음부터 새 정부의 개혁 열망은 여러 요인에 의해 방해를 받았다. 우선 제2공화국은 심각한 세계적 경제 침체의 시기에 출범했다. 수출은 급속히 감소하고, 실업자는 늘어나고, 수입은 줄어드는 상황에서 프리모 데 리베라 독재 시대의 예산 낭비로 인해 대규모 적자 예산에 시달려 온 정부는 광범한 사회개혁을 성공적으로 이끌기 위해서는 꼭 필요했던 충분한 재원을 갖고 있지 못했다. 경제적 어려움은 정치적 분열로 더욱 악화되었다. 정부는 이데올로기와 프로그램을 공유하지 않는 지나치게 많은 정파들로 구성되어 있었다. 사회주의자, 좌파 공화주의자, 보수적 가톨릭교도들의 불편한 동거는 얼마 가지 않아 변화에 대해 갖고 있던 서로 다른 기대에 부딪혀 붕괴하게 된다. 알폰소 13세를 포기하기로 결심했었던 전통적 엘리트들은 정치적으로 혼란한 상태에 있었지만 그들 가운데 공화국에 적극적 충성심을 가진 사람은 거의 없었고, 공화주의자-사회주의 좌파가 지지하는 급진적인 정치적 의제에 대해서는 그것이 자신들의 이익에 혹은 스페인 전체의 이익에 반하는 직접적 위협이라고 생각하고 적대적인 태도를 견지하고 있었다.

새 정부는 완전히 성숙한 민주주의 체제를 수립하고, 스페인 사회의 경직된 구조를 근대적인 것으로 바꿔 놓게 될 개혁 프로그램을 실행에 옮기려고 했다. 1931년 12월에 발표된 새 헌법은 새 공화국의 민주주의적 틀을 규정하였다. 단원제 의회가 채택되었다. 부패한 카시케주의에 의한 선거 관행이 일소되었으며, 여성이 처음으로 투표권을 갖게 되었다. 헌정상의 변화와 함께 폭넓은 사회개혁 프로그램이 발표되었다. 정부는 무엇보다도 노동계급의 어려움을 완화하는 데 많은 관심을 갖고 있었고, 특히 가뭄과 치솟는 실업으로 고통당하고 있던 침체된 농업 지역의 무토지 노동자들에 대해 지대한 관심을 표하였다. 제2공화국이 선언된 직후 사회주의자이며 노동부장관이자 노동자총동맹의 리더였던 프란시스코 라르고 카바예로와 법무부장관 페르난도 데 로스 리오스에 의해 여러 가지 비상 법령이 발표되었다. 임금은 인상되고 지대는 동결되었다. 모든 노동자들에게 법정 8시간 노동이 규정되었다. 도시경계법(Decree of Municipal Boundaries)은 도시들이 자기 경계 내의 노동자들 가운데 고용되지 않은 사람이 있으면 외부 노동력을 고용하지 못하게 했다. 강제경작법은 경작에 이용하지 않는 땅은 몰수하겠다고 지주들을 위협했다. 농촌 임금과 노동 조건이 처음으로 '혼성배심원단'(jurados mixtos)으로 알려진 중재위원회에 의해 결정되게 하였다. 더 놀라운 것은 대지주들과 관련하여 정부가 반도 남쪽 가난한 노동자들에게 토지를 공평하게 재분배한다는 것을 골자로 하는 토지개혁법을 마련하기 시작했다는 사실이다.

군대는 공화 정부가 초창기에 추진한 개혁의 또 하나의 목표였다. 전쟁부장관 마누엘 아사냐(Manuel Azaña)는 효율적이고 현대적인, 그리고 무엇보다도 정치적으로 중립적인 직업 군대를 만들려고 했다. 8,000명의 고위 장교들을 임금을 지불한다는 조건하에 전역시킴으로써 지나치게 비대한 장교단의 몸집이 극적으로 줄어들었다. 연대(regiments)의 수는 반으로 줄었다. 공화 진영 사람들에 의해 반동 세력의 위험한 보루로 간주되었던 사라고사 육군사관학교는 폐교되었다. 모로코 전쟁 동안 이루어졌던 진급에 대한 재조사가 진행되었으며, 그 결과 일부 장교들의 계급이 강등되었다. 민간인에 대한 군대의 사법권이 폐지되었으며, 복무 중인 모든 장교들은 공화국에 대한 충성 선서를 해야 했다.

로마 가톨릭 교회가 사회에 미치는 영향력을 약화시키기 위한 공화주의-사회주의자 연합세력(정부)의 결의는 새 헌법 26조에 표명되었다. 이제 교회와 국가를 하나로 묶어 주던 유대가 끊어지게 되었다. 성직자들에게 제공하던 정부 보조금이 삭감되었다. 국가의 교육 체계를 지배해 왔던, 종교 교단들의 교육에의 개입이 중단되었고, 6,000개의 비종교재단 학교가 설립되었다. 이혼이 합법화되었다. 교회 재산에도 세금을 매길 수 있게 되었다. 교회는 또 여러 성가신 다른 조치들의 대상이 되었다. 교실과 공공건물들에서 (십자가 같은) 종교적 상징물이 제거되었다. 교회 종 울리기와 전통적인 부활절 주간의 종교행렬도 금지되었다. 교회 지도부에는 설상가상으로 완전한 종교의 자유가 선언되었고, 아사냐는 "이제 스페인은 가톨릭국가가 아니다"라고 선언하기에 이르렀다. 이런 변화에 대한 교회 지도부의 맹렬한 적대감의 표출은 '교회는 진보를 가로막는 장애물'이라는 좌파 세력의 오랜 신념을 더 확고하게 만들어 주었다. 마드리드, 세비야, 그리고 다른 도시들에서 반교회 성향의 군중이 1931년 5월 교회에 방화하는 등 난장판을 벌였을 때 정부는 이에 대해 수동적으로 대응했을 뿐이며, 치안대를 동원해 진압하기를 거부했다. 아사냐 자신은 "공화파 대원 한 명을 희생시키느니 차라리 마드리드의 모든 수도원을 희생시키겠다"고 선언했다. 정부의 이런 반교회주의는 온건한 가톨릭교도들이 정부로부터 멀어지게 하고, 우파 대중 정당의 출현을 가능케 하는 조건을 만들어 냈을 뿐 아니라 수상 알칼라 사모라(그는 얼마 가지 않아 공화국 대통령에 임명된다)와 내무장관 마우라의 사임을 가져왔다(그 결과 수상직은 아사냐에게 돌아갔다).

공화주의자-사회주의자 연합세력의 개혁 프로그램은 우파 집단에 적대감과 두려움을 불러일으켰다. 기업가들(대자본가들)은 노동운동의 과격화와 더 높은 임금 인상 요구를 두려워했다. 대지주들은 농업 개혁을 토지집단화와 볼셰비키 혁명으로 가는 전 단계로 간주했다. 장교단 내 반동분자들은 아사냐의 군대 개혁을 군대의 통합과 명예를 훼손하는 계산된 핍박이라며 비난했다. 톨레도 대주교 세구라(Segura) 추기경을 필두로 하는 교회 지도부는 교회를 파괴하려고 하는 무신론적이고 사악한 공화국에 대해 비난을 퍼부었다. 또 우파의 눈에는 카탈루냐에게 기꺼이 자치를 허락하려고 하는 정부의 태도가 얼마 가지 않아 국가의 해체를 초래할 것처럼 보였다. 우파는 공화주의-사회주의 연합 세력의 개혁 프로그램에 대하여 두 가지의 주요 방어적 반응을 나타냈다. 이른바 '우연파'(accidentalists)라고 하는 사람들이 있었는데, 이들에게는 어떤 체제의 형태 자체보다는 '사회적 내용'이 더 중요했다. 그들 중에 가장 두드러지고 대표적인 인물이 '국민행동'(Accion Popular)의 리더 호세 마리아 힐 로블레스(José María Gil Robles)였는데, 그의 주요 목표는 합법적 수단을 사용하여,

즉 코르테스를 통해 공화주의-사회주의자들의 개혁을 저지하고, 대중 정당 창설의 토대를 만드는 것이었다. 다른 한편으로 전에 알폰소 13세를 지지했던 왕당파, 전통을 중시하는 카를로스파, 그리고 일부 파시스트 집단을 포함하는 '파국파'(catastrophists)는 공화국 타도를 위해 필요한 것은 오로지 폭력적인 봉기뿐이라고 확신했다.

정부는 또한 급진적인 좌파 세력으로부터도 강한 압박을 받아야 했다. 공화 정부를 지배하는 연합 세력 안에서 사회주의자들이 중요한 역할을 수행하기는 했지만 아나르코 생디칼리스트 계열의 전노련, 특히 그중에서도 과격파인 이베리아아나키스트연맹(Federación Anarquista Iberica, FAI. 1927년 창설된 단체로 사회주의 계열의 노동자총동맹의 점증하는 영향력에 불만을 품고 있었다)은 '퇴행적인 부르주아 민주주의'에 완강하게 반대하면서 직접적인 행동만이 사회 혁명으로 가는 유일한 길이라고 주장했다.

농업 개혁은 좌파와 우파 간의 가장 중요한 싸움터였다. 라르고 카바예로가 도입한 조치들에 대해 대지주들은 정부 명령을 아예 무시하거나 아니면 밭에 작물을 심지 않는 것으로 맞섰다. 한편 농촌의 농업노동자들은 전노련, 그리고 노동자총동맹(이 단체의 회원 수는 1931년 12월 36,000명에서 1년 후 약 40만 명으로 증가했다)과 긴밀한 관계를 가지고 있던 사회주의자들의 단체인 전국토지노동자연합(Federación Nacional de Trabajadores de la Tierra, FNTT)의 선동하에 정부의 결정을 기다리지도 않고 자의적으로 대농장(라티푼디움)을 해체하여 집단화하였고, 이는 정부도 허용할 수 없는 과격한 조치였다. 정부가 농업 개혁이라는 어려운 문제를 해결할 능력을 갖고 있지 못하다는 판단은 긴장 상태를 최고조로 올려놓았다. 1931년 12월 전국토지노동자연합(FNTT)이 요구한 총파업은 엑스트레마두라에 있는 카스틸블랑코 마을 주민들이 4명의 치안대 대원을 살해하는 참사로 이어졌다. 코르테스에서 많은 논쟁이 있고 나서 1932년 아사냐 행정부는 22.5헥타르가 넘는 모든 영지의 분할을 감독하기 위해 농업개혁협회(Institute of Agrarian Reform)라는 기구를 설치했다. 그러나 정부는 농업 개혁을 실행할 만한 재원을 갖고 있지 않았다. 그래서 결국 겨우 9만 헥타르의 땅이 정부에 의해 수용되었을 뿐이었다. 이 조치는 지주들의 분노를 불러일으키기도 했지만 가난한 농민들의 상황을 개선시키지도 못하고 좌파 정당들에게는 큰 실망감만 안겨 주었다. 라르고 카바예로는 이 소심한 개혁에 대해 "맹장염을 치료하기 위해 아스피린 한 알을 처방한 꼴"이라고 말했다.

지역 자치 문제는 스페인의 여론을 양분케 한 또 하나의 '과거 문제'였다. 20세기 초 20~30년 동안 카탈루냐와 바스크 지역주의 당들을 지지하는 분위기가 다시 나타났다. 1931년 알폰소 13세가 죽고 나서 프란세스크 마시아(Francesc Macià)가 이끄는 '에스케라'(Esquerra)라는 카탈루냐의 급진 정파가 카탈루냐를 연방제 스페인 내 한 자치공화국으로 선언했다가 철회하지 않으면 안 되었던 일도 있었다. 1932년 마드리드 정부는 카탈루냐에 자치령을 허락함으로써 카탈루냐에서 증대일로에 있던 자치 요구를 진정시키려고 했다. 이 자치령은 우파 내 '파국파'로 하여금 증오해 마지않았던 군사적·종교적 개혁과 더불어 이제 공화국 타도를 위해 깃발을 들어 올릴 때가 되었다는 확신을 갖게 만들었다. 1932년 8월 자치령이 통과되기도 전에 일단의 반란 세력이 호세 산후르호(José Sanjurjo) 장군의 주도하에 반란의 깃발을 들어 올렸다. 그러나 그의 '프로눈시아미엔토'는 견고한 지지세력을 결집해 내는 데 실패했고, 어렵지 않게 정부에 의해 진압되었다.

실패한 쿠데타로 알려진 산후르호 일파가 일으킨 쿠데타의 진압은 궁지에 몰려 있던 아사냐 정부의 생명을 한동안 더 연장해 주는 것처럼 보였다. 반란이 있고 나서 치열한 논란의 대상이 되었던 농업 개혁과 카탈루냐 자치령이 코르테스를 통과했다. 그러나 나아진 정부의 입지는 1933년 1월 카디스 근처 카사스 비에하스에서 일어난 전 노련의 봉기가 공화국 돌격대(Republican Assaults Guards)에 의해 잔인하게 진압되는 사건을 계기로(그로 인해 22명의 농민이 죽었다) 심각하게 약화되었다. 이 학살은 극좌파 사람들에게 정부가 철저한 농업 개혁을 수행할 의지를 갖고 있지 않음을 보여 주는 또 하나의 증거로 생각되었다. 우파 언론에는 카사스 비에하스와, 그에 수반하여 확대되어 가는 농촌 소요가 공화국이 이제 노골적인 무정부 상태로 급속히 돌입하는 것으로, 그리고 균형이 회복되기 위해서는 좀 더 센 약이 필요하다는 것을 말해 주는 것으로 비쳤다. 가톨릭 중간층은 교육에 대한 교회의 권리를 폐지하는 종교집회법(Law of Religious Congregations) 때문에 더욱 더 정부로부터 멀어져 갔다.

1933년경 공화주의자-사회주의자 연합은 지속적으로 결속력이 약해져 갔고, 우파는 믿을 만한 정치 세력으로 조직화되기 시작했다. 호세 마리아 힐 로블레스의 주도로 만들어진 '스페인우익자치연합'(Confederacion Espanola de Derechas Autonomas, CEDA. 이하 '우익자치연합'으로 약함)은 우파 단체들의 연합체였고, 이 단체의 목적은 좌파의 개혁으로부터 교회를 보호하는 데 그치지 않고, 보수적인 가톨릭 국가를 만드는 것이었다. 이탈리아의 무솔리니, 독일의 히틀러에 의해 영감을 얻은(이 두 세력은 1922년과 1933년에 각각 선거를 통해 집권했다) 힐 로블레스는 스페인에서 사회주의자들과 '유대인-프리메이슨들'을 일소할 것과 새 국가를 건설할 것을 주장했다. 1933년 그는 "민주주의는 그것이 목적이 아니라 새 국가의 정복으로 가는 수단이다"라고 선언했다. "때가 되면 의회가 복종하든지 아니면 우리가 그것을 제거하든지 할 것이다"라고 한 힐 로블레스의 열정적인 언급은 만약 우익자치연합이 선거에서 승리하면 민주주의는 파괴될 것이고, 스페인은 파시스트 국가가 될 것이라는 두려움을 좌파에게 안겨 주었다.

'암흑의 2년'

1933년 11월 총선에서는 어떤 당도 과반 의석을 차지하지 못했다. 그러나 승리는 레룩스의 급진당과 우익자치연합에 돌아갔다. 공화주의자-사회주의자 연합이 정치적 파편화를 막기 위해 만든 선거법은 대규모의 연합체를 구성한 당에 유리하게 되어 있었다. 그 결과 자신들의 주도로 선거를 치르기 위해 좌파 공화주의자들과의 연합에서 철수하는 실수를 저지른 사회주의자들은 다른 당보다 상당히 더 많은 표를 획득했음에도 불구하고 58석밖에 얻지 못함으로써 결과적으로는 선거에서 참패했다. 이로써 좌파 공화주의자들은 중요한 정치세력으로서는 거의 사라져 버렸다. 반대로 중도-우파 정당들(이 정당들은 폐쇄적인 서열을 가지고 있었고, 연합을 결성하여 선거에 참여했다)은 자신들의 성과물을 극대화했다. 우익자치연합은 115석, 공화주의 급진당은 104석을 얻었다. 알칼라 사모라 대통령은 공화국에 대한 우익자치연합의 과도한 적대감을 고려하여 레룩스와 중도적 급진당 인사들에게 새 정부를 구성하게 했다.

공화주의자들과 사회주의자들이 '암흑의 2년'이라고 부른 이 기간은 심각한 정치적·사회적 갈등으로 특징지어졌다. 중도와 우익 정당들의 연합체인 새 정부는 공화주의자-사회주의자 연합이 도입한 개혁 가운데 많은 것들을 무효화했다. 반(反)교회적 입법은 취소되었고, 도시경계법은 폐지되어 지주들은 외부로부터 값싼 노동력을 고용할 수 있게 되었다. 1933년 12월 아나키스트들의 봉기는 진압되었으며, 전노련(CNT)과 이베리아아나키스트연맹(FAI) 지도부는 체포되었다. 이듬해 6월 전국토지노동자연합(FNTT)에 의해 소집된 총파업(약 20만 명의 노동자가 참여했다)은 잔인하게 진압되었다. 좌파들에게는 설상가상으로 1932년 실패로 끝난 쿠데타에 참여했던 반란세력은 사면을 받았다.

이 시기 유럽 대부분 지역과 마찬가지로 스페인은 지속적으로 두 개의 적대적 진영으로 양극화되어 갔다. 온건한 노선으로 이끌기 위해 최선을 다한 급진당의 노력에도 불구하고 우파는 싸움을 준비하기 시작했고, 힐 로블레스는 우익자치연합이 정부에 참여할 때가 왔다고 선언했다. 1934년 10월 4일 사회주의자들의 경고를 무시하고 대통령 알칼라 사모라는 생각을 바꿔 우익자치연합이 레룩스의 새 행정부에서 세 개의 장관직을 할당받는 것을 허용했다. 선거 패배와 새 체제(이 새 체제는 공화주의자-사회주의자 연합세력의 모든 성과물을 일소하려고 했다)의 퇴행적 정책에 이미 화가 나 있었던 사회주의자들에게 우익자치연합의 정부 참여 결정은 선을 넘는 것이었다. 1934년 10월 5일 노동자총동맹(이 기구는 정부를 무릎 꿇리고 혁명으로 가는 길을 닦으려고 했다)이 주동한 총파업과 함께 카탈루냐 민족주의자들과 공화주의 좌파는 봉기를 일으킬 것을 요구받았다. 파업은 실패로 끝났다. 바르셀로나에서는 지역 정부의 수장 유이스 콤파니스(Lluis Companys)가 머지않아 마드리드가 자치령을 무효화할 것을 염려하여 카탈루냐가 독립 국가라고 선언했다. 그러나 이 도전은 얼마 가지 못했다. 약 4만 명의 광부들이 '노동자동맹'(Alianza Obrera)으로 조직화되어 있었고 스스로 무장까지 하고 있었던 아스투리아스에서만 반란이 상당히 오래 갔다. 이 반란에 대한 정부의 대응은 프랑코 장군이 이끌고 전투로 단련된 스페인 외인군단과 모로코인 군대를 그곳에 파견하는 것이었다. 2주에 걸친 치열한 싸움 끝에 아스투리아스 반란은 1,335명의 사망자와 3,000명의 부상자를 내고 진압되었다.

좌파에게 이 10월 봉기는 공화국을 수호하고 파시즘의 도래를 막으려는 노동계급의 필사적인 몸부림이었고, 우파에게 아스투리아스 봉기는 좌파 세력이 폭력적 혁명으로 공화국을 타도할 생각을 가지고 있었음을 말해 주는 증거였다. 정치적 긴장은 악화일로에 있던 경제 상황과 치솟는 실업률로 더욱 악화되었다. 10월 봉기를 진압하고 나서 정부 내에는 강경 분위기가 지배적으로 되었고, 정부는 신속하게 가담자 검거에 나섰다. 라르고 카베예로와 전노련, 이베리아아나키스트연맹 지도부를 포함하여 4만여 명이 체포되었다. 콤파니스는 30년 감옥형에 처해졌다. 동시에 정부는 아사냐 정부의 개혁 가운데 더 많은 것을 무효화했다. 카탈루냐 자치법은 유보되었고, 농민들의 임금은 줄어들었다. 지대는 오르고, 혼성배심원제는 폐지되었으며, 농업개혁을 위해 만들어진 법령 가운데 아직 남아 있던 것도 함께 폐지되었다.

10월 봉기의 패배는 우익자치연합의 권력 장악을 더 강화시켜 주었다. 1935년 5월 우익자치연합은 힐 로블레스 자신이 전쟁부장관으로 취임한 것을 비롯하여 다섯 개 장관직을 차지하게 되었다. 힐 로블레스의 명에 따라 군대에서 공화파 장교들은 일소되었고, '파국파' 가운데 가장 영향력 있는 인사들, 즉 프랑코, 고데드(Manuel Goded), 팡훌(Joaquín Fanjul) 등이 요직을 차지했다. 레룩스와 급진당이 일련의 재정적 추문에 연루되자(이 추문으로 그들은 직책에서 물러나야 했고, 정치 집단으로서 힘을 잃게 되었다) 힐 로블레스는 알칼라 사모라가 자신에게 권력을 넘길 것이라고 생각하고(그 생각은 후에 잘못된 것으로 드러났다) 정부를 해산하였다. 그러나 힐 로블레스의 의도를 의심한 알칼라 사모라는 코르테스를 해산하고 이듬해 2월 새로 총선을 실시하겠다고 선언했다. 고민 끝에 힐 로블레스는 군 수뇌부 내 '파국파'에게 쿠데타를 일으켜 자신을 권좌에 올려 줄 것을 호소하였으나 그들의 대답은 아직은 군대가 개입할 때가 아니라는 것이었다.

좌파 정당들은 1933년에 정치적 분열 때문에 우파에게 권력을 넘겨준 뼈아픈 경험을 이번에는 어떻게든 피해야 한다고 생각하고 구성원들의 결속에 나섰다. 그런 노력의 결과물이 인민전선이었는데, 그것은 공화 좌파, 사회주의자, 공산주의 정당들(스페인공산당PCE과 1935년에 설립된 공산주의혁명노동자당POUM) 등을 포함하는 연합체였다. 인민전선은 1963년 2월의 선거에서 우익자치연합과 그 동맹들이 대변하는 파시즘의 위협을 경고하면서 정치범에 대한 사면과

1931년 개혁 프로그램으로의 신속한 복귀를 약속했다. 우파는 "혁명과 그 공모자를 타도하자"라는 슬로건하에 선거운동을 하고 잘 정비된 당 기구의 지원을 받아 선거를 선과 악의 싸움으로 몰아가면서, 인민전선은 공산주의자들이 스페인 내 권력 장악을 위해 모스크바가 주도하는 전략의 일환이라고 선전했다. 결국 이 2월 선거에서 인민전선은 278석을 얻어 승리했고, 우파는 124석을 획득하는 데 그쳤다(우익자치연합은 그중 88석을 얻었다). 우파 지도자들은 이 결과를 인정하지 않았으며, 수상 포르텔라(Manuel Portela)에게 전시 상태를 선포하라고 압력을 가했다. 포르텔라가 이를 거부하자 알칼라 사모라는 수상직을 아사냐에게 넘겼다.

내전으로 가는 길

아사냐가 1936년 2월 수상에 취임했을 때 처음에는 화해 기조를 취하여, 자신은 '정의와 평화의 재건'을 원한다고 말했다. 정치범이 석방되었고, 정부는 1933년에 우파 정부에 의해 취소된 개혁 프로그램을 다시 추진하려고 했다. 바스크 지역에 자치법을 허용하려는 계획도 거론되었다. 그러나 시계를 거꾸로 돌리려는 아사냐의 시도는 급진파와 보수파 모두를 정부로부터 멀어지게 만들었다. 입헌정부로 돌아가기를 원했던 인달레시오 프리에토(Indalecio Prieto)와 보다 급진적인 성향을 가지고 있던 '스페인의 레닌', 라르고 카바예로 간에 분열되어 있었던 사회주의자들은 정부에 합류하지 않았고, 그로 인해 아사냐는 중간층 공화주의 좌파 당파들을 중심으로 정부를 구성하게 되었다. 급진 사회주의자들과 무정부주의자들의 단체인 전노련은 더디게 진행되는 '부르주아적' 개혁주의를 비난하고, 점차 폭력혁명을 거론하기 시작했다. 공화국이 자신들의 권리와 생활 수준, 둘 모두를 개선시켜 줄 것이라고 본 도시와 농촌 노동계급의 보편적 기대는 의회 민주주의에 대한 광범한 실망으로 바뀐 지 오래였다. 그로 인해 노동자들의 태도는 급속히 호전적으로 되어 갔다. 제조업 중심지에서는 임금 인상과 노동 조건 개선을 요구하는 파업이 잇따랐다. 남부 농촌, 특히 엑스트레마두라에서는 무토지 농민들이 대지주들의 영지를 (무단으로) 점유하기 시작했다. 통제가 불가능해 보였던 정부의 권위는 알칼라 사모라가 사회주의자들의 요구로 대통령 자리에서 물러나고 아사냐가 그를 대신하면서 거의 치명적인 타격을 입게 되었다. 아사냐에 이어 수상이 된 카사레스 키로가(Casares Quiroga)는 전임자가 가지고 있던 용기와 권위를 갖고 있지 않았다. 우파 팔랑헤나 사회주의청년단 같은 과격파가 자행하는 거리 폭력과 보복 살해는 통제 불능 상태에 이르렀고, 극우파 언론은 이런 사태를 스페인이 무정부 상태에 빠지고 있다는 자신들의 주장을 정당화하는 데 이용했다.

한편, 우파는 처음에는 선거 결과를 뒤엎으려 했으나 그것이 여의치 않자 공화정부를 전복시키기 위한 음모를 꾸미기 시작했다. 이에 대해 정부는 가장 완고한 반-공화주의 장군들을 마드리드에서 멀리 떨어진 곳으로 보냄으로써 반란 위험을 사전에 예방하려고 했다. 그래서 프랑코를 카나리아제도에, 고데드를 발레아레스제도에, 몰라(Emilio Mola)를 나바라로 보냈다. 그러나 그것은 너무 때늦은 조치였다. 반-공화주의적 군부의 핵심 세력은 이미 스페인군인연합(Unión

Militar Española)이라는 기구를 중심으로 결집하고 있었으며, 그 구성원 수는 인민전선의 선거 승리 이후 급증하고 있었다. 이 무렵이면 우파는 우익자치연합의 합법적 전술을 포기한 것처럼 보였으며, 힐 로블레스의 영향력도 쇠약해져 가고 있었다. 당시 떠오르는 별은 반동적인 왕당파 집단인 '스페인의 쇄신'(Renovación Española)의 리더이며 '파국파' 멤버 가운데 한 명인 호세 칼보 소텔로(José Calvo Sotelo)였다. 음모 세력은 명목상의 리더인 산후르호 장군(포르투갈에 망명 중이었다)과 몰라 장군의 적극적인 지휘하에 쿠데타를 준비하기 시작했고, 팔랑헤 당원들과 카를로스파 지휘부(레케테들)로부터 지지를 약속받았다. 악화일로를 걷는 무질서하에서 정부는 우유부단한 태도로 마비된 것처럼 보였다. 1936년 7월 12일, 일단의 공화주의 경찰 간부들에 의해 칼보 소텔로가 살해된 사건은 쿠데타 세력의 주역들이 쿠데타를 일으키는 데 필요한 구실을 제공해 주었다.

1936년 7월 17일, 프랑코 장군이 이끄는 모로코 주둔 군대가 공화 정부를 타도하기 위해 반란을 일으켰고, 그 뒤를 이어 이튿날 스페인 전역의 수비대들이 들고일어났다. 쿠데타 세력은 1923년 프리모 데 리베라가 그랬던 것처럼, 자신들이 어떠한 저항도 신속히 제압하고 정부를 타도할 수 있을 것이라는 것을 추호도 의심하지 않았다. 그러나 사흘 후 반란은 실패로 돌아간 것처럼 보였다. 육군과 치안대가 반란에 합류하지 않았다. 공군과 해군, 그리고 군 수뇌부 가운데 다수도 반란 세력에 가담하지 않았다. 프랑코 장군 휘하의 역전의 아프리카 부대(Army of Africa)는 바다(지브롤터해협)라는 장벽에 막혀 스페인 본토로 들어오지 못한 채 모로코에 묶여 있었다. 음모자들에게는 설상가상으로 반란은 전국 여러 지역에서 민중의 맹렬한 저항

지도 7 스페인 내전(1936년 7월 말). Francisco Romero Salvadó, *Twentieth-Century Spain*(Macmillan ─ mow Palgrave Macmillan, 1999)에서 재인용.

을 불러일으켰다. 농촌 가톨릭 보수주의의 중심 지역(구카스티야, 갈리시아, 나바라)과 몇몇 대도시(오비에도, 세비야, 사라고사), 그리고 스페인령 모로코에서만 반란 세력이 즉각적인 성공을 거두었을 뿐이다. 주요 산업 도시들(마드리드, 바르셀로나, 발렌시아, 빌바오)과 남쪽 농촌 지역의 상당 부분에서는 반란이 정부에 충성하는 치안 부대들과 급조된 노동자 수비대들에 의해 곧바로 진압되었다. 그러므로 '국민 진영'(반란 세력은 얼마 가지 않아 자신들을 그렇게 불렀다)은 자신들이 스페인 대부분 지역에서 군사적 목적을 달성하는 데 실패했다는 것이 분명해지자 만약 팔랑헤나 카를로스파 레케테들 같은 극우 정치 집단의 지지하에 공화국을 타도하려면 내전을 감행하는 것 외에 다른 선택의 여지가 없게 되었다.

스페인의 비극

일반적으로 스페인 내전은 진보와 전통, 무질서와 질서, 심지어는 시인 세실 데이 루이스(Cecil Day Lewis)의 말처럼 빛과 암흑 간의 갈등 같은, 이분법적 용어로 기술되어 왔다. 그러나 사실 양편의 정치적 의제들은 당황스러울 정도로 복잡했다. 국민 진영에는 전통적 질서를 수호하기 위해 싸우는 알폰소 지지자 혹은 카를로스파 등 왕당파로부터 근대적 파시스트 국가 수립을 추구하는 팔랑헤주의자에 이르기까지 여러 상충하는 집단들이 있었다. 이 다양한 집단들을 묶어 준 것은 자신들이 공화국과 그 주창자들이 파괴한 '진정한 스페인'라는 대의를 회복하기 위해 행동하고 있다는 믿음이었다. 국민 진영 측 선전물은 반란에 대해 다음과 같이 기술했다.

> 그것은 제2공화국하에서 자행된 5년간의 폭정, 사기, 살인, 불법행위의 전제정에서 벗어나기 위해 법을 잘 준수하는 그리고 존경할 만한 이 땅의 모든 주민들이 벌이는 절망적인 몸부림이다 […] 만약 이 나라의 건전하고 건강한 모든 정치 세력에 의해 지지를 받고 있는 스페인 군대가 국가적 유산과 제도를 수호하기 위해 들고 일어나지 않았다면 탐욕스런 광분에 의해 선동되고, 사회 기반을 파괴하기 위해 날뛰는 마르크스주의자들의 혁명이 수 년 내에 일어났을 것이 분명하다.

가톨릭 교회 또한 국민 진영의 편이었다. 한 사목 교서에서 살라망카의 주교는 국민 진영의 대의가 공화국의 무신론, 분리주의, 물질주의, 반교회주의에 대항하는 가톨릭 교회의 전통적 가치를 수호하기 위해 '카인의 아들들'에 맞서 싸우는 성스러운 십자군이라고 선언했다.

공화국을 수호하기 위해 모인 세력은 국민 진영보다 더 복잡하고 가변적이었다. 좌파 공화주의자들에게는 자유 민주주의의 수호가 무엇보다도 중요했고, 아나키스트·급진적 사회주의자(라르고 카바예로의 지지자들)·일부 공산주의자들은 전쟁에서 승리하기 위해서는 그보다 먼저 사회혁명이 이루어져야 한다는 확고한 입장을 갖고 있었다. 국민 진영과 마찬가지로 공화 진영도 라디오와 포스터를 이용하여 여러 사회적·정치적 메시지를 조장했다. 바스크와 카탈루냐 당국은 자치 문제를 특히 중시한 반면, 아나키스트들은 사회혁명을 주장했고, 공산주의자들에게는 그것이 파시즘을 타도하기 위한 전쟁이었다.

전쟁 초반부터 정부와 반란 세력 모두 상대방보다 우월한 명분을 확보하기 위해서는 국제사회의 지지가 필수적이라는 것을 잘 알고 있었다. 반란이 시작되고 며칠 지나지 않아 쿠데타가 허망하게 실패로 끝날 것처럼 보였을 때, 히틀러는 프랑코 장군의 지원 요청에 긍정적으로 응답하여 무기나 장비와 함께 독일산 수송기들을 보내 아프리카 주둔군을 모로코에서 남부 스페인으로 공수하는 것을 도왔다. 무솔리니도 영국과 프랑스가 공화국을 수호하기 위해 무기를 들지는 않을 것이라고 판단하고(그 판단은 정확했다) 국민 진영 반란 세력을 지원하기 위해 이탈리아산 군 장비를 보내 주었다. 반면에 서유럽 민주주의 국가들은 반란 진압을 도와 달라는 공화 정부의 호소에 응하지 않았다. 사회주의자로서 프랑스 수상에 재임 중이던 레옹 블

룸은 공화 진영에 동정적인 입장이었으나 그의 연합 내각은 이 문제에 대해 분열상을 보여 몇몇 각료들은 스페인에서의 전쟁이 프랑스내의 사회적 긴장을 악화시키거나, 또다시 대규모 유럽 전쟁을 촉발시킬 수 있다고 생각하고 두려워했다. 영국의 보수주의 정부는 공식적으로는 스페인 내전에 대해 중립을 주장했지만 실제로는 만약 공화 진영이 승리하면 그것은 스페인 공산주의 혁명의 서막이 될 것이고, 다시 그것은 영국이 스페인에 가지고 있던 중요한 전략적·경제적 이익을 위협할 것이라는 생각을 가지고 있었다. 스페인 내전을 봉인하려는 영국과 프랑스의 노력은 1936년 8월의 불간섭협약으로 이어졌는데, 그 협약을 통해 유럽 열강은 스페인에 대해 무기 금수 조치를 강요했다. 그러나 그 협약은 독일, 이탈리아, 포르투갈에 의해 노골적으로 무시되었는데, 이 국가들은 모두 계속해서 반란 세력에 대규모의 군사적·전술적 지원을 제공했다.

독일과 이탈리아의 군사적 개입은 전쟁이 반란 세력에 유리한 쪽으로 급속히 기울게 만들었다. 일단 본토로 건너 온 프랑코 휘하의 아프리카 군대는 신속하게 안달루시아와 엑스트레마두라 지역을 장악했다. 1936년 8월 말이면 반란군은 국토 전체의 3분의 1(남서쪽 카디스로부터 피레네산맥에 이르는 넓은 반원형 지역)을 장악했고, 마드리드까지 위협하기 시작했다. 북쪽에서는 아스투리아스와 바스크 지역만이 아직 공화 진영의 수중에 남아 있었다. 반란군은 진격하면서 국민을 겁박하여 굴복시킬 목적으로 체계적인 테러 작전을 감행했다. 바다호스와 그 외 다른 지역에서 공화군 포로들은 수천 명씩 학살당했다. 후방에서는 팔랑헤당원들과 카를로스파 암살단들이 인민전선에 참여한 당파나 노조원들, 그리고 그 외 의심의 대상이 된 '적

색분자들'을 포함하여, 공화정부 지지자들을 무차별적으로 쏘아 죽였다. 그라나다 출신의 유명한 시인이자 지식인인 페데리코 가르시아 로르카(Federico García Lorca, 그는 좌파에 동정적이었고, 거기다 동성애자여서 우파의 혐오 대상이 되고 있었다)는 이 초기 공화주의자 소탕 작전에서 살해된 수많은 사람 가운데 가장 유명한 인사였다. 공화 진영이 장악하고 있던 지역도 이 야만적 테러에서 자유롭지 못했다. 군사 반란 직후 팔랑헤당원, 보수 정치가, 지주, 사업가 등 우파 지지자들에 대한 폭력적인 반발이 있었고, 심지어 반란 동조자들을 숨겨 주었다고 의심받은 중간층 가톨릭교도들도 즉결처분의 대상이 되었다. 스페인에서 보수 세력의 가장 가시적인 상징이었던 가톨릭 교회는 좌파가 자행하는 폭력의 가장 두드러진 공격 목표물이 되었다. 교회는 방화와 약탈의 대상이 되었으며, 거의 7,000명에 이르는 교구 사제, 수도자와 수녀가 살해되었다. 이 살해 행위는 대개 공적인 허락 없이 행동하는, 법과 질서가 붕괴된 상황에서 적에게 복수하려고 하는 군중의 소행이었다. 그러나 전쟁의 진행과 더불어 정부의 권위가 회복되자 공화 진영에서는 그 같은 폭력적 무법행위는 제어되었다. 그에 비해 국민 진영이 장악한 지역에서는 공화 정부 지지자로 의심받은 사람들에 대한 체계적인 근절 작업이 전쟁 기간 내내, 그리고 그 이후로도 반군 지도부의 지원하에 계속되었다.

마드리드가 1936년 10월에 반란군에 함락되지 않은 것(몰라 장군은 이때까지는 마드리드를 함락할 수 있을 것으로 확신을 가지고 예언했다)은 상당 부분 수도 수호에 나선 노동자들로 구성된 수비대 등의 부대들이 펼친 맹렬한 저항과 포위된 공화국에 무기를 비롯한 군사 장비를 제공해 준 소련 정부의 결정 덕분이었다. 그러나 소련의 군사 원조가 공짜로 온 것이 아니었는데, 공화국은 그 대가로 자신이 가지고 있던 비축금(당시 5억 1800만 달러로 평가되었다)을 러시아에 넘겨야 했다. 1936년 10월 중순경에 도착하기 시작한 소련의 탱크, 비행기, 군사요원 외에 코민테른이 세계 전역에서 징모하고, 파시즘의 확산을 저지하겠다는 결의로 충만해 있던 자원병 부대인 국제여단이 더해졌다. 국제여단의 도착(1937년에 그 수는 약 4만 명에 이르렀다)과 더 중요하게는 소련이 보낸 군 장비 덕분에 공화국은 계속 전쟁을 수행할 수 있었다. 11월 말이면 마드리드에 대한 국민 진영의 공세는 저지되었다. 이에 국민 진영은 독일과 이탈리아에 더 많은 군사 원조를 요청했고, 히틀러는 콘도르 군단이라는 우수한 공군 비행대와 상당량의 물자를 보내 주었으며, 수많은 이탈리아 병력도(전체적으로 전쟁이 진행되는 동안 약 8만 명 수준을 유지했다) 스페인으로 향했다. 이 지원 병력을 가지고 국민 진영은 전열을 재정비하고 공화 진영 영토로 진격해 들어갈 수 있었다. 1937년 2월 말라가가 국민군과 이탈리아 병력에 의해 점령되었다. 그해 봄과 여름에 몰라 장군의 부대는 독일과 이탈리아의 대규모 화력을 지원받아 아스투리아스, 산탄데르, 비스카야 등 북부 지역을 휩쓸었다. 콘도르 군단은 지상 공격과 공중 공격의 협공과 융단폭격(이 방식은 후에 제2차 세계대전에서 사용되어 파괴적인 효과를 발휘한다) 전술을 채택하여 국민 진영의 전진을 위한 길을 닦았다. 그해 4월 26일 독일 공군은 바스크의 소도시 게르니카를 공습하여 초토화시켰고, 여기에서 1,600명이 넘는 사람이 죽었다. 이 사건은 파블로 피카소의 유명한 전쟁 고발 그림 「게르니카」에 영감을 부여하게 된다.

국민군 점유 지역

7월 쿠데타 실패와 여러 전선에서 전쟁을 수행해야만 하는 상황 때문에 반란군 장군들은 신속하게 통일된 지휘체계를 수립해야만 했다. 1936년 7월 군사작전을 조정하기 위해 부르고스에 국방위원회(National Defence Committee)가 설치되었다. 9월에는 반란군 지도자들 가운데 가장 경험이 많고 존경의 대상이 되고 있었던 프랑코 장군이 국민군의 헤네랄리시모(Generalísimo, 총통)와 정부 수반에 임명되었다. 프랑코는 마지막 순간에 가서야 반란에 합류하였고, 주저하고 조심스러운 태도를 보여 주기는 했지만 그가 보여 준 군사적 업적(1920년대 모로코 전투, 1934년 아스투리아스 혁명의 진압, 1936년 9월 포위당하고 있던 톨레도 알카사르를 구해 낸 일 등), 독일·이탈리아와 통할 수 있는 인물로서 필수불가결한 그의 역할(필수적인 군사 원조를 얻어 내고, 반란이 초기에 진압되는 것을 막아 주었다), 그리고 그에 못지않게 중요한 점으로서, 분명한 정치적 경향성을 갖고 있지 않았다는 점 등은 그가 국민 진영 내 모든 파벌들로부터 인정과 존중을 받게 만들었다. 프랑코의 권력 장악은 또 여러 잠재적 라이벌들이 우연히 도중에 낙마한 덕을 보기도 했다. 쿠데타의 명목상 리더였던 산후르호 장군은 반란이 일어난 지 며칠 만에 비행기 사고로 죽었고, 그의 동료 모의자인 고데드 장군과 팡훌 장군은 그해 8월 공화 진영에 의해 처형되었다. 팔랑헤의 창설자인 호세 안토니오 프리모 데 리베라는 알리칸테에 있는 공화 진영 감옥에 수감되어 있다가 얼마 안 가 역시 처형되었다. 프랑코는 집권하자 자신의 정치적 권위를 강화하기 위해 기민하게 움직였다. 우익자치연합의 힐 로블레스, 카를로스파의 마누엘 팔 콘데(Manuel Fal Conde), 팔랑헤의 새 지도자 마누엘 에디야(Manuel Hedilla) 등 잠재적 라이벌들은 프랑코에 의해 각각 추방, 망명, 투옥되었다. 1937년 6월, 반란의 입안자 몰라 장군이 비행기 사고로 죽은 것 또한 프랑코의 입지를 더욱 강화해 주었다.

프랑코 자신은 정치적 성향의 인물이 아니었다. 본질적으로 그는 보수적 전통주의자였고, 모든 부류의 민간인 정치가들에 대해 깊은 불신감을 가지고 있었다. 그의 기본적인 '신념 체계'는 '신, 조국 가족'(Dios, patria, familia)이라는 구호에 의해 지배되었다. 그러나 일단 1936년 9월 동료 장군들에 의해 국가수반으로 임명되자 그는 재빨리 국민 진영 국가(Nationalist state)에 통일성을 부여하고, 여러 분파 간 내분을 막아 줄 정치 이데올로기와 시스템을 만들어 낼 필요성을 인식하게 되었다. 1937년 4월 국민 진영의 대의명분을 지지하는 세력들—팔랑헤주의자, 알폰소와 카를로스파 왕당파, 보수적 가톨릭교도—은 프랑코의 주도로 '스페인의 전통주의적 팔랑헤'(Falange Española Tradicionalista y de las Juntas de Ofensiva Nacional Sindicalista, FET-JONS)라는 하나의 정치 집단으로 통합되었다. 팔랑헤주의자들과 카를로스파는 그로 인해 자신들이 정치적 자치권을 상실하게 된 것을 못마땅하게 생각했으나 전쟁 승리를 위해서는 불가피하다고 생각하여 이를 인정했다. 이 새 정치 집단은 파시즘의 기장(旗章), 이념, 제도 가운데 일부를 차용했다. 가톨릭 공동왕[15세기 말, 16세기 초 스페인을 지배한 이사벨과 페르난도 공동왕을 지칭]에게서 끌어온 화살과 멍에(끈으로 묶여 있는 화살 더미)로 된 팔랑헤의 상징이 파시스트식 경례와 함께 채택되었으며, 이탈리아 파시스트들의 모델을 차용하여, 수직적인 노조 혹은 국가노조들(이것들은 1938년 국가가 통제하는 단일한 기구로 합병되었다)을 만들었다. 그러나 이것들은 대체로 팔랑헤주의자들에 대한 양보, 혹은 프랑코의 개인적 지배의 토대를 마련할 수 있는 편리한 이데올로기적 틀로 고안된 표면적인 변화였을 뿐이다. 원래 팔랑헤가 추구하던 사회적 급진주의나 반자본주의는 채택되지 않았다. 스페인의 전통주의적 팔랑헤(FET-JONS)는 대규모 정치운동을 발전시키려고 하지 않았으며, 체제 내에서 서로 경쟁하는 여러 정치 집단들 가운데 하나로 남았다.

교회 지도부 또한 국민 진영 스페인의 정치에서 두드러진 위치를 차지하면서 프랑코 체제가 대외적으로 정당성을 인정받게 하는 데 기여했다. 국민 진영이 구성한 국가는 톨레도 대주교 고마(Gomá) 추기경 덕분에 1937년 8월 바티칸으로부터 인정받고, 전 세계 가톨릭 교회로부터 지지를 끌어낼 수 있었다. 국민 진영의 이데올로기와 선전은 중세 시대와 제국 시대 스페인에서 영감을 끌어오고 있었다. 국민 진영의 전쟁 수행('십자군'으로 표현되었다)은 무어인들로부터 반도를 회복하는 레콩키스타에 비유되었으며, 카우디요를 자처했던 프랑코는 공산주의에 맞서 십자군 전쟁을 수행하는 엘 시드 혹은 스페인 제국을 새롭게 건설하는 데 앞장선 '제2의' 펠리페 2세로 묘사되었다. 국가의 통일성 유지의 필요성을 강조하는 국민 진영 국가는 가톨릭 공동왕 시대의 스페인에 비유되었다.

국민 진영 지역에서의 삶은 엄격하게 전통주의적이고 계서적이었다. 공화국의 반교권주의적 개혁은 폐지되고, 교회는 공동체와 국가의 사회적 관습의 수호자로서의 역할을 다시 회복했다. 여성들은 정숙하게 옷을 입고 아내와 어머니로서의 전통적인 역할을 받아들이거나 아니면 팔랑헤 '여성국'(Sección Femenina)에 의해 조직된 사회

봉사 단체에서 일하지 않으면 안 되었다. 엄격한 검열이 실시되었고, 동성애 같은 '비정상적인 라이프스타일'은 가차 없이 단죄되었다. 국민 진영은 라디오, 신문, 포스터 등을 통해 국내외에서 치열한 선전전을 펼쳤다. 그런 매체들을 통해 그들은 '전통적인 스페인'의 미덕을 찬양하고, 반-공산주의 감정을 불러일으키려고 했다.

공화 진영 지역

7월의 군사 봉기는 스페인 여러 지역에서 민중의 분노를 불러일으켰다. 정부가 혼란에 빠진 상황에서—7월 18일 하루 동안에 자그마치 세 번에 걸쳐 내각이 구성되었다—수많은 노동자들이 거리를 점거하고, 공화국을 자신들이 지키겠다며 무기를 요구했다. 그에 이은 '자발적으로 일어난 혁명'에서 급조된 노동자 수비대들은 (그들 스스로 불법점유하거나 정부 당국이 나누어 준 무기를 이용하여) 스페인 대부분 지역에서 반란자들을 격퇴시키고, 스스로 중앙 정부의 권한을 대체하기 시작했다. 공화 진영 지역의 많은 곳에서 정치 권력은 여러 지역 혁명위원회들에 의해 점유되었다. 일부 지역, 특히 전노련이 지배적인 지역(카탈루냐, 아라곤, 안달루시아 일부 지역)에서는 농업과 제조업이 집단화되었다. 공공서비스 부문은 노동자들에게 넘어갔다. 노동자들로 구성된 수비대들이 법과 질서 유지의 책임을 떠맡았고, 국민 진영의 공세를 저지하는 핵심 역할을 수행했다. 1936년 12월 바르셀로나의 공산주의혁명노동자당(POUM) 수비대에 이름을 올린 조지 오웰은 그가 목격한 혁명적 격변에 충격을 받았다.

"나는 노동계급이 말을 타고 다니는 그런 도시를 태어나서 처음으로 보았다. 실제로 모든 빌딩이 노동자들에 의해 점유되었으며, 붉은색 깃발 혹은 붉은색과 검은색이 섞인 아나키스트들의 깃발로 뒤덮여 있었다. 대부분의 벽에는 망치와 낫이 그려진 그림으로, 그리고 혁명적 당들의 이니셜들로 덮여 있었다. 거의 모든 교회는 내부가 파괴되고 성상들은 불에 소실되었다. 교회들은 여기저기서 노동자들에 의해 체계적으로 파괴되고 있었다. 모든 가게와 카페에는 집단화되었다는 표시가 붙어 있었다. 심지어 구두닦이들도 집단화되었고, 그들의 구두통에는 붉은색과 검은색이 칠해져 있었다. […] 사실상 모든 이가 거친 노동자의 복장이나 청색 작업복 혹은 여러 종류의 군복을 착용하고 있었다. […]"

7월 혁명과 마드리드 정부의 사실상의 마비 상태로 카탈루냐는 비록 마르크스주의 성향의 공산주의혁명노동자당과 아나르코-생디칼리스트 성향의 이베리아아나키스트연맹-전노련의 협력 때문에 카탈루냐 정부가 노골적인 독립을 추구하지는 않았지만 상당한 자치를 향유하게 되었다. 마찬가지로 기푸스코아와 비스카야 등 보수적인 바스크 지역의 주(州)들도 다른 지역(공화국에 대한 그들의 충성이 대체로 자치를 획득하려는 열망에 의해 좌우되고 있었던 지역)에서 나타나고 있던 혁명적 과정에 거의 영향을 받지는 않았지만 중앙 정부의 혼란을 이용하여 자치적인 제도와 기구를 수립했다.

7월 혁명과 공화 진영 내 권력의 파편화를 모두가 환영한 것은 아니었다. 혁명을 저주라고 생각한 바스크 보수주의자들은 차치하고라도, 부르주아 공화주의자, 온건 사회주의자, 공산주의자 등은 혁명적 당파들의 활동 때문에 쿠데타 세력에 맞선 전쟁 노력이 방해받고 있으며, 공화국은 중앙집권적인 방식으로 국가의 권위가 회복되어야 가장 잘 수호될 수 있다고 주장했다. 실제로 지극히 독립적이고, 훈련이 제대로 되어 있지 않기 일쑤이며, 무장을 잘 갖추지 못한 민병대들(militias)이 북쪽에서 내려오는 몰라 장군의 진격을 성공적으로 저지한 것은 사실이지만 프랑코가 이끄는 역전(歷戰)의 아프리카 군대의 상대가 되지는 못했다. 1936년 9월 4일 라르고 카바예로를 리더로 '승리의 정부'(government of victory)가 수립된 것은 7월 쿠데타로 분출된 혁명 열기를 통일된 전쟁 노력으로 이끌고, 강력한 중앙 정부를 재수립하려는 것이었다. 처음에는 이 연합 정부가 6명의 사회주의자, 2명의 공화주의자, 3명의 공산주의자, 1명의 카탈루냐 민족주의자, 1명의 바스크 민족주의자로 구성되었다가 나중에 전노련과 이베리아아나키스트연맹의 대표가 합류했다. 그러나 이 통합의 모양새에도 불구하고 얼마 안 가 정치적 내분이 나타났다. 라르고 카바예로가 갑자기 부르주아 민주주의 쪽으로 돌아선 것에 대해 그의 동료 사회주의자들 가운데 다수(그들은 그가 공화국 정부에 비타협적인 태도를 보였던 사실을 기억하고 있었다)는 냉소를 보냈고, 마드리드를 포기하고 발렌시아에 본부를 설치하기로 한 그의 결정(1936년 11월)을 많은 사람들은 배신으로 간주했다. 라르고 카바예로는 또한 점차 유력해져 간 스페인공산당과도 갈등을 빚었다. 러시아에서 다량의 무기가 도착하고, 공산당이 조직한 국제여단이 마드리드 수호에서 핵심적 역할을 수행한 것은 공산당이 공화 진영 내에서 막강한 권위를 갖게 만들었다.

공산주의자들과 그 동맹 세력이 공화 진영 내 여러 정파를 하나로 통합하고, 반-파시스트 세력의 통합을 이루기 위해 완전한 혁명을 저지하려고 한 시도는 계속해서 혁명이야말로 파시스트 세력 타도를 위한 전제 조건이라고 주장하는 집단들과 갈등을 빚었다. 특히 정치적 분열이 가장 심하게 나타난 곳이 바르셀로나였는데, 여기서는 1937년 5월 3일 라이벌 파당들 간 긴장이 전면전으로 분출하여, 전노련-이베리아아나키스트연맹, 그리고 분파적이고 반-스탈린적인 공산주의혁명노동자당이 카탈루냐 정부 경찰과 그 동맹 세력을 상대로 주도권 쟁탈전을 벌였다. 4일 동안의 치열한 싸움 끝에(이 싸움에서 사망자만 약 500명이 나왔다) 전노련-이베리아아나키스트연맹이 승리했으나, 지도부의 설득으로 싸움은 얼마 가지 않아 중지되었다. '내전 속 내전'으로 알려진 '5월의 며칠'(May days)의 결과로 반-혁명 당파들이 정치적 주도권을 장악했다. 1937년 10월 중앙 정부가 본부를 발렌시아에서 바르셀로나로 옮기면서 전노련의 힘 — 그리고 카탈루냐 자치의 명분 — 은 더욱 약화되었다. 라르고 카바예로 대신 후안 네그린(Juan Negrín)이 수상이 되었는데, 그는 온건 사회주의자로서, 공산주의자들의 정부 내 역할 강화를 인정했다. 네그린은 공화 진영의 전쟁 노력을 강화하고 혁명적 좌파의 과격분자들을 탄압하려고 했다. 아나르코 생디칼리스트들은 점진적으로 권력에서 배제되고, 혁명위원회들은 해체되었으며, 민병대들은 정규군에 흡수되었다. 카탈루냐에서는 공산주의혁명노동자당에 가입한 사람들에 대한 가차 없는 숙청이 단행되고, 그들의 지도자 안드레우 닌(Andreu Nin)은 체포되어 고문을 당한 끝에 끝내 살해되었다.

공화국의 붕괴

1937년경 전세는 결정적으로 공화 진영에 불리한 쪽으로 기울었다. 국민 진영에 대한 몇 차례 대규모 반격이 시도되었으나(1937년 7월 브루네테 전투, 1937년 12월 테루엘 전투, 1938년 7월 에브로 계곡 전투) 이 공세는 병참 문제 때문에 얼마 안 가 수포로 돌아갔고, 무기와 병참 사정이 훨씬 나았던 국민군(Nationalist armies)은 소모전을 통해 공화군을 약화시킬 수 있었다. 1938년경 공화 진영의 사기는 완전히 바닥에 떨어졌다. 국민군은 이제 지중해까지 이르게 되었으며, 그로 인해 공화 진영은 지리적으로 둘로 나뉘게 되었다. 식량 부족은 만성적인 것이 되었다. 조지 오웰이 바르셀로나에서 목격한 초라하고 텅 빈 가게들은 국민 진영의 비교적 넉넉한 식량 사정과 대조를 이루었는데, 국민 진영은 스페인의 주요 식량 생산 지역의 대부분을 장악하고 있었다. 1938년 말에는 공화 진영이 지배하는 대도시가 마드리드와 바르셀로나뿐이었다. 네그린은 서유럽 민주주의 국가들에 도움을 호소했으나 독일과 이탈리아에 대해 유화 정책을 취하고 있던 영국과 프랑스는 무슨 일이 있어도 스페인에서 벌어지고 있는 전쟁이 유럽적 전쟁으로 확산되는 것을 막으려고 했기 때문에 호소에 응하지 않았다. 독일과 이탈리아가 국민 진영에 군사 원조를 증대시키고 있었던 데 반해 나치 독일과의 화해를 추구하고 있었던 소비에트 러시아는 공화국에 대한 지원을 중단하기 시작했으며, 국제여단의 철수를 허가했다. 공화 진영의 방어선은 붕괴되기 시작했다. 1939년 1월 바르셀로나가 아무 저항도 없이 점령되었고, 카탈루냐가 적의 수중에 넘어갔으며, 그로 인해 50만 명의 피난민이 프랑스 국경을 넘어야 했다. 절망적인 상태에서도 네그린은 계속 저항을 독려했다. 그러나 마드리드에서는 카사도(Casado) 대령이 이끄는 일군의 장군들과 사회주의자와 아나키스트들이 네그린에게서 권력을 탈취하고, 공산주의자들을 상대로 치열한 주도권 싸움을 벌였다. 3월 말에 공화군은 항복했다. 4월 1일 프랑코는 자신의 마지막 전시 발표문을 공표했다. "오늘 적군이 포박되고 무장해제되었습니다. 국민군은 이제 최종적인 군사적 목표를 이루었으며, 전쟁은 마침내 끝났습니다."

승리한 프랑코주의

전쟁이 끝나자 프랑코 장군은 자신의 정치적 지배권을 강화하고 국민 진영 정부의 절대적 지배를 확실히 하기 위해 기민하게 움직였다. 오직 자신만이 스페인을 하나로 통합할 수 있고, 공화국 시대의 '무정부 상태'로 돌아가는 것을 막을 수 있다고 확신한 프랑코는 '퇴폐적인' 자유주의적 민주주의, 지역 민족주의 혹은 혁명적 좌파 이념에 대한 지지가 스페인에서 다시는 재현되지 말아야 하며, 패자들에 대해 어떤 관용도 없을 것이라고 단호하게 선언했다. 대신 1936년 7월 쿠데타 직후부터 본격적으로 시작된 공화국 동조자들에 대한 야만적 숙청이 더욱 강화되었다. 1939년 2월에 제정된 정치책임법(Law of Political Responsibilities)은 공화국을 지지했거나 공화 정부 정당이나 노조에 가입했던 사람들을 소급하여 처벌했다(1934년 10월 1일의 행위부터 처벌 대상이 되었다). 이 법은 심지어 전쟁에서 '수동적인 태도를 취한' 죄를 지었다고 판단된 사람까지도 처벌 대상에 포함시켰다. 이 법과 그리고 '프리메이슨과 공산주의 탄압을 위한 부가 입법'(supplementary Law for the Suppression of Freemasonry and Communism, 1940년 3월)은 법정을 통해 강력하게 시행되었다. 그 이후 탄압의 물결 속에서 얼마나 많은 사람이 피해를 입었는지는 처형과 구금을 비롯하여 처벌에 관한 기록이 완전하게 남아 있지 않기 때문에 정확하게 말할 수 없다. 다만 당시의 추정치에 따르면 1939년에서 1945년 사이에 스페인에서는 30,000명 이상이 처형되었고(그 수치는 1942~1943년 이후 급속히 감소하기 시작한다), 그 외에도 40,000명가량이 장기 구금형을 선고받았던 것으로 보인다.

초법적 살인도 드물지 않았는데, 개인들 혹은 치안 부대 요원들은 적들과의 사적인 원한을 그런 식으로 해결하려고 했다. 감옥에 수감된 사람들 가운데 다수가 굶주림, 고문, 질병의 희생자가 되었으며, 유명한 시인 미겔 에르난데스(Miguel Hernández)도 그중 한 명이었는데, 그는 1942년 알리칸테에 있는 감옥에서 결핵에 걸려 죽었다. 국민 진영 숙청 사업의 또 다른 희생자는 직장에서 쫓겨난 사람, 외국으로 추방된 사람, 벌금형을 받은 사람, 재산을 몰수당한 사람, 시민권을 상실한 사람, 혹은 노동부대(Labour Battalions)에 편입되어 공공 건설 노역장에서 강제노동에 시달려야 했던 사람 등이 있다. 예를 들어 1940년부터 1959년까지 약 20,000명의 정치범이 마드리드 북서쪽 '망자들의 계곡'(El Valle de los Caídos) 건축에 동원되었는데, 이 구조물은 그레도스산맥의 바위산을 뚫고 안치한 거대한 수도원으로서 '해방의 성전에서 숨진 사람들을 기념하는' 기념물이자, 팔랑헤당의 창시자 호세 안토니오 프리모 데 리베라(José Antonio Primo de Rivera)와 나중에는 프랑코 자신의 유해를 안치하는 영묘로도 사용되었다.

공화 진영의 편에서 싸우다 죽은 사람들을 위해서는 아무런 기념물도 세워지지 않았다.

그리하여 전후 스페인에는 공포 분위기가 널리 퍼지게 되었다. 시민들은 일자리를 얻거나 식량 배급 카드를 확보하기 위해 당국으로부터 그 권한을 위임받은 사람의 서명이 첨부된 공식 증명서나 편지를 취득하는 것으로 체제에 대한 자신의 충성심을 입증해야만 했다. 잠재적 불만을 은폐하기 위해 전국적으로 정교한 내부 감시망이 만들어졌고, 국가의 선전물들은 '내부의 적'에 대해 감시의 눈길을 거두지 말아야 한다고 경고했다. 패배한 공화주의자들 사이에서 프랑코가 곧 타도될지도 모른다는 한 가닥 희망이 남아 있기도 했으나 그 희망은 얼마 가지 않아 소멸되었다. 공화주의자들의 망명 정부는 파당 간 분쟁으로 혼란에 빠지게 되었고, 스페인 내 산악 지역을 거점 삼아 프랑코 체제에 대항한 전쟁을 계속하려고 했던 게릴라 부대도 정부군의 강력한 타도 작전으로 무력화되었다. 3년간의 치열한 내전으로 심각한 트라우마를 갖게 되고, 가혹한 탄압으로 겁을 집어먹고, 극심한 경제적 어려움으로 혹독한 고통에 직면하고 있던 대부분의 사람들은 좌파와 우파 간 무력 갈등이 또 다시 재발하지 않을까 큰 두려움을 갖게 되었다.

정치적 탄압과 더불어 스페인의 통합을 공고히 하기 위한 문화적 동질화 정책이 강력하게 시행되었다. 지역 행정, 교육, 상업, 미디어 그리고 모든 문화 활동에서 바스크어, 카탈루냐어, 갈리시아어 사용이 금지되었다. 카탈루냐에서는 주지사(civil governor)가 1939년 9월 15일까지 카탈루냐어로 되어 있는 모든 공적인 공지사항, 광고, 문서를 '스페인어', 즉 카스티야어로 바꾸라고 명령했다. 종이 부족 때문에 카탈루냐어로 표제가 달린 메모 용지를 다른 것으로 대체할 수 없었던 기구들에는 규정에 어긋난 텍스트 위에 붉고 굵은 글씨로 "스페인 만세!"(¡Arriba España!)라고 쓰인 인장을 찍으라는 지시가 내려졌다. 이 지시 사항을 어긴 공무원이나 선생은 즉각 파면되었다. 집 밖에서 바스크어, 카탈루냐어, 갈리시아어 사용이 금지되었을 뿐만 아니라 음악이나 춤 같은 전통적인 지역 문화의 표출도 역시 금지되었다. 국가의 선전은 '스페인성'(hispanidad)의 개념을 널리 알리고, 스페인어권 세계의 인종적·문화적 우월성을 강조하는 데 열을 올렸다.

프랑코 체제가 국민들에게 스페인의 항구적인 가치를 인식시키기 위해 노력하기도 했지만 다른 한편으로는 대중의 정치적 무관심을 조장하기도 했다. 승리주의적인 수사(修辭)에도 불구하고 공화국 하에서처럼 사람들을 정치화하려고 하지는 않았다. 한편, 군부와 더불어 프랑코 체제의 양대 축 가운데 하나였던 가톨릭 교회는 그 이전 수십 년 동안 대중들 사이에 뿌리내린 반(反)교회주의를 되돌리기 위한 '도덕적 쇄신' 운동을 열정적으로 지지했다. 교육 분야에서는 한 감사관의 표현처럼, 스페인인들을 '경건한 신자이면서 진정한 애국자'로 주조해 내기 위해 비종교재단 학교들이 폐지되었다. 교회는 또한 공중도덕의 조정자가 되었다. 이혼, 피임, 낙태 그리고 민간결혼(civil marriage)은 모두 불법화되었으며 엄격한 검열이 실시되었다. 교회는 또 영향력 있는 전국지 『야』(Ya) 같은 신문이나, 자체 내 라디오 방송국 코페(COPE) 등을 통해 자신의 도덕적 메시지를 전파하기도 했다.

국민 진영의 승리, 그리고 교회가 국민 전체에 대해 도덕적 지배자로서의 지위를 다시 주장하고 나선 것은 특히 스페인 여성들의 삶에 지대한 영향을 미쳤다. 교회는 부분적으로는 체제의 출산율 증가에 대한 강조에 영향을 받아(프랑코 체제는 인구 증가를 국력 증가로 생각했다), 부분적으로는 사회에 대한 자신의 가부장적인 견해에 영향을 받아, 가족을 사회적 안정과 조직화의 기본 단위로서 장려하고, 남편과 가정에 헌신하고, 아이들의 도덕적·정신적 복지를 돌보는 것으로 국가에 기여하는 '완벽한 주부'(la perfecta casada)의 표상을 찬양했다. 네 명 이상의 자녀를 둔 다자녀 가족에게는 가족 수당, 건강 지원, 수업료 면제 등의 혜택이 주어졌다. 이같이 가정을 중시하는 경향에 이어 남편에 대한 아내의 순종을 강화하는 일련의 법적 조치가 뒤따랐다. 남편은 법적인 가장으로 인정되었고, 그로 인해 아내가 직장에 들어가기 위해, 은행 계좌를 개설하기 위해, 물건을 사고팔기 위해, 혹은 해외여행을 하기 위해서는 남편의 허락이 있어야 했다. 기혼 여성들은 또 그것이 모든 분야에서 엄격하게 시행되지는 않았지만 임금을 받는 직장에 들어가는 것이 금지되었다. 예를 들어 은행업 같은 일부 분야에서는 여성이 결혼을 하면 즉각 해고되었다.

전후 시기는 스페인 국민 대부분에게 너무나도 어려운 시기였다. 농업 생산이 크게 위축되고 운송체계가 엉망이 된 상황에서 식량 부족은 특히 도시 지역에서 극심했으며, 엄격한 식량 배급제가 실시되어야 했다. 1939년부터 1945년 사이에 무려 20만 명가량이 굶주림과 질병으로 사망한 것으로 추정된다. 여기에 임금 감소, 치솟는 인플레이션, 암거래 시장의 활성화 같은 문제가 더해졌다. 생활 수준이 악화되면서 대도시에는 거지들이 들끓고, 매춘부가 10배나 증가했다고 알려져 있다. 1951년에 출간된 카밀로 호세 셀라(Camilo José Cela)

의 소설 『벌집』(*La Colmena*)은 전후 시기 마드리드의 빈곤과 절망에 대한 음울한 기억을 상기시켜 준다.

프랑코 체제는 '국가재건프로그램'(National Programme for Resurgence)을 입안하여 빈사 상태에 있는 국가 경제에 활기를 불어넣으려고 했다. 프리모 데 리베라와 무솔리니가 시도한 정책에서 영감을 끌어낸 프랑코의 전후 경제 정책은 자급자족정책(autarky)과 국가 개입을 토대로 하고 있었다. 경제의 주도권은 군인들에게 맡겨졌는데, 그들은 임금, 물가, 환율 등 경제 활동의 모든 분야가 엄격하게 통제되어야 한다고 생각했다. 지나치게 많은, 경제 활동을 감독하는 기구들 중에는 1937년 곡물 생산과 가격을 규제하기 위해 설치된 국가곡물청(National Wheat Service)과 1941년 새로운 제조업 활동을 장려하기 위해 설립된 국가산업청(Institute of National Industry, INI)이 있었다. 그러나 이 정책의 결과는 참담했다. 높은 관세 장벽과 수입 통제, 페세타화의 인위적 고환율 유지가 외국과의 경쟁에서 스페인 지주와 산업가들을 성공적으로 보호하기는 했지만 다른 한편으로 민간 기업을 질식 상태에 빠뜨렸다. 농업과 공업 생산은 정체에 빠졌고, 전통적 수출품(포도주, 올리브유, 감귤류, 채소)의 수출은 부진을 면치 못했으며, 지주와 산업가들이 근대화에 필요한 비료, 기계 설비, 원료, 예비부품을 수입하는 것이 점점 더 어렵게 되었다. 정부가 농업 생산을 증대하기 위해 강구할 수 있었던 유일한 방법은 이주 농민을 농촌으로 돌아오게 하여 한계지(생산성이 떨어지는 토지)를 다시 경작하게 하는 것이었다. 1935년부터 1945년 사이에 노동 인구 가운데 농업에 종사하는 사람의 비율이 44.6%에서 50.3%로 증가했다. 요컨대 자급자족정책의 효과는 스페인의 경제 발전을 더디게 하는 것이었다. 1954년에 가서야 인구 대비 국내총생산(GDP)이 1929년의 수준을 회복할 수 있었다.

　　내전이 끝나고 나자 제2공화국에 대항하기 위해 힘을 합쳤던 여러 정치적 '파벌들'(families) ─ 팔랑헤당, 알폰소 혹은 카를로스를 지지하는 군주정 지지자, 가톨릭 보수주의자 등 ─ 은 프랑코의 '새 국가'(New State) 내에서 좋은 자리를 차지하기 위해 분주하게 움직였다. 1939년 8월에 구성된 전후 첫 번째 내각에서 프랑코는 장관직을 경쟁 관계에 있는 파벌들 간에 고루 분배하는 것으로 이익 집단들 간에 균형을 이루려고 했다. 군부는 정부 기구에서 매우 중요한 역할을 수행했다. 1938년부터 1957년 사이에 장관직의 거의 반이 군인들에게 돌아갔다. 다른 고위 장교들도 공직 혹은 대기업에서 영향력 있는 자리를 차지했다. 프랑코 자신은 어느 한쪽에 치우지지 않은 중재자로서 갈등에서 한 걸음 비켜나 있으려고 했고, 오로지 그 자신만이 스페인을 하나로 묶을 수 있다는 믿음을 대중에게 심어 주려고 했다. 프랑코가 그렇게 오랫동안 권좌에 머물러 있을 수 있었던 것은 모비미엔토(Movimiento, 프랑코 체제를 지칭하는 또 다른 용어)를 구성하는 여러 경쟁 '파벌들' 간의 이해관계를 조정하는 데, 그리고 서로 간의 차이를 조장하는 데 성공했기 때문이었다.

스페인과 제2차 세계대전

1939년 9월 독일의 폴란드 침공과 제2차 세계대전 발발은 정치가로서의 프랑코의 자질을 시험하는 첫 번째 주요 무대였다. 모비미엔토는 이 문제를 두고 완전히 둘로 나뉘었다. 팔랑헤당, 특히 외무장관 라몬 세라노 수녜르(Ramón Serrano Suñer)는 스페인이 독일과 이탈리아 편으로 참전해야 한다고 압박을 가했고, 실제로 나중에 수천 명의 스페인 자원병('청색사단')이 독일의 러시아 침공 때 독일군의 일원으로 참전했다. 반면 체제 내 왕당파 압력단체는 스페인이 영국과 화해를 추구해야 한다고 강력히 주장했다. 이에 대해 프랑코는 매우 신중하게 대처했다. 비록 독일과 이탈리아라는 추축국의 명분에 동조하였고, '퇴폐적인' 부르주아 민주주의에 대해 경멸감을 감추지 않기는 했지만 카우디요(Caudillo, 프랑코의 별칭)는 성급하게 어느 한쪽 편에 서지 않았으며, 추축국과 연합국 모두에 광물과 군수품을 제공하면서 전쟁에서 중립을 지킬 것이라고 선언했다. 그러나 1940년 6월 그의 입장은 변했다. 독일군이 유럽 본토에서 우세로 돌아서자 프랑코는 추축국 편으로 참전할 의도를 내비치면서, 대신 승전하면 프랑스령 모로코를 넘겨줄 것, 고갈되고 구식의 장비를 갖추고 있는 스페인 군대를 재무장할 수 있는 대규모의 군사적·경제적 지원을 해줄 것을 요구했다. 1940년 10월 23일 스페인-프랑스 국경에 있는 앙다예(Hendaye)에서 열린 프랑코와 히틀러 간 회담 때(이때 스페인은 스스로 '비교전국'임을 선언한 상태였다)도 이 요구사항을 되풀이했다. 그러나 히틀러는 스페인의 근대화와 재무장을 위해 비용을 부담할 생각이 없었고, 프랑코의 북아프리카에서의 제국주의적 야심도 못마땅하게 생각했기 때문에 결국 둘 간의 회담은 결렬되었다.

　　프랑코가 추축국과의 관계에서 이 같은 '게걸음식 접근 방법'을 택한 것은 부분적으로는 자신의 요구가 서유럽에서 '공산주의의 위협'을 분쇄하는 과정에서 국민 진영 스페인이 수행한 역할을 고려할 때 결코 과도한 것이 아니라는 확고한 믿음 때문이기도 했고, 또 부분적으로는 체제 내 경쟁 관계에 있는 분파들의 요구를 만족시키려는 필요 때문이기도 했다. 1940년경이면 정부 내에서 좀 더 큰 지배권을 갖고 싶어 하는 팔랑헤당과 가톨릭 교회·왕당파·고위 장교 등으로 이루어진 대규모 보수주의자들 간의 정치적 라이벌 의식이 다시 고조된 상태였다. 1942년 8월 일단의 팔랑헤당원이 빌바오 근처에서 회합을 갖고 있던 카를로스파 사람들에게 수류탄을 던지는 일이 벌어지자 프랑코는 즉각 개입하여 세라노 수녜르를 외무장관직에서 해임하고, 팔랑헤당 선동가 가운데 한 사람을 처형했다. 독일군이 1943년 2월 스탈린그라드에서 패배한 이후 추축국들의 전세가 불리한 쪽으로 역전된 후에도 프랑코는 침착하게 형세를 관망하는 쪽을 택했다. 알폰소 13세(그는 1941년에 죽었다)의 아들인 부르봉가의 돈 후안이 1943년 이제 왕정을 회복할 때가 되었다는 내용의 편지를 프랑코에게 보냈을 때 프랑코는 난색을 표하였다.

그러나 1944년경 바람이 어느 쪽으로 부는지 분명히 알게 된 프랑코는 연합군의 호의를 얻기 위해 구애하기 시작했다. 그는 자신의 반-공산주의 입장을 강조했고, 자신의 체제가 파시스트라는 혹은 과거에 파시스트였다는 주장을 적극적으로 부인했다. 그리고 자신의 입장을 강화하기 위해 채용했었던 파시스트식 인사와 그 외 팔랑헤당의 상징들을 추방하고, 전통적인 국가가톨릭주의(National Catholicism) 이념을 전면에 내세웠다. 팔랑헤당 소속의 외무장관 호세 펠릭스 레케리카(José Felix Lequerica)가 물러나고 대신 보수적인 가톨릭교도 알베르토 마르틴 아르타호(Alberto Martín Artajo)가 그를 대신했다. 전에도 그랬던 것처럼 프랑코 정부는 정치 구조의 변경을 통해서가 아니라 상황과 필요에 따라 사람을 바꾸는 것으로 문제를 해결하려고 했다. 프랑코는 또한 1943년 코르테스를 소집하고, 1945년 '스페인인 헌장'(Fuero de los Españoles, 이 헌장은 체제 내에서 스페인인의 권리와 의무를 규정하였다)을 발표함으로써 헌법적 정당성이라는 외피를 입히려고 했다. 이런 조치는 1945~1946년 도시 시의회 의원 선거와 코르테스 의원 선거 등 여러 차례의 선거와 더불어, 체제가 '유기적인 대중 민주주의'라고 부르고 싶었던 것을 실천하는 것이었다. 그러나 이에 대한 서구 열강의 반응은 신통치 않았다. 1945년 6월 국제연합이 창설되었을 때 스페인은 회원국에서 배제되었다. 이듬해 영국, 프랑스, 미국에 의해 발표된 3자합의(A Tripartite Note)는 프랑코 독재 체제를 파시스트 체제로 규정하였고, 대부분의 국제연합 회원국들은 자국에 주재 중인 스페인 대사들을 추방하면서(아르헨티나, 아일랜드, 포르투갈, 바티칸은 예외였다) 민주주의 체제로의 전환을 요구했다. 연합국들은 또 마샬 플랜(Marshall Plan)이라고 알려진 전후 유럽 경제 회복 프로그램에서 스페인을 배제한다는 데 동의했다. 그러나 서구 연합국들이 프랑코를 비난은 했지만 그를 권좌에서 쫓아낼 생각은 하지 않았는데, 그것은 스페인에서 다시 전쟁이 일어나지 않을까, 그리고 공산주의 세력이 다시 부활하지 않을까 하는 염려 때문이었다. 프랑코는 국제연합의 결정에 대해 그것을 스페인을 파괴하기 위한 외세의 새로운 음모로 선전하고, 자신의 파당적인 지지자들과 국민 다수에게 만약 '빨갱이들의 위협'(Red Menace)을 다시 허용하면 무슨 일이 생길지 모른다는 점을 계속 상기시킴으로써, 그리고 연합국들도 국제연합도 자신을 타도하기 위해 개입하지는 않을 것임을 알고 있었기에 편안한 마음으로 계속 권력을 유지할 수 있었다. 그 외에 스페인이 국제연합에 의해 무시와 냉대를 받게 되었을 때도 프랑코 정부는 아르헨티나의 페론, 포르투갈의 살라사르의 연대와 지지에 의존할 수 있었다.

1947년 왕위계승법이 입안되었는데, 그것은 프랑코가 종신제로 국가 수반이 된다는 점을 확인함과 동시에, 스페인은 차후 제도적으로 왕국이 될 것이며, 때가 되면 프랑코가 스페인 왕가의 한 사람을 자신의 계승자로 임명한다는 점을 분명히 했다. 이 계승법은 또 정부 내에서 나름 영향력을 가지고 있던 왕당파의 불만을 잠재우고, 체제 반대 발언으로 점점 프랑코의 신경을 건드리고 있던 부르봉가의 돈 후안을 내치려는 것이었다. 그렇지만 그것은 부르봉가의 복귀가 임박했다고 믿고 있던 스페인 왕당파에게, 그리고 왕정 자체를 반대하고 권위주의 국가의 수립을 갈망하고 있던 팔랑헤당원들에게도 실망스러운 것이었다. 이 법은 코르테스에 의해 승인되었고, 세계인들의 눈에 마치 스페인의 민주주의를 증명이라도 하는 것처럼 1947년 7월에 열린 국민투표에 의해서도 승인되었다.

서유럽의 초병(哨兵)

1950년 무렵 프랑코 장군의 권력 장악은 그 어느 때보다도 확고했다. 스페인 내에서 팔랑헤와 왕당파 '파벌들'은 프랑코의 계승 계획에 모종의 불안감을 갖고 있기는 했지만 '카우디요'의 편에 서 있었다. 국제사회에서 스페인은 오랫동안 외교적으로 고립되어 있었으나, 소외당하고 있던 (프랑코) 체제에 대한 국제 사회의 태도는 점차 바뀌어 가고 있었다. 1950년대 후반 소련과 서구 주요 열강(그중에서도 미국) 간에 긴장이 점증해 가면서 공산주의에 대한 남유럽 지역의 전략적 요충으로서의 스페인의 잠재적 중요성이 점차 인식되었다. 지금까지 스페인의 외교적 소외를 가져왔던 권위주의적인 스페인 정치 체제는 이제 그리 중요하지 않게 여겨졌고, 외교 관계에서 해빙(解氷) 분위기가 조성되었다. 1950년 11월 유엔 총회는 회원 국가들이 다시 스페인과 외교 관계를 재개할 수 있게 했으며, 미국은 스페인에 대표를 파견하고, 6,250만 달러의 차관을 승인했다. 1953년 미국은 '마드리드 조약'을 통해 안달루시아의 마론 데 라 프론테라(Marón de la Frontera), 마드리드 인근의 토레혼 데 아르도스(Torrejón de Ardoz), 사라고사에는 공군기지를, 카디스 인근 로타(Rota)에는 해군기지를 세울 수 있게 되었고 대신 상당한 경제적 원조를(1953년부터 1957년 사이에 약 6억 2천 500만 달러에 이르렀다) 스페인에 제공하기로 했다. 이 조약은 또 미국 회사들이 스페인에 투자할 수 있는 길을 열어 놓기도 했다. 미국과의 조약을 체제 내 모든 사람이 다 환영한 것은 아니지만, 그것은 한 아부 잘하는 신문 편집인이 썼듯이, 스페인에 대한 국제 사회의 신임장이자, 프랑코를 전후 독재자에서 '서유럽의 초병'으로 바꾸어 놓았다고 할 수 있다. 거기다가 1953년 8월에는 바티칸 교황청과의 정교협약이 체결되었고, 그러고 나서 2년 후에 스페인은 드디어 국제연합의 정회원으로 받아들여졌다.

스페인에 대한 국제사회의 재신임이 스페인의 깊어 가는 경제 위기를 은폐하지는 못했다. 1950년대 중반경이면 프랑코의 경제적 자급자족체제(아우타르키)의 실험이 실패로 돌아갔다는 것은 모든 사람들에게 명백하게 여겨졌다. 1953년 이후의 미국의 차관과 외국인 투자 증대는 일시적이나마 위기를 이겨 내는 데 도움이 되었고, 산업 생산을 증대시키기는 했지만 농업 분야는 상당한 보조금이 투입되었음에도 불구하고 여전히 매우 낮은 생산성에 머물러 있었다. 식량과 연료 부족은 1950년대 중반 배급제가 폐지될 때까지 일상적인 현상이었으며, 급속한 인플레이션은 생활 수준을 더욱 악화시켰다. 경제 불안은 좀 더 높은 임금을 요구하는 노동자들의 수많은 파업을 불러일으켰다. 프랑코는 변화와 그것이 가져올 결과를 염려하여 마지못해 개혁에 응하는 편이었다. 자급자족체제의 속박을 느슨하게 푸는 것은 기존 경제 정책의 실패를 인정하는 것이었다. 경제자유화는 통제를 만병통치약으로 생각하던 프랑코에게 죽기보다 더 싫은 것이었다. 그러나 1950년대 후반경에는 체제를 유지하기 위해, 그리고 스페인이 자신의 경제적 잠재력을 현실화하기 위해서는 중대한 구조적 변화가 불가피하다는 생각을 갖게 되었다. 그에 따라 1957년 2월 내각을 개편하게 되었을 때 프랑코는 내무부와 외무부 등 핵심 장관직에는 구식의 팔랑헤당 강경파를 임명하되, 농업, 산업, 공공사업, 상업과 재정 등 주요 장관직에는 법률가와 경제학자들을 앉혔다. 그중 다수가 보수적인 가톨릭 속인 단체인 오푸스 데이(Opus Dei) 소속이었던 이들 기술 관료들은 새로운 부류의 장관들이었다. 그들은 프랑코주의의 정치적·사회적 입장에는 전적으로 동의하지만 자급자족체제에서 완전한 자본주의로의 이행이 이루어지기 위해서는 중요한 측면에서 구조적 개혁이 있어야 한다는 것을 날카롭게 인식하고 있던 사람들이었다.

변화와 그 결과

1957년의 개각은 프랑코 체제의 발전 과정에서 결정적인 순간 가운데 하나였다. 프랑코는 그 후로도 계속해서 절대 권력을 행사하기는 했지만 점차 일상적인 통치 행위와는 거리를 두기 시작했고, 오른팔 격인 루이스 카레로 블랑코(Luis Carrero Blanco) 제독을 정부 수반에 임명하여 대외 정책을 담당하게 하고, 경제 문제는 '경제협력과 계획청'(Economic Co-ordination and Planning Office)에 위임했다. 그중 후자(경제협력과 계획청)는 1959년 2월의 '경제안정화와 자유화 계획'을 주도했는데, 이 계획의 주된 목적은 인플레이션을 억제하고 급속한 산업 발전과 근대적 자본주의 경제 창출에 유리한 환경을 제공하는 것이었다. 이를 위해 계획 추진자들은 공적 지출 억제, 농업 보조금 지급 폐지, 페세타화 평가 절하, 외국인 투자와 대외무역의 자유화 등을 제안했다. 이 계획에 대해 프랑코 체제 내 강경파는 경제자유화가 정치적 반대자를 만들어 내고 체제의 권력 장악을 약화시킬 것이라며 반대했다. 그러나 1959년경 스페인의 경제 상황이 너무나도 심각했기 때문에 프랑코도 어쩔 수 없이 개혁이 필요하다고 결론을 내렸다.

　단기적으로 볼 때, 이 계획의 효과는 전혀 고무적이지 않았다. 공업 생산은 여전히 침체를 면치 못했고, 실업률은 치솟아 1960년에는 34.7%에 이르렀다. 그러나 이 경제 침체의 충격은 얼마 가지 않아 국내로 유입되는 투자의 급증으로 완화되었는데, 그 투자의 대부분은 정부의 보조금 지급과 스페인의 저임금 노동력에 매력을 느낀 서유럽의 회사들로부터 나왔다. 외화벌이 또한 스페인의 급성장해 간 관광산업에 의해, 즉 번영일로의 북서유럽 관광객들이 스페인의 지중해 휴양지에 모여들기 시작하면서 호황을 누렸다. 1959년과 1963년 사이에 스페인에 입국한 관광객 수는 400만에서 1,400만으로 급증했고, 1960년대 말이면 그 수가 3,000만 명이 넘었다. 경제는 제조업과 서비스업 분야의 급성장, 늘어나는 수출, 훨씬 보수가 좋은 일자리를 찾아 당시 호황을 누리고 있던 서유럽으로 떠난 125만 명가량의 스페인 노동자들이 국내로 보내오는 송금으로 더욱 탄력을 받았다. 이런 발전은 스페인 경제를 급성장하게 만들었다. 1960년과 1973년 사이에 국민총생산은 연평균 7% 증가했고, 평균수입은 3배 증가했다. 이런 경제적 변화를 이끈 주역 가운데 한 명이었던 라우레아노 로페스 로도(Laureano López Rodó)는 "그처럼 단기간에 그처럼 급성장을 한 것은 실로 유례없는 것이었다"고 말했다.

1960년대의 이런 이른바 '경제 기적'으로 인해 스페인 사회는 갑작스럽고 현기증이 날 정도로 급속한 변화의 시기를 경험하게 된다. 인구 다수에게 나타난 수입 증가와 생활 수준 향상으로, 비록 이후 10여 년 동안 빈부격차는 더 커져 갔지만 '굶주림의 40년대'는 점점 옛날 이야기가 되어 갔다. 경제계획가들이 이미 예상했듯이, 스페인인들은 꾸준히 근대적인 소비 사회로 편입되어 갔다. 1960년만 해도 스페인 전체 가구 가운데 냉장고를 가진 비율이 4%에 불과했으나 1973년이 되면 82%에 이르렀다. 승용차를 가진 가구의 비율도 같은 기간 동안 4%에서 38%로 증가했다. 급속한 산업화와 서비스 산업의 성장으로 새로운 중간층이 급성장했다. 그것은 또한 대규모의 농촌 인구 감소를 촉발했다. 총 농촌 인구의 절반에 해당하는 약 250만 명의 농민이 1960년대 동안 농촌을 떠나 도시로 혹은 북유럽의 산업과 서비스업 중심지로 이주하였다(그 대부분은 안달루시아, 엑스트레마두라 등 가난한 지역 출신이었다). 도시의 성장은 대도시 주변에 번성한 판자촌이나 허름한 고층아파트에 자리 잡은 이주민 등 심각한 사회 문제를 가져왔다. 1970년이 되면 전체 노동 인구 가운데 농업에 종사하는 사람은 22.8%에 불과했다. 그럼에도 기계화, 관개 시스템의 개선, 소규모 토지 보유 장려, 가축 사육의 장려… 이 모든 것이 농업 생산의 증가를 만들어 냈다.

경제 발전의 또 다른 결과는 사회적 태도와 행동에서의 점진적 변화였다. 예를 들어, 여성에 대한 정부 정책에 점진적인 개선이 나타났다. 특히 서비스업의 급속한 팽창으로 직장 여성의 수가 거의 두 배로 증가하여 1960년에 240만 명이던 것이 1980년대 중반이면 460만 명이 되었다. 1963년부터는 결혼이 더 이상 해고사유로 간주되지 않았다. 1975년에는 남편을 가장으로 간주하는 제도도 폐지되었다.

이런 경제적 번영은 여전히 계속되는 탄압에의 위협과 더불어 체제 유지에 도움을 주었다. 프랑코 자신은 공적인 언급에서 계속해서 회고적으로 '명예로운 성전'을 강조했다. 그러나 텔레비전, 신문, 'NO-DO'라는 공적인 뉴스 영화를 통해 전달된 국가의 선전은 바뀐 시대 분위기를 반영하는 메시지를 전하기 시작했다. 지금까지는 국가의 수호자로서의 프랑코의 역할을 강조했다면, 이제는 '프랑코의 평화'가 가져다준 유례없는 번영을 국민들에게 상기시키려고 했다. 프랑코 체제는 증대된 풍요와 영화·텔레비전·축구를 중심으로 하는 대중 소비문화의 출현이 국민의 정치적 무관심을 가져올 것으로 기대했다. 그러나 1960년대 말경이면 점차 유럽 이웃들의 라이프스타일을 닮아 간 스페인 국민이 오랫동안 부정당해 온 정치적 자유를 동경하기 시작하면서 반(反)정부 저항운동이 크게 증가했다. 공적인 수직적 노조가 영향력을 상실하고, 대신 불법으로 규정되어 있던 공산당 소속의 '노동자위원회'(Comisiones Obreras, CCOO)가 영향력을 갖게 되면서 임금 인상과 노동조건 개선을 요구하는 노동자들의 저항과 파업이 크게 증가했다. 1960년대 동안 상당한 팽창을 경험한 대학 캠퍼스들은 좌파 학생 저항운동의 온상이 되었다. 자유화를 추구한 제2차 바티칸 공의회(1962~1965)의 영향을 받은 새로운 세대의 교회 지도자들은 스페인 교회를 프랑코 체제로부터 멀리하고, 사회적 정의의 필요를 새로 강조하기 시작했다.

프랑코 체제는 또한 부활한 지역 민족주의와도 싸워야 했다. 카탈루냐에서는 문화부흥운동이 체제에 대한 반대의 초점이 되었고, 폭넓은 정치 세력으로부터 지지를 이끌어 냈다. 그러나 그보다 훨씬 더 큰 도전이 바스크의 분리주의 단체인 '바스크의 조국과 자유'(Euskadi Ta Askatasuna, ETA. 이하 '에타'로 칭함)로부터 제기되었는데, 이 단체는 바스크 지역의 완전한 독립을 주장했다. 1958~1959년에 창설된 에타는 원래 보수적인 바스크민족주의당(PNV)의 한 급진적 분파로 출발했으며, 1968년부터 체제에 맞서 무력투쟁을 전개했다. 증대되는 저항운동에 놀란 프랑코는 즉각 그것을 소련의 사주를 받은 '반-스페인적' 불순분자들의 소행이라고 주장하면서 강력한 탄압으로 대응하려고 했다. 그러나 그 탄압이 커져만 가는 저항의 물결을 저지하지는 못했다. 프랑코의 탄압 정책에 놀란 서유럽 민주주의 국가들은 프랑코 정부가 1962년 유럽경제공동체(European Economic Community, EEC) 준회원 자격을 요청했을 때 그 제안을 거부했다.

1960년대 후반기에 프랑코 체제는 두 방향으로 갈라진 것처럼 보였다. 한편으로는 스페인이 개방되고 다원적인 사회라는 인상을 세계인들에게 내보이려는 일련의 소극적인 자유화 움직임이 있었으며, 다른 한편으로는 증가하는 반대 세력을 계속 단호하게 탄압했다. 공적인 학생들의 단체(official students' union)는 금지되었고, 친-민주주의 모임에 참가한 대학 교수는 자리에서 쫓겨났다. 새 출판법 (1966)으로 검열법이 재정비되었는데, 이 법은 출판물에 대한 검열을 편집인에게 맡기는 것으로서, 그로 인해 제약이 전보다 더 심해졌다. 프랑코와 그 측근들은 점증하는 정치적 다원주의를 허용하기는커녕 체제의 자기영속화를 추진하였다. 1961년 프랑코는 프랑코 이후 왕정의 구조를 분명히 하게 될 법을 곧 제정할 것이라고 말했다. 그러나 이 문제를 규정하는 국가기본법(Organic Law of State)이 공포된 것은 1966년 11월에 가서였다. 이 법은 1947년에 그가 한 약속을 실행에 옮긴 것으로, 그것은 프랑코에 이어 국가 수반이 될 사람을 스페인 왕가의 일원으로 한다는 것이었다. 그러나 이 법은 프랑코가 창시한 시스템의 지속을 보장해 줄 제도적 틀을 제공하는 것이기도 했다. 국가기본법은 스페인의 민주적 가치를 입증하기 위해 국민투표로 승인되었다. 그러나 프랑코가 정식으로 알폰소 13세의 손자 후안 카를로스를 자신의 승계자로 임명한 것은 한참 더 뜸을 들이고 난 후인 1969년 1월에 가서였다.

1970년대 초 프랑코 체제는 위기에 처해 있었다. 프랑코는 체제의 존속을 충분히 확실하게 해 놓았다고 생각했지만(그는 자신이 '모든 것을 묶어 놓았다. 잘 묶어 놓았다'고 자랑했다고 한다), 체제는 이미 점진적 자유화 정책을 지지하는 쪽과, 정치적 개혁을 수행하는 모든 시도를 카우디요에 대한 배신으로 간주하는 모비미엔토 내 프랑코 부동주의자들(inmovilistas)——이들에 반대하는 사람들은 그들을 나치 체제 최후의 날들에 빗대어 '벙커'라고 불렀다——간에 분열이 나타나고 있었다. 당시 프랑코는 파킨슨씨 병을 앓고 있었으며, 통치 업무에 깊숙이 개입할 수 없는 상황이었다. 1973년이면 그는 오랫동안 자신의 분신과도 같았던 카레로 블랑코(Carrero Blanco)를 정부 수반으로 임명하고 통치 업무에서 거의 완전히 물러나게 되었다.

한편, 대학생, 노동자, 그리고 심지어 사제들까지 포함하는 반체제 세력의 힘은 증대되고 있었다. 1973년 12월 에타는 미사를 마치고 귀가하고 있던 카레로 블랑코를 차량 폭탄으로 살해했다. 프랑코는 권위주의적인 내무부장관 카를로스 아리아스 나바로(Carlos Arias Navaro)를 후임 정부 수반으로 임명했다. 새 정부는 사회 전반의 유례없는 저항에 직면해야 했고, 1974년 4월 포르투갈 군사 정부가 타도된 것은 변화를 바라는 기대를 더욱 키워 놓았다. 1975년 9월 두 명의 에타 요원과 세 명의 좌익 '반파시스트 민중혁명 전선'(Frente Revolucionario Antifascista y Popular, FRAP) 요원의 사형 집행은 국내외 모두에서 분노를 불러일으켰으며, 사회적·정치적 긴장 상태를 증폭시켜 놓았다.

민주주의로의 이행

프랑코 장군은 1975년 11월 20일 오랜 투병 끝에 숨을 거두었다. 그해 10월 직접 작성해 둔 국민에 대한 마지막 정치적 유언장이 발표되었는데, 거기에서 그는 자신의 계승자인 후안 카를로스 왕자에게 지지를 보내 줄 것, '스페인과 기독교 문명의 적들이 호시탐탐 노리고 있다는 것을 잊지 말 것'을 스페인인들에게 당부했다. 프랑코가 미리 계획했듯이, 기존의 기구들은 권력 이양이 순탄하게 이루어지게 될 것임을 분명히 했다. 프랑코가 죽고 나서 이틀 후 후안 카를로스 왕자가 스페인의 왕으로 즉위했으며, 그는 '모비미엔토'가 천명한 원칙을 준수하겠다고 서약했다. 그러나 그와 더불어 자신은 내전으로 생겨난 분열을 극복하고 사회적 화해를 추구하기 위해 노력할 것이라고 말함으로써 화해를 천명하기도 했다. 그러나 단기적으로는 새 왕의 언급이나 행동에서 그가 '변화의 원동력'이 될 것임을 말해 주는 징후는 거의 찾아볼 수 없었다. 강경파인 아리아스 나바로가 재신임을 받아 수상으로 계속 국정을 이끌었고, 새 내각에는 호세 마리아 데 아레일사(외무장관), 마누엘 프라가(내무장관), 안토니오 가리게스(법무장관) 같은 개혁파도 일부 있었지만 강경파도 다수 포함되어 있었다. 새 내각에 대해 체제 반대 세력은 실망을 감추지 못했으며, 공산주의자들의 지도자 산티아고 카리요는 새 왕이 '후안 카를로스 단명왕'(Juan Carlos the Brief)으로 기억될 것이라며 조롱했다. 소심한 아리아스는 그 나름대로 비타협적인 '벙커' 구성원들과 개혁파 그리고 과거와의 '민주주의적 단절'을 요구하고 완전한 의회 민주주의로의 즉각적 이행을 요구하며 점점 목소리를 높여 가고 있던 반대 세력

간에 조정을 통해 국정을 이끌어 가려고 노력했으나 성공하지 못했다. 1976년 6월 프랑코주의자들이 중심이 된 코르테스가 정치 활동을 불법화한 형법 조항 개혁의 수용을 거부하자 아리아스는 수상직에서 물러났다.

국왕 후안 카를로스가 당시 43세의 아돌포 수아레스(Adolfo Suárez)를 새 수상으로 임명한 것은 강경파 프랑코주의자들이나 체제반대파 모두에게 깜짝 놀랄 만한 조치로 받아들여졌다. '국민운동'(모비미엔토)의 부총재(Vice-secretary)를 역임하였고 국영 텔레비전과 라디오 방송 간부를 지낸 적도 있는, 수아레스의 프랑코주의자로서의 이력은 나무랄 데가 없었다. 그러나 그는 실용주의자였으며, 결국 그는 왕의 지지하에 스페인에 근대적이고 다원적인 민주주의를 가져다줄 일련의 급속한 정치 개혁의 토대를 닦게 된다. 이 과업을 수행하는 과정에서 그는 1976년 말의 상황, 즉 이제 옛 프랑코 체제를 뒷받침해 온 기구들의 효력이 다하였고, 적어도 체제 반대파의 일부라도 정치적으로 수용하는 것이 시급하다는 것을 정치인들 가운데 다수가 공감하고 있었던 상황의 도움을 받았다. 프랑코주의자들이 주류를 이루고 있던 코르테스가 1976년 11월 정치개혁법을 통과시켰고, 그럼으로써 사실상 스스로를 퇴출시킴으로써 민주주의로의 이행을 위한 길이 마련될 수 있었다. 그해 12월에 열린 국민투표에서 정부 개혁은 투표자 가운데 94.2%라는 압도적인 지지를 받았다. 그 이후 수 개월 동안 프랑코 체제를 지탱해 왔던 기구들이 하나둘씩 해체되었다. 1977년 4월에 부활한 스페인공산당을 포함하여 정당들이 합법화되었으며, 정치범들이 석방되었다. 이런 변화는 유례없는 정치적 폭력 사태를 배경 삼아 진행되었는데, 1977년 1월에는 스페인공산당 소속 노동변호사들이 우파 암살자들에 의해 살해되었고, 바스크 독립을 위한 무장 투쟁 전략을 고수하고 있었던 에타는 폭력에 호소하는 투쟁을 더욱 강화하고 있었다.

1977년 6월 15일 총선이 실시되었다. 이 선거에는 오랜 역사를 가진 좌파 정당들(특히 사회노동당과 스페인공산당)뿐만 아니라, 다수의 급조된 중도 우파 정당들(대개는 과거 프랑코주의자들이 만든 당들이었으며, 그중 하나는 과거 프랑코 정권하에서 장관을 역임한 마누엘 프라가가 만든 '국민연합'Allianza Popular, AP이었다)이었다. 수아레스 자신도 '민주중도연합당'(Unión de Centro Democrático, UCD)이라는 당을 창당했는데, 이 당은 자유주의자, 사회민주주의자, 기독교민주주의자들의 느슨한 연합체였다. 바스크 지역의 바스크민족주의당과 조르디 푸졸(Jordi Puyol)이 이끌고 카탈루냐 중도 정치인들의 연합체였던 카탈루냐의 수렴과 민주통합당(Convergència i Unió Democràtica de Catalunya, CiU) 같은 다수의 온건 지역주의 당들도 선거에 뛰어들었다. 이 선거에서 명백한 승자는 166석을 얻은 민주중도연합당(전체 유효표 가운데 34% 획득)과 118석을 얻은 사회노동당(28%)이었다. 유권자들의 기억 속에서 과거와 가장 분명하게 연계되고 있었던 정당들(9%에 해당하는 20석을 얻은 스페인공산당과 8%인 16석을 얻은 마누엘 프라가의 국민연합)은 가장 분명한 패배자였다.

수아레스의 승리는 그가 개혁 프로그램을 더욱 힘 있게 추진할 수 있게 해 주었다. 그러나 그의 개혁 정부가 처한 상황은 1931년 때와 마찬가지로 결코 만만치 않았다. 원유 가격을 거의 500% 인상케 만든 1973년의 오일 쇼크는 스페인을 깊은 경기 침체로 몰아넣었다. 실업은 급증하였고, 인플레이션은 26.4%에 이르렀으며, 파업, 대학생들의 데모, 정치적 폭력은 그칠 줄 몰랐다. 수아레스를 살리고, 깨지기 쉬운 개혁 과정을 구한 것은 모든 정파의 리더들이 놀라울 정도로 기꺼이 타협하려고 했다는 사실이었다. 사회주의자들과 공산주의자들은 전통적인 좌파의 혁명적 수사를 천명하는 것이 또다시 군대의 쿠데타(프로눈시아미엔토)로 이어질 수 있으므로 매우 비생산적인 것이 될 수 있다는 것을 알고 있었기 때문에 매사에 조심하려고 했으며, 과거와의 명백한 단절을 요구해 온 지금까지의 주장을 포기하고 대신 '타협에 의한 단절'(ruptura pactada)의 필요성을 인정하게 되었다. 1977년 10월 정부와 체제반대파 간의 일련의 합의(이는 '몽클로아 협약'Pacts of Moncloa으로 알려지게 되었다)는 이 새로운 타협 정신을 입증하였다. 인플레이션이 경제에 미치는 압박을 완화하기 위해 사회주의 계열의 노조 노동자총동맹과 공산주의 계열의 노조 노동자위원회는 노조원들의 지나친 임금 인상 요구를 자제하기로 했고, 공공 지출의 상당한 삭감에도 동의했다. 반대로 정부는 비록 그 타협안을 실행에 옮기려는 노력은 미미했지만 세제 개혁과 고용 창출을 위한 일련의 조치를 약속했다.

지역 민족주의 문제 또한 결코 쉽지 않은 현안이었다. 단기적 처방으로 정부는 카탈루냐, 바스크, 갈리시아에 각각 지역 정부 수립을 허용함으로써 세 지역의 민족주의적 감정을 완화하려고 했다. 다른 한편으로 민주주의적인 주요 정치 세력 가운데 대부분을 대표하는 일곱 명의 위원으로 구성된 7인위원회가 구성되어 스페인인의 민주주의적 기본권을 천명하고 새 민주주의 국가 구조의 윤곽을 그리게 될 새 헌법 초안을 마련하는 일에 착수했다. 이 위원회의 논의를 통해 마련된 헌법은 당대의 시대정신을 반영하는 타협의 문서였다. 스페인 국가는 보통선거로 선출되는 양원제 의회를 가진 민주주의 의회 왕정으로 자리 잡게 되었다. 왕을 국가 수반이자 군대의 총사령관으로 인정하되, 수상과 내각에 대해 아무런 권한도 갖지 않는 것으로 규정했다. 스페인은 교회의 축복은 받되 비종교적 국가가 되었다. 헌법은 또 '스페인 국가의 분할할 수 없는 통일성과 모든 스페인인의 분할할 수 없는 공동의 조국'을 분명히 천명하되, 정치 권력을 지방분권화함으로써 지역 민족주의자들의 가장 중요한 요구 가운데 하나에 긍정적으로 응답하고자 했다. '역사적 민족들'(historic nationalities)─바스크, 카탈루냐, 갈리시아─에게는 교육, 경찰, 세금 분야에서 광범한 권한을 갖는 자치령이 허용되었으며, 다른 지역들도 자치를 향유할 길이 열리게 되었다. 1983년경 스페인은 북아프리카에 소재한 고립 영토 세우타와 멜리야 외에 17개의 자치지역(autonomias)을 가진 준(準)연방국가가 되었다.

스페인의 모든 지역들(regions)에 자치권을 부여하는 것(사람들은 이것을 '모든 사람들에게 커피를'café para todos이라는 정책이라고 익살스럽게 불렀다)이 바스크와 카탈루냐 지역 사람들에게는 썩 유쾌한 것이 아니었다. 그러나 그것은 적어도 군부 내 보수 반동 세력이 새 민주주의 체제가 국가의 파괴에 집착해 있지는 않다고 확신하는 데는 도움을 주었다. 1978년 12월 6일 새 헌법은 투표자 가운데 88%의 찬성으로 승인되었다. 그러나 프랑코의 탄압의 기억이 생생하고 주민 중 일부가 여전히 완전한 독립을 요구하고 있었던 바스크 지역에서는 여론이 상대적으로 미지근했고, 많은 사람이 투표에 불참했다. 그해 3월 다시 선거가 실시되었고, 그것은 민주중도연합당과 사회노동당에 각각 168석과 121석을 안겨 줌으로써 그들의 정치적 우세를

지도 8 오늘날 스페인 각 주와 지역들. Hooper, *The New Spaniards*, p. xv에서 재인용.

확인해 주었으며, 반면에 국민연합에 대한 지지는 감소했다.

민주주의로의 이행은 일련의 복잡한 상황의 산물이었다. 젊고 확대되어 가는 사회—그것은 1960년대 경제적 붐의 산물이었다—에서 표출되고 있던 변화에 대한 점증하는 요구는 분명 중요했다. 그러나 프랑코주의의 효력이 다했으며 장차 스페인의 번영이 보장되려면 정치적 변화가 불가피하다고 생각한 정치적·경제적 엘리트들 간에 확산되어 있었던 인식 역시 중요했다. 게다가 군부 내부에서도 민주주의가 혁명 혹은 국가 통일성의 파괴로 이어지지만 않는다면 정치적 변화를 수용할 수 있다는 분위기가 지배적이었다. 1979년 사회노동당의 리더 펠리페 곤살레스(Felipe González)는 마르크스주의를 포기하고 원기를 회복한 자신의 당이 근대적이며, 온건한 변화를 추구하는 당이라고 소개함으로써 사회노동당이 사회 혁명의 명분에 집착하고 있다는 세간의 두려움을 잠재우려고 했다. 마지

막으로 민주주의로의 이행은 국민 대부분이 스페인의 미래는 프랑코
주의에 있지 않다는 것을 인정하고, 정당정치의 '기브 앤드 테이크'
원리에 적응하면서 사고방식과 정치적 행동에서 보여 준 점진적인
변화의 덕을 보기도 했다. 민주주의로의 이행기 스페인은 1931년의
스페인과 여러모로 달랐다. 서유럽에서는 이미 민주주의가 확고하게
자리 잡고 있었다. 종교 문제는 더 이상 과거처럼 폭발성을 갖고 있
지 않았다. 생활 수준이 40년 전보다 훨씬 높아진 상황에서 노동자들
은 1930년대 노동자들이 갖고 있던 혁명에 대한 열정을 갖고 있지 않
았다. 스페인인들은 기꺼이 참혹했던 과거를 잊고 미래를 바라보려
고 했다. 프랑코주의의 종식이 혁명이나 무정부 상태를 가져오지 않
을 것이라는 점을 확신하게 되자 대다수 스페인인들은 기꺼이 민주
주의로의 평화적인 이행을 지지하게 되었다.

1979년 3월 선거 승리 이후 수아레스의 정치적 입지는 무너지기
시작했다. 스페인은 여전히 경기 침체의 수렁에서 헤어나지 못하고
있었고, 에타가 저지르는 테러, 법과 질서의 붕괴는 또 다시 군부의
프로눈시아미엔토로 이어질 것이라고 기대하면서 극우파가 저지르
는 테러로 몸살을 앓고 있었다. 이런 어려움은 민주주의로의 이행이
자신들의 경제적 상황을 즉각적으로 개선시켜 줄 것으로 생각한 유
권자들에게 커다란 실망(desencanto)을 가져다주었다. 한편, 그동안
정치적 변화의 거친 파고를 성공적으로 헤쳐 왔다고 할 수 있는 민주
중도연합당은 제휴하고 있던 여러 세력들이 정책 전반에 관해 서로
갈등하게 되면서 붕괴되기 시작했다. 1981년 1월 수아레스는 수상으
로서의 자신의 지위를 더 이상 유지하기 어렵다고 판단하고 갑자기
사임을 선언했으며, 그 뒤를 이어 당시 경제장관이었던 레오폴도 칼

보 소텔로(Leopoldo Calvo Sotelo)가 수상으로 취임하게 되었다.

민주화를 잘못된 것으로 여기고, 프랑코식 권위주의 국가로 돌아가기를 열렬하게 바라는 사람들도 있었다. 이런 사람들이 아직 유아 단계에 있던 스페인 민주주의에 위협적이었다는 점은 1981년 2월 23일 안토니오 테헤로 몰리나(Antonio Tejero Molina) 중령이 이끄는 치안대의 한 파견부대가 국회(그때 국회에서는 칼보 소텔로를 수상으로 추대하는 의식이 거행되고 있었다)에 난입해 총으로 위협하여 의원들을 인질로 잡는 일이 벌어졌을 때 극적으로 입증되었다. 국회 난입과 동시에 브루네테의 무장 사단부대가 마드리드 내외의 주요 지점을 장악하였고, 발렌시아에서는 밀란스 델 보쉬(Miláns del Bosch) 장군이 계엄령을 선포하고 탱크를 몰고 거리로 나왔다. 테헤로가 언급한 "스페인의 통합, 평화, 질서, 안전"은 쿠데타 주모자들이 원하는 것이 무엇이었는지를 간단히 요약해 주고 있었다. 이 쿠데타가 신속하게 진압될 수 있었던 것은 상당 부분 국왕 후안 카를로스의 시기적절한 개입 덕분이었는데, 그는 스페인군 총사령관 자격으로 반란자들의 행동을 비난하고 모든 군대는 거리로 나오지 말고 병영 안에 머물러 있으라고 명령했다.

23-F(2월 23일의 쿠데타 시도를 보통 그렇게 불렀다)의 실패는 스페인 민주주의 정치 발전의 분수령이 되었다. 민주화에 대한 실망감은 곧 바로 쿠데타가 실패로 돌아갔다는 안도감으로 바뀌었고, 전국적으로 민주주의를 지지하는 대중 시위가 나타났다. 이어 정치적 유동성의 시기가 나타났으며, 제휴하고 있던 분파들의 내분에 휩싸이게 된 민주중도연합당은 해체 수순을 밟았다. 1982년 민주중도연합당 내 기독교 민주주의자들이 탈당하여 국민연합에 합류했고, 사회

민주주의자들은 탈당하여 사회노동당에 합류했다. 수아레스 자신도 뛰쳐나와 '민주주의와 사회의 중심'(Centro Democrático y Social, CDS)이라는 독자적인 당을 만들었다. 당시 상황에서 오직 사회노동당만이 곤살레스의 카리스마 넘치는 지도력으로 스페인인들이 바라는 역동적인 정치적 리더십을 제공할 수 있을 것처럼 보였다. 1982년 10월 다시 총선이 실시되었을 때 사회노동당은 202석(총투표율의 48.4%) 획득이라는 압도적 승리를 거두었다. 국민연합에 대한 지지도 상당히 증가했다(106석). 민주중도연합당과 스페인공산당은 굴욕적인 지지율 하락을 감수해야 했는데, 두 당은 각각 12석과 4석을 차지하는 데 그쳤다. 수아레스가 새로 창당한 '민주주의와 사회의 중심'은 단 2석을 얻었을 뿐이다. 이듬해 자치 단체장을 선출하는 선거에서 사회노동당이 11개 지역에서 승리함으로써 사회노동당의 정국 주도는 더욱 강화되었다.

중도파의 승리

1982년 10월의 총선은 스페인의 정치적 이행 과정에서 매우 중요한 단계였다. 사회주의자들의 승리는 우파 일부가 예상한 것처럼 혁명으로 가는 전주곡이 결코 아니었다. 정부와 야당이 의회 정치의 빵과 버터의 문제에 전념하게 되면서 하나의 정치 세력으로서 우파는 위축되기 시작했으며, 군대는 병영에서 움직이지 않았다. 사회주의자들의 주요 목표는 스페인을 국제적 추세 속에 확실하게 통합시키게 될 사회적 혹은 경제적 근대화 프로그램을 가동하고, 이웃 국가들과의 경제 성장의 차이를 줄이고, 모든 사람을 위해 보다 큰 번영과 사회적 정의를 만들어 내는 것이었다.

사회노동당의 지배하에 스페인이 세계에서 차지하는 위치는 많이 변했다. 수아레스 때 시작된 유럽공동체(EC) 가입을 위한 협상이 재개되었는데, 사회노동당은 이 기구에 가입하는 것이 정치적 안정을 가져다주고, 근대화 과정을 촉진시킬 것이며, 스페인 모든 지역의 생활 수준을 향상시켜 줄 것이라고 기대했다. 그것은 또 우파 일부가 그렇게도 즐겨 사용했던 "스페인은 유럽 이웃국가들과 — 정치적으로, 사회적으로, 문화적으로 — '다르다'"라는 상투어구가 사실이 아님을 입증해 줄 것으로 생각했다. 그러나 이 과정이 고통 없이 진행되지는 않았다. 스페인의 산업이 외국 시장에서 좀 더 경쟁력을 갖도록 계획된 산업 재편 정책은 대규모의 실업 사태를 가져왔고, 그것은 북부 지역의 철강과 조선 산업 중심지에서 특히 심했다. 1985년경에는 경제자유화를 위해 도입한 여러 정책으로 실업률이 22%에 이르렀다. 같은 해 스페인은 오랜 협상 끝에 유럽공동체 가입 조약을 체결하였고, 1986년 1월 1일, 비록 회원국으로서 완전한 권리를 행사하기 위해서는 7년을 더 기다려야 하기는 했지만 아무튼 정식 회원국이 되었다.

사회주의자들은 다른 좌파 집단들과 마찬가지로 오랫동안 외교 정책에서 반미(反美)를 고수해 왔는데, 그것은 상당 부분 미국이 오랫동안 프랑코의 권력 유지에 도움을 제공했기 때문이었다. 그들에게 북대서양조약기구(NATO) 가입은 저주스런 것이어서 민주중도연합당 정부가 1981년 의회의 승인도 구하지 않고 스페인을 NATO에 가입시켰을 때 그것은 좌파의 거센 비판의 목소리를 불러일으켰으며, 사회주의자들은 만약 자신들이 집권하면 그 결정을 철회하겠다고 선언하기도 했다. 그러나 실제로 그들이 집권하게 되었을 때 정치적 실용주의는 대세가 되어 있었다. 펠리페 곤살레스와 그의 동료 장관들이 볼 때 NATO 탈퇴는 곧 스페인을 유럽공동체의 다른 많은 회원국들과 갈등하게 만들게 됨을 의미했다(회원국들에게 나토는 외교 정책의 근간이었다). 이에 곤살레스는 교묘하게 입장을 바꾸어, 혹은 아슬아슬한 U턴을 감행하여(보는 입장에 따라 표현이 다를 것이다), 자기 당원들과 국민들을 상대로 군대를 근대화하고 군사쿠데타의 재발을 막기 위해서는 나토 회원국의 지위를 유지해야 한다고 설득하고 나섰다. 동시에 정부는 스페인에 주둔 중인 미군의 수를 대폭 감축할 것이며, 핵무기는 스페인 땅에 들이지 않을 것이라고 약속했다. 1986년 3월 곤살레스의 결심은 국민투표에서 가까스로 다수표를 얻음으로서 국민의 지지를 얻게 되었다.

유럽에의 통합 혹은 대서양 연합에의 가입에도 불구하고 스페인은 또한 과거 라틴아메리카 식민지에 속했었던 나라들과의 정치적·경제적 유대를 강화하고자 노력했다. 1991년 이베로-아메리카 국가들의 일련의 회담 가운데 첫 번째 회담이 멕시코에서 개최되었다.

1986년과 1991년 사이에, 무엇보다도 유럽공동체 구조기금이 제공하는 상당액의 재정 지원 덕분에 교역이 증가하고 외국인의 직접투자가 급증했으며(그중 가장 큰 부분은 유럽공동체 내부에서 왔다), 스페인 경제는 급성장했다. 1992년 무렵 스페인은 실질적인 의미에서 1980년에 비해 40% 더 부유한 국가가 되었다. 이런 발전에 힘입어 정부는 개선된 건강, 실업 급여, 연금 등에 대한 공적 지출을 상당히 늘릴 수 있었다. 정부는 또한 마드리드와 세비야 간 고속철도망 같은 인프라 구축에 투자를 많이 늘리고, 1992년 올림픽게임을 유치한 바르셀로나와, 같은 해 세계무역박람회를 개최한 세비야를 중심으로, 야심찬 대규모 건축 프로젝트에 착수함으로써 새로운 스페인의 근대적이고 진보적인 성격을 세계에 과시하기 위해 애를 쓰기도 했다. 그렇지만 이런 행사들이 가져다준 범국가적 도취감은 심각한 경제적 부작용을 가져와 스페인은 경기침체 국면으로 돌아서게 되었다. 1993년경 실업률은 24%에 이르게 되었으며, 재정적자는 급증했다.

사회주의자들은 무엇보다도 스페인의 경제적 번영 덕분에 굳건하게 정권을 유지할 수 있었다. 1986년과 1989년의 선거에서 곤살레스가 이끄는 사회노동당은 비록 1982년에 비하면 득표율이 줄어들었지만(각각 43.4%와 39.6%) 비교적 여유 있게 다수당이 될 수 있었다. 곤살레스는 이 선거들에서 야당이 허약했다는 사실로부터도 도움을 받기도 했는데, 여러 정파가 제휴하고 있었던 급진 좌파들의 '좌파 연합'(Izquierda Unida, IU)도, 프라가가 이끄는 중도 우파 국민연합도 사회노동당 정부의 인기에 심각한 도전을 제기할 만한 상황이 아니었다. 그러나 1990년대 초가 되면 사회노동당과 유권자들과의 밀월관계는 분명히 끝나 가고 있었다. 정부에 대한 평판은 고위 관리들의 부패 스캔들과 세기 초 카시케주의의 전성시대 이후 유례를 찾을 수 없을 정도로 정부 모든 수준에서 극성을 부리고 있던 '뒷배봐주기'(clientilism)에 의해 훼손되었다. 사회노동당이 권력을 이용해 자기네 식구들의 이익을 챙기고 있다는 비난이 사람들의 머릿속에 각인되기 시작했다. 사회주의자들이 연루된 모든 스캔들 가운데 최악의 것은 정부가 반테러해방단(Grupos Antiterroristas de Liberación, GAL)이라는 불법단체를 만들고, 그것을 재정적으로 지원한 것이 드러난 것인데, 이 기구는 에타 요원으로 의심받은 사람 혹은 그 동조자 28명(그들 대부분은 프랑스에 살고 있었다)을 납치해 살해했다. 비록 사회노동당이 여전히 노동계급, 특히 안달루시아, 카스티야라만차, 엑스트레마두라의 노동자들 사이에서 인기를 누리기는 했지만 사회노동당과 그 동맹 세력인 노동자총동맹의 사이는 점점 멀어져 갔다. 1988년 12월, 노동자총동맹과 노동자위원회 노조는 협력하여 공동으로 정부의 노동시장 규제 폐지안에 대한 항의 표시로 하루 동안 총파업을 주도했다. 그에 이어 1992년과 1994년에도 총파업이 뒤따랐다. 당 위상의 이런 점진적인 하락에도 불구하고 저력 있는 정치가였던 곤살레스는 1993년 6월 선거에서 38.68%의 득표율로 네 번째 승리를 이끌어 냈다. 그러나 이번에는 절대 다수표를 얻지 못했기 때문에 집권을 위해 카탈루냐 민족주의자들과 제휴하지 않으면 안 되었다.

사회노동당의 인기가 떨어지고, 경제 침체와 새로 불거진 사회노동당의 일련의 스캔들 덕분에 중도 우파 세력이 입지를 확보해 갔다. 1989년 국민연합의 창설자 마누엘 프라가(프랑코주의자로서의 그의 전력은 항상 당에 부담이 되었다)가 당수직에서 물러나고, 국민연합은 능력은 있으나 카리스마는 갖고 있지 않았던 호세 마리아 아스나르(José María Aznar)가 이끄는 '국민당'(Partido Popular, PP)으로 재편되었다. 아스나르의 리더십하에 국민당은 당을 사회주의자들이 자주 제기하는 비난, 즉 이 당은 프랑코 시대의 과거에서 벗어나지 못하고 있다는 비난으로부터 당을 지키기 위해 재편(reorganization)과 세대교체(rejuvenation) 과정을 시작했다. 1982년에 곤살레스가 그랬던 것처럼 아스나르도 국민당을 근대화와 변화의 당으로 선전했다.

1993년 선거에서 국민당의 득표율은 34.8%로 증가했다. 1996년의 선거에서는 국민당이 주요 지역과 대부분의 대도시에서 승리를 거두었다. 1996년 3월 카탈루냐의 민족주의 정당 CiU의 리더 조르디 푸졸(Jordi Puyol)이 사회노동당과의 제휴를 철회한 뒤 다시 실시된 총선에서 국민당은 156석의 의석과 38.9%의 득표율로 최대다수당이 되었다. 그러나 아스나르는 절대다수석을 획득하지 못했기 때문에 정부 구성을 위해 바스크와 카탈루냐 민족주의자들의 협력을 구하지 않으면 안 되었다.

집권과 함께 아스나르는 사회노동당에 의해 추진되어 오고 있던 신자유주의적 경제 정책을 가속화하였다. 경제 문제에서 국가의 개입을 줄이고 공기업을 민영화하고 노동시장의 규제를 완화하였다. 그의 정부는 바스크와 카탈루냐 제휴 세력의 표에 의존하지 않으면 안 되었기 때문에 자치지역들에 더 많은 권력을 넘겨주지 않으면 안 되었다. 증대된 경제 발전과 유권자들의 신뢰를 회복하지 못한 사회노동당의 무기력함 덕분에 국민당은 2000년 3월의 선거에서는 절대다수석을 획득할 수 있었다. 스페인은 아스나르 정부하에서 유럽통화연맹(European Monetary Union)을 포용하고 유럽 단일 화폐를 도입하였으며, 그것은 스페인의 좀 더 심화된 유럽에의 통합을 재확인하는 것이었다. 그러나 유럽 내 스페인의 정치적 영향력은 유럽연합(EU)을 15개 회원국으로 확대한 결정으로 감소했고, 머지않은 미래에 동유럽 국가들도 가입하게 되면 그 영향력은 더욱 줄어들 것이 분명했다.

새로운 스페인인들

지난 25년 동안 스페인은 놀랄 만한 변화를 경험했다. 민주적인 제도가 뿌리를 내렸다. 스페인 경제는 이제 세계의 가장 산업화된 국가들 가운데 아홉 번째를 차지할 정도로 발전했다. 군대는 근대화되고 탈정치화하였다. 그리하여 스페인군 장교들은 더 이상 쿠데타(프로눈시아미엔토)를 도모하지 않았으며, 대신 보스니아와 아프가니스탄을 비롯하여 멀리 떨어진 곳에서 평화 유지 임무를 지원하는 데 많은 힘을 보태고 있다. EU와 NATO 회원국이라는 지위 덕분에, 그리고 라틴 아메리카와 북아프리카와의 오랜 인연 덕분에 스페인은 프랑코 독재 때의 소외되었던 시기보다 훨씬 높은 수준의 국제적 역할을 수행하고 있다.

1960년대 경제 호황기에 시작된 스페인 사회의 급속한 변화는 지금까지 계속되고 있다. 오늘날 스페인인들은 전보다 훨씬 건강하고(1950년부터 1991년 사이에 평균 기대수명은 62.1세에서 76.94세로 늘어났다), 더 좋은 교육을 받으며, 비록 1인당 평균수입이 아직도 EU의 평균을 밑돌기는 하지만 전보다 훨씬 높은 수준의 생활을 향유하고 있다. 비록 스페인인들 가운데 80% 이상이 스스로를 로마가톨릭 신자라고 공언하지만 미사에 참여하는 비율은 급속히 줄고 있으며, 교회는 더 이상 프랑코 치하에서처럼 공중도덕, 사회복지, 교육 등에 대해 지배권을 주장하지 않는다. 사회에서의 여성의 역할은 옛 모습을 상상할 수 없을 정도로 많이 변했다. 이혼과 낙태가 합법화되었으며, 피임이 자유로워졌다. 스페인 여성의 50% 정도가 직장에 다니고 있으며(주로 제조업과 서비스업 분야에), 대학에 다니는 여성의 수도 엄청나게 증가했다.

높아진 교육 수준과 피임의 광범한 사용과 함께 노동시장에서의 여성 참여의 증대가 가져다준 직접적인 결과는 출산율의 극적인 하락이었다. 1970년 여성 1인당 출산은 2.91명이었으나 1998년에는 그것이 1.2명으로 떨어져 스페인은 세계에서 가장 출산율이 낮은 나라 가운데 하나가 되었다. 낮은 출산율과 길어진 기대수명은 스페인 인구 증가율의 급격한 저하를 가져왔는데, 스페인 인구는 1998년경 대략 3,910만 명 정도를 유지하고 있었다. 반대로 스페인로 들어오는 이민자 수는 계속 증가하고 있는데, 특히 북아프리카와 라틴아메리카로부터의 이민이 많다. 한편, 농촌 인구의 감소도 꾸준히 진행되고 있는데, 이는 주로 농업에 고용된 노동 인구 비율의 꾸준한 감소(1977년 22%에서 1996년 8.7%로 감소)와 서비스업에 고용된 인구의 꾸준한 증가 때문이라 할 수 있다. 마드리드라는 특별한 예외가 있지만 내륙 지역, 특히 아라곤, 카스티야-레온, 카스티야-라만차, 엑스트레마두라 지역의 인구는 계속 감소하고 있다.

프랑코 사후 4반세기 동안 창조적인 스페인 문화가 활짝 꽃피었다. 그렇다고 독재 정부하에서는 문화 생활이 빈사 상태에 있었다는 말은 아니다. 반대로 그 시기에도 카밀로 호세 셀라(Camilo José Cela), 미겔 델리베스(Miguel Delibes), 후안 고이티솔로(Juan Goytisolo) 같은 재능 있는 소설가와 루이스 가르시아 베를랑가(Luis García Berlanga), 카를로스 사우라(Carlos Saura) 같은 영화제작자(이들은 검열이라는 제약에도 불구하고 그 시기의 사회 현실을 생생하게 전해 주었다) 등이 나타났다. 1975년 이후 나타난 가장 두드러진 변화는 예술에 대한 국가의 지원과 투자가 크게 증가했다는 것, 문화 시설(cultural resources)이 더 이상 마드리드와 바르셀로나의 엘리트들만의 영역이 아니게 되었다는 점이다. 지방 주요 도시들도 이제 박물관, 갤러리, 극장, 오케스트라를 자랑하고 있다. 오늘날 문화적 표현의 크기와 다양성은 프랑코 치세와 비교할 수 없을 정도로 크고 다양해졌으며, 스페인 예술가들은 전보다 훨씬 높은 국제적 명성을 구가하고 있다. 페드로 알모도바르(Pedro Almodóvar)의 영화는 국제적으로 각광을 받고 있으며, 스페인 배우 가운데 몇몇은 할리우드 스타들과 어깨를 나란히 한다. 다수의 소설가, 화가, 조각가, 음악가, 무용수들은 스페인 국경 너머에서 존경받고 있다. 국가 권력의 많은 부분을 지방으로 이전한 것은 지역 정체성의 회복을 수반하였고, 바스크어, 카탈루냐어, 갈리시아어는 르네상스를 누리고 있다.

그러나 새 스페인을 장밋빛 유리를 통해 보고 싶은 유혹은 거부되어야만 한다. 21세기 초 스페인은 결코 간단치 않은 여러 문제들에 직면해 있다. 몇 가지만 지적한다면 사회적·경제적 불평등, 지역 간 발전에서의 커다란 괴리, 높은 실업률, 증가하는 범죄와 마약 남용 등이 그것이다. 더욱이 1978년 헌법의 선의(善意)에도 불구하고 중앙 정부와 지역들 간의 관계는 매우 어려운 문제로 남아 있다. 권력 이전(移轉)으로 나타난 결과 가운데 하나는 그것이 안달루시아나 카나리아제도 등에서 지역 정당들이 강세를 보이는 것에서 볼 수 있듯이 전에는 지역감정이 없었던 지역에서도 지역감정을 자극하게 되었다는 사실이다. 심지어 모든 자치주 가운데 가장 작은 자치주인 라리오하(La Lioja)도 지금은 자신의 의회, 주기(州旗), 주가(州歌)를 가지고 있다. 그러나 마드리드에서 정치가들을 가장 괴롭히고 있는 것은 다른 무엇보다도 '바스크 문제'이다. 1975년 이래로 800명 이상이 에타에 의해 살해되었다. 바스크 지방이 현재 서유럽에서 어떤 비교 가능한 지역보다도 더 광범한 자치권을 누리고 있음에도 불구하고 이 지역 정치가들은 여전히 더 큰 자치권을 얻어 내기 위해 압박을 가하고 있으며, 에타의 무장투쟁은 계속되고 있다. 1998년 바스크 민족주의 당파들 간에 체결된 리사라협약(Pact of Lizarra)은 에타의 휴전으로 가는 길을 닦았다. 그러나 평화 과정이 '바스크 문제'를 영원히 해결할 것이라는 기대는 겨우 14개월 후 다시 폭력에 호소하겠다는 그들의 선언과 함께 깨지고 말았다. 중심부와 주변부 간 긴장은 지금까지와 마찬가지로 여전히 강한 상태이며, 스페인인들은 지금도 과거의 유산과 씨름하고 있다.

용어 사전

AP(Alianza Popular, 국민연합): 1976년 마누엘 프라가를 위시한 전임 프랑코 정부 각료들이 창설한 중도 우파 정당.

CDS(Centro Democrático y Socia): 민주주의와 사회의 중심. 1982년 아돌포 수아레스가 창설한 중도-좌파 정당.

CEDA(Confederación Española de Derechas Autonomas): 스페인우익자치연합. 1933년 창설되고, 호세 마리아 힐 로블레스가 이끈 가톨릭 우파 정당들의 연합체.

CNT(Confederación Nacional del Trabajo): 전국노동연맹. 1910년 창설된 아나르코 생디칼리스트 계열의 노동조합.

PCE(Partido Comunista de España): 스페인공산당. 1921년에 창당되었다.

PNV(Partido Nacionalista Vasco): 바스크민족주의당. 1895년 사비노 데 아라나에 의해 창설된 바스크 민족주의 운동.

POUM(Partido Obrero Unificado Marxista): 공산주의혁명노동자당. 1935년에 창당되었다.

PP(Partido Popular): 국민당. 1989년 창당되었으며, 국민연합(AP)의 후신이다.

PSOE(Partido Socialista Obrero Español): 스페인사회노동당. 1897년에 창당되었다.

UCD(Unión de Centro Democrático): 민주중도연합당. 1977년 아돌포 수아레스에 의해 설립된 중도 그룹들의 연합체.

UGT(Unión General de Trabajadores): 노동자총동맹. 사회주의자들이 지배하는 노조로서, 1888년에 창설되었다.

골리야스(golillas): 일단의 스페인 관료 집단으로, 그중 다수는 대학 교육을 받은 이달고 출신의 법률가들이었으며, 이들은 18세기 부르봉 왕정이 수행한 개혁 운동의 선봉에 섰다.

노동자위원회(Comisiones Obreras; CC. OO): 공산당이 주도한 노조로서, 1950년대 말에 생겨나고 1977년에 합법화되었다.

레멘사(remença): 거금을 지불해야 자유를 획득할 수 있었던 봉건 영주 지배하의 카탈루냐 농민.

레케테(requeté): 카를로스파 군인.

레콩키스타(Reconquista): 무슬림 치하의 스페인과 포르투갈에 대한 기독교도의 재정복.

레트라도(letrado): 대학에서 법학을 공부한 졸업생으로, 그중 다수는 국가 관료제 혹은 교회에서 일하였다.

리코스 옴브레스(ricos hombres): 중세 카스티야와 아라곤의 고위 귀족.

메스타(Mesta): 1260년경 카스티야의 알폰소 10세에 의해 설립된, 국왕의 특허장을 받은 목양주들의 이익 단체.

모리스코(Morisco): (기독교로) 개종한 무슬림.

모사라베(Mozarab): 알 안달루스에서 무슬림 치하에서 살았던 기독교도; 생활 양식에서 무슬림의 관습과 습관을 갖고 있었던 기독교도.

무데하르(Mudejar): 기독교도 치하에서 살고 있었던 무슬림.

무왈라드(muwallad): 이베리아반도 출신의 무슬림.

미요네스(millones): 1590년에 도입된 것으로, 고기, 포도주, 식초, 올리브유 같은 기본적인 소비재에 부과하는 세금.

발리도(valido): 총리, 혹은 왕의 총신.

사칼리바(saqāliba): 슬라브족 혹은 북유럽 출신의 노예. 그중 다수가 코르도바 칼리프의 군대 혹은 민간 부분에 징집되었다.

아르비트리스타스(arbitristas): 정책 입안자들. 펠리페 2세 치세 때부터 활동하였으며, 정치 혹은 경제 개혁을 위한 정책(arbitrios) 혹은 제안을 입안하였다.

아우토노미아(autonomia): 자치주. 오늘날의 스페인 국가를 구성하고 있는 17개 자치지역 가운데 하나.

아프란세사도(afrancesado): 친불파. '프랑스화된 사람들'; 조셉 보나파르트 체제를 지지한 사람들.

알카발라(alcabala): 판매세. 카스티야의 알폰소 10세에 의해 처음 징수되었다.

알하마(aljama): 무슬림 혹은 유대인이 거주하던 구역 혹은 게토.

에르만닷(Hermandad): 형제단. 중세 카스티야 도시들에서 시민들이 자신들을 지키고 평화를 유지하기 위해 처음으로 설립한 단체.

에타(ETA; Euzkadi Ta Askatasuna): 바스크의 조국과 자유. 1959년에 창설된 바스크 분리주의 운동 단체.

엑살타도스(exaltados): 1820년부터 활동한 급진적 자유주의자 집단으로, 민주주의적 개혁에 몰두했다.

엑스쿠사도(excusado): 교회 재산에 부과하는 세금으로, 1567년에 도입되었다.

엔코미엔다(encomienda): 스페인령 아메리카 식민지에서 일단의 인디언들에 대하여 스페인인 정주자에게 하사한 지배권.

이달고(hidalgo): 귀족; 하급 귀족의 일원.

이베리아아나키스트연맹(Federación Anarquista Iberica; FAI): 1927년에 창설된 아나키스트 단체.

전국토지노동자연합(Federación Nacional de Trabajadores de la Tierra, FNTT): UGT의 노동자 분파.

준드 군대(Jund Army): 741년 이후 시리아 병사들이 정주한 알 안달루스 지역 가운데 하나.

카베예로스 비야노(caballeros villano): 평민기사. 말과 군사 장비를 소유하고 군 복무를 수행함으로써 귀족의 특권적 지위를 누리는 사람들.

카시케주의(caciquismo): 지역의 정치적 보스들(caciques)에 의해 운영되는 정치적 보호-피보호 관계 및 부정 선거 시스템으로, 1875~1923년의 복고 왕정 시스템을 뒷받침했다.

카우디요(caudillo): 족장 혹은 군사 지도자를 가리키며, 프랑코 장군이 이 칭호로 널리 알려졌다.

코레히도르(corregidor): 왕이 임명하는 민간인 행정관으로 14세기부터 임명되었다. 카스티야의 주요 도시들에서 행정, 사법, 정치에서 권한과 책임을 갖고 있었다.

코르테스(cortes): 국왕에 의해 소집되었던 신분제 의회.

콘베르소(conversos): 기독교로 개종한 유대인 혹은 그들의 후손.

콘비벤시아(convivencia): '함께 살다'를 의미. 중세 시대 이베리아반도에서 기독교도, 유대인, 그리고 무슬림 공동체의 평화적 공존을 가리키는 용어.

콜레히알(colegiales): 대학을 졸업한 엘리트 집단이며, 대개 고위 귀족 출신들이었다. 이들은 16세기부터 정부, 사법부 그리고 교회 계서를 지배했다.

킨토(quinto): 2할세. 스페인 왕실이 모든 아메리카의 귀금속에 대해 거둔 5분의 1세.

타이파(taifa): 11세기 초 우마이야 칼리프 국이 붕괴되고 나서 나타난 무슬림 후계 국가들.

테르시오(tercio): 스페인 군대 내 엘리트 연대.

투구르(thughur): 기독교 영토와 인접한 알 안달루스의 변경 지역.

투르노 파시피코(turno pacifico): "평화적 정권교대". 1875~1923년 왕정복고 체제를 기술하기 위해 사용된 용어.

파리아스(parias): 무슬림 지배자들이 기독교 국가들에 바쳤던 공납.

푸에로(fuero): 특정 도시, 지역 혹은 사회 집단에 주어진 특허장 혹은 특권.

프로눈시아미엔토(pronunciamiento): 군사 쿠데타.

하집(hajib): 알 안달루스의 에미르 혹은 칼리프의 수상 격의 직책.

호르날레로(jornalero): 토지를 갖지 못한 농촌의 날품팔이 노동자.

후로(juro): 국왕에게 돈을 빌려주고, 대신 국가로부터 받는 연금.

연대표

기원전 800,000년경	호모 안테세소르, 시에라 데 아타푸에르카에 자리잡음.
기원전 100,000~40,000년경	중기 구석기 시대. 네안데르탈인, 이베리아반도에 정착함.
기원전 40,000~10,000년경	후기 구석기 시대. 네안데르탈인이 크로마뇽인들로 대체됨.
기원전 15,000년경	아스투리아스와 칸타브리아 지역에 '막달레니안'(Magdalenian) 동굴 벽화가 그려짐.
기원전 5000~2500년경	신석기 시대.
기원전 2500~1700년경	동기(銅器) 시대.
기원전 1700~1200년경	초기 청동기 시대.
기원전 1200~700년경	중기와 후기 청동기 시대.
기원전 800년경	페니키아인들에 의해 카디스가 건설됨.
기원전 700~500년경	타르테소스 왕국이 이베리아 남부 지역에서 번영함.
기원전 575년	경그리스인들이 암푸리아스에 무역 전진기지를 건설함.
기원전 237년	카르타고인들이 이베리아반도에 제국을 건설.
기원전 218년	카르타고가 사군토를 공격하여 제2차 포에니 전쟁 발발.
기원전 206년	이베리아에서 카르타고의 지배가 끝남.
기원전 197년	로마 지배하 히스파니아가 두 개의 속주(키테리오르와 울테리오르)로 분할됨.
기원전 149~139년	루시타니아인이 로마 지배에 대항하여 반란을 일으킴.
기원전 134~133년	누만시아에 대한 공성과 약탈.
기원전 45년	문다에서 카이사르가 폼페이우스에 대해 승리. 이 승리

로 둘 간의 권력 다툼이 끝남.

기원전 27년경	황제 아우구스투스가 히스파니아를 베티카, 루시타니아, 타라코넨시스로 분할함.
기원전 25년	에메리타 아우구스타(메리다)가 건설됨.
기원전 19년	칸타브리아가 정복됨으로써 이베리아반도 전체가 로마의 지배하에 들어감.
98~117년	세비야 근처 이탈리카에서 태어난 트라야누스의 치세.
117~138년	이탈리카 출신의 하드리아누스의 치세.
171~173년	무어인들이 베티카에 침입.
260~269년	히스파니아가 독립적인 '갈리아 제국'의 일부가 됨.
262년경	프랑크족과 알라마니족이 타라고나를 공격.
284년경	황제 디오클레티아누스가 히스파니아를 5개의 속주(갈라에키아, 카르타히넨시스, 타라코넨시스, 루시타니아, 베티카)로 분할.
312년	황제 콘스탄티누스가 기독교로 개종.
409년	알란족, 스웨비족, 반달족이 스페인에 침입.
416~418년	비시고트족이 로마 제국을 위해 이베리아반도에서 전투를 벌임.
429년	하스딩 반달족, 북아프리카에 침입.
430~456년	스웨비족, 북동부 지역을 제외한 이베리아반도 전체를 지배.
456년	테오도릭 2세(453~466) 치하의 비시고트인들이 이베리아반도에 침입하여 스웨비족의 왕국을 무너뜨림.
466~484년	비시고트족의 이베리아반도 정복을 완수한 국왕 유릭(Euric)의 치세.
507년	부이예(Vouillé) 전투: 갈리아 소재 비시고트 왕국 붕괴.
511~548년	오스트로고트족 감독하의 비시고트 왕국 시기.
551년	아힐라(549~554)에 대항한 아타나힐도(554~568)의 반

란으로 (동로마) 황제 유스티니아누스(527~565)가 이베리아반도 남부에 비잔틴 고립영토(enclave)를 수립할 수 있게 됨.

569~586년	국왕 레오비힐도의 치세. 그의 치하에서 이베리아반도 대부분 지역이 다시 통합됨.
585년	레오비힐도가 갈리시아에 있는 수에비 왕국을 정복.
589년	제3차 톨레도 공의회: 비시고트족이 아리우스주의에서 가톨릭으로 개종.
600~636년	이시도로가 세비야 주교로 재직.
624년	수인틸라(621~631)가 이베리아반도에서 비잔틴인들을 쫓아냄.
654년	레세스빈트 왕(649~672)이 『판관의 서』(*Liber Iudicorum*)라고 알려진 비시고트 법전을 반포.
694년	국왕 에히카(687~702)가 유대인의 노예화를 명령함.
710년	국왕 위티사(702~710)의 죽음이 왕위 계승전쟁을 촉발시킴.
711년	무슬림의 이베리아반도 침입과 국왕 로드리고(710~711)의 패배. 아칠라(710~713)가 반도 북동부를 지배.
711~720년	비시고트 왕국이 무슬림 군대에게 정복됨.
718년(?)	아스투리아스가 무슬림들에 대항하여 반란을 일으킴.
732 혹은 733년	프랑크족의 샤를 마르텔이 푸아티에 인근에서 무슬림들을 패퇴시킴.
740년대	이베리아반도와 북아프리카에서 베르베르인들이 반란을 일으킴.
756년	압드 알 라흐만 1세(756~788)가 코르도바에 독립적인 우마이야 에미르국을 수립.
778년	론세스바예스에서 프랑크족이 패배.
801년	프랑크족이 바르셀로나를 점령. 스페인 변경령이 수립됨.

818~842년	성 야고보의 것으로 추정되는 유해가 콤포스텔라에서 발견됨.
824년	프랑크족이 두 번째로 론세스바예스에서 패배했고, 이것이 독립적인 팜플로나 왕국(후에 나바라로 알려짐)의 건국으로 이어짐.
851~859년	코르도바에서 순교 운동이 일어남.
881~917년	우마르 이븐 합순이 우마이야 에미르국에 대항하여 반란을 일으킴.
929년	압드 알 라흐만 3세(912~961)가 코르도바에서 첫 번째 우마이야 칼리프국을 선언.
981~1002년	알 안달루스에서 알 만수르가 지배권을 행사.
1009년	히샴 2세(976~1009)가 통치에서 배제되고, 그것은 알 안달루스에서의 내전 발발과 타이파 국가들의 출현으로 이어짐.
1031년	우마이야 칼리프국이 소멸.
1037년	카스티야의 페르난도 1세(1035~1065)에 의해 레온 왕국이 합병됨.
1063년경	페르난도 1세가 클뤼니 수도원에 매년 금 기증을 시작함.
1085년	레온-카스티야의 알폰소 6세에 의해 톨레도가 정복됨.
1086년	알모라비드파의 침입으로 알폰소 6세의 군대가 궤멸됨.
1090~1110년	알모라비드파가 타이파 국가들을 정복.
1094년	로드리고 디아스, 즉 엘 시드(1099년에 사망)가 발렌시아를 점령.
1118년	아라곤의 알폰소 1세(1104~1134)가 사라고사를 점령.
1134년	아라곤의 알폰소 1세의 죽음이 나바라 독립 왕국의 재현(再現)으로 이어짐.
1137년	아라곤과 바르셀로나 백령 간의 왕조 간 연합이 이루어짐.

1143년	레온-카스티야의 알폰소 7세(1126~1157)에 의해 독립적인 포르투갈 왕국이 인정됨.
1145~1147년	알 안달루스에서 알모라비드파의 지배가 붕괴됨.
1146~1173년	알모하드파가 알 안달루스를 지배.
1147년	기독교도들이 리스본과 알메리아를 정복.
1148년	기독교도들이 토르토사를 정복.
1158년	칼라트라바 종교기사단이 설립됨.
1170년	산티아고 종교기사단이 설립됨.
1195년	알모하드파가 알라르코스에서 카스티야의 알폰소 8세(1158~1214)를 패퇴시킴.
1212년	기독교 군대가 라스 나바스 데 톨로사 전투에서 알모하드파에 대해 승리를 거둠.
1213년	뮈레에서 아라곤의 페드로 2세(1213~1276)가 전쟁에서 패하고 죽음. 이로 인해 남서부 프랑스에서 아라곤의 권력이 붕괴됨.
1220년대	알 안달루스에서 알모하드파 세력이 소멸됨.
1229~1235년	아라곤의 하이메 1세(1213~1276)에 의해 발레아레스제도가 정복됨.
1230년	페르난도 3세(1217~1252)에 의해 카스티야 왕국과 레온 왕국이 결정적으로 합병됨.
1232~1245년	아라곤의 하이메 1세가 발렌시아 왕국을 합병.
1236년	카스티야의 페르난도 3세가 코르도바를 점령.
1238년	무함마드 이븐 알 아하마르(1238~1272)가 그라나다 나스르 왕국을 건설.
1248년	세비야가 페르난도 3세에 의해 함락됨.
1258년	아라곤의 하이메 1세와 프랑스의 루이 9세 간에 코르베이 조약이 체결됨.
1264년	안달루시아와 무르시아에서 무데하르들의 반란이 발발함.

1275~1344년	이베리아반도에 마린 가문이 개입함.
1282년	아라곤의 페드로 3세(1276~1285)가 시칠리아를 정복.
1295년	아나니 조약으로 아라곤의 하이메 2세가 시칠리아를 앙주 가문에 넘겨주고, 대신 교황 보니파키우스 8세로부터 사르디니아와 코르시카를 넘겨받기로 함.
1340년	카스티야의 알폰소 11세(1312~1350)와 그 동맹세력이 리오 살라도에서 그라나다-마린 왕국 연합군을 패퇴시킴.
1348년	흑사병 발발.
1369년	트라스타마라 왕조가 카스티야에서 집권함.
1385년	카스티야의 후안 1세(1370~1390)가 알후바로타에서 포르투갈 군에 패함.
1388~1389년	카스티야, 포르투갈, 랭카스터 가문 간 조약으로 백년전쟁의 이베리아 국면이 종결됨.
1391년	이베리아반도 여러 도시에서 유대인 학살이 벌어짐.
1412년	카스페 협약 체결. 카스티야의 섭정 안테케라의 페르난도가 아라곤의 왕으로 추대됨.
1442~1443년	아라곤의 알폰소 5세(1416~1458)가 나폴리 왕국을 정복.
1453년	알바로 데 루나가 처형됨.
1465년	카스티야의 엔리케 4세(1454~1474)가 '아빌라의 소극(笑劇)'에서 인형의 모습으로 폐위됨. 카스티야에서 내전이 발발.
1469년	카스티야의 이사벨과 아라곤의 페르난도가 결혼.
1478년	종교재판소가 설치됨.
1479년	카스티야 왕국과 아라곤 연합왕국 왕조 간에 통합이 이루어짐.
1492년	그라나다 나스르 왕국 함락. 스페인에서 유대인이 추방됨. 크리스토퍼 콜럼버스가 신세계를 발견.
1494년	토르데시야스 조약으로 대서양과 신세계에서 스페인과

포르투갈의 지배 범위를 규정함.

1497년	멜리야 정복.
1499년	그라나다에서 무데하르들의 반란이 일어남.
1503년	체리뇰라와 가릴리아노에서의 승리로 나폴리가 스페인의 지배하에 들어옴.
1512년	나바라 왕국이 카스티야 왕국에 합병됨.
1516년	합스부르크 왕조의 승계. 카를로스 1세(1516~1556)가 스페인 왕으로 즉위.
1519년	카를 5세(카를로스 1세)가 신성로마 제국 황제로 선출됨.
1520~1521년	코무네로스 반란.
1521년	에르난 코르테스가 테노치티틀란을 점령하고 아즈텍 제국을 파괴함.
1525년	파비아 전투에서 프랑스에 대해 승리를 거둠.
1532~1533년	피사로와 알마그로에 의해 잉카 제국이 정복됨.
1556년	카를 5세의 양위와 그의 아들 펠리페 2세(1556~1598)의 승계.
1561년	마드리드가 스페인의 수도로 결정됨.
1568~1571년	그라나다에서 모리스코들의 반란이 일어남.
1571년	오스트리아의 돈 후안이 지휘하는 가톨릭 신성동맹 군대가 레판토 해전에서 오스만 튀르크의 함대를 패퇴시킴.
1572년	네덜란드의 반란.
1580년	포르투갈이 스페인 왕국에 합병됨.
1588년	스페인 무적함대의 실패.
1591년	아라곤의 반란.
1598년	펠리페 2세의 죽음과 펠리페 3세(1598~1621)의 승계.
1609년	네덜란드와 12년 휴전 협정 체결. 모리스코들이 스페인

	에서 추방됨.
1619년	30년전쟁의 시작.
1621년	펠리페 3세의 죽음과 펠리페 4세(1621~1665)의 승계.
1626년	올리바레스가 연합군 계획을 발표.
1639~1640년	채널제도와 브라질에서 스페인 해군이 네덜란드 해군에 패배.
1640년	카탈루냐와 포르투갈에서 반란이 일어남.
1648년	30년전쟁 종결. 스페인이 홀란드 연방의 독립을 인정.
1659년	피레네 조약으로 스페인과 프랑스 간의 24년의 갈등이 종결됨.
1665년	펠리페 4세의 죽음과 카를로스 2세(1665~1700)의 승계.
1668년	스페인이 포르투갈의 독립을 인정.
1700년	카를로스 2세의 죽음으로 스페인에서 합스부르크 왕조가 끝남. 부르봉 가문의 펠리페 5세(1700~1746)가 즉위.
1702년	스페인 왕위계승 전쟁이 시작됨.
1704년	영국군과 네덜란드군이 지브롤터를 점령.
1707년	펠리페 5세가 아라곤과 발렌시아의 푸에로를 철폐.
1708년	영국이 메노르카를 점령.
1713년	위트레흐트 조약과 라슈타트 조약(1714)으로 스페인 왕위계승 전쟁이 종결됨. 펠리페 5세가 스페인 왕으로 인정되었으나 지브롤터, 메노르카, 네덜란드, 이탈리아와 시칠리 영토를 다른 나라들에 넘겨줌.
1716년	누에바 플란타 왕령('신계획령')이 발표되어 카탈루냐의 자치권이 일소됨.
1724년	펠리페 5세가 그의 아들 루이스 1세에게 양위하였으나 그 이듬해 루이스 1세가 죽자 펠리페 5세가 다시 왕위에 복귀함.
1739~1748년	젱킨스의 귀의 전쟁.

1746년	펠리페 5세의 죽음과 페르난도 6세(1746~1759)의 즉위.
1759년	페르난도 6세의 죽음과 카를로스 3세(1759~1788)의 즉위.
1762년	스페인이 영국(브리타니아)에 대항하여 7년 전쟁에 개입. 스페인이 플로리다를 영국에 넘겨주었으나 프랑스로부터 루이지애나를 획득함.
1766년	마드리드에서 '스킬라체의 봉기'가 일어났고, 그에 이어 스페인의 많은 도시들에서 소동이 일어남.
1767년	스페인과 아메리카 제국에서 예수회원들이 추방됨.
1778년	스페인과 아메리카 식민지 간에 자유무역이 허용됨.
1779~1783년	스페인이 영국에 대항해 반란을 일으킨 북아메리카인들을 지원함.
1783년	베르사유 조약으로 플로리다와 메노르카가 스페인의 지배로 돌아옴.
1788년	카를로스 3세의 죽음과 카를로스 4세(1788~1808)의 즉위.
1793~1795년	프랑스 공화국과의 전쟁으로 산토도밍고를 상실함.
1796~1802년	스페인과 프랑스가 영국과 포르투갈에 대항하여 전쟁을 수행.
1797년	영국이 트리니다드를 점령.
1798년	교회 재산의 한사상속제 폐지(disentailment)가 시작됨.
1804~1808년	영국과의 적대가 재개됨.
1805년	넬슨이 지휘하는 영국군이 트라팔가곶에서 프랑스와 스페인 함대를 패배시킴.
1808년	3월에 있었던 '아랑후에스의 폭동'에 이어 카를로스 4세가 양위하고 페르난도 7세(1808~1833)가 즉위. 프랑스군의 스페인 점령이 프랑스군에 대한 민중 봉기를 촉발함. 독립전쟁의 시작. 카를로스 4세와 페르난도 7세는 왕위를 나폴레옹 황제에게 넘겨주어야 했고, 나폴레옹은 자신의 형 조셉 보나파르트를 그 자리에 앉힘.

1810년	카디스 의회가 소집됨.
1810~1824년	쿠바와 푸에르토리코를 제외하고 스페인의 아메리카 식민지들이 독립함.
1812년	카디스 헌법이 공포되고, 그로 인해 스페인은 의회 왕정이 됨.
1813년	비토리아 전투에서 프랑스가 영국, 포르투갈, 스페인 군대에 패함으로써 프랑스군은 카탈루냐를 제외한 스페인 전역에서 물러남.
1814년	페르난도 7세가 절대주의적 지배 체제를 부활시킴.
1820년	자유주의자들의 반란이 일어나 페르난도 7세로 하여금 1812년 헌법을 수용하게 함.
1823년	프랑스군의 지원으로 페르난도 7세가 절대주의적 지배로 복귀할 수 있게 됨.
1833년	페르난도 7세의 죽음. 제1차 카를로스파 전쟁(1833 ~1840)이 발발하여 죽은 왕의 딸이자 승계자인 이사벨 2세(1833~1868)의 자유주의적 지지자들이 국정에 참여할 수 있게 됨.
1835년	후안 멘디사발이 총리에 임명되었고, 교회 토지 재산의 매매를 가능케 하는 법률이 제정됨.
1840~1843년	에스파르테로 장군의 섭정이 시작되었고, 그는 진보파의 집권을 이끎.
1843~1854년	온건파가 집권하였고, 그들은 근대적이고 중앙집권적인 국가의 법적, 제도적 틀을 만듦.
1854~1856년	에스파르테로와 진보파가 집권. 행정 개혁과 경제적 자유화 계획이 발표됨. 도시 공유지에 대한 한사상속제 폐지가 시행되고, 국가 철도망 구축 사업이 시작됨.
1856~1863년	오도넬 장군이 총리로 재직함. 그는 단명으로 끝난 '자유주의 연합'이라는 정치연합체를 만듦.
1868년	자유주의 연합, 진보파, 민주주의자들의 연합 정부가 '명예혁명'을 가져왔고, 그것은 이사벨 2세의 퇴위로

이어짐.

1868~1878년	쿠바에서 반란이 발발.
1869년	입헌 왕정이 수립됨.
1870년	국왕 아마데오(1870~1873)가 스페인 왕으로 초대됨.
1873년	아마데오가 물러나고 제1공화국이 선언됨. 연방 공화주의자들에 의해 칸톤주의자들(Cantonalist)의 반란이 일어남.
1874년	마르티네스 캄포스가 알폰소 12세(1874~1885)를 다시 왕위에 복귀시킴.
1875~1923년	복고 왕정 체제. 카노바스 델 카스티요에 의해 고안된 '평화적 정권교대'(turno pacifico)를 통해 보수주의 정당과 자유주의 정당이 부정 선거를 통해 교대로 집권함.
1879년	스페인사회노동당(PSOE)이 만들어짐.
1885년	알폰소 12세의 죽음과 알폰소 13세(1883~1931)의 즉위. 1902년까지 모후 마리아 크리스티나가 섭정.
1888년	사회주의 계열의 노조인 노동자총동맹(UGT)이 창설됨.
1892년	'만레사 원칙'으로 카탈루냐 자치 요구의 목소리를 낼 수 있게 됨.
1894년	바스크민족주의당(PNV)이 창설됨.
1898년	스페인이 미국에 패배함으로써 쿠바, 푸에르토리코, 필리핀제도에 있던 마지막 식민지를 상실함.
1909년	바르셀로나에서 있었던 '비극의 주간'에서 광범한 폭동과 교회 방화가 나타남. '평화적 정권교대' 시스템이 붕괴됨.
1910년	전국노동자연맹(CNT)이 만들어짐.
1917년	전국적인 정치 불안이 나타남. 노동자총동맹과 전국노동자연맹의 주도로 총파업이 일어남. 군 장교들이 국방위원회를 설립. 카탈루냐의 의회 운동이 출현.
1923~1930년	프리모 데 리베라의 독재 체제.

1931년	공화주의자-사회주의자 연합세력이 지방 선거에서 대승을 거두자 알폰소 13세가 왕위에서 물러남. 제2공화국이 선언됨.
1932년	산후르호 장군이 군사 쿠데타(프로눈시아미엔토)를 일으켰으나 실패. 카탈루냐에 자치법이 주어짐.
1933년	호세 안토니오 프리모 데 리베라가 팔랑헤를 설립. 11월 총선에서 우파가 승리함.
1934년	아스투리아스에서 일어난 노동자들의 반란이 진압됨.
1936년	인민전선이 총선(2월 16일)에서 승리함. 모로코와 스페인에서 군사 반란이 일어났고(7월 17~18일), 내전의 발발로 이어짐. 라르고 카바예로를 리더로 하는 '승리의 정부'가 수립됨.
1937년	프랑코 장군이 팔랑헤와 그 외 국민파 단체들을 통합(4월 18일). 전국노동자연맹(CNT)과 공산주의혁명노동자당(POUM)이 한편이 되고, 공산주의자들을 다른 한편으로 하는 폭력 사태가 바르셀로나에서 발생(5월 3일). 몰라 장군의 군대가 바스크, 산탄데르, 아스투리아스를 유린함(4~10월).
1938년	국민군(반란군)이 지중해에 도달함으로써 공화파 지역이 둘로 나뉨.
1939년	국민군이 바르셀로나(1월 26일)와 마드리드(2월 28일)를 점령. 스페인 내전에서 국민 진영이 승리(4월 1일).
1940년	프랑코와 히틀러가 앙다예에서 회동.
1941년	알폰소 13세의 죽음. 돈 후안 데 부르봉이 예상 후계자가 됨.
1945년	'스페인인 헌장'(Charter of the Spaniards)이 발표됨.
1946년	UN이 스페인을 외교적으로 거부함.
1947년	프랑코가 스페인을 왕국으로 선언함.
1953년	미국과 '마드리드 조약'을, 그리고 바티칸과는 정교협약을 체결.

1955년	스페인의 UN 가입이 허용됨.
1957년	오푸스 데이 출신 기술 관료들의 내각 참여로 경제 자유화 계획이 시작됨.
1959년	경제 안정화 계획 발표. 에타(ETA)가 창설됨.
1966년	국가기본법(Organic Law of State)이 제정됨.
1969년	후안 카를로스 왕자가 프랑코의 후계자로 지명됨.
1973년	총리 카레로 블랑코가 에타에 의해 암살됨. 경제적 침체.
1975년	프랑코의 죽음(11월 20일). 후안 카를로스가 왕으로 즉위함.
1976년	아돌포 수아레스가 총리로 임명됨. 정치개혁법으로 민주주의로의 이행을 위한 길이 열림.
1977년	스페인 공산당의 합법화. 첫 번째 민주주의적 선거가 치러졌고, 거기에서 중도파인 민주중도연합당(UCD)이 승리. 정부와 야당 간에 '몽클로아 협약'이 체결됨.
1978년	국민투표를 통해 새로운 헌법이 승인됨.
1979년	바스크와 카탈루냐 지역에 자치권이 주어짐. 총선으로 민주중도연합당의 정치적 우위가 강화됨.
1981년	수아레스의 사임. 테헤로가 군사 쿠데타(23-F)를 일으켰으나 실패로 돌아감.
1982년	스페인이 NATO에 가입함. 민주중도연합당이 해체됨. 펠리페 곤살레스가 이끄는 사회노동당이 압도적 다수로 총선에서 승리.
1986년	스페인이 EC에 가입. NATO 가입이 국민투표로 승인됨. 펠리페 곤살레스가 국민투표에서 승리하여 국민의 지지를 얻음.
1989년	사회노동당이 새 선거에서 승리를 거둠. 그러나 권한은 약화됨.
1993년	사회노동당이 총선에서 승리를 거두었으나 정부를 구성하기 위해 카탈루냐의 수렴과 민주통합당(CiU)의 지

지를 구하지 않으면 안 되었음.

1996년	호세 마리아 아스나르가 이끄는 보수적인 국민당이 총선에서 승리하고, CiU와 바스크민족주의당(PNV)의 지지를 얻어 정부를 구성.
1997년	스페인이 유럽의 통화 통합에 참여.
2000년	국민당이 총선에서 승리하고 절대 다수석을 차지함.

더 읽어 보기

스페인사에 관한 자세한 서지학적 에세이를 쓰는 것은 결코 쉬운 일이 아닐 것이다. 아래의 글은 그보다는 스페인사에 관심을 가진 독자가 특정 주제나 시기를 좀 더 깊이 탐구할 수 있게 간단한 시사를 제공하려는 것이다.

개설서

스페인사 전 시기를 포괄하는 일반적인 개설서는 드물다. 아홉 명의 대표적인 역사가들로 이루어진 집필진에 의해 쓰여진 R. Carr(ed.), *Spain: A History*(Oxford, 2000)는 그중에서 가장 추천할 만하다. S. G. Payne, *A History of Spain and Portugal*, 2 vols(Madison, 1973)와, P. Vilar, *Spain: A Brief History*(Oxford, 1977), 그리고 P. E. Russell(ed.), *Spain: A Companion to Spanish Studies*(London, 1973)의 몇 장(章)은 비록 몇 가지 점에서는 이제 시대에 뒤떨어진 것이 되었지만 여전히 흥미로운 내용을 많이 담고 있다. 스페인어권 독자들에게는 F. García de Cortázar and J. M. González Vesga, *Breve historia de España*(Madrid, 1994)와, J. P. Fusi, *España. La evolución de la identidad nacional*(Madrid, 2000)도 추천할 만하다.

세계의 자부심과 장식(粧飾): 선사시대부터 A.D. 1000년까지

이베리아반도의 선사시대에 대해서는 M. C. Fernández Castro, *Iberia in Prehistory*(Oxford, 1995)와, R. J. Harrison, *Spain at the Dawn of History: Iberians, Phoenicians and Greeks*(London, 1988)가 특히 유용하다. 최근에 로마 시대 히스파니아에 관한 중요한 책들이 출간되었는데, 그중에서도 특히 S. J. Keay, *Roman Spain*(London, 1988); L. Curchin, *Roman Spain: Conquest and Assimilation*(London, 1991)과 J. S. Richardson, *The Romans in Spain*(Oxford, 1996)을 추천하는 바이다. 게르만족의 침입과 이베리아반도 내 비시고트 왕국에 대해서는 E. A. Thompson, *The Goths in Spain*(Oxford, 1969); P. D. King, *Law and Society in the Visigothic Kingdom*(Cambridge, 1972); E. James(ed.), *Visigothic Spain: New Approaches*(Oxford, 1980); R. Collins, *Early Medieval Spain: Unity in Diversity, 400-1000*(2nd edn, London, 1995) 그리고 K. Baxter Wolf(trans.), *Conquerors and Chroniclers of Early Medieval Spain*(2nd edn, Liverpool, 1999)을 참조하라. 무슬림의 침입과 그 이후 상황에 대하여는 R. Fletcher, *Moorish Spain*(London, 1992)과, R. Collins, *The Arab Conquest of Spain, 710-797*(rev. edn, Oxford, 1995) 그리고 H. Kennedy, *Muslim Spain and Portugal. A Political History of al-Andalus*(London, 1996)를 보라. 북쪽 기독교 지역의 초기 역사에 대하여는 Collins, *Early Medieval Spain*이 최상의 입문서라고 생각한다. R. Collins, *Spain: An Oxford Archaeological Guide*(Oxford, 1998)는 청동기 시대부터 12세기까지 이베리아반도의 문명에 관한 풍부한 정보를 담고 있다.

기독교도 이베리아의 우위: A.D. 1000~1474

이 시기에 관한 개괄적 서술로는 G. Jackson, *The Making of Medieval Spain*(London, 1972)과 J. F. O'Callaghan, *A History of Medieval Spain*(Ithaca, 1975) 그리고 D. W. Lomax, *The Reconquest of Spain*(London, 1978)을 보라. 이 책들을 보완하는 책으로는 B. F. Reilly, *The Contest of Christian and Muslim Spain, 1031-1157*(Oxford, 1992)과 같은 저자의 *The Medieval Spains*(Cambridge, 1993)가 있다. J. N. Hillgarth, *The Spanish Kingdoms 1250-1516*, 2 vols.(Oxford, 1976~1978)과 A. Mackay, *Spain in the Middle Ages: From Frontier to Empire, 1000-1500*(London, 1977)은 초창기 기독교 스페인 사회의 모습에 관한 탁월한 소개서라 할 수 있다. 무슬림 알 안달루스에 대해서는 L. P. Harvey, *Islamic Spain 1250-1500*(Chicago, 1990)과, R. Fletcher, *Moorish Spain* 그리고 H. Kennedy, *Muslim Spain and Portugal: A Political History of al-Andalus*를 보라. 아라곤 연합왕국에 대하여는 T. N. Bisson, *The Medieval Crown of Aragon: A Short History*(Oxford, 1986)를 보라. 엘 시드의 생애와 그 시대에 관하여는 R. Fletcher, *The Quest for El Cid*(London, 1989)가 필수적인 안내서이다. *Christians and Moors in Spain*, 3 vols.(Warminster, 1988~1992)는 훌륭한 원사료 모음집(번역본)인데, 1, 2권은 C. Smith가, 3권은 C. Melville과 A. Ubaydli가 편집자이다. O. R. Constable(ed.), *Medieval Iberia: Readings from Christian, Muslim, and Jewish Sources*(Philadelphia, 1997) 또한 마찬가지로 흥미를 자극한다. E. M. Gerli(ed.), *Medieval Iberia: An Encyclopedia*(New York, 2003)는 이 시기에 관한 최상의 참고 문헌이다.

보편 왕정: 1474~1700

J. H. Elliott, *Imperial Spain 1469-1716*(London, 1963)과, H. Kamen, *Spain 1469-1714: A Society of Conflict*(2nd edn, London, 1991)는 이 시기에 대한 최상의 입문서이다. 가톨릭 군주들에 대하여는 F. Fernández-Armesto, *Ferdinand and Isabella*(1975)와, J. Edwards, *The Spain of the Catholic Monarch 1474-1520*(Oxford, 2000)이 건전하고 권위 있는 책들이다. J. Lynch, *Spain 1516-1598: From Nation State to World Empire*(Oxford, 1991)와 같은 저자의 *The Hispanic World in Crisis and Change*(Oxford, 1992)는 합스부르크 왕정에 대한 매우 유익한 책들이다. 카를 5세와 펠리페 2세 치세에 관해서는 M. Fernandes Alvarez, *Charles V*(London, 1975)와 H. Kamen, *Philip of Spain*(New Haven, 1997)이 유익하다. 17세기에 관해서는 R. A. Stradling, *Europe and the Decline of Spain*(1981)과, 같은 저자의 *Philip IV and the Government of Spain, 1621-65*(1988), 그리고 H. Kamen, *Spain in the Later Seventeenth Century, 1665-1700*(London, 1980)을 보라. 스페인 사회의 발전에 대한 탁월한 개론서로는 J. Casey, *Early Modern Spain: A Social History*(London, 1999)가 있다. 스페인의 아메리카 제국에 대하여는 M. A. Buckholder and L. L. Johnson, *Colonial Latin America*(2nd edn, Oxford, 1994)를 참고하라. J. H. Elliott, *Spain and its World, 1500-1700: Selected Essays*(New Haven, 1989)는 중요한 통찰력을 가진 글들을 묶어 놓은 책이다.

계몽 전제군주들: 1700~1833

18세기에 관한 탁월한 영어판 저서로는 J. Lynch, *Bourbon Spain, 1700-1808*(Oxford, 1989)이 있다. H. Kamen, *The War of Succession in Spain, 1700-15*(London, 1969)는 왕위계승 전쟁이 스페인에 미친 영향을 잘 소개하고 있다. 또 H. Kamen, *Philip V of Spain: The King who Reigned Twice*(New Haven, 2001)를 보라. 카를로스 3세가 서거할 때까지의 정치적 발전에 대해서는 W. N. Hargreaves-Mawdsley, *Eighteenth-Century Spain, 1700-1788: A Political, Diplomatic and Institutional History*(London, 1979)가 믿을 만한 안내서이다. D. R. Ringrose, *Spain, Europe, and the 'Spanish miracle', 1700-1900*(Cambridge, 1996)은 부르봉 왕조 등장 이후 스페인의 경제적 발전에 대한 중요한 통찰력을 제공한다. 독립전쟁 이후부터 페르난도 7세 서거 때까지의 시기에 대해서는 R. Carr, *Spain, 1808-1975*(2nd edn, 1975)의 첫 4개 장이 매우 가치 있으며, 이를 보완할 수 있는 책이 C. J. Esdaile, *Spain in the Liberal Age: From Constitution to Civil War, 1812-1939*(Oxford, 2000)이다. 독립전쟁 자체에 대해서는 C. J. Esdaile, *The Peninsular War: A New History*(London, 2002)가 최상의 설명서이다. 계몽사상이 스페인에 미친 영향에 대해서는 R. Herr, *The Eighteenth-Century Revolution in Spain*(Princeton, 1958)을 보라.

자유주의와 반동: 1833~1931

스페인 역사에서 극도로 복잡한 이 시기에 관한 최상의 안내서는 R. Carr의 역저 *Spain, 1808-1975*(2nd edn, 1975)이며, 같은 저자의 *Modern Spain, 1875-1980*(Oxford, 1980)도 명확하고 간결한 개관을 제공한다. 그 외에도 C. J. Esdaile, *Spain in the Liberal Age: From Constitution to Civil War, 1812-1939*(Oxford, 2000)와, C. H. Ross, *Spain, 1812-1996*(London, 2000), 그리고 Alvarez Junco and A. Shubert(eds.), *Spanish History since 1808*(London and New York, 2000) 등이 있다. 군대의 역할에 대해서는 C. P. Boyd, *Praetorian Politics in Liberal Spain*(Chapel Hill, 1979)이 있다. F. Lannon, *Privilege, Persecution, and Prophecy: The Catholic Church in Spain, 1875-1975*(Oxford, 1987)는 스페인 사회 내에서 교회가 차지하는 지위에 관한 필수 안내서이다. D. R. Ringrose, *Spain, Europe, and the 'Spanish Miracle', 1700-1900*(Cambridge, 1996)은 경제 발전에 관한 훌륭한 안내서이며, 1898년의 위기에 대하여는 S. Balfour, *The End of the Spanish Empire*(Oxford, 1997)를 보라. 프리모 데 리베라의 독재 체제에 대하여는 S. Ben-Ami, *Fascism from Above: The Dictatorship of Primo de Rivera*(Oxford, 1983)를 참고하라.

현대시대: 1931~2000

이 시기에 대한 유용한 입문서는 상당히 많다. 특히 추천할 만한 책으로는 R. Carr, *Spain, 1808-1975*와 같은 저자의 *Modern Spain, 1875-1980*

그리고 F. J. Romero Salvadó, *Twentieth-Century Spain: Politics and Society in Spain, 1898-1998*(London, 1999); J. Alvarez Junco and A. Shubert(eds.), *Spanish History since 1808* 등이 있다. 제2공화국 시기에 대해서는 좋은 책들이 많은데, 특히 G. Brenan, *The Spanish Labyrinth*(Cambridge, 1943); G. Jackson, *The Spanish Republic and the Civil War*(Princeton, 1965); S. G. Payne, *Spain's First Democracy: The Second Republic, 1931-1936*(Madison, 1993); P. Preston, *The Coming of the Spanish Civil War*(2nd edn, London, 1994) 그리고 G. Esenwein and A. Shubert, *Spain at War: The Spanish Civil War in Context, 1931-1939*(London and New York, 1995) 등이 추천할 만하다. 스페인 내전에 관한 방대한 연구서들 가운데 H. Thomas, *The Spanish Civil War*(3rd edn, London, 1977)는 가장 인상적인 책이다. 그리고 P. Preston, *The Spanish Civil War*(London, 1986)와 S. Ellwood, *The Spanish Civil War*(Oxford, 1991)는 명쾌하고 간결하여 추천할 만하다. P. Preston, *Franco: A. Biography*(London, 1993)은 카우디요의 생애와 경력에 관한 가장 권위 있는 책이며, 그보다는 짧지만 그에 못지 않게 유용한 책으로는 S. Ellwood, *Franco*(London and New York, 1994)와 J. Grugel and T. Rees, *Franco's Spain*(London, 1997)이 있다. 민주주의로의 이행에 대해서는 R. Carr and J. P. Fusi, *Spain: Dictatorship to Democracy*(2nd edn, London, 1981)와, P. Preston, *The Triumph of Democracy in Spain*(London, 1986) 등이 있다. 오늘날의 스페인 사회에 대해서는 J. Hooper, *The New Spaniards*(2nd edn, Harmondsworth, 1995)가 읽을 만하고 흥미를 자극한다.

찾아보기